本书为国家社科基金一般项目"新常态下中国人口转变对跨越'中等收入陷阱'的效应研究"（项目批准号：16BRK027）结项成果

云南大学
周边外交研究丛书

晏月平 ◎ 著

人口转变对跨越"中等收入陷阱"的效应研究

中国社会科学出版社

图书在版编目（CIP）数据

人口转变对跨越"中等收入陷阱"的效应研究 / 晏月平著. —北京：中国社会科学出版社，2022.11

（云南大学周边外交研究丛书）

ISBN 978-7-5227-0515-6

Ⅰ. ①人… Ⅱ. ①晏… Ⅲ. ①人口—问题—影响—经济发展—研究—中国 Ⅳ. ①C924.24②F124

中国版本图书馆 CIP 数据核字（2022）第 128910 号

出 版 人	赵剑英
责任编辑	马　明
责任校对	任晓晓
责任印制	王　超

出　　版	中国社会科学出版社
社　　址	北京鼓楼西大街甲 158 号
邮　　编	100720
网　　址	http://www.csspw.cn
发 行 部	010-84083685
门 市 部	010-84029450
经　　销	新华书店及其他书店
印　　刷	北京明恒达印务有限公司
装　　订	廊坊市广阳区广增装订厂
版　　次	2022 年 11 月第 1 版
印　　次	2022 年 11 月第 1 次印刷
开　　本	710×1000　1/16
印　　张	24
插　　页	2
字　　数	362 千字
定　　价	128.00 元

凡购买中国社会科学出版社图书，如有质量问题请与本社营销中心联系调换
电话：010-84083683
版权所有　侵权必究

云南大学周边外交研究中心
学术委员会名单

主 任 委 员：郑永年

副主任委员：邢广程　朱成虎　肖　宪

委　　　员：（按姓氏笔画排序）
王逸舟　孔建勋　石源华
卢光盛　刘　稚　许利平
李一平　李明江　李晨阳
杨　恕　吴　磊　陈东晓
张景全　张振江　范祚军
胡仕胜　高祖贵　翟　崑
潘志平

《云南大学周边外交研究丛书》
编委会名单

编委会主任：林文勋

编委会副主任：杨泽宇　肖　宪

编委会委员：（按姓氏笔画排序）
　　　　　　孔建勋　卢光盛　刘　稚
　　　　　　毕世鸿　李晨阳　吴　磊
　　　　　　翟　崑

总　　序

近年来，全球局势急剧变化，国际社会所关切的一个重要议题是：中国在发展成为世界第二大经济体之后，其外交政策是否会从防御转变为具有进攻性？是否会挑战现存的大国和国际秩序，甚至会单独建立自己主导的国际体系？的确，中国外交在转变。这些年来，中国已经形成了三位一体的新型大外交，我把它称为"两条腿，一个圈"。一条腿是"与美、欧、俄等建立新型的大国关系，尤其是建立中美新型大国关系"，另一条腿为主要针对广大发展中国家的发展倡议，即"一带一路"；"一个圈"则体现于中国的周边外交。这三者相互关联，互相影响。不难理解，其中周边外交是中国外交的核心也是影响另外"两条腿"行走的关键。这是由中国本身特殊的地缘政治考量所决定的。首先，周边外交是中国在新形势下全球谋篇布局的起点。中国的外交中心在亚洲，亚洲的和平与稳定对中国至关重要，因此能否处理好与周边国家良性发展的关系，能否克服周边复杂的地缘政治环境将成为影响中国在亚洲能否崛起并建设亚洲命运共同体的关键。其次，周边外交是助推中国"一带一路"主体外交政策的关键之举。"一带一路"已确定为中国的主体外交政策，而围绕着"一带一路"的诸多方案意在推动周边国家的社会经济发展，考量的是如何多做一些有利于周边国家的事，并让周边国家适应中国从"韬光养晦"到"有所作为"的转变，并使之愿意合作，加强对中国的信任。无疑，这是对周边外交智慧与策略的极大考验。最后，周边外交也是中国解决中美对抗、中日对抗等大国关系的重要方式与途径。中国充分发挥周边外交效用，巩固与加强同周边国家的友好合作关系，支持周边国家的发展壮大，提升中国的向心力，将降低美日等大国在中国周边地区与国家中的影响力，并化解美国在亚洲同盟与中国对抗的可能性与风险，促成周边国家自觉地对中国的外交政策做出适当的调整。

从近几年中国周边外交不断转型和升级来看，中国已经在客观上认识到了周边外交局势的复杂性，并做出积极调整。不过，目前还没能拿出一个更为具体、系统的战略。不难观察到，中国在周边外交的很多方面既缺乏方向，更缺乏行动力，与周边国家的关系始终处于"若即若离"的状态。其中该问题的一个重要原因是对周边外交研究的不足与相关智库建设的缺失，致使中国的周边外交还有很大的提升和改进空间。云南大学周边外交中心一直紧扣中国周边外交发展的新形势，在中国周边外交研究方面有着深厚的基础和特色定位，并在学术成果与外交实践上硕果颇丰，能为中国周边外交实践起到智力支撑与建言献策的重要作用。第一，在周边外交研究的基础上，云南大学周边外交中心扎实稳固，发展迅速。该中心所依托的云南大学国际问题研究院从20世纪40年代起就开始了相关研究；21世纪初，在东南亚、南亚等领域的研究开始发展与成熟，并与国内外相关研究机构建立了良好的合作关系，同时自2010年起每年举办的西南论坛会议成为中国西南地区最高层次的学术性和政策性论坛。2014年申报成功的云南省高校新型智库"西南周边环境与周边外交"中心更在中央、省级相关周边外交决策中发挥着重要作用。第二，在周边外交的研究定位上，云南大学周边外交中心有着鲜明的特色。该中心以东南亚、南亚为研究主体，以大湄公河次区域经济合作机制（GMS）、孟中印缅经济走廊（BCIM）和澜沧江—湄公河合作机制（LMC）等为重点研究方向，并具体围绕区域经济合作、区域安全合作、人文交流、南海问题、跨界民族、水资源合作、替代种植等重点领域进行深入研究并不断创新。第三，在周边外交的实际推动工作上，云南大学周边外交中心在服务决策、服务社会方面取得了初步成效。据了解，迄今为止该中心完成的多个应用性对策报告得到了相关部门的采纳和认可，起到了很好的咨政服务作用。

云南大学周边外交中心推出的"云南大学周边外交研究丛书"系列与"云南大学周边外交研究中心智库报告"等系列丛书正是基于中国周边外交新形势以及自身多年在该领域学术研究与实践考察的深厚积淀之上。从周边外交理论研究方面来看，该两套丛书力求基于具体的区域范畴考察、细致的国别研究、详细的案例分析，来构建起一套有助于建设亚洲命运共同体、利益共同体的新型周边外交理论，并力求在澜沧江—湄公河合作机制、孟中印缅经济合作机制、水资源合作机制等方面有所突破与创新。从周边外交的具体案例研究来看，该两套丛书结合地缘政治、地缘经济的实际情况以及实事求是的田野调查，以安全合作、经济合作、人文合作、环境合作、边界冲突等为议题，进行了细致的研究与客观独立的分析与思考。从对国内外中国周边外交学术研究与对外实践外交工作的意义来看，该两套丛书不仅将为国内相关研究同人提供借鉴，也将会在国际学界上起到交流作用。与此同时，这两套丛书也将为中国周边外交实践工作的展开提供智力支撑与建言献策的积极作用。

郑永年
2016 年 11 月

前　言

本书稿分析并回答了以下问题：中国人口转变是否已经完成？人口转变历程及面临的现实人口问题？人口转变对跨越"中等收入陷阱"所产生的效应；中国跨越"中等收入陷阱"具备的基本现实条件；为顺利迈入高收入国家行列，中国将实施怎样的人口发展路径作为支持经济增长的有利人口条件？

本研究首先兼顾指标的合理性、数据可获得性以及数据的国际比较，"中等收入陷阱"研究除了使用人均 GNI 指标外，还包括基尼系数、人均 GDP、贫困人口比重、城镇化率、服务业比重、受教育程度等相关指标。其次，分析了中国人口与经济增长的内在联系，强调中等收入陷阱的跨越不可能离开收入增长。把提高人口效率作为中国人口转变促进经济高质量发展的有益补充。同时运用生命周期理论、Cobb – Douglas 生产函数模型等方法与手段，多维度地分析了韩国、新加坡、日本、巴西、智利等相关国家跨越"中等收入陷阱"过程中，中国应借鉴的成功经验以及应吸取的教训。再次，分析了中国人口转变对跨越"中等收入陷阱"带来的包括人口结构效应、经济影响效应、储蓄效应、人口红利期效应、人力资本累计效应、劳动力市场效应等多重效应。最后，提出只有实现现代型人口发展，才能为中国经济起飞提供良好的人口红利条件与发展基础，才能顺利迈入高收入行列。总体上，中国人口转变对促进经济高质量增长具有更多积极含义。

研究结果显示：第一，中国亟须实现产业结构调整升级与快速提高服务业劳动生产效率。一是中国正从"未富先老"进入"边富边老"，65岁及以上非生产性人口比重日益提高，对经济增长贡献相对较低，不利于经济稳定增长。二是新常态以来，人均 GDP 增速放缓，收入提升相对缓慢。三是需调整产业结构，提高服务业劳动生产率，这是中国从中高收入阶段迈入高收入阶段的核心要素。第二，中国经济正进入创造性和中高速增长期，不会掉入"中等收入陷阱"。在利用发展模式转换时机与经济结构转型机遇，克服技术创新难题与实现技术升级，调整宏观经济政策与体制变革调整，重点解决社会矛盾与收入分配不公等掉入"中等收入陷阱"的直接缘由，依据中国经济发展韧性、创造性与稳健性，不会掉入陷阱中。第三，中国已具备跨越"中等收入陷阱"相关条件。一是中国经济已走出了一条适合中国特色的、适合自身发展的新型工业化、新型城镇化、新时代发展道路。二是中国经济发展在持续稳定增长，实施经济发展与科技创新的双"三步走"发展战略，中国将成为世界科技强国。三是中国经济社会发展有着明显的制度优势与治理能力。四是中国已完善众多发展新举措大力发展经济，提高人民收入水平。第四，本书从经济与人口主要发展指标，提出了跨越迈入高收入阶段的人口转变发展路径与现代经济体系建设。

　　本书在写作与出版过程中得到了云南大学社会科学处和云南大学创新团队建设项目的大力支持，南方医科大学廖勋宸、云南大学政府管理学院廖炼忠、云南大学经济学院徐晓勇、云南大学民族学与社会学学院博士研究生李雅琳、硕士研究生李忠骥与张舒贤以及西安交通大学博士生李新宇和王楠，还有韦思琪、姜功伟、张晓倩、刘可可、黄美璇、代诚豪等人在资料搜集整理、数据统计分析、归纳与写作等方面做了大量富有成效的工作；中国社会科学出版社马明老师为本书的写作与修改提出了诸多建设性建议，为完善书稿写作、修订与出版给予了鼎力支持与大力帮助，在此一并致以最诚挚的谢意。

　　由于研究水平与资料获得有限，本书对新常态下的中国人口转变对跨越"中等收入陷阱"的效应研究还有诸多不尽如人意之处，比如没有充分考虑新冠肺炎疫情对全球经济带来的迟滞效应、对中国发展的影响等方面的不足，甚至有可能出现某些错误之处，在此诚恳地期待读者多多提出宝贵意见与建议，以便及时纠正并在未来研究中获得新发现与新进展。中国经济迈入高收入行列研究是一个多视角、多维度、多元发展与共同谋划的综合话题,本研究显示,中国人口转变进程仍在进行中,并仍将持续一段时间,2030年左右基本完成第一阶段进入人口转变后期,中国经济社会发展有着明显的制度优势与持续发展能力,人民收入水平不断提高,中国已具备迈入高收入行列的各种相关条件。

目 录

第一章 绪论 ………………………………………………………（1）
 第一节 研究背景与研究内容 …………………………………（1）
 第二节 文献综述 ………………………………………………（7）

第二章 人口转变对跨越"中等收入陷阱"的机理与相关影响 ……（35）
 第一节 人口转变对跨越"中等收入陷阱"的影响 ……………（35）
 第二节 人口转变对迈入高收入阶段的影响 …………………（48）

第三章 中国人口转变历程及相关现实问题 …………………（76）
 第一节 新常态下中国新型人口红利 …………………………（76）
 第二节 中国人口转变进程与趋势判断 ………………………（94）
 第三节 中国人口转变后期相关现实问题 ……………………（102）

第四章 新常态下中国经济发展现状及主要问题 ……………（118）
 第一节 新常态下中国经济发展现状 …………………………（118）
 第二节 新常态下中国人口经济面临的主要问题 ……………（127）
 第三节 "新常态"对跨越"中等收入陷阱"的影响 …………（137）

第五章 多元视角下部分国家跨越"中等收入陷阱"比较 ……（148）
 第一节 中东欧国家人口转变与跨越"中等收入陷阱" ………（148）
 第二节 基于 HDI 视角跨越"中等收入陷阱"的国际比较 …（169）
 第三节 基于产业与就业结构跨越"中等收入陷阱"比较 ……（183）

第六章 人口转变对跨越"中等收入陷阱"的相关效应 (199)
第一节 经济影响效应 (200)
第二节 储蓄效应 (212)
第三节 人力资本累积与劳动力市场效应 (227)
第四节 人口红利消失对跨越"中等收入陷阱"的机遇与挑战 (230)

第七章 跨越"中等收入陷阱"相关国际经验比较 (248)
第一节 日本、新加坡成功跨越"中等收入陷阱"经验借鉴 (248)
第二节 韩国、智利、巴西跨越"中等收入陷阱"相关经验 (261)
第三节 中东欧国家跨越"中等收入陷阱"的成功经验 (281)
第四节 拉美相关国家跨越"中等收入陷阱"的主要经验与警示 (284)

第八章 新常态下中国人口转变对跨越"中等收入陷阱"的条件及应对策略 (300)
第一节 中国已具备跨越"中等收入陷阱"的基本条件 (301)
第二节 中国成功跨越"中等收入陷阱"的人口转变路径 (321)
第三节 新常态下跨越"中等收入陷阱"亟须建设现代化经济体系 (346)

附 表 (354)

参考文献 (357)

第一章

绪　论

恩格斯认为,"一切重要历史事件的终极原因和伟大动力是社会经济的发展,是生产方式和交换方式的改变"①,人口转变是伴随社会经济过程中所出现的一个重要发展历程,人口与经济发展是人类社会永恒的主题。进入21世纪以来,中国人口迎来了低生育率、低增长率以及快速老龄化为特征的人口转变期,与此同时,经济也从高增速的"二元增长模式"转变为"中低增速"的现代型经济发展模式,中国经济进入新常态。可以说,中国面临进入人口转变后期与跨越"中等收入陷阱"的双重挑战。为此,怎样创造一个有利于经济社会平稳健康发展的国内外环境,如何创新有利于国民经济持续健康发展的稳健政策,如何有效提高民众收入提高人民生活水平,什么样的人口条件才能支持上述事项实现,成为非常有意义的研究主题。

第一节　研究背景与研究内容

一　研究背景与意义

（一）研究背景

1978年,中国开启了经济社会发展历史新时期,40多年来,面对多变的国内外复杂环境,依然实现了国民经济蓬勃发展,经济总量连年迈

---

① 转引自胡鞍钢、刘生龙、马振国《人口老龄化、人口增长与经济增长——来自中国省际面板数据的实证证据》,《人口研究》2012年第3期。

上新台阶。1979—2013年，国内生产总值年均增长率高达9.7%，同期世界经济年均增速仅为2.7%，实现了GDP总量从1782.81亿元到9.57万亿元的飞跃，人均GNI从210美元到6770美元，大大提升了综合国力和人民生活水平，提高了中国在全球的经济政治地位。自2008年全球金融危机爆发后，世界经济由此陷入泥潭并进入持续缓慢复苏阶段。中国也由于长期非均衡与单一产业结构发展等因素，经济发展进入缓慢增长期。

2010年，中国人均GNI为4340美元，首次进入中高等收入国家行列。当前，中国正处于从中等偏上阶段向高收入跨越的重要时期，同时也面临传统经济增长方式不可持续、人口红利消失导致人力资本存量削减、生态环境恶化、新常态下经济结构优化升级和增速换挡等多重压力。作为全球经济体量第二的最大发展中国家，中国在中等偏上收入阶段，经济增速下滑引发了业界高度关切。从世界各国经济发展经验与历史实践看，跨越中等收入阶段是经济发展的一个必经历程，但世界各国在该过程中表现不尽相同，有些国家很短时间就进入了高收入，有的国家则长期陷入陷阱中不能自拔，有的甚至沦落为低收入国家。

中国拥有14亿人口，2019年，GDP增速6.1%，人均GDP首次超过1万美元，人均GNI达10410美元，该数据虽高于中等收入国家平均值，但依然处于中高等收入行列。至2021年，中国经济进入中等收入行列已持续22年，进入中等偏上收入持续了11年。可以看出，改革开放以来中国经济发展取得了巨大成就，但在面临迈入高收入行列尚没有完整的、现成的经验为中国借鉴。在经济新常态与后人口转变阶段的现实境况下，如何破解中国经济社会发展各项难题与挑战，并顺利迈入高收入行列亟待认真研究。

（二）研究意义

1. 实践意义与应用价值

新常态下，中国能否成功跨越"中等收入陷阱"，较大程度地受制于因人口转变带来的人口效应。基于人口转变与经济增长的相互关系，研究人口转变对跨越"中等收入陷阱"带来的相关效应，对科学制定人口发展战略，提高人口效率实现国民经济健康可持续发展尤为重要。党的十八届五中全会报告提出"全面建成小康社会新的目标要求"。党的十九大报告也指出:"我国经济已由高速增长阶段转向高质量发展阶段,正处在转变发展方式、优化经济结构、转换增长动力的攻关期,建设现代化经济体系是跨越关口的迫切要求和我国发展的战略目标。"①

当前中国经济面临的环境和条件已发生和正在发生巨大变化,作为已进入中高收入阶段与新常态的中国,面临陷入"中等收入陷阱"的挑战。在迈入高收入阶段的关键期,研究中国人口发展基本现状、人口转变历程、发展趋势及如何迈入高收入行列,分析如何及时调整并评估相关发展战略,科学制定人口与产业发展策略,在借鉴亚洲、拉美、中东欧等相关国家成功迈入高收入行列经验基础上,提出适合支持中国经济发展的人口发展路径与有利人口条件,建设现代经济治理体系,促进经济收入持续增长,具有重要的实践意义与应用价值。

2. 理论意义

在中国人口红利减少、老龄化日益严重、经济潜在增长率预期下降基础上,运用经典人口转变理论,创建人口效率指标,运用生命周期理论等方法,分析人口转变对跨越"中等收入陷阱"的相关效应、人口转变对经济增长的贡献等内容,把经典人口理论应用到中国人口转变对跨越"中等收入陷阱"的效应与选择路径的理论解释中,以拓宽人口转变研究视野与思路,同时根据中国人口经济实践,提出人口发展对促进中国迈入高收入行列的具体举措。由此提升和创建具有特定表达意义和创新性的理论观点,从而使人口转变与跨越"中等收入陷阱"的相关关系,对相关理论基础支持更厚实,论证更系统、更科学。

二 主要研究方法与研究框架

(一)主要研究方法

1. 理论与文献分析法:通过对国内外学者已有研究成果进行分析、归纳与总结,研究经典人口转变理论、人口与经济增长、"中等收入陷阱"等内容,结合人口转变对跨越"中等收入陷阱"的理论与实践意义

---

① 黄群慧:《扎实推进实体经济从高速增长转向高质量发展》,2020年12月3日,人民网(http://theory.people.com.cn/n1/2018/0116/c40531-29766845.html)。

进行具体解释，根据研究目的力争实现以下相关目标：人口转变理论与跨越"中等收入陷阱"的关系、人口转变对跨越"中等收入陷阱"的相关影响，阐释理论基础与主要内容。

2. 历史分析法：通过对自1949年以来中国人口转变发展历程、阶段与发展趋势判断，理清中国可能面临的相关现实问题，同时阐述人口转变对跨越"中等收入陷阱"的作用与机制，解释新常态下中国人口发展对经济增长的贡献、人口转变对经济增长的相关效应、人口效率提高对迈入高收入行列的支持作用。

3. 案例分析法：选择成功跨越"中等收入陷阱"的典型国家，如新加坡、日本、韩国等，以及掉入陷阱中的拉美相关国家，分析中国应吸取的上述跨越"中等收入陷阱"的成功经验与相关教训。

4. 实证分析法：运用生命周期理论、柯布道格拉斯生产函数等方法，分析人口转变对跨越"中等收入陷阱"中的相关效应，分析中国人口红利期对经济增长的贡献等。

(二) 研究框架与思路

首先，通过国内外相关文献，分析人口转变对跨越"中等收入陷阱"的内在逻辑与机制；其次，依据中国人口发展分析人口转变历程、趋势，判断中国经济进入新常态后，人口转变对跨越"中等收入陷阱"的各种效应；再次，借鉴日、韩等迈入高收入行列的亚洲相关国家，以及拉美长久陷入"中等收入陷阱"相关国家，重点分析成功经验与教训；最后，在新常态下，提出中国成功跨越"中等收入陷阱"的人口发展路径。

(三) 相关创新点

1. 立足于新常态背景，分析中国人口转变对跨越"中等收入陷阱"的机制，人口转变对跨越"中等收入陷阱"的各项效应，研究如何规避"中等收入陷阱"，为新常态下的中国人口转变在政策调整与经济创新等方面提供发展思路。

2. 运用人口效率等指标分析中东欧国家经济发展的人口效应贡献，分析中国人口转变历程、现实问题与发展趋势，人口转变对经济增长的贡献。运用生命周期理论、经济增长相关指标分析人口转变对跨越"中等收入陷阱"的多重效应，以研究中国迈入高收入的人口发展条件与现代化经济体系建设。

3. 在新常态下，中国人口发展也面临新问题，人口转变过程也将对经济社会发展产生一定影响，如劳动力数量、质量、结构变化，人口红利减少与老龄化问题，需要在现实背景下进行系统分析，联系内在因素与外部因素对中国人口转变作用于跨越"中等收入陷阱"路径分析，提出人口转变对规避"中等收入陷阱"的有效应对措施。

三 研究内容与结论

（一）主要研究内容

第一，搜集国内外相关文献，对新常态、人口转变、人口与经济、"中等收入陷阱"以及人口转变对跨越"中等收入陷阱"的影响等内容进行整理、归纳与总结，并进行述评；第二，分析人口转变对跨越"中等收入陷阱"的作用与机制；第三，分析中国人口转变历程、发展趋势判断，提出现实人口问题，研究新常态下中国经济面临的主要问题，对跨越"中等收入陷阱"的潜在影响等；第四，分析人口转变对跨越"中等收入陷阱"的经济影响效应、储蓄效应、人力资本累积与劳动力市场效应，实证分析人口红利消失对跨越"中等收入陷阱"的机遇与挑战；第五，分析日本、新加坡、韩国、智利、巴西等跨越"中等收入陷阱"的国际经验、启示对中国的借鉴；第六，从中国已具备跨越"中等收入陷阱"的基本条件，重点分析中国跨越"中等收入陷阱"的有利人口条件以及现代经济体系建设。

（二）主要研究结论

1. 中国人口转变仍在进行中

中国人口转变依然在进行时，并仍将持续一段时间，2030年左右基本完成第一阶段人口转变，此后进入持续低出生率、低死亡率和零自然增长率（或负自然增长率）为特征的"后人口转变"时期。随着人口老龄化程度日益加深，国家生育政策调整以及育龄人口生育观念转变，人口转变情势必定呈现新的阶段性特征。在国家实施全面两孩政策后，"十三五"时期出生人口有所增多，"十四五"时期受育龄妇女数量减少，人口老龄化带来的死亡率上升影响，人口增长势能减弱。随着"三孩"生育政策的实施，长期看，有利于缓解生育水平走低，总人口将在2030年前后达到峰值，此后持续下降。

2. 人口转变后期将出现内在结构性与外部环境作用下的相关问题

内在结构性相关人口问题包括：人口老龄化问题将日益加重，社会抚养负担将加剧，到2050年，中国65岁及以上人口占总人口比重将接近28%；总和生育率偏低，影响人口合理更替；性别结构有些失衡等。外部环境作用下相关人口问题包括：区域间经济发展不均衡与人口流迁问题；城乡贫富与地区之间差距持续加大；强制计划生育政策的实施导致被动人口转变；女性受教育状况明显改善，自主能力明显增强；核心家庭成为主流，风险家庭增多等。

3. 急需调整升级产业结构与提高服务业劳动生产效率

第一，从"未富先老"到"边富边老"。中国人口年龄结构正从一般老年型社会快速向深度老年型社会演变（预计2024年步入）。遇上经济新常态，较高的老年抚养系数加重了全社会养老负担，非生产性人口比重日益提高，消费能力大于生产能力，对经济增长贡献相对较低，社会资本将更多用于社会保障事业，从而降低生产部门资金投入，整体降低了全社会生产活力，不利于经济快速增长。

第二，由改革开放以来中国经济持续高速增长到进入新常态后的中高速增长，既带来新的发展机遇，也让经济改革面临新的难题与挑战。

第三，产业结构调整升级与服务业劳动生产率提高，是中国从中高收入进入高收入阶段的核心要素。

4. 中国不会掉入"中等收入陷阱"

一个国家经济发展由低收入向中等收入尤其是走入中等偏下收入阶段相对容易。如果在中等收入阶段仅依靠传统发展模式继续发展经济，不能持续地为经济发展提供动力，经济发展往往陷入瓶颈，进入高收入阶段难度更大。研究显示，中国经济正进入具有创造性和可持续性发展的中高速经济增长期，并有着强劲的韧性、中国特色的制度体系与治理能力，中国不会掉入"中等收入陷阱"。

5. 中国已具备跨越"中等收入陷阱"的相关条件

首先，已走出了一条适合中国特色的、适合自身发展的新型工业化、新型城镇化、适合新时代发展道路,已开启全面建设社会主义现代化国家新征程,是人口大国中经济发展的奇迹;其次,中国经济发展经历了4个上升阶段,用创新驱动中国经济再次强劲出发不成问题;再次,中国有着明显的制度优势,未来经济社会发展中,将更全面地落实党的十九大与十九届五中全会精神,推动中国特色社会主义制度更加完善、国家治理体系和治理能力现代化水平明显提高,并为政治稳定、经济发展、人民幸福等提供强有力保障;最后,中国已实施并完善多发展新举措,可成功迈入高收入行列。

第二节 文献综述

人口与经济是当前学界讨论和研究的重点问题,也是社会科学研究中较广泛、较成熟的热门领域。人类社会不断发展中,伴随人类自身发展为核心的人口转变历程不断推进。在人口研究史上,人口转变比其他任何一种人口现象都有着更为重要的地位,作为人类由农业社会向工业社会迈进社会转型的重要组成部分,人口转变与工业化、现代化发展密切关联。近代以来,世界各国人口变化表现出了巨大差异,究其原因是由于各国经历着不同阶段的人口转变,且经历的时期并不同步。

一 国外相关文献研究综述

(一)人口与经济相关研究

17世纪英国古典经济学派创始人威廉·配第(William Petty)(1672)①② 在《赋税论》《政治算术》等著作中,最先阐明了人口和财富之间的内在关系,认为一个国家财富生产需要一定数量的人口予以支撑,若人口数量过少会阻碍生产技术水平和劳动生产率提高。自威廉·配第后,资产阶级古典经济学家从各自经济理论出发探讨人口与经济的关系,

---

① [英]威廉·配第,《赋税论》,邱霞,原磊译,华夏出版社2006年版,第71页。
② [英]威廉·配第:《政治算术》,陈冬野译,商务印书馆2014年版,第83页。

把人口作为引起经济变化的一个内在重要因素加以分析。如亚当·斯密（Adam Smith）（1776）在其《国富论》中提出："就一国的繁荣而言，最明确的标志是居民人数的增长。"① 早期人口经济学典型代表托马斯·罗伯特·马尔萨斯（Thomas Robert Malthus），从人类生殖力与人类生产生活资料能力出发研究人口与经济关系，并运用"土地收益递减规律"论证人口以几何比率增长，但生活资料仅能以算数比率增加的结论，提出应通过"两种抑制"阻止人口自然增长。② 此后，英国经济学家大卫·李嘉图（David Ricardo）将斯密的经济学思想和马尔萨斯人口原理结合起来提出了长期动态论，认为人口与财富、社会收入之间存在一定联系。③

19世纪中叶以后，随着资本主义经济快速发展和人口急剧增长，周期性失业、工业失业和贫困等一系列人口经济问题加剧。卡尔·马克思·海因里希（Karl Heinrich Marx）和弗里德里希·冯·恩格斯（Friedrich Von Engels）在《德意志意识形态》（1845）中首次提出了"两种生产"概念，研究了资本主义生产方式下的人口与经济发展关系，认为在一定生产方式下，物质资料生产是以一定数量和质量的人口为前提条件，人口与经济相互关系的核心是劳动人口再生产与物质资料再生产在发展过程中供求平衡的问题。④ 埃德温·坎南（Edwin Cannan）在《初级政治经济学》（1888年）中明确提出了适度人口思想和相关理论，将人口增长和工农业生产率以及人均收益等联系起来，为人口经济学研究开辟了新视角。⑤ 瑞典经济学家纳特·维克赛尔（Knut Wecsell）（1910）也主张适度

---

① ［英］亚当·斯密：《国富论》，转引自李仲生《人口经济学》，清华大学出版社2006年版，第1页。
② ［英］托马斯·罗伯特·马尔萨斯：《人口原理》，朱泱、胡企林、朱和中译，商务印书馆1992年版，第33—39页。
③ ［英］大卫·李嘉图：《政治经济学与赋税原理》，郭大力、王亚楠，商务印书馆1972年版，第7—8页。
④ 《德意志意识形态》，转引自李仲生《欧美人口经济学说史》，世界图书出版公司2013年版，第66页。
⑤ 《初级政治经济学》，转引自李仲生《人口经济学》，清华大学出版社2006年版，第21页。

人口理论，第一次正式提出"适度人口"术语，并着重探讨了适度人口规模和密度，并以一个国家的抚养能力作为判定是否存在人口过剩的标准。① 这些早期的经济适度人口研究仅是静态数量分析，没有基于现时的社会生产方式和生产关系考察人口变动与经济发展的关系，缺乏一定的科学依据。

20 世纪 50 年代，针对发展中国家经济发展状况，部分人口经济学家采用抽象化数理模型，将人口因素看作促进经济增长的内在变量，研究人口现象的各种数量变动关系和规律，解释其与经济发展、国民收入的相关性。其中，美国著名人口经济学家哈维·莱宾斯坦（Harvey Leibenstein）（1957）在《经济落后与经济增长》中指出，人口是经济发展的内在因素，整个经济发展过程就是人口与财富之间相互影响与抗争的过程，分析了人口增长同临界最小规模之间的相互关系，认为发展中国家必须有效控制人口增长，否则将阻碍经济发展，并陷入恶性循环困境。② 纳尔逊（Richard R. Nelson）（1956）认为，经济增长带来了人口同步增长，若人口增长速度快于经济增长速度，将会导致人均收入陷入低水平均衡陷阱。此后，人口压力论、人口爆炸论以及增长极限论等理论相继提出。但过去几十年的发展状况表明，上述相对悲观的论调并不具有科学性。"基于人口决定论观点，夸大人口问题和影响的严重性，会走向另一个极端。"③

阿尔费雷德·索维（Alfred Sauvy）（1952）在《人口通论》中阐释了人口与经济、社会诸因素间的关系，"一个以最令人满意的方式达到某项特定目标的人口"④ 是适度人口⑤。随后进一步补充和发展了经济适度人口理论，主要从动态角度分析人口增长同经济增长之间的关系，说明人口增长可能给经济增长、经济发展带来不利和有利影响，以及在这种

---

① 转引自李仲生《人口经济学》，清华大学出版社 2006 年版，第 22 页。
② 转引自李仲生《欧美人口经济学说史》，世界图书出版公司 2013 年版，第 122—123 页。
③ 转引自杨坚白、胡伟略《人口经济论》，社会科学文献出版社 2007 年版，第 155 页。
④ 转引自贾志科、刘光宇《科学发展观指导下的适度人口理论新探》，《西北人口》2006 年第 3 期。
⑤ 阿尔费雷德·索维：《人口通论》（上册），商务印书馆 1983 年版，第 53 页。

不利与有利之间寻求均衡，寻求适度人口增长率①。美国著名经济学家P. A. 萨缪尔森认为，达到按人口平均的收入最高，因而处于该时点的人口称为"最优人口"或"人口最优点"②。可见，在分析经济适度人口时，往往用人均收入水平作为衡量标准。整体上，索维等人提出的人口适度变动给家庭和社会带来经济效益以及人口增长的过多或过快，可能会给家庭和社会带来经济负担的观点，为后人进一步研究人口增长负债、人口增长的经济效益和人口红利等开启了思考或智慧之门。

第二次世界大战中及以后，亚洲、非洲和拉丁美洲等大洲的一批发展中国家相继获得了独立，西方发达国家势力相对削弱，人口经济问题相继凸显，比如失业人口大量增加和熟练劳动力不足并存；人口老龄化和经济活动人口负担加重；贫富鸿沟加深，广大蓝领工人贫困等。与此同时，发展中国家也面临不同程度的人口经济问题，如粮食不足、就业问题、贫富悬殊等③。正由于以上种种矛盾和人口经济问题，现代悲观主义在西方国家十分流行，美国就设有各种各样的组织和机构宣扬悲观主义。其中美国著名学者威廉·福格特（Willian Vogt）（1949）的《生存之路》，被认为是现代悲观主义人口经济理论代表作，书中称现代世界人口增长已超过了土地和自然资源的负载能力，人类面临灭绝的危险；人类生存的道路，在于控制人口增长，恢复并保持人口数量和土地、自然资源之间的平衡；防止人口过剩的基本途径是降低出生率，提高死亡率④。

该时期另外两位悲观主义代表人物是 W. S. 汤普森（W. S. Thompson）和 J. H. 赫茨勒（J. H. Hertzler）。汤普森在《人口问题》（1953）中认为，人口压力是现代战争的原因，歪曲和否认了现代战争的根源。赫茨勒在

---

① 转引自谢武贵《湖南人口结构均衡度与经济发展的耦合协调度研究》，硕士学位论文，湖南大学，2011年，第5页。
② 转引自李嘉岩《农村反贫困与人口可持续发展研究》，博士学位论文，中国社会科学院研究生院，2002年，第8页。
③ 参见彭松建《现代西方人口经济学教程》，北京大学出版社2014年版，第168页。
④ 转引自夏承伯《从绿色经典文献看20世纪生态思想演进》，硕士学位论文，内蒙古大学，2008年，第6页。

《世界人口危机》(1956) 中提出了"人口爆炸"论，认为世界人口就像氢弹爆炸一样骤然增长了若干倍①，认为发展中国家和地区的人口增长导致了世界人口危机，亚洲、非洲和拉丁美洲地区人民贫穷和落后的原因是人口迅速增长。《增长的极限》(1972) 被认为是现代悲观主义代表作，"早在公元 2100 年来到之前，增长就会停止"。② 从根本上，现代悲观主义者鼓吹"人口决定论"，同时否认科学技术进步的巨大作用，忽视了人类将会利用不断进步的科学技术去发现和开发新的资源，或发明新的替代物以弥补现有资源不足。而且，各种避孕药具的发明和推广，也是科学技术应用于快速控制人口增长的重要表现。

（二）人口转变相关研究

200 年来，人类文明进程一直在经历着人口转变。近代世界各国人口变化表现出了巨大差异，究其原因是由于世界各国在经历着人口转变的不同阶段③。人口研究也因人口转变理论在第二次世界大战后出现了繁荣，该理论也说明了自马尔萨斯（Malthus）和李嘉图（Ricardo）时代以来，经济学家们一直在探讨的人口与经济关系，是一种因果或者是互利的关系（United Nations, 1990）④。在西方发达国家和地区，人口转变是伴随着工业化、城市化，经济逐渐现代化过程中，大批传统农村人口逐渐在向城市迁移的过程中缓慢实现的，这完全需要经历一个渐进的与较长时间的转变发展过程。人口转变理论是现代西方人口理论的重要组成部分之一，是一种随着社会经济条件的发展、以人口发展过程及其演变的主要阶段为研究对象的人口理论⑤。

20 世纪 50 年代前，人口转变只能说是描述一种人口变化而不是一种理论。但每一个经历人口变化的国家都表现出了人口转变的一些共同特点，这似乎表明人口转变是一种普遍的人口增长规律。从诺特

---

① 转引自李超敏《西方人口生态学流派简介》，《中国人口科学》1990 年第 2 期。
② D. 梅多斯等：《增长的极限》，商务印书馆 1974 年第 2 版，第 163 页。
③ 陈卫、黄小燕：《人口转变理论述评》，《中国人口科学》1999 年第 5 期。
④ 陈卫、黄小燕：《人口转变理论述评》，《中国人口科学》1999 年第 5 期。
⑤ 申鹏：《基于中国人口转变视野的农村劳动力转移制度创新研究》，博士学位论文，西南财经大学，2010 年，第 10 页。

斯坦之后，人口转变模型在普林斯顿学派研究中得到了积极应用和修正。面对第二次世界大战后快速的人口增长，人口学家们从人口转变角度进行了大量研究，形成了各国"为什么"以及"怎样"经历人口转变的理论解释，而这些理论解释，总的看来是从现代化概念引申出来的①。

20世纪60年代，随着对第三世界国家人口转变研究和对西方人口转变新分析的涌现，相关传统人口转变理论已开始受到大量质疑与挑战。人口转变经典解释基本上是一种演绎逻辑。人口学家们度量了出生率、死亡率变化并明确得出结论。尽管人口转变理论在联合国和世界银行人口预测以及对过去和现在生育行为的学术研究中仍继续发挥作用②，但实际上自1984年以来，"人口转变理论"在专业性文献标题中的使用率已出现了大幅下降，经典人口转变理论发展受到了挑战。自20世纪80年代以来，尤其21世纪后，现代人口转变理论可概括为：一是"第二次人口转变"理论的提出与完善；二是制度因素开始进入人口转变理论研究者视野，这两个研究领域使人口转变理论更贴近现实、贴近实践③。

"第二次人口转变"理论最早产生于20世纪80年代，完善于21世纪初，尤以Van de Kaa于2001年获得国际人口科学联盟的最高荣誉奖"国家人口科学联盟桂冠"（IUSSP Laureate）作为该理论成型的重要标志。1986年起，部分欧洲学者论述了第二次人口转变理论，把发生在19世纪到第二次世界大战前的欧洲人口转变称为"第一次人口转变"，20世纪60年代后的人口转变称为"第二次人口转变"，与第一次人口转变相比，第二次人口转变无论在深度、广度，还是在变化机制方面都有很大不同④。

现代人口转变理论与经典人口转变理论相比，前者从更广阔的视野

---

① 陈卫、黄小燕：《人口转变理论述评》，《中国人口科学》1999年第5期。
② 陈卫、黄小燕：《人口转变理论述评》，《中国人口科学》1999年第5期。
③ 申鹏：《基于中国人口转变视野的农村劳动力转移制度创新研究》，博士学位论文，西南财经大学，2010年，第9页。
④ 蒋耒文：《欧洲第二次人口转变：理论及其思考》，《人口研究》2002年第3期。

中分析现代人口转变过程,更接近于广义人口转变实质,力图为现代人口转变提供一种更合理、更具"解释性"理论①。同时还可以看出,人口转变阶段划分并无太大差异,实则在大多数传统模式之间仅有阶段间划分区别,而没有出生率和死亡率变动的曲线走向区别,因而可笼统地称之为传统模式。这里借用传统一词,仅指已有之模式而不含有其他意味。②

人口转变是一个多维动态历史过程,不仅应看到人口出生与死亡的"革命性"变化,还应看到人口婚姻模式转变、生育行为转变、家庭结构与类型转变等一系列转变。此外还包括具有重要现实意义的人口健康转变、人类自主调控人口行为模式的历史性转变等。因此,在社会更加发达和文明的今天所理解和认识人口转变,已不仅仅是对人口本身发展变化规律的认识,更是对映射在人口变化中的社会变迁,包括社会组织结构、价值和道德取向、个人生活方式、社会分层与流动以及发展道路等方面的理解和认知。正是这样的认知需要,要求在关注人口的生与死的同时,也要关注上述负载社会变迁的一系列更宽泛意义上的人口转变③。

(三)"中等收入陷阱"相关研究

第二次世界大战以来,世界经济版图发生了重要变化,其中最引人注目的是亚洲崛起,贡德·弗兰克(Andre Gunder Frank,2008)认为世界经济与政治权力中心将再次回到东方。首先是日本从战后废墟中迅速崛起,然后是亚洲"四小龙"——中国香港地区、中国台湾地区、韩国和新加坡,再之后是东南亚国家和中国沿海地区④。日本和"四小龙"似乎昭示着亚洲其他国家也将顺利实现第二次跨越,其实不然。在第二次世界大战以来的世界经济发展历史中,就有一些国家在完成了第一次跨

---

① 申鹏:《基于中国人口实践的制度人口学研究内容探析》,《西北人口》2010 年第 6 期。
② 朱国宏:《人口转变论——中国模式的描述和比较》,《中国人口科学》1989 年第 5 期。
③ 刘爽、卫银、任慧:《从一次人口转变到二次人口转变——现代人口转变及其启示》,《人口研究》2012 年第 1 期。
④ 转引自蔡敏、周端明《"中等收入陷阱"研究文献述评》,《政治经济学评论》2012 年第 7 期。

越之后长时间没有办法完成第二次跨越①，如拉美、东南亚以及中东许多国家。回顾世界经济发展历史，仅有为数不多的几十个国家和地区成功进入高收入经济体，其余大部分国家和地区则继续停留在中等收入阶段，有的甚至沦为低收入经济体，由此世界银行报告提出了"中等收入陷阱"（Middle Income Trap）。哈佛大学政治经济学教授帕金斯曾指出，"中等收入陷阱"带有普遍性现象。

总结成功跨越"中等收入陷阱"国家的经验后发现，这些国家主要通过顺利实现产业结构转换升级，强调"技术立国"，鼓励创新，提高居民收入和缩小收入差距，以及政府强有力的引导作用，这些国际经验可以为中国跨越"中等收入陷阱"提供重要启示。人口要素作为推动经济增长的重要因素，众多学者均指出，当前中国呈现人口红利消失，劳动力缺少，工资上涨增快等特点，中国正面临人口转变带来的经济增长问题。

认为掉入"中等收入陷阱"的具体原因可归纳为：未能及时进行技术创新②、未能及时调整经济增长模式③、政府宏观经济管理失控④、人口城市化与工业化推进不协调⑤、社会财富分配不公⑥等方面。同时，⑦通过实证对比跨越和落入"中等收入陷阱"两类国家的判断依据，揭示"中等收入陷阱"的实质是效率陷阱，比如教育投入不足、失业率高、消费层次低、贸易升级慢、金融配置低、贫富差距大是导致落入"中等收入陷阱"的原因，发现了高贫富差距和低消费率的国家无一例外均落入

---

① 蔡敏：《中等收入陷阱的内涵：稳态的视角》，《经济与管理评论》2012 年第 9 期。

② Ohno, K., "Avoiding the Middle-Income Trap: Renovating Industrial Policy Formulation in Vietnam", ASEAN EconomicBulletin, Vol. 26, No. 1, 2009, pp. 25 – 43.

③ 郑秉文：《如何从经济学角度看待"用工荒"》，《经济学动态》2010 年第 2 期。

④ Ohno, K., "Avoiding the Middle-Income Trap: Renovating Industrial Policy Formulation in Vietnam", ASEAN EconomicBulletin, Vol. 26, No. 1, 2009, pp. 25 – 43.

⑤ 郭正模：《跨越"中等收入陷阱"与收入分配创新》，《政治经济学研究》2013 年第 14 期。

⑥ 蔡昉：《中国经济面临的转折及其对发展和改革的挑战》，《中国社会科学》2007 年第 3 期。

⑦ 李红艳、汪涛：《中等收入陷阱的国际实证比较及对中国启示》，《产经评论》2012 年第 3 期。

"中等收入陷阱"的现象,并对中国落入陷阱的可能性进行判断分析。①

跨越"中等收入陷阱"相关成因与争议体现在:第一,大多数学者认为收入分配不公是导致贫富分化的主要原因,由此形成社会两极分化阻碍了经济可持续发展,郑秉文②、楼继伟③和 Vandenberg & Zhuang④等人的研究认为,中国要想跨过"中等收入陷阱",必须调整不合理的收入分配结构⑤。第二,需求结构与产业结构不合理。Vandenberg & Zhuang⑥认为,中国的需求结构不合理,并且出现了产能过剩,这可能导致中国陷入"中等收入陷阱"。低收入国家和中等收入国家面临不同的增长难题和发展难题。资源配置不合理、产业结构失衡和对国际市场的过度依赖,是中国陷入"中等收入陷阱"可能的原因。如果不能很好地解决自身发展的各种矛盾,就有可能进入"中等收入陷阱"而导致经济增长放缓或停滞。⑦ Jankowska 等阐述了拉美国家与东亚新兴国家在经济发展道路上的区别,并提出拉美国家因产业结构不能适应过度人口城市化而被"中等收入陷阱"锁定。⑧ Ohno 研究发现,东南亚的一些国家也出现了与拉美国家相似的经济问题,并且其以越南"改革开放"(Doi Moi)以来的经济史为线索展开研究,认为发展中国家跨越"中等收入陷阱"的关键,在于产业升级以及需要相应的政府配套政策⑨。第三,城市化进程会影响

---

① 姜百臣、朱桥艳:《需求拉动:中国如何摆脱中等收入陷阱?》,载《市场经济与增长质量——2013 年岭南经济论坛暨广东经济学会年会论文集》,2013 年 11 月,第 79—92 页。

② 郑秉文:《"中等收入陷阱"与中国发展道路——基于国际经验教训的视角》,《中国人口科学》2011 年第 1 期。

③ 楼继伟:《中国经济的未来 15 年风险、动力与政策挑战》,《比较》2010 年第 6 期。

④ Vandenberg, P, and J. Zhuang, "How Can China Avoid the Middle-Income Trap?", Asian Development Bank, 2011.

⑤ 张德荣:《"中等收入陷阱"发生机理与中国经济增长的阶段性动力》,《经济研究》2013 年第 9 期。

⑥ 转引自张德荣《"中等收入陷阱"发生机理与中国经济增长的阶段性动力》,《经济研究》2013 年第 9 期。

⑦ 刘伟:《突破"中等收入陷阱"的关键在于转变发展方式》,《上海行政学院学报》2011 年第 1 期。

⑧ Jankowska A. A., Nagengast, and J. R. Perea, "The Product Space and the Middle-Income Trap", OECD Development Centre, 2012, p.311.

⑨ 转引自张德荣《"中等收入陷阱"发生机理与中国经济增长的阶段性动力》,《经济研究》2013 年第 9 期。

经济社会可持续发展。楼继伟认为，中国已经提出将推进社会保障和收入分配制度改革，加快城市化和发展服务业等结构改革扩大内需，特别是消费需求。① 当前中国城市化水平依然不足，存在城市规模过小、城市间产业结构不合理以及城市区域分布不合理等问题，加速推进城市化进程是中国跨过"中等收入陷阱"的关键。中国尚未完成城市化，我们要准确判断形势，保持清醒头脑，增强忧患意识，做好应对风险的准备②。Felipe 等强调了城市化进程对一个国家经济发展的重要性。③ 但也有部分学者认为，过度城市化恰恰使一些国家陷入"中等收入陷阱"无法走出来，Jankowska 等认为拉美国家农业劳动力直接流入城市服务业，造成了过度城市化，致使这些国家陷入"中等收入陷阱"④。一些拉美国家农村人口向城市过度转移导致畸形城市化，拉美国家人口城市化是贫富高度两极分化的城市化，在陷入"中等收入陷阱"之前已经落入了"人口城市化陷阱"，发展中国家在推进人口城市化过程中，都十分警惕"拉美陷阱"⑤。第四，人口结构变动以及中国人口转变进入后期等原因可能制约与影响经济社会持续发展。Vandenberg 和 Zhuang 认为，人口老龄化可能使中国经济增长放缓。⑥ 改革开放以来中国经济依赖内需为主，人口结构转型所带来的"人口红利"将逐渐减少，人口结构老龄化，在人口相对年轻时应该选择投资、积累财富。如果现在主张很多消费，中国人口老龄化会非常快，会影响中国经济可持续增长。⑦ 中国在长期享受"人口红利"之后，许多人预期这一经济增长源泉即将于 2013 年前后随着"人口

---

① 楼继伟：《新兴市场国家面临的投资机会及挑战》，《经济研究参考》2010 年第 5 期。
② 刘伟：《经济发展的特殊性与货币政策的有效性》，《经济研究》2011 年第 6 期。
③ Felipe, J., A. M. Abdon, and U. Kumar, "Tracking the Middle-Income Trap". Levy Economic Institute, Working Paper, 2012, p. 715.
④ Jankowska A. A, Nagengast, and J. R. Perea, "The Product Space and the Middle-Income Trap", OECD Development Center, No, 2012, p. 311；张德荣：《"中等收入陷阱"发生机理与中国经济增长的阶段性动力》，《经济研究》2013 年第 9 期。
⑤ 田雪原：《警惕人口城市化中的"拉美陷阱"》，《宏观经济研究》2006 年第 2 期。
⑥ Vandenberg, P., and J. Zhuang, "How Can China Avoid the Middle-Income Trap?", Asian Development Bank, 2011；转引自张德荣《"中等收入陷阱"发生机理与中国经济增长的阶段性动力》，《经济研究》2013 年第 9 期。
⑦ 楼继伟：《未来仍需推进制度创新》，《新经济导刊》2010 年第 3 期。

抚养比"停止下降而消失，人口转变的主要推动力是经济增长和社会发展①。随着中国人口转变进入新阶段，亟待创造必要的制度条件获得以全要素生产率为主要驱动力的、更加可持续的经济增长源泉。转变经济发展方式，既是形成新型人口、资源、环境协调关系的必要条件，也是获得可持续经济增长源泉的关键②。中国在刘易斯转折点到来以及人口红利消失后，劳动力投入型的增长模式不再可行，急需挖掘新的经济增长源泉③。蔡昉认为，中国跨越"中等收入陷阱"的关键是提升人力资本水平并加快政府职能转换，再造"人口红利"。晏月平、王楠也认为，中国人口转变虽未完成，但人口结构与40多年前相比已出现了很大变化，这在一定程度上影响了中国劳动力市场的较大变化与人口抚养比的快速上升④，一定程度上对经济发展有着相关影响，需要提高人口素质红利并积极开发第二次人口红利⑤。第五，人口红利、人力资本、技术进步、基尼系数对跨越"中等收入陷阱"的影响。肖营研究发现，我国28个省份基尼系数水平的空间集聚特征呈明显增强趋势；人口规模与基尼系数之间为显著负相关关系，说明人口红利扩大能够降低基尼系数，通过人口红利延续可以帮助国家（地区）走出"中等收入陷阱"；技术进步与基尼系数之间为显著的负相关关系，技术进步能够缩小地区之间收入差距，进而促进我国各地区走出"中等收入陷阱"。⑥ 许丽霞认为，新发展理念的提出和贯彻是中国提防"中等收入陷阱"的关键。⑦ 而新发展理念的落实离不开配套的政治制度和体制机制的完善，因此推动中国之治进入新境

---

① 蔡昉：《人口红利消失之后》，《西部论丛》2010年第12期。
② 蔡昉：《中国人口与可持续发展》，《中国科学院院刊》2012年第3期。
③ 蔡昉、王美艳：《中国人力资本现状管窥——人口红利消失后如何开发增长新源泉》，《学术前沿》2012年第6期。
④ 晏月平、王楠：《改革开放四十年中国人口发展与人口效率研究》，《山东大学学报》（哲学社会科学版）2019年第5期。
⑤ 晏月平、张晓倩：《人口素质红利现状、问题与对策研究》，《成都大学学报》2018年第1期。
⑥ 肖营：《人口红利、技术进步与中等收入陷阱——来自中国经验的实证》，《商业经济研究》2020年第6期。
⑦ 许丽霞：《跨越"中等收入陷阱"的中国之策——基于新发展理念视角》，《经济师》2020年第4期。

界为成功跨越"中等收入陷阱"提供了制度保障①。郭东杰、魏熙晔认为人均GDP 4000美元可能是经济发展的一个门槛，②物质资本回报率仍然显著，而人力资本积累对经济发展贡献由之前的不显著变为显著，跃升为经济发展新驱动力，开启"双引擎"模式③。

除了上述成因外，还有些学者从制度、改革角度④、创新驱动与产业升级视角⑤、社会流动性角度讨论了"中等收入陷阱"问题⑥。虽然学界针对"中等收入陷阱"问题的研究已走向深入，但"中等收入陷阱"这一提法依然存在争议⑦。

另外，进入"高收入"行列后的国家并不意味着只要进入高收入行列，其未来就可以无忧无虑躺赢。实际上，有些高收入国家又较长时间地陷入了低增长困境，人民生活水平长期无法提高。甚至也有进入高收入国家后很快又重新回到中等收入国家的例子。因此，需要用动态的、客观全面的、发展的眼光研究与探讨"中等收入陷阱"。

（四）人口转变对跨越"中等收入陷阱"的影响

无论把"中等收入陷阱"归于经济增长还是发展问题，研究视角大都在探讨社会经济因素、制度因素对经济增长的影响。人口转变的经济效应一定程度上也直接影响世界经济发展，基于人口学学科中的经典理论研究跨越"中等收入陷阱"，具有相当大的现实意义与可能性。不过

---

① 许丽霞：《跨越"中等收入陷阱"的中国之策——基于新发展理念视角》，《经济师》2020年第4期。
② 郭东杰、魏熙晔．：《人力资本、收入分配与经济发展》，《中国人口科学》2020年第4期。
③ 郭东杰、魏熙晔：《人力资本、收入分配与经济发展》，《中国人口科学》2020年第4期。
④ 余丰慧：《改革助中国避开中等收入陷阱》，《中国人力资源社会保障》2013年第12期；高虎城、王珂：《贸易便利化为出口注入新动力》，《人民日报》2013年8月2日；贾裕聪：《新常态下中国如何跨越"中等收入陷阱"》，《当代经济》2016年第36卷。
⑤ 王晓鸿、崔嘉芸：《中国经济新常态与中等收入陷阱》，《北方经贸》2016年第12期；王曾源：《试论我国新时期跨越中等收入陷阱的路径选择》，《全国流通经济》2018年第32卷；蔡昉：《从中等收入陷阱到门槛效应》，《经济学动态》2019年第11期。
⑥ 蔡洪滨：《维持高社会流动》，《新世纪周刊》2011年第13期；孙立平：《"中等收入陷阱"还是"转型陷阱"？》，《开放时代》2012年第3期。
⑦ 张德荣：《"中等收入陷阱"发生机理与中国经济增长的阶段性动力》，《经济研究》2013年第9期。

"黄金时代"到来的迟早和"盈利""红利"的高低,在发达国家与发展中国家间有着很大差别①。即使同为发达国家或同为发展中国家,不同国家间也有很大差别,需要分国别进行具体分析。在已有相关研究中,许多学者考察了 OECD 国家人口结构与经济增长的关系,比如 Lindh(1999)等人探讨了人口年龄结构变动对 1950—1990 年 OECD 国家的经济增长影响。研究发现,50—64 岁的劳动力人口比重上升显著促进了 OECD 国家的经济增长,而 65 岁及以上人口比重对经济的影响是显著负向的②。Anderssonb 研究结果发现,劳动年龄人口比重上升对经济增长有显著的正向影响。③ Batini 等人研究认为,人口年龄结构变动带来的人口老龄化会减缓工业化国家的经济增长。④ 人均 GDP 增长率与老年抚养比之间呈现"倒 U 型"关系,即起初老年赡养负担的上升加快了经济增长,但在达到一定程度后经济增长因老年赡养负担的加重而趋于下降;同时还发现,人均 GDP 增长率也随着少儿抚养负担下降先增加后下降。⑤

二 国内相关文献研究综述

从经济发展模式看,中国经济远没有完成改革,当前的改革还没有达到预期效果。发展方式依然以劳动密集型和资源密集型为主,还没实现以科技驱动为主的创新性发展方式。从劳动力看,中国人口老龄化进程加速,出生率下降,新增人口减少,导致抚养比呈增长态势。随着劳

---

① 田雪原:《"中等收入陷阱"的人口老龄化视角》,《中州学刊》2012 年第 11 期。
② Lindh T., Malmberg B., "Age Structure Effects and Growth in the OECD: 1950 – 1990", *Journal of Population Economics*, Vol. 12, No. 3, 1999, pp. 431 – 449.
③ Anderssonb B., "Scandinavian Evidence on Growth and Age Structure", *Regionalstudies*, Vol. 35, No. 5, 2001, pp. 377 – 390;转引自王颖、倪超《OECD 国家人口转变与经济增长的关系研究》,《中国人口·资源与环境》2013 年第 5 期。
④ Batini N., Callen T., Mekibbin W., "The Global Impact of Demographic Change", IMF Working Paper, 2006, pp. 1 – 4; Batini N., Callen T., MeKibbin W., "The Global Impact of Demographic Change", IMF Working Paper, 2006, pp. 1 – 4.
⑤ An C. B., Jeon S. H., SeungHoon Jeon, "Demographic Change and Economic Growth: An Inverted U Shape Relationship", *Economic Letters*, Vol. 92, No. 3, 2006, pp. 447 – 454;转引自王颖、倪超《OECD 国家人口转变与经济增长的关系研究》,《中国人口·资源与环境》2013 年第 5 期。

动力工资率上升直接增加外企在中国办厂成本，一些境外投资纷纷撤资转投到劳动力成本更低的国家。

(一) 新常态内涵及主要特征

1. 新常态内涵

一般认为，"新常态"（New Normal）非中国首创，于2004年由美国人罗杰·麦克纳米提出。在国外，"新常态"词意是让人们对国际金融危机后的经济和金融恢复不要抱过高期望，主基调可用"悲观""无奈"来概括①。

新常态，就是经过一段不正常状态后重新恢复正常状态，是对发展阶段的一个新判断。习近平总书记2014年5月在河南考察时首次提及"新常态"，同年11月9日首次系统阐述了新常态：一是从高速增长转为中高速增长；二是经济结构不断优化升级，第三产业消费需求逐步成为主体，城乡区域差距逐步缩小，居民收入占比上升，发展成果惠及更广大民众；三是从要素驱动、投资驱动转向创新驱动。②"新常态将给中国带来新的发展机遇。"习近平总书记强调中国经济发展进入新常态，是中国经济发展阶段性特征的必然反映，是不以人的意志为转移的，并且指出："认识新常态、适应新常态、引领新常态，是当前和今后一个时期我国经济发展的大逻辑。"③

马光远认为，"新常态"对改革开放30多年后中国经济进入新阶段后"下一个十年"的政策大方向做出了战略性思考和抉择。④ 吴敬琏认为，"如果能够在增长减速的同时提高增长的质量，优化结构、提高效率，就能减轻增长减速的冲击，甚至能够在中速增长的情况下使人民得到更多的实惠。所以，在较高效率支撑下的中速增长，才是我们希望建立的新常态"⑤。"新常态"就是指由过去的状态向一种新的相对稳定的

---

① 李冰晶：《中国经济"新常态"的演进脉络和基本内涵》，《现代商业》2015年第9期。
② 《中央经济工作会议全面阐释经济发展"新常态"》，2021年3月2日，央广网（http://china.cnr.cn/ygxw/20141212/t20141212_517088835.shtml）。
③ 《认识新常态 适应新常态 引领新常态》，2020年11月9日，中国共产党新闻网（http://theory.people.com.cn/n/2015/0223/c40531-26588917.html）。
④ 马光远：《全面准确理解中国经济新常态》，《经济参考报》2014年11月10日第6版。
⑤ 吴敬琏：《努力确立中国经济新常态》，《中国经济报告》2015年第4期。

常态转变，是一个全面、持久、深刻变化的时期，是一个优化、调整、转型、升级并行的过程。① 刘元春认为中国经济"新常态"是一个从传统的稳定式增长向新的稳态增长迈进的"大过渡时期"。

新常态不仅是经济增长速度变化、结构优化和动力转换，也是对发展质量和效益的更高要求，其内涵包括：其一，经济上呈现与过去不同的持续相对稳定发展态势。其二，最初含义是对2008年至2009年发生经济危机之后世界经济所呈现的一种状态描述和预测，是后危机时代的指标呈现出同以往周期不一样的特点，要恢复到以往状态需要一个较长时间。表现为增长速度比较低迷，增长乏力，是一个持续的相对长的缓慢而痛苦的恢复过程。其三，经济发展的必然现象，是由过去的状态向一种新的相对稳定常态转变，是一个全面、持久、深刻变化的改革时期，是一个优化、调整、转型、升级并行的过程。其四，从我国现实看，新常态是经济增长速度放缓，增长动力不足，同时进行深化改革，提高增长质量，使人民得到更多实惠的过程。总之，中国经济正进入内涵式发展新常态，从国富到民富的内涵式发展新常态；从规模到效益的内涵式发展新常态；从传统动力到新型动力的内涵式发展新常态。②

2. 中国经济新常态主要特征

（1）最基本特征：经济增长速度放缓

经济增速上，我国经济正从高速增长转向中高速增长，即从过去10%左右的高速增长转为7%—8%的中高速增长，这也是我国新常态最基本特征。③ 未来中国一段时期的经济潜在增长，国内众多权威机构与诸多知名学者进行过预测后观点有三：一是潜在增长率在6%—7%④；二是

---

① 李后强、邓子强：《全面准确把握新常态的内涵与特征》，2020年11月2日，人民网（http://theory.people.com.cn/n/2015/0225/c49154-26594889.html）。
② 《中国经济正在进入内涵式发展的新常态》，2020年11月3日，人民网（http://politics.people.com.cn/n/2015/0718/c70731-27324592.html）。
③ 汪冰：《关于中国经济新常态的内涵、特征及对策研究》，《中共山西省省直机关党校学报》2016年第1期。
④ 蔡昉：《潜在经济增长率保持6%或者略高一点的速度已经足够》，中国经济网，2018年11月14日，http://www.ce.cn/xwzx/gnsz/gdxw/201811/14/t20181114_30781217.shtml。

潜在增长率在7%—8%[①]；三是潜在增长率略高于8%[②]，其中前两种观点占据主流。而国外学者对中国经济未来增长则更为悲观，如哈佛大学教授普里切特和美国前财政部长萨默斯在考察各国历史经济增长数据基础上，利用"回归均值"法对中国经济预测的结论是，未来20年中国经济平均增速只有3.9%。虽然不少学者对其提出了批评——只用其他国家历史数据而不考虑中国现实国情有些不靠谱，但没人否认他对潜在增长率将会下降的这一基本判断。[③]

（2）核心内涵：经济发展动力

传统经济增长动力主要来自要素驱动与投资驱动，中国经济正从传统增长点转向新的增长点，即创新驱动，这是经济新常态的核心内涵。目前，创新在我国多个领域、多个层面显现，不仅有新技术、新产业、新动能、新业态，还有系列管理、治理与制度创新，这些创新已成为驱动我国经济增长的新发动机。

（3）主攻方向：经济结构

经济结构方面，我国经济正从增量扩能为主转向调整存量、做优增量并存的深度调整，正朝着高端水平发展与演进，这也是新常态的主攻方向。需求结构方面，2019年，社会消费品零售总额411649亿元，比上年名义增长8.0%。全年规模以上服务业企业营业收入比上年增长9.4%，营业利润增长5.4%。消费需求逐步成为需求主体。区域结构方面，2019年东部地区生产总值511161亿元，比上年增长6.2%；中部地区生产总值218738亿元，增长7.3%；西部地区生产总值205185亿元，增长6.7%；东北地区生产总值50249亿元，增长4.5%。全年京津冀地区生产总值84580亿元，比上年增长6.1%；长江经济带地区生产总值457805亿元，增长6.9%；长江三角洲地区生产总

---

① 连平：《未来一段时间我国经济或保持在7%—8%区间》，中国政府网，2014年4月16日，http://www.gov.cn/xinwen/2014-04/16/content_2660539.htm。

② 林毅夫：《我国还有10年8%的增长潜力》，中国日报中文网，2015年3月23日，http://caijing.chinadaily.com.cn/2015-03/23/content_19878840.htm。

③ 裴晓鹏：《认识新常态：中国经济新常态的内涵、特征和风险》，载《中国规律研究报告》（长春会议），2015年。

值237253亿元，增长6.4%①，说明中国区域经济在协调稳步扎实推进，城乡区域差距也将逐步缩小。

收入分配结构方面，居民收入占比稳步上升。调整国民收入分配结构，既是一项改革，也是新常态下经济发展的现实与趋势，应该给实体经济、给企业多让利，让它们在国民收入分配的蛋糕中比重更高，这样可带动更多人群就业，实现就业人群收入稳步增加。

（4）基本要求：经济发展方式

中国经济正从规模速度型粗放增长转向质量效益型集约增长，这是新常态基本要求。经济发展方式变化体现在全要素生产率提高、工业成本费用利润率上升和单位GDP能耗降低等方面。

上述特征说明，我国经济正从量变向质变飞跃，进入新常态是必然的，是当前和今后一个时期经济发展大逻辑。

（二）人口与经济增长研究

1957年，著名经济学家马寅初在《新人口论》中指出，人口增长过快影响资金积累，他主张普遍宣传并应用节育方法控制人口。但此后由于"反右派""大跃进"及"文化大革命"等政治活动的展开，控制人口增长政策与措施被搁置甚至被推翻，在此期间，"形成了中国最大的一次人口洪峰"②。学界结合中国特色人口、经济和社会发展历程，对人口转变与经济发展变动趋势、互动模式等进行了多方探讨，解释了诸多中国人口与经济发展问题，为进一步完善中国人口与经济发展提供了理论支持。

从人口数量、人口质量与经济增长关系看，田雪原认为，在以人为本的科学发展观指导下，控制人口数量、提高人口素质、调整人口结构相结合并协调推进，使人口与资源、环境逐步相适应，促进经济社会可持续发展。③ 胡鞍钢认为人口自然增长率的降低能显著促进人均GDP的增长。④ 但王谦、郭振威对该结论提出了质疑，认为人口与经济的相互作

---

① 《中华人民共和国2019年国民经济和社会发展统计公报》，《人民日报》2020年2月29日第5版。
② 杨坚白、胡伟略：《人口经济论》，社会科学文献出版社2007年版，第57页。
③ 田雪原：《论人口与国民经济的可持续发展》，《中国人口科学》1995年第1期。
④ 胡鞍钢：《中国经济增长的现状、短期前景及长期趋势》，《战略与管理》1999年第3期。

用是复杂的,仅从提高人均 GDP 的角度出发提出控制人口增长是不恰当的。① 晏月平、王楠认为,改革开放四十年既是中国经济社会转型的重要时期,也是中国人口转变加速推进、人口发展战略不断调整和完善的关键时期,由此形成的人口、经济和社会现实为中国可持续发展奠定了坚实基础。② 曹献雨、睢党臣研究显示,1949—1978 年,人口数量快速增加、少儿人口抚养比较高、人口质量水平较低及人口迁移受限等因素,导致了中国处于"马尔萨斯贫困陷阱"。③ 展望未来,当人口自身诸要素实现均衡协调发展,有助于实现持续性经济增长。张培丽④认为,人口质量红利会因人口年龄结构变化对人力资本投资率和投资结构产生影响,从而形成对人口数量红利的替代作用。人口数量红利对我国经济增长平均贡献率为 12.86%,其中贡献最大年份是 1990—2001 年,平均贡献率在 20% 左右,2010 年后贡献率开始明显下降⑤。人口质量红利对我国经济增长平均贡献率为 8.39%,其贡献率总体呈现波动中不断上升的趋势⑥。

都阳认为,考察人口转变和劳动力市场之间的关系必须用历史和辩证的眼光⑦。在高储蓄率、充足的劳动力供给和低抚养比共同作用下,人口转变带来的额外人口红利能够促进经济的高速增长,提出了通过制度创新和政策调整,延长第一次人口红利,并创造条件挖掘第二次人口

---

① 王谦、郭震威:《人口增长对经济增长的影响分析——与胡鞍钢博士商榷》,《人口研究》2001 年第 1 期。

② 晏月平、王楠:《改革开放四十年中国人口发展与人口效率研究》,《山东大学学报(哲学社会科学版)》2019 年第 5 期。

③ 曹献雨、睢党臣:《新中国 70 年经济增长阶段转换:基于广义人口转变的解释》,《宁夏社会科学》2019 年第 4 期。

④ 张培丽:《人口、资源与环境经济学研究进展及未来发展》,《经济研究参考》2018 年第 62 期。

⑤ 张培丽:《人口、资源与环境经济学研究进展及未来发展》,《经济研究参考》2018 年第 11 期。

⑥ 杨成钢、闫东东:《质量、数量双重视角下的中国人口红利效应及变化趋势》,《社会科学文摘》2017 年第 11 期。

⑦ 都阳:《人口转变和劳动力市场马尔萨斯时代与后马尔萨斯时代》,《职业技术教育》2007 年第 5 期。

红利①。王金营、杨磊验证了蔡昉的结论，并提出在较轻的劳动负担机遇期，应通过建立一系列制度措施和积极的人口经济政策来应对持续的人口变动，使经济继续保持强有力的增长态势。② 车士义、王颖等学者利用全要素生产函数分解了我国30年来人口红利对经济增长的贡献率约为3%。③ 若以总人口抚养比小于50%作为"人口红利"年龄结构的划分标准，根据相关预测数据，没有其他突发性因素的冲击，中国人口变动导致的"人口红利"期仍将可能持续20年，即到2030年左右结束。④ 周浩认为，中国人口结构转变过程中存在质量型人口红利效应对数量型人口红利效应的替代。⑤

李树茁、杨有社认为，中国区域经济社会发展的不平衡性与省际、省间人口净迁移有着密切的联系。⑥ 王桂新基本验证了李树茁等学者的观点，认为区域经济收入水平及经济规模对省际人口迁移存在不同程度的影响。⑦ 经济越发达的地区，人口要素变动对经济增长的影响力越小；经济越落后的地区，人口迁移因素对经济发展的影响越明显。⑧ 王金营等学者提出人口活跃度指数，用以综合考察人口素质、人口流动聚集和人口年龄结构三个因素在经济发展水平中的具体作用和对要素效率的

---

① 蔡昉：《人口转变、人口红利与经济增长可持续性——兼论充分就业如何促进经济增长》，《人口研究》2004年第2期；蔡昉：《理解中国经济发展的过去、现在和将来——基于一个贯通的增长理论框架》，《经济研究》2013年第6期。

② 王金营、杨磊：《中国人口转变、人口红利与经济增长的实证》，《人口学刊》2010年第5期。

③ 车士义、陈卫、郭琳：《中国经济增长中的人口红利》，《人口与经济》2011年第3期；王颖、倪超：《中国与印度人口转变的经济效应——基于1960—2010年时间序列数据的实证分析》，《人口与发展》2014年第7期；王颖、倪超：《中国人口转变的经济效应——基于省级数据的空间面板模型分析》，《北京师范大学学报》（社会科学版）2013年第1期。

④ 王桂新、陈冠春：《上海市物质资本存量估算：1978~2007》，《上海经济研究》2009年第8期。

⑤ 周浩：《人口结构转变对中国经济增长的影响研究——基于人口数量与人口质量的视角》，博士学位论文，山东大学，2018年，第7页。

⑥ 李树茁、杨有社：《我国的省间人口迁移与社会经济发展》，《人口与经济》1996年第5期。

⑦ 王桂新：《中国人口迁移与区域经济发展关系之分析》，《人口研究》1996年第6期。

⑧ 段平忠：《中国省际间人口迁移对经济增长动态收敛的影响》，《中国人口·资源与环境》2011年第12期。

影响。① 逯进、郭志仪发现，在经济结构转型升级过程中，经济增长与人口迁移将呈现负向相关关系，预计高质量人力资本迁移带动经济增长的作用将不断凸显。②

可见，人口转变对经济发展有着重要影响，经济发展反过来制约或推动人口系统的调整和变动，两者相互作用、相互关联、相互影响。以上人口数量、人口年龄结构和人口迁移等人口因素与经济发展的相关研究，仅是人口与经济发展研究的部分成果，实际内容非常全面、视角与方法也呈多样化。

（三）人口转变相关研究

中国超常和迅速的人口转变方式引起了国内外学术界普遍关注，20世纪80年代中期以后逐渐成为国内人口学界重要的核心议题之一。特别是20世纪90年代中、后期，因中国妇女总和生育率开始持续低于更替水平以后，更是在世纪之交引发了国内学者对"人口转变"的集中关注和热烈讨论。③ 目前中国学术界关于人口转变问题的争论重点主要集中在：一是人口转变完成的标准；二是人口转变形式与本质的理解；三是中国是否完成了人口转变。实际这三个方面都源于一个基础理论问题，即人口转变实质。④ 人口转变是人类历史上发生的最具影响的重要变革之一，如同对其他重要的社会变革认识一样，对人口转变的理解将会随着这一历史进程的演变而逐步深入探讨。⑤

1. 中国人口转变是否已完成

更多研究观点认为，中国已完成了传统意义上的人口转变。在《人口发展实现了历史性转变——"九五"时期国民经济和社会发展分析报告》指出，"九五"期间，中国人口成功地完成了传统意义上的人口转变

---

① 王金营、石贝贝、李竞博、张辉：《人口活跃因素对区域经济增长影响的研究》，《人口学刊》2013年第3期；王金营、李竞博：《人口与经济增长关系的再检验——基于人口活跃度—经济模型的分析》，《中国人口科学》2016年第3期。
② 逯进、郭志仪：《中国省域人口迁移与经济增长耦合关系的演进》，《人口研究》2014年第6期。
③ 刘爽：《对中国人口转变的再思考》，《人口研究》2010年第1期。
④ 李建民：《人口转变论的古典问题和新古典问题》，《中国人口科学》2001年第4期。
⑤ 李建民：《人口转变论的古典问题和新古典问题》，《中国人口科学》2001年第4期。

并已进入以低生育水平为基本特征的时期。李建民等相关学者根据发达国家完成人口转变历史,从中国人口出生率和死亡率等相关数据得出了中国已经实现人口转变的结论;①原新认为,由于计划生育政策促使人口数量的下降,达到了人口转变完成的标准。②李建民判定中国人口转变在20世纪末就已完成,人口增长从低增长走向零增长和人口结构性变动这两个"后人口转变"时期,人口变动基本特征在中国已经开始显现出来。③马壖通等人认为,中国现代人口转变三大高峰到来,也是中国实现现代人口转变的标志。④

另一种观点认为,中国还没有实现真正意义上的人口转变。中国人口转变的外在机制(人工控制)已经比较健全,但人口转变的经济、社会、文化等内在机制尚不健全,离人口转变完成还差得远,只能说正在发展过程中。⑤中国人口转变是在政府干预下进行的,所以判断是否完成必须考察在人口中是否完成了生育文化和生育观念的变革。只有在生育主体自主选择的基础上达到稳定低生育水平,才能说完成了人口转变。⑥晏月平、王楠根据发展趋势认为,中国人口转变正处于现在时而非完成时。无论从人口统计角度还是从人口内在发展状况看,中国人口转变过程都未完全结束。⑦

2. "后人口转变"研究

21世纪初,国内一些学者提出了一个新的、重要概念——"后人口转变",特指"人口转变结束以后的人口发展时期",将经历准均衡和稳定均衡两个阶段。⑧邬沧萍、穆光宗认为,人口转变论确认人类发展前景

---

① 李建民:《后人口转变论》,《人口研究》2000年第4期。
② 原新:《中国人口转变及未来人口变动趋势推演》,《中国人口科学》2000年第2期。
③ 李建民:《人口转变论的古典问题和新古典问题》,《中国人口科学》2001年第4期。
④ 马壖通、冯立天、冷眸:《三大人口高峰与中国现代人口转变》,《人口与经济》2000年第2期。
⑤ 王学义:《论中国人口转变面对的几个突出问题》,《理论与改革》2002年第9期。
⑥ 李军峰:《从制度经济学看中国的人口转变》,《人口与经济》2002年第5期。
⑦ 晏月平、王楠:《中国人口转变的进程、趋势与问题》,《东岳论丛》2019年第1期。
⑧ 刘爽、卫银霞、任慧:《从一次人口转变到二次人口转变——现代人口转变及其启示》,《人口研究》2012年第1期。

必然是一种低生育状态,这是对人类认识其自身的巨大贡献。[1] 1999 年全国计划生育工作会议上,原国家计生委主任张维庆提到了"后人口转变"一词,提出中国人口转变过程已于 20 世纪末结束,在 21 世纪进入"后人口转变时期"[2]。使用"后人口转变"一词可以提示人们更多地关注今后低生育水平下的中国人口及人口质量、结构、分布等问题,利用中国人口具有划时代意义的转变时机,探讨传统人口转变理论未尽的内容,研究具有中国特色的人口转变理论。[3] 进入后人口转变时期,以及在社会主义市场经济体制逐步建立以后,"计划生育向何处去"问题开始凸显,该问题还不是"全面二孩"的政策问题,而是中国计划生育制度的转型和改革问题。计划生育制度的转型,不应是取消计划生育,而应坚持一种发展中的路径依赖,以及在路径依赖下的继续改革。[4]

也有部分学者持相反结论与观点,认为"后人口转变"是被人为冠有的名称,跟"后工业化""后现代"等词汇具有同样缺陷,割裂了人口各发展过程的连续性,是没有必要的。[5] 从欧美实现现代化情况出发,认为人口转变完成标志是人口城市化和非农化进程的结束,人口进入零增长。中国目前正向工业化中期逼近,不仅没有完成人口转变,更谈不上已经进入"后人口转变"时期。[6] 中国人口过快增长势头得到有效抑制,人口缓慢增长时期也即将结束。随着人口增长惯性减弱,再过 10 年左右,中国将迎来人口零增长及负增长新阶段,这将是我国人口发展的一个转折性变化。[7]

(四)"中等收入陷阱"研究

中国于 1999 年成功迈入中等收入国家行列,要实现中国经济平稳长足发展必须紧抓该发展机遇期,协调各方社会资源,共同助力于

---

[1] 邬沧萍、穆光宗:《低生育研究——人口转变论的补充和发展》,《中国社会科学》1995 年第 5 期。
[2] 李辉、于钦凯:《中国人口转变研究综述》,《人口学刊》2005 年第 8 期。
[3] 于学军:《中国人口转变与战略机遇期》,《中国人口科学》2003 年第 1 期。
[4] 任远:《新计划生育:后人口转变时期计生制度的转型》,《探索与争鸣》2018 年第 4 期。
[5] 李辉、于钦凯:《中国人口转变研究综述》,《人口学刊》2005 年第 8 期。
[6] 陈剑:《现代化、人口转变与后人口转变》,《市场与人口分析》2002 年第 6 期。
[7] 翟振武、邹华康:《把握人口新动态 加强人口发展战略研究》,《人口研究》2018 年第 2 期。

中国经济社会建设，成功跨越"中等收入陷阱"，实现国民收入显著提高。① 近年来，关于"中等收入陷阱"研究视角越来越多元化，以人口与经济为例，从人口老龄化②、人口转变③、人口红利④以及人口城市化等视角研究"中等收入陷阱"成果日益增多。⑤ 马岩认为"中等收入陷阱"实质是经济增长问题，大部分经济体陷入"中等收入陷阱"的原因是在跨越中等收入阶段时，经济增长机制固化，经济结构无法转型升级，导致国民收入难以有突破性的提升。⑥ 此外，粗放型的经济增长模式无法可持续发展，造成经济增长停滞不前。中国各省市人力资本发展状况差距较大，要跨越"中等收入陷阱"必须加大教育投入，提升国民综合素质；推动延迟退休改革，减少养老压力；完善医疗体系，深化二胎政策成效；加大中西部地区投入，促进人力资本合理流动。⑦ 也有部分学者认为，"中等收入陷阱"不仅关乎经济增长，更是一个社会经济发展的综合性问题。"中等收入陷阱"是经济发展到某个阶段后，社会宏观层面表现出的一种发展状态。⑧ 在中等收入阶段，要结合期间国内外经济社会发展环境，适时改变发展策略、转变发展机制，才能实现经济的可持续发展，避免落入"中等收入陷阱"⑨。

也有部分学者认为"中等收入陷阱"不存在，它实际就是一个伪

---

① 晏月平、王楠：《中国人口转变的进程、趋势与问题》，《东岳论丛》2019年第1期。
② 田雪原：《"中等收入陷阱"的人口老龄化视角》，《中州学刊》2012年第6期；李建民：《中国人口与经济关系的转变》，《广东社会科学》2014年第3期；周楠：《中国人口老龄化对"中等收入陷阱"的影响机制研究——基于"中等收入陷阱"的本质》，硕士学位论文，兰州财经大学，2016年。
③ 戴云飞：《"中等收入陷阱"影响机制的人口转变视角》，《北方经贸》2017年第4期。
④ 唐代盛：《以新型人口红利破解中等收入陷阱》，《中国报道》2013年第1期。
⑤ 田雪原：《"中等收入陷阱"的人口城市化视角》，《理论学习》2011年第7期。
⑥ 马岩：《我国面对中等收入陷阱的挑战及对策》，《经济学动态》2009年第7期。
⑦ 侯蓉：《中等收入阶段中国人力资本发展问题研究》，博士学位论文，南京大学，2019年，第6页。
⑧ 蔡昉：《中国经济如何跨越"低中等收入陷阱"?》，《中国社会科学院研究生院学报》2008年第1期。
⑨ 郑秉文：《"中等收入陷阱"与中国发展道路——基于国际经验教训的视角》，《中国人口科学》2011年第1期。

命题。① 所谓的"中等收入陷阱"实质是沿着资本主义老路发展,并为外部列强所钳制和坑害。② 徐康宁认为,从学术上讲,该概念不够严谨,理论上有很多地方说不通,其内涵不甚准确,逻辑不够严密,学理上讲不通,它并不是一个严格的学术概念,更不能说是发展经济学的一个基本原理。③ 从实证角度上不完全符合实际,得不到现实检验,所以"中等收入陷阱"只是一种现象,并非一种规律,构不成普遍的经济学原理。④ 进入中等收入阶段,不等于必然丧失竞争力,如果能够不断提高生产力,就不会因为收入水平的提高而丧失竞争力,也就不存在所谓的陷阱。⑤

大多数学者还是认同该概念,胡鞍钢认为"中等收入陷阱"并不是一个新奇的经济社会现象。19世纪末20世纪初,美国在经济起飞过程中、其他发达国家在经济发展的起步阶段也出现过类似过程,所以面临"中等收入陷阱"是一个经济体在经济发展过程中的普遍规律。⑥ "中等收入陷阱"与主流的经济增长理论框架是相容的,它是一个可以借助分析特定阶段经济发展现象的有用概念。大量国家经验也证实,的确存在统计上的显著性,验证了在中等收入特定阶段上,高速增长的经济体表现出减速甚至增长停滞趋势。⑦ 界定一个经济体是否陷入"中等收入陷阱"的标准是:在中等收入阶段经济增长的状态,如经济在一段时期内处于既增长又回落的循环中,难以突破现有的增长状态,则落入"中等收入陷阱"之中。⑧ 程文、张建华从统计角度证明了"中等收入陷阱"

---

① 江时学:《真的有"中等收入陷阱"吗》,《世界知识》2011年第7期。
② 杨承训、张新宁:《科学运用"两期论"把握阶段性特征——兼析"中等收入陷阱"论的非科学性》,《政治经济学评论》2012年第1期。
③ 徐康宁:《中等收入陷阱:一个值得商榷的概念》,《浙江日报》2012年3月30日第14版。
④ 徐康宁:《中等收入陷阱:一个值得商榷的概念》,《浙江日报》2012年3月30日第14版。
⑤ 樊纲:《中等收入陷阱迷思》,《中国流通经济》2014年第5期。
⑥ 胡鞍钢:《"中等收入陷阱"逼近中国?》,《人民论坛》2010年第7期。
⑦ 蔡昉:《"中等收入陷阱"的理论、经验与针对性》,《经济学动态》2011年第12期。
⑧ 李中建:《包容性增长理念与"中等收入陷阱"风险化解》,《当代经济研究》2012年第4期。

的客观存在。① 厉以宁认为,"中等收入陷阱"包括三个陷阱,一是发展的制度陷阱要靠改革来避免;二是社会危机陷阱通过缩小城乡收入差距、地区收入差距和社会管理创新才能避免;三是技术陷阱要靠技术创新和资本市场创新解决。②

(五)人口转变对跨越"中等收入陷阱"的影响研究

国内学者在研究人口转型与经济增长关系时,借鉴国外研究成果,大多采用了多种理论模型和相关计量方法研究上述相关问题。③ 理论模型选取上主要采用以下两类:一类是 Solow 模型,即将柯布-道格拉斯生产函数中的劳动力 L 换成人口总数 P 与抚养比的函数,进而把人口结构因素纳入模型中。计量方法大多数选取国家数据进行 OLS 回归或者用多个面板数据进行固定效应回归及随机效应回归,建立人口年龄结构变量或者总抚养比与经济增长水平之间的回归方程。然后综合运用 Hausman 检验等多种检验方法选择最合适的方法用于方程估计。④

王金营、杨磊经计量检验证明:人口年龄结构变动所产生的对促进经济增长的人口红利是存在的。⑤ 中国人口年龄结构的变动使得劳动负担逐渐下降,这对于储蓄水平的上升和劳动力投入效率的提高具有显著的促进作用;中国劳动负担比与经济增长呈现出明显的负相关效应。⑥ 人口转变归根结底是经济和社会发展的结果,"未富先老"产生的缺口(即人口老龄化向发达国家趋同的速度,超过人均收入趋同的速度),也主要是经济发展水平与发达国家的差距造成的。基于中国数据,人口自然增长率下降有利于跨越"中等收入陷阱",劳动人口占比与人均收入成正相关。⑦ 随着人

---

① 程文、张建华:《"中等收入陷阱"的定量识别与跨越路径》,《统计与决策》2019 年第 1 期。
② 厉以宁:《论"中等收入陷阱"》,《经济学动态》2012 年第 12 期,第 406 页。
③ 郭熙保、段岳兰:《人口转型与经济增长——中等收入阶段视角》,《财经科学》2017 年第 3 期。
④ 郭熙保、段岳兰:《人口转型与经济增长——中等收入阶段视角》,《财经科学》2017 年第 3 期。
⑤ 王金营、杨磊:《中国人口转变、人口红利与经济增长的实证》,《人口学刊》2010 年第 5 期。
⑥ 王金营、杨磊:《中国人口转变、人口红利与经济增长的实证》,《人口学刊》2010 年第 5 期。
⑦ 毕磊:《新常态下中国跨越中等收入陷阱问题研究》,博士学位论文,辽宁大学,2016 年,第 8 页。

口红利逐渐消失和刘易斯转折点的跨越,通过增长方式的转变,中国经济长期增长源泉终将转变到依靠技术进步和生产率提高。① 秦佳、李建民论证了在中等收入阶段劳动年龄人口比重的变化,对跨越"中等收入陷阱"的经济体和落入"中等收入陷阱"的经济体人均 GDP 增速差距的贡献为 0.53—0.57 个百分点,就业水平变化贡献为 0.62—0.98 个百分点。②

中国经济发展和经济结构调整进入关键期,既要保证中国经济持续、健康发展,同时又面临人口老龄化、人口红利逐渐消退,这为跨越"中等收入陷阱"带来了巨大挑战,也为中国经济结构转型提供了契机,在经济结构调整中,更全面地综合各方因素,合理规划、适时调整,最终顺利实现跨越"中等收入陷阱"的目标。③ "拉美陷阱"的主要成因是分配不公,由此形成了社会的两极分化对经济可持续发展产生了负面影响。④ 中国可能陷入"中等收入陷阱"最大风险或许来自收入分配,中国要想跨越该"陷阱",必须尽快调整不合理收入分配结构。⑤

国内关于"中等收入陷阱"的研究日益呈现微观化、多视角和多学科交叉特点。从经济结构调整⑥、社会转型⑦、技术进步和人口特征⑧等

---

① 蔡昉:《人口转变、人口红利与刘易斯转折点》,《经济研究》2010 年第 2 期。
② 秦佳、李建民:《人口年龄结构、就业水平与中等收入陷阱的跨越——基于 29 个国家和地区的实证分析》,《中国人口科学》2014 年第 2 期。
③ 戴云飞:《"中等收入陷阱"影响机制的人口转变视角》,《北方经贸》2017 年第 4 期。
④ 郑秉文:《"中等收入陷阱"与中国发展道路——基于国际经验教训的视角》,《中国人口科学》2011 年第 1 期。
⑤ 楼继伟:《中国经济的未来 15 年风险、动力与政策挑战》,《比较》2010 年第 6 期;转引自张德荣《"中等收入陷阱"发生机理与中国经济增长的阶段性动力》,《经济研究》2013 年第 9 期;Paul Vandenberg, Juzhong Zhuang, "How Can China Avoid the Middle-Income Trap", Presented Asian Development Bank, 2011.
⑥ 蔡昉:《"中等收入陷阱"的理论、经验与针对性》,《经济学动态》2011 年第 6 期;张德荣:《"中等收入陷阱"发生机理与中国经济增长的阶段性动力》,《经济研究》2013 年第 9 期;王一鸣:《加快经济结构战略性调整》,《加快转变经济发展方式研究(2010—2011)》2011 年 1 月;林毅夫:《中国可以摆脱中等收入陷阱》,《中国经济周刊》2012 年第 43 期。
⑦ 郑秉文:《"中等收入陷阱"与中国发展道路——基于国际经验教训的视角》,《中国人口科学》2011 年第 1 期。
⑧ 田雪原:田雪原:《"中等收入陷阱"的人口老龄化视角》,《中州学刊》2012 年第 6 期;李建民:《中国人口与经济关系的转变》,《广东社会科学》2014 年第 3 期;戴云飞:《"中等收入陷阱"影响机制的人口转变视角》,《北方经贸》2017 年第 4 期。

方面探讨了中国跨越"中等收入陷阱"的可能性,同时提出借鉴欧美、东亚发达国家成功经验为中国经济发展提供参考路径。① 姜百臣、朱桥艳针对国内经济发展瓶颈的政策建议,提出了转变经济增长方式——依靠培养消费力的"内需导向型"经济拉动是摆脱中国"中等收入陷阱"、促进经济长期稳定增长的关键措施之一。② 为中国经济长远发展提供更为广泛和全面的现实途径。

对中国人口转变格局变动与发展趋势的认识,不仅有助于人们对劳动力市场状况变化的正确与科学理解,也有助于充分了解处于L型探底阶段的中国经济面临跨越"中等收入陷阱"的挑战。从人口转变视角探讨经济社会发展问题,很可能遭遇"中等收入陷阱"问题,这不仅为人口经济健康发展提供新的思路与更广阔的视野,更是旨在挖掘经济增长可持续性潜力的相关政策实施决策的基础。③

三 研究述评

首先,众多研究成果呈现出了人口与经济研究的系统性、交叉性和实证性等特征。在古典经济学理论基础上发展演变出更为系统的、完整的人口经济学理论体系。人口不单是影响经济社会发展的主要因素,而且人口各要素变动与经济发展相互影响、相互联系与相互制约。

其次,从人口转变理论研究视角看。虽然人口转变理论仍存在诸多争议,但不可否认的是,该理论的提出和发展是人口学学科重要的理论基石。可以看到,中国人口转变历程既与西方国家有异曲同工之处,又有着独特的中国特色,丰富并扩展了经典人口转变理论。

---

① 郑秉文:《"中等收入陷阱"与中国发展道路——基于国际经验教训的视角》,《中国人口科学》2011年第1期;王友明:《拉美陷入"中等收入陷阱"的教训、经验及启示》,《当代世界》2012年第7期;史晋川、郎金焕:《跨越"中等收入陷阱"——来自东亚的启示》,《浙江社会科学》2012年第10期;钱运春:《西欧跨越中等收入陷阱:理论分析与历史经验》,《世界经济研究》2012年第8期;霍伟东、刘肖伟:《跨越"中等收入陷阱"的国际经验研究——基于40个国家的面板数据分析》,《湖南财政经济学院学报》2017年第2期。

② 姜百臣、朱桥艳:《需求拉动:中国如何摆脱中等收入陷阱》,《市场经济与增长质量——2013年岭南经济论坛暨广东经济学会年会论文集》2013年。

③ 蔡昉:《人口转变、人口红利与刘易斯转折点》,《经济研究》2010年第2期。

最后，大部分学者将关注点集中在"中等收入陷阱"的内涵、概念等解释层面。一方面，从经济增长机制、经济增长动力、收入分配机制以及产业结构升级等经济因素对跨越"中等收入陷阱"的影响取得了很大研究进展，丰富了人们关于对"中等收入陷阱"的认识。另一方面，国内外学者讨论人口转变对经济增长的影响机制同样取得了丰硕成果。不过，现有相关文献也存在些许不足。

第一，目前对"中等收入陷阱"研究还局限于经济学范畴，仅将人口作为一个外部因素考察，缺乏从人口学框架与理论进行分析；第二，人口红利理论框架为研究人口年龄结构对经济增长的影响机制提供了一个很好的分析参照，人口转变是一个发展性概念，每个时期人口结构变化都会呈现不同特点；第三，从现有文献看，人口学理论框架中研究"中等收入陷阱"文献相对较为缺乏。

一是基于人口转变视角研究中国顺利迈入"高收入阶段"，是顺应当前人口发展形势、稳定经济减速换挡时期的重要研究内容。在人口转变与经济发展新时期，中国规避"中等收入陷阱"的关键一定要从经济发展入手。

二是把人口要素作为推动经济增长的重要因素。本书从人口经济学视野出发，以经济增长为重要传导途径，结合中国经济新常态、人口条件等现实环境与背景，深入分析人口转变对经济增长的影响效应，这对我国在中等偏上收入阶段如何避免长时间驻留，顺利迈入高收入阶段行列有着重要的理论与现实意义。

第二章

人口转变对跨越"中等收入陷阱"的机理与相关影响

改革开放40多年来,中国经济已取得快速发展与辉煌成就,经济总量已跃居世界第二位。中国的发展不仅写在了中国大地上,也给世界发展史刻下了重要而辉煌的一页,是浓墨重彩的经济发展奇迹。不过,当前中国经济正处于L型探底发展阶段,自2012年GDP年平均增长率低于8%以来,2015年起连续低于7%。根据国家统计局2020年1月17日公布的数据显示,2019年我国国内生产总值990865亿元,按可比价格计算,比2018年增长6.1%,是1990年以来最低增速(2020年因疫情影响,增长率为2.3%)。可以预见,中国经济增长面临持续下行压力。严峻的经济形势、全球新冠肺炎疫情的影响,对尽快迈入高收入国家行列,2035年基本实现社会主义现代化国家等目标的实现带来了诸多挑战。

第一节 人口转变对跨越"中等收入陷阱"的影响

随着中国经济运行逐渐步入结构转型与升级阶段,近几年经济增速适度放缓既是正常现象,是经济运行本身存在的规律性特征,同时也包括由于人口发展、社会发展等宏观因素,以及人口结构变化、产业调整升级、劳动力成本上升等微观因素作用的结果,未来中国经济发展应以实现高质量、持续稳步以及健康绿色增长为重点。

一 "中等收入陷阱"与人口转变

中国已步入中等偏上收入区间，但自 1978 年以来推动经济高速增长的动力机制正呈现弱化态势，经济增长正面临诸如供给侧结构性矛盾、劳动力价格上升、资产泡沫化、能源和环境瓶颈凸显、投资效率较低以及出口受限等一系列现实问题的约束。在此大背景下，Krugman（1994）和 Young（2003）等人针对东亚和中国经济的论断在学术界重新引起了关注。随着国内外众多关于"中等收入陷阱"问题如火如荼的展开，一个重要而且比较敏感的问题被提了出来，即中国是否会陷入"中等收入陷阱"①。

（一）掉入"中等收入陷阱"的主要成因

1. 错失经济社会发展模式转换时机与经济结构调整转型失败

第二次世界大战结束以后，广大发展中国家依靠自身丰富的自然资源、充裕的劳动力资源与富裕的物质资源等先天性条件，积极参与到世界经济建设与社会发展体系中②，大多数国家经济实现了快速发展，人民收入水平得到了显著提高，生活质量稳步提升。在发达国家实现产业转移与技术创新等大背景下，广大发展中国家便很快建立起了以加工制造和资源开采等劳动密集型和资源密集型为主的产业结构，但这类产业结构是一种低产出、低附加值与不可持续的经济发展模式。这些国家在工业化初期实施进口替代战略后，未能及时转换发展模式，而是继续实施耐用消费品和资本品的进口替代③，如阿根廷、巴西等众多拉美国家就是如此，即使在 20 世纪 70 年代初期经历了石油危机后，依然维持并实施"举债增长"，使进口替代战略延续了约半个世纪。而马来西亚、泰国等多数东南亚国家则因国内市场规模较小，奉行长期出口导向战略导致其过于依赖国际

---

① 转引自张德荣《"中等收入陷阱"发生机理与中国经济增长的阶段性动力》，《经济研究》2013 年第 5 期。
② 戴云飞：《"中等收入陷阱"影响机制的人口转变视角》，《北方经贸》2017 年第 4 期。
③ 戴云飞：《"中等收入陷阱"影响机制的人口转变视角》，《北方经贸》2017 年第 4 期。

市场需求，而一旦国际市场出现一点风吹草动，一些小波澜，其经济极易受到外部市场冲击而基本没有应对能力，1997年的亚洲金融危机便是如此，由此造成上述国家经济发展迟滞，人均国民收入长时期处于中等收入阶段。

2. 难以实现技术创新与克服技术瓶颈，无法形成技术转型升级

一国或地区经济在进入中等收入阶段尤其进入上中等收入阶段后，其国内低成本优势将逐步丧失，于是形成了在低端市场的竞争难以实现与低收入国家的有效抗衡，同时在中高端市场因受到有限的研发能力、低端的科研基础和较低的人力资本等条件的制约，又难以与高收入国家相抗衡。[1] 另外，由于过度依赖资源或出口，在发达国家实现产业升级后，很多中等收入国家几乎很难实现以信息技术、生物技术、空间技术、新材料技术、新能源技术等高科技开发应用为代表的新技术革命、新兴产业发展所要求的新型工业化道路，由此经济发展受到严重制约，在经济全球化过程中这些国家往往容易沦为发达国家的附庸。在上述这种上挤下压的全球市场环境中，这些国家很容易失去经济增长动力而导致经济增长的停滞甚至是倒退[2]。要克服技术创新瓶颈与实现技术创新升级挑战，就需要在人力资本投资、高技能培训、自主创新与科学研发等方面持续加大资金支持，实现成功培育新竞争实力、新竞争优势与新经济增长点。比如马来西亚、越南、菲律宾等国家在亚洲金融危机后，恢复到危机前高增长水平就花费了很长时间，主要与经济增长缺乏技术创新竞争与发展动力，难以实现技术升级、技术革命等因素有着直接关系。

3. 宏观经济政策出现偏差与体制变革严重滞后

从较多拉美国家经济发展轨迹看，由于受到西方新自由主义经济思潮的影响，政府监管作用被极度削弱，相关政策制定缺乏有效制度设计，"看不见的手"以及宏观经济管理作用难以发挥，政策既缺乏稳定性、连

---

[1] 郭正模：《跨越"中等收入陷阱"与收入分配创新》，《政治经济学研究》2013年第6期。

[2] 戴云飞：《"中等收入陷阱"影响机制的人口转变视角》，《北方经贸》2017年第4期。

续性与持久性，更主要的是由于制度缺失导致政府信用缺失。此时容易出现政府债台高筑、国际收支失衡与通货膨胀等顽疾症状，实践中又很难消除上述顽疾，导致经济危机易爆发。一旦危机频发、社会发展不稳与动力缺乏，经济大幅波动不言自明，比如20世纪80年代爆发的拉美债务危机、1994年的墨西哥金融危机、1999年的巴西货币危机、2002年的阿根廷经济危机等，上述危机爆发都对各国经济持续增长带来了严重冲击。如阿根廷在1963—2008年的45年中就出现了16年经济负增长，而且经济负增长就主要集中发生在20世纪80年代的债务危机和2002年国内金融危机发生期间①。秘鲁、哥伦比亚和南非等国，目前已在"中低收入陷阱"中受困时间长达60余年②，委内瑞拉也超过了60年。不过与这些国家形成鲜明对比的是，另外一些经济体，比如东亚新兴经济体中的日本、韩国、新加坡，只用了10年左右的时间就完成了由中等收入向高收入国家的跨越。

有些国家由于政府监管作用的有限，制度缺乏稳定性与持续性而使经济无法实现可持续增长。而新的经济环境要求上层建筑不断地调整，这不仅可以为国内经济的发展提供广阔进步空间，也能更好地适应经济全球化、人才、技术与资本国际流动的新形势。比如发达国家因经过数百年的发展，各方面制度得以逐步完善并都十分健全③，为实现其经济长期发展营造了良好的制度环境，稳定的制度建设与政府的较高信用为市场带来了完善的服务。相反，大多数发展中国家由于制度相对不够稳定、不够健全、不够持久，这样的政策很难为经济的健康稳定增长保驾护航，很难为经济发展提供长期可靠的内部条件。

4. 社会矛盾突出且严重，收入分配不公

公平发展有利于改善收入分配，尽快地减少贫困人口与提高民众收入水平，为全社会创造更为均衡的发展，能够减缓社会冲突和矛盾，从

---

① 本刊编辑部：《L型经济走势的内在逻辑与未来走向》，《中国总会计师》2016年第5期。

② 常青青：《新常态下中国跨越"中等收入陷阱"的路径研究》，《西安建筑科技大学学报》（社会科学版）2019年第10期。

③ 戴云飞：《"中等收入陷阱"影响机制的人口转变视角》，《北方经贸》2017年第4期。

而有利于经济社会可持续发展。一般来说，发展中国家从低收入迈入中等收入行列大多依靠粗放式的经济发展模式实现，这种发展以自然资源消耗、较低人工成本以及生态破坏、环境污染等为代价①。同时在发展中容易忽视公平性发展，伴随收入分配不公平、发展成果难以共享以及城市化畸形发展等严重的、突出的社会矛盾，导致社会矛盾在短时期内难以消除，很难维持经济持续增长。

比如在许多拉美国家进入中等收入阶段以后，由于收入差距、贫富差距迅速扩大，导致中低收入居民消费严重不足②，贫困人口规模逐年扩大，造成了消费需求对经济增长的拉动作用逐年减弱。20世纪70年代，拉美国家基尼系数高达0.44—0.66，巴西在20世纪90年代末该值依然高达0.64③。另外，部分国家还由于社会严重分化、民主乱象、环境恶化、贫富悬殊等原因，不仅容易引发社会动荡，甚至可能出现政权更迭频繁，对经济发展也就造成了不可挽回的严重后果。该结果不仅让政府失去了权威，也给社会发展带来长期的不稳定因素，进一步制约了经济健康发展。

5. 人口老龄化

一般来说，传统经济发展模式往往依赖丰富的、廉价的劳动力资源，而随着广大发展中国家人口转变进程的加快与完成，上述资源条件几乎很难持续存在。人口转变进程加快或完成，意味着人口结构的重大调整与变化，人口自然增长率的静止增长，劳动年龄人口规模持续下降，人口老龄化现象日趋严重，养老负担加重等，这些都是导致以劳动力资源为基础的经济增长模式很难长期持续与复制，甚至反过来成为制约经济进一步发展在短期内又难以克服的障碍因素。就全球人口发展来说，第二次世界大战结束后的生育高峰给众多国家带来了人口红利，60年后有很多国家则逐渐演变成为人口负债，对经济发展的人力资源支持与制约

---

① 戴云飞：《"中等收入陷阱"影响机制的人口转变视角》，《北方经贸》2017年第4期。
② 戴云飞：《"中等收入陷阱"影响机制的人口转变视角》，《北方经贸》2017年第4期。
③ 转引自本刊编辑部《L型经济走势的内在逻辑与未来走向》，《中国总会计师》2016年第5期，另外，联合国相关组织认定：基尼系数低于0.2表示收入绝对平均；0.2—0.3表示比较平均；0.3—0.4表示相对合理；0.4—0.5则表示差距较大；0.6以上表示收入差距悬殊。

表现得尤为突出①。

(二) 人口转变相关因素

人口转变是与经济社会同步发展的一个过程，在经济社会发展与人口转变历程中，人们的生育观念发生了较大改变，生育模式也在不断发生变化，甚至影响着人口各要素变动，由此形成了各时期不同的人口发展与转变特点。中华人民共和国成立时，人口再生产类型属传统型，随后几十年就迅速完成了人口转变过程，而西方发达国家大多历经了二三百年时间。研究发现，中国人口转变前期是以死亡率变动为主导型的发展阶段，即1949—1970年，典型特点是死亡率率先下降，而人口出生率持续较长时间居高不下，人口自然增长率则处于较高水平，这样的结果带来了人口规模的迅速扩大②，少儿抚养比增速较快，而老年抚养比则逐年降低。随后，因20世纪70年代开始实行严格的计划生育政策，这一时期便形成了以出生率为主导型的中国人口转变阶段，大致时间为1971年至今。中国人口出生率经历20世纪70年代的快速下降期，80年代的波动起伏期以及90年代的缓慢下降阶段，该阶段我国人口规模仍然持续稳定地较快增长，老年抚养比逐年提高，少儿抚养比逐渐降低。这样，人口出生率和死亡率均完成了由高到低的转变③。

由于政策、制度等多因素共同作用，中国在极短时间内完成人口转变，导致人口再生产类型快速转变，这与西方发达国家完全不同。一是人口发展自身规律的作用，也是实现人口转变的内在因素，是内因、也是主导因素；二是中国在不同时期施行的人口政策调整，加速人口转变发展进程；三是经济社会的发展发挥的根本性作用，也是短时间内人口过快的转变和多因素共同作用下的综合实现，形成了中国特殊的人口转变特点和人口情势④，呈现出中国人口转变典型特点：其一，给中国带来了一个较长时间的、劳动力资源十分充足的时期，即人口红利期，人口红利为中国经济发展带来了巨大的人力资源发展机遇，它的逐渐消退同

---

① 戴云飞：《"中等收入陷阱"影响机制的人口转变视角》，《北方经贸》2017年第4期。
② 戴云飞：《"中等收入陷阱"影响机制的人口转变视角》，《北方经贸》2017年第4期。
③ 戴云飞：《"中等收入陷阱"影响机制的人口转变视角》，《北方经贸》2017年第4期。
④ 戴云飞：《"中等收入陷阱"影响机制的人口转变视角》，《北方经贸》2017年第4期。

时为未来中国经济的进一步发展带来了挑战；其二，是中国当前的老龄化历程面临着速度加快、老年人口规模巨大、未富先老和城乡及地区之间不平衡等现实性问题①。

二 人口转变对跨越"中等收入陷阱"的机理

当前，中国正面临所有国家共同向往的向高收入国家迈进的发展机遇，也可能面临落入"中高收入陷阱"的风险②。实践与经验表明，"中等收入陷阱"并非中国经济发展的宿命，只要冷静客观分析、及时发现并尽早提出解决方案、科学执行以及努力克服发展中的各方障碍，中国一定可以顺利地迈进高收入行列。

1. 丰富的劳动力资源提高了产出

丰富的劳动力资源开发与利用对迈入高收入行列有着重要的支持性甚至是关键性作用。劳动力资源作为经济社会发展的重要条件，特别是前工业社会时期或者在传统工农业社会生产模式时期，经济社会发展更多地依赖劳动力规模累积与投入。低收入国家或经济落后国家进入中等收入国家行列时，经济发展动力往往来自于廉价劳动力的低价替代作为经济驱动力。改革开放初期，中国具有比较优势的产业就是劳动密集型和资源密集型产业。出口产品主要依赖劳动力密集、技术含量相对较低、附加值不高的加工组装环节为主，最主要的发展动力就是发挥劳动力资源丰富的优势吸引外资，而发达国家向发展中国家实施资本输出、实现产业转移就是看中了其充裕的劳动力资源③。中国作为典型的二元经济结构国家，农业人口众多，土地相对贫乏，城市也存在非技能劳动力资源充沛、资本相对不足的状况。

中国沿海地区通过吸引中西部地区农村剩余劳动力发展进出口加工产业，发挥劳动力众多优势，实施进料加工、各种机电产品加工以及各种有色金属、稀有金属制品等较低技术含量的产品加工，努力增

---

① 戴云飞:《"中等收入陷阱"影响机制的人口转变视角》，《北方经贸》2017年第4期。
② 王家卉:《基于非参数方法的城乡居民代际收入流动性分析》，硕士学位论文，安徽大学，2018年，第21页。
③ 戴云飞:《"中等收入陷阱"影响机制的人口转变视角》，《北方经贸》2017年第4期。

加矿产品与农副土特产品等加工出口。改革开放后很长一段时间,中国正是利用各个时期各要素的比较优势出口了大量非技能劳动密集型产品,进口了诸如人力资本、技术与资本密集型产品。随即中国居民人均收入稳步提升,经济快速发展。实际上,在人口转变过程中势必会形成一个劳动力资源相对丰富的时期,这也就是经济发展过程中的机遇期,然而随着生育率的逐步降低和人口老龄化日趋严重,劳动力资源相对短缺的形势凸显出来①。自1992年以后,中国收入差距开始迅速扩大,1994年起越过0.4的警戒线(除了1999年外),基尼系数总体逐年上升。此时中国传统经济发展模式优势逐年降低,人力资本存量提高较慢、劳动力成本上升使得经济增速面临减缓风险,这直接影响了中国劳动密集型、粗放型产业的持续发展,经济发展面临长期陷入缓慢增长的困境。

2. 收入增加促进了消费与投资

民众收入水平的提高不仅可以改善个人与家庭生活质量,同时对促进社会消费、提高人口素质、加快收入分配改革等方面有着直接作用,即做大蛋糕并分得更好,尽早实现橄榄型社会结构。人口转变导致人口老龄化社会的发展现实,中国人口结构和劳动力供需形势正发生深刻变化,适龄劳动力人口在2012年已达峰值,人口转变的直接与客观结果导致劳动力资源减少,"人口红利"逐渐削弱,中国沿海地区及内陆某些省市很多企业面临用工成本上升和用工缺口的问题,劳动力资源短缺导致工资水平上升。对于一个企业来说,工资水平的提高意味着生产成本增加,当前中国熟练工人的每年平均工资水平涨幅在20%—30%,不少企业尽管上调了工资水平,但依然面临招工难、用工难、留工难问题,工资上涨压力问题依然存在,而此时投资的边际效益在递减,对于依靠增加投资以获得效益的产业是一种现实压力,如果不能通过技术进步、技术创新、提高科技能力和实现产业转移等规避这一挑战,很多企业就可能面临被市场淘汰的境遇。

同时,中国周边比如越南、印度、柬埔寨、马来西亚等国家的劳动

---

① 蔡昉:《人口转变、人口红利与刘易斯转折点》,《经济研究》2010年第4期。

力成本优势正在进一步显现。我国对外贸易难以继续再依靠低廉的劳动力成本优势发展，传统比较优势在逐步削弱。另外，作为国际上通用的、用以衡量一个国家或地区居民收入差距的常用指标基尼系数也在高位运行。据国家统计局相关数据，1978 年基尼系数为 0.317，自 1994 年起越过 0.4 警戒线并逐年上升，2004 年超过 0.465，2006 年接近 0.5（0.496），2015 年 0.462，2016 年 0.465，2017 年 0.467，2018 年 0.468，2019 年 0.465，连续多年超过警戒线，说明我国贫富差距较大。根据世界银行测算，欧洲国家基尼系数在 0.24—0.26 之间，发达国家在 0.24—0.36，说明当前分配不平等已是一个严重的社会问题，这不仅说明中国应加快收入分配改革，尽快缩小收入差距，也是维护社会稳定，正确处理好发展与分配的关系，实现迈入高收入阶段中需要急切解决的重要议题。

3. 技术进步提高了生产率

技术创新能力的提升是实现产品竞争力的重要保障，更是经济增长与发展的原动力。顺利跨越"中等收入陷阱"必须实施科技兴国战略，以技术创新为先导，提高产品核心竞争能力，提升创新产业竞争力。当前，中国加工贸易主要呈现单位产品能耗高、能源资源消耗大、污染较重、效率与附加值较低等主要特征，大多产品或服务还处于国际分工的最底端。而从经济自身发展规律来看，必须要求实现技术不断创新才能提高劳动生产率与扩大经济效益。要实现中国在国际贸易中占据主导地位，或者说在贸易中有话语权，应加快开发以技术进步、技术创新发展，拥有自主知识产权、掌握核心技术以提高产品竞争实力的产品或服务。创新的主体是人，尤其是活跃在市场上的青壮年劳动年龄人口，特别是受过高等教育的技能人才，他们是整个社会经济有发展活力和提高创新能力的关键与主体，创新主体发展与年龄结构有着密切关系。然而，随着中国老龄化社会的日益严重，老年人口规模不断扩大、老年比重不断攀升，提高创新能力、实现技术进步与人的发展矛盾便日益显现，可以说，中国经济结构转型升级依然面临创新动力、创新实力不足的问题。

实际上，广大发达国家为应对上述问题，不仅加大了教育投资，同时为企业培训、员工发展创造了更多机会。教育投资上，2017年，中国教育支出仅占GDP比重的4%，美国则长期稳定在5.5%左右，韩国超过5%，阿根廷4.8%，芬兰高达7%。在研发方面，2017年世界研发支出占GDP的比重平均为2.303%，中国仅占GDP的2.129%，不及世界平均水平。相比芬兰2.762%、美国2.802%、德国3.035%、日本3.205%、韩国4.553%[①]，中国在上述方面的投入与已迈入高收入国家相比仍存在较大差距。同时，很多发达国家加大了网罗全球人才尤其是技术型人才的力度，以保持本国科技创新能力以及在国际地位中的领先与发展实力。中国要迈入高收入行列或世界强国，同样应高度重视本国人才培养，也需要注重网罗世界范围内的优秀人才，尤其是尖端科技人才。

4. 市场需求与经济发展促进经济增长

通常把投资、出口和消费比喻为拉动经济增长与快速发展的"三驾马车"，这是对经济发展与增长原理中最生动形象的表述。中国要实现顺利迈入高收入行列，不仅要促进经济增长，更重要的是需要真正促进中国经济实现又好、又稳、又快的可持续发展，需要用系统思想完善经济发展各方面，既要实现满足市场需求，还要不断优化和改进经济发展模式与方式。

发展中国家扩张经济往往依靠增加与扩大投资、增加出口与扩大内需，广大发展中国家挖掘经济增长潜力、转变经济增长方式、扩大与加强消费作为对经济增长与贡献的重要手段。发达国家经济发展的成功经验表明：依靠需求驱动型经济增长方式是成功摆脱或跨越"中等收入陷阱"的关键。中国长期依赖出口和投资经济增长模式导致了消费与内需驱动力不足等问题，这不仅需要中国努力开拓国际市场、获得国际市场需求的支撑，还要尽早提高人均收入、缩小贫富差距，只有实现民众持续增收，才有可能实现内需消费长期稳定增长。与此同时出现的"消费超前"和"消费外化"现象扭曲了中国的"消费拉动经济增长"模式，

---

① 《研发支出占GDP比重》，2020年12月2日，世界银行数据库（https://data.worldbank.org.cn/indicator/GB.XPD.RSDV.GD.ZS?view=chart）。

在还没有成功将经济发展方式转变为需求拉动型之前，就已陷入了"中等收入陷阱"，还未富裕就已经出现奢侈消费现象，用这样的手段去摆脱"中等收入陷阱"肯定难以持续，完全不可取。针对中国独特的消费不足、消费超前和消费外化现象，并依据消费力测算，姜百臣、朱桥艳（2013）研究发现，假设消费力达到韩国等国家和地区的水平，并且能够有效地将消费外化转为内需，则中国摆脱"中等收入陷阱"的时间有可能会缩短2年左右。因此，当务之急是培育有效的消费驱动力、转变经济发展方式以摆脱"中等收入陷阱"，促进经济长期稳定发展[1]。

同时在人口转变过程中，随着人口年龄结构不断变化，不同类型的消费需求、消费理念与消费层次等都呈现较大差异。一般来说，老年群体消费能力与消费需求更弱，不过老年人也有其消费市场，只要开发得当，有绝对不可忽视的重要消费潜力。因此，面对老年人口规模日益扩大，老龄化程度不断加深的中国，老年群体消费需求一定持续扩大。在整体消费市场或许不那么旺盛的前提下，可能对经济发展产生一定负面影响，中国则需要增加收入的同时持续扩大内需。

5. 较低的抚养负担增加储蓄与投资

一般来说，人口抚养比越低越有利于经济发展，反之亦然。在人口不断转型过程中抚养负担也在不断发生变化，抚养比越高说明劳动年龄人口人均承担抚养数量越多，劳动力抚养负担就越重。人口转变初期抚养负担主要对象为未成年人口，随着年龄增长，这部分人将逐渐进入劳动力市场，成为抚养主体。但随着年限的进一步延长，曾经的未成年人口进入老年人口系列，又将成为抚养对象。因此，当出生人口高峰期出现发展到人口转变阶段时，一定时期后必然进入另一个转变阶段，这是不可逆转的自然规律。随着我国人口老龄化趋势的加快，伴随人口生育水平下降的少儿抚养负担的减轻与居民健康水平的提高与促进，很难抵消老年抚养比加重对经济增长的负面影响。

---

[1] 姜百臣、朱桥艳：《需求拉动：中国如何摆脱中等收入陷阱？》，载《市场经济与增长质量——2013年岭南经济论坛暨广东经济学会年会论文集》，2013年11月，第79—92页。

劳动力年龄人口抚养负担高低直接影响储蓄率的高低，进而影响经济发展中的投资与储蓄。中国自 2012 年经济进入换挡期以来，面临经济发展、产业结构调整升级关键期，为了维持与促进经济健康持续发展，提高人民群众生活质量与维护民众切实利益，迈入高收入阶段是全体民众的共同心声。加上人口转变过程面临日益深度的老龄化，人口红利逐渐消退的人口发展情势，社会抚养负担加重势必为跨越"中等收入陷阱"带来艰巨挑战。

三　人口要素对跨越"中等收入陷阱"的影响

跨越"中等收入陷阱"的主要指标是国民收入，人口要素在该过程中有着至关重要的作用，两者密切关联。同时人口要素与经济收入的关系十分紧密，对跨越"中等收入陷阱"的影响主要体现在人口数量、人口结构、人口质量上。

首先，人口数量与经济发展进程对立统一，它既能促进经济发展也能阻碍经济发展。凯恩斯认为，人口减少可能引起有效需求不足，导致经济停滞，而人口增长则刺激消费与投资需求。人口数量主要涉及一个经济体的人口基数和增长率，人口基数越大，人口增长率越快，则维持人均资本扩大所需的经济增长率也就越高（Solow，1956），人均收入水平提高的难度自然也就越大。中国是一个人口大国，虽然自然资源总量十分丰富，但人均占有量相对不足，过快的人口激增将进一步使人均资源占有量降低，不仅影响人均投资量制约经济腾飞，人口过快增长严重影响人均收入水平提高，即人口规模及变动将直接制约人均收入水平的提高。

其次，人口结构与经济收入主要指标涉及一国或地区的人口年龄结构。不同年龄结构组决定了一国或地区适龄劳动力人口的比重和增长速度。研究显示，人口增长率与经济增长率呈现倒"U"型关系。当人口结构处于丰富的劳动力供给和高储蓄率时期，经济增长能够得到额外的增长动力即人口红利，同时从人口结构变动与二元经济之间的一致性出发，揭示人口结构与经济发展之间的内在逻辑关系，并判断出我国人口红利式微和"刘易斯拐点"的到来①。日本自1990年后的经济增速锐减乃至长期停滞就是与当时的人口结构严重老龄化、劳动力供给不足有着密切联系。人口结构变化对国民经济的生产结构、产业结构、消费结构、投资结构以及经济发展方式等都可能产生深刻影响。

最后,古典经济学家对劳动力质量无差别的认识或假定已经无法解释日益增长的经济动力,而人口质量对经济发展有着越来越重要的作用。通过提高人口质量可提高总产出,一方面积淀了深厚的人力资本,为之后劳动生产率和技术水平的提升打下了坚实基础;另一方面也显著地提高了平均收入水平,对扩大内需、增强国民消费能力也起到了一定的促进作用②。一是高质量的人口可以增加资本吸引力,比如第二次世界大战结束后的日本吸引外资与利用外资方面所取得的巨大成功,并创造了20世纪经济发展奇迹,就是因为日本高素质人口。二是加大对人口质量投资可以有效促进经济繁荣。据美国经济学家西奥多·W.舒尔茨（Theodore W. Schultz）的测算,1927—1959年物质资本的增加对美国经济增长的贡献占15%,而人力资本质量提高的贡献则高达43%,其中教育的贡献份额占到33%③。比如日本、韩国、中国台湾地区、新加坡在20世纪经济高速发展过程中都通过多方面途径投入大量经费支出,用于提高综合教育水平和完善人才培养体系,从而有力地促进了上述国家和地区经济快速发展。三是提高人口质量是提高经济收入的关键。国民收入的1/5来自物质资本,4/5来自人力资本。人力资本的增长实际源于劳动收入所占份额的上升,源于财产收入份额下降,因此,人力资本增加不仅是提高经济收入水平的关键,也有利于增加社会各阶级收入的均等化,促进中等收入与高收入人群数量的增长。

中国发展轨迹。蔡昉按收入水平从低到高将社会发展阶段依次分为

---

① 蔡昉:《人口转变、人口红利与刘易斯转折点》,《经济研究》2010年第4期。
② 曾铮:《亚洲国家和地区经济发展方式转变研究——基于"中等收入陷阱"视角的分析》,《经济学家》2011年第6期。
③ [美]西奥多·W.舒尔茨、吴珠华等:《论人力资本投资》,北京经济学院出版社1990年版,第27页。

马尔萨斯发展阶段、刘易斯发展阶段和索洛阶段，研究指出：中国于 2004 年已经超越了刘易斯转折点，随着农业剩余劳动力减少、劳动力短缺现象普遍化和普通劳动者工资持续上涨，中国经济已经超越刘易斯转折点，开始向索洛式的新古典增长模式转变①。一个经济体经历刘易斯转折点之后，一般来说因进入人口转变的新阶段，人口红利也逐渐消失，以往支撑经济增长的源泉，即劳动力增长、资本形成和劳动力转移带来的资源重新配置效率，都逐渐趋于减弱，最终经济增长进入新古典阶段。这个经济发展阶段主要是劳动力短缺、资本报酬递减。因此，单纯依靠劳动力和资本等要素投入，不再能够保持经济增长的可持续性，经济发展只能依靠技术进步与生产率的提高，否则经济将会出现停滞，该阶段被称为"索洛"阶段。

伴随着农业剩余劳动力的减少、劳动力短缺现象开始凸显和劳动者工资的普遍上涨，中国人口红利正在逐步消失，中国经济开始步入主要依靠全要素增长率（TFP）增长来带动经济增长的索洛阶段②。郑秉文从经济增长驱动力角度将中国自改革开放后的发展阶段分为市场驱动、要素驱动、效率驱动和创新驱动共四个阶段，其中创新驱动阶段也正是当前跨越"中等收入陷阱"、迈进高收入经济体的关键阶段，对比技术创新在高收入发达国家经济增长中的高贡献率，中国在技术创新方面仍有待提高③。

第二节　人口转变对迈入高收入阶段的影响

人口问题长期以来作为关系国计民生与经济社会发展的大问题。无论是人口质量还是经济社会发展，中国都取得了积极有效成果，为人口发展、国民经济长久稳定与健康发展解除了诸多后顾之忧。进入 21 世

---

① 蔡昉：《"中等收入陷阱"的理论、经验与针对性》，《经济学动态》2011 年第 11 期。

② 蔡昉：《通过改革避免"中等收入陷阱"》，《南京农业大学学报》（社会科学版）2013 年第 5 期。

③ 郑秉文：《"中等收入陷阱"与中国发展道路——基于国际经验教训的视角》，《中国人口科学》2011 年第 1 期。

纪，中国经济、科技、医疗和社会发展迅速，更是取得了前所未有的巨大成就。随着经济迅猛发展，人们生活水平的快速提高与对生活质量的关注度不断提高，社会主要矛盾已发生了显著变化。党的十九大报告中明确强调，"中国特色社会主义进入新时代，我国社会主要矛盾已经转化为人民日益增长的美好生活需要和不平衡不充分的发展之间的矛盾"①。社会主要矛盾即发展矛盾，人民生活水平取决于社会各方面发展，社会发展同时又被人民的生活程度所影响，即人民日益增长的美好生活需要和现行经济社会不平衡。从经济社会发展角度看，当前我国生产力水平、教育与科技发展还比较落后，面对发达国家在经济科技创新等方面占较大优势，实现工业化和现代化还有着艰难路程；二元经济结构还没有改变，地区差距、城乡差距扩大趋势还没有得到扭转；人口整体素质相对偏低，老龄人口规模庞大，就业和社会保障压力，改善民生事业压力较大；生态环境保护与经济社会发展矛盾难题凸显；经济体制、民主法制建设和相关管理体制还不够完善，这些都将给中国发展带来不利影响。不过，任何事物发展中都自始至终存在矛盾，所有国家发展都不例外。因此，中国的发展同样要立足于社会主要矛盾，坚持基本路线和国家发展政策与规划，坚持中国共产党的坚强领导，紧紧抓住主要矛盾并解决它，国家才能变得更加繁荣富强。

一　人口数量变动对经济增长的影响

（一）人口过快增长与经济增长

人口总量变化与经济发展不只是简单的正相关或负相关关系，其影响是多重的，即人口总量变化一方面给经济发展带来了一定阻碍作用，比如影响资本积累，对科学技术发展及资源消耗等产生一定压力。另一方面又可以给经济发展提供发展动力，提高人力资本存量，高质量的人口为经济发展提供高质量的劳动力资源，助力科技发展，同时还可以带来规模经济等效应。

---

① 李慎明：《正确认识中国特色社会主义新时代社会主要矛盾》，2020年12月2日，人民网（http：//theory.people.com.cn/n1/2018/0309/c40531-29858058.html）。

表 2-1　　1961—2019 年世界、中国人口与经济发展指标

年份	人口总量（亿）		人口年增长（%）		人均 GDP（美元）		人均 GDP 年增长率（%）	
地区	中国	世界	中国	世界	中国	世界	中国	世界
1961	6.603	30.73	-1.016	1.354	75.81	462.91	-26.528	2.925
1965	7.152	33.24	2.381	2.055	98.49	590.33	14.198	3.444
1970	8.183	36.84	2.762	2.091	113.16	803.30	16.05	1.589
1975	9.164	40.64	1.766	1.865	178.34	1455.85	6.816	-1.238
1978	9.562	42.82	1.338	1.748	156.4	2003.4	9.657	2.105
1980	9.812	44.34	1.254	1.749	194.81	2530.23	6.463	0.152
1985	10.51	48.4	1.362	1.748	294.46	2643.85	11.909	1.935
1990	11.35	52.81	1.467	1.741	317.89	4279.86	2.394	1.151
1995	12.05	57.08	1.087	1.511	609.66	5407.78	9.75	1.496
2000	12.63	61.15	0.788	1.323	959.37	5491.57	7.64	3.032
2005	13.04	65.13	0.588	1.247	1753.42	7287.25	10.743	2.589
2010	13.38	69.23	0.483	1.204	4550.45	9538.85	10.103	3.039
2014	13.64	72.56	0.506	1.181	7651.37	10928.96	6.758	1.641
2015	13.71	73.41	0.508	1.17	8033.39	10217.54	6.363	1.666
2016	13.79	74.26	0.541	1.166	8078.79	10248.11	6.16	1.39
2017	13.86	75.11	0.559	1.143	8759.04	10768.96	6.162	1.994
2018	13.93	75.94	0.456	1.109	9770.85	11296.78	6.115	1.905
2019	13.98	76.74	0.359	1.075	10261.2	11441.73	6.11	2.365

注：人均 GDP 为现价美元。

资料来源：世界银行数据库官网（https://data.worldbank.org.cn/）。

新中国成立以前，因战争导致社会动荡不安，经济发展缓慢，医学技术与科技发展水平滞后，人口增长受限。1949 年后，社会安定、医疗改善、经济稳步发展，为人口高速增长提供了基本保障。1949—1970 年，人口从 5.4 亿人增长到 8.183 亿人，净增人口 2.783 亿，除去 1959—1961 年由于自然灾害等原因出现短暂负增长外，该时期各年份人口增长率普

遍超过2%，1966年峰值时达2.787%。总体上，中国人口在20世纪五六十年代由传统的高出生、高死亡与低增长发展态势，仅用了不到30年就转变为高出生、低死亡与高增长态势。随着严格的计划生育国策全面实施，20世纪90年代中国人口发展与转变特征体现为低出生、低死亡与低增长。其中，经济增长与发展无论作为内生变量还是外生变量都受到人口影响，中国人口过快增长对经济社会发展的影响在技术、资源、信息和资本等方面带来了巨大发展压力。

1961—1978年，除了1961年、1962年、1975—1978年人口年增长比重低于世界同期平均值外（表2-1），其余年份均高于世界同期值，其间由于自然灾害等原因，1961年为负增长，1962年仅为0.82%，上述两年人口总量分别为6.603亿人、6.66亿人，同期人均GDP分别为75.81美元、70.91美元。1961—1978年，人口增长峰值1970年达2.762%，比世界同期高0.671个百分点，尽管1970年中国人均GDP增长率达16.05%，比世界同期平均值高出14.461个百分点，但中国该年人均GDP仅有113.16美元，是世界同期值的14.09%。1970年人口总量8.183亿，比1965年增加了1.031亿，同期世界仅增加了3.6亿，说明这5年中国增加了全世界近1/3的人口，而同期人均GDP中国仅增加了14.67美元，世界同期则增加了212.97美元。可见，人口过快增长确实阻碍了当时的中国经济发展。从20世纪90年代开始，由于育龄女性人数大幅减少，加上严格的计划生育政策与生育观念的转变，人口增长率稳步下降，1998年为0.98%，自改革开放以后首次跌破1%，此后持续下降，并从2004年起至今基本稳定在0.5%左右。21世纪以来，年平均增长710万人左右，总量压力有所减轻，但人口结构性问题日益突出。

首先，人口压力不仅导致资本不足与资源压力，还导致各种经济社会问题出现。如果把资本作为经济发展中的重要变量，大多数发展中国家经济落后的主要原因就是由于资本不足，再加上人口压力导致贫困，使经济社会发展陷入恶性循环，正如20世纪50年代至70年代初期的中国发展状况。

其次，人口发展对资源和技术也会产生很大压力，庞大人口数量增长给资源消耗带来了巨大压力，造成了严重的环境恶化与生态污染，同时有限的资本平均耗费在众多人口数量上，导致技术投资与人口素质无法得到快速且有效提高，从而也限制经济社会发展。

最后，过快人口增长会导致教育与培训投入难以赶上人口增长速度，使得人力资本存量难以提高，同时也使得技术发展与进步受到很大限制。资本不足、资源有限、人力资本存量低、技术难以提高、创新能力无法提升，如此经济结构只能主要以初级制成品加工为主，只能依靠劳动密集型产业发展经济，这样的经济发展方式很难实现可持续发展。

据世界银行统计显示，大多数忽视人口规模过快增长和忽视计划生育的非洲国家，均一度被大量失业人口、资本投入不足、受教育水平有限以及高技能人才短缺等问题所严重困扰。而在人口增长最慢的发展中国家和地区，大多显示其收入增长也最快，比如韩国、中国、新加坡、印度尼西亚和马来西亚等国家和地区。

(二) 人口增速放缓与经济增长

1980 年，中国人口总量 9.812 亿人，1990 年 11.35 亿人，10 年增加 1.538 亿人，低于 1970 年至 1980 年增长量，也低于世界同期总量增速（表 2-1）。从经济指标看，1980 年中国人均 GDP 为 194.81 美元，是同期世界平均值的 7.7%，与 1970 年相比，中国与世界平均值差距在拉大。1990 年人均 GDP 为 317.89 美元，世界为 4279.86 美元，中国是世界同期值的 7.43%。可以看出，尽管中国人口增速在放缓，期间由于人口质量提高缓慢，人力资本存量提高艰难，受高等教育人数十分有限，经济发展受人力资本、资本、信息、技术等影响，中国经济发展依旧远低于世界同期平均值。

1998 年开始中国人口增速进入个位数，总量达 12.42 亿人，2005 年突破 13 亿，同年人均 GDP 为 1753.42 美元，是世界同期值的 24.06%。自 1992 年开始，中国人均 GDP 增长率均维持在较高水平。2010 年增速持续放缓，在人口质量提高、人力资本利用率加大、技术进步改善等条件下，中国经济持续快速发展，其中人均 GDP 增长率持续多年为两位数，高于世界同期值 7.064 个百分点，且人均 GDP 达世界同期值的 47.7%，该时期中国经济增速远高于世界同期，收入增速也远高于世界同期平均值。

2014年进入新常态，经济增长率为7.3%，2015年起基本稳定在6%左右，进入稳定增长常态，这一常态着眼于经济结构的对称态及在对称态基础上可持续发展。可以说，新常态最大特征就是用增长促发展，用发展促增长，包括增长速度新常态、结构调整新常态以及宏观政策新常态。

据世界银行统计显示，2014—2019年，中国人口规模增长持续放缓。2014年总量13.64亿人，世界72.56亿人，中国是世界总量的18.8%，中国GDP总量（现价美元）为10.439万亿美元，世界为79.297万亿美元，中国是世界的13.16%。2019年，中国人口是世界的18.22%，比重在下降，GDP总量是世界的16.34%，差值在缩小，中国人均GDP是世界同期值的89.68%，人均GDP增长率高于世界同期值3.745个百分点，同年人口增速比世界同期值低0.716个百分点。可见，进入新常态以来，人口增速进一步放缓，经济增速虽在放缓，但高于世界同期平均水平，说明中国经济发展程度、发展速度与发展质量均高于世界平均水平。

从上述人口经济发展历程看，人口增长带来了规模经济，形成了经济规模效应，进一步促进了技术进步、劳动力资源素质提高以及劳动分工，在经济资源相对发展充裕等条件下，人口增长有利于经济增长。人力资源作为第一资源，是经济发展与增长重要推动力。根据美国经济学家舒尔茨与贝克尔所强调的人力资本投资对促进经济发展产生的积极影响，人力资本积累作为经济持续增长的决定性和产业发展的真正源泉，说明中国在人力资源开发，加大人力资本投资力度、提高人力资本效益与人口效率，扭转了之前人力资源开发不能适应经济社会发展要求的局面，这不仅是中国经济发展的战略性选择，也是实现中国人力资源大国转变为人才资源强国作为未来促进经济持续稳定增长的动力源泉。

从中国以及绝大多数发展中国家发展经验看，控制人口增长确实有利于经济发展。但是否只要控制了人口增长甚至出现人口负增长，就可以对更好地实现经济发展起到更科学的促进作用？是否就能更有利于经济可持续发展？答案自然是否定的，通过对日本、美国以及欧洲等发达国家的发展过程与轨迹，对上述国家人口与经济的相互影响、相互作用关系进行判断，一个国家经济持续稳定的发展应当是适度人口增长。

二 人口结构变动对经济增长的影响

人口作为生产力和消费力的统一，生产力、消费力水平不仅和年龄结构、人口素质有着重要联系，而且与其所在群体规模大小、观念与发展有着密切关系。人口总量呈现负增长或以极低速度增长，都可能给经济增长带来一定的消极或负面影响。在一定经济社会发展形势下，人口增速减缓或负增长有助于人均国民收入水平提高、人均资源分配的增长以及人均公共资源水平的提高。长远看，人口总量持续或呈现较长时间负增长或以极低水平增长，都可能给经济增长带来一定程度的消极影响。人口尤其是劳动年龄人口负增长不仅会造成劳动力供给短缺影响生产力发展，也会导致消费需求、储蓄与投资水平下降，削弱消费者对经济增长的拉力，减少消费者一定意义上的消费欲望与刚性消费需求，上述变化都可能给经济增长带来诸多不利影响。

（一）劳动人口减少给经济增长带来的双重影响

劳动力是经济生产活动的重要因素之一，总量减少会对经济带来重要影响，既有积极意义也有消极含义。从消极方面看，劳动力总量减少或出现短缺，企业用工成本将会显著提高；劳动力从农业传统部门向非农业转移速度放缓，会抑制资源配置效率[①]；劳动力数量减少不仅降低消费能力，还将弱化创新能力，可能导致劳动生产率下降，从而影响与阻碍经济增长，这些变化也意味着以往支撑中国经济快速增长的传统要素产生的相关作用持续减弱。不过，劳动力规模减小并不能说明一定会造成劳动力绝对短缺与劳动生产效率下降，劳动力供需关键还要看匹配情况与生产效率。虽然中国劳动力总量出现下降[②]，但2019年仍达98910

[①] 高向东：《中国人口发展趋势对未来经济有何影响》，《人民论坛》2018年第4期。

[②] 高向东：《中国人口发展趋势对未来经济有何影响》，《人民论坛》2018年第4期。

万人，劳动力资源依然十分丰富。所出现的"招工难""民工荒""就业难"等问题，实际是中国劳动力市场典型的、突出的结构性矛盾。一方面，每年新增劳动力总量较大，据教育部通报，2021年全国普通高校毕业生909万人，存在就业难题；另一方面，我国东部沿海省份很多企业出现"用工荒""招工难"困境。进入新常态以来，经济增速放缓，新增就业岗位可能减少，从某种意义上说，劳动力总量减少会促使企业加快进行技术进步、实施管理创新，从而提高劳动生产效率，推动产业结构的优化和升级[①]。

1. 中等收入阶段中国劳动力市场变化

处于中等收入阶段的中国，劳动力市场变化对社会经济发展的作用与中国独特的人口转变过程密不可分，构成了中国从中等收入阶段迈向高收入行列过渡时期的基本国情。首先，中国经济在进入高收入国家之前已基本进入人口转变后期，实现了从"高出生率、低死亡率和高自然增长率"到"低出生率、低死亡率和低自然增长率"的人口转变过程[②]，根据世界其他国家经验，大多数发展中国家很难在中等收入阶段完成上述人口转变过程。虽然快速的、强有力的人口政策推动了人口快速转变进程，并为中国经济起飞创造了一系列的人口优势条件，但给中国未来经济进一步持续健康发展也带来了很多不利因素。最突出的是，正处于中等收入阶段的中国，必须面对很多经历过该阶段进入高收入的国家出现的人口经济问题。其次，由于人口惯性的内生性及外部计划生育政策条件的共同作用推动，暴风雨般急速的人口老龄化进程使中国将成为为数不多的"未富先老"要进行跨越"中等收入陷阱"的国家。最后，和世界上其他人口转变完成的典型国家相比，中国人口转变过程更迅速，人口红利期也相对更短。20世纪70年代开始生育率迅速下降，中国在改革开放起至很长一段时间一直享受人口红利期，2010年劳动力市场出现刘易斯拐点，标志中国人口红利期逐渐消退，并将在2030年左右逐渐转

[①] 高向东：《中国人口发展趋势对未来经济有何影响》，《人民论坛》2018年第4期。
[②] 许昆鹏：《农村劳动力转移培训的投资机制研究》，博士学位论文，浙江大学，2007年，第18页。

入人口负债期。因此,处于中等收入阶段的中国,急速的人口转变所带来的劳动力市场转型与市场需求变化,对新常态的中国来说,实现经济快速发展的挑战前所未有。

(1) 劳动力绝对数量逐年萎缩,供给总量边际递减

中国劳动力市场转折与人口转变过程密切相关,劳动年龄人口是劳动力市场最基本的供给源泉[①]。总体看,15—64岁劳动年龄人口总量持续上升,中国迈入中等收入行列时劳动年龄人口数量为85157万人(表2-2),占总人口比重不到70%,是中国进入中等收入以来唯一没有达70%的年份。2000年,是劳动年龄人口增加最多的年份,增加了3753万人,年增长率达4.22%。2002年总量突破9亿人,2011年破10亿人,2013年为100582万人,并于该年总量达到峰值。2010年劳动年龄人口占总人口比重74.53%的峰值后持续下降,2019年为70.6%。每年新增劳动年龄人口数量中,1999—2013年均为正增长,且起伏变化大。1999年比1998年增加了819万人,增长人数排在前三的年份分别是2000年(3753万人)、2010年(2454万人)、2005年(2013万人),也是1999—2013年劳动年龄人口规模增长超过2000万人的年份。2004年增长量超过1000万人,其他年份均低于千万。从2014年开始,中国劳动年龄人口数量呈负增长,此后总量持续减少。

从劳动人口增长率可看出(表2-2),中国年均增长率从2000年最高的4.22%到2002年的0.5%,2005年、2010年分别又上升至2.14%、2.46%,2011—2013年增长率低于0.5%,2014年起均为负增长,2017年、2018年、2019年分别为负的0.43%、0.48%、0.45%。另外,中国社会科学院发布的蓝皮书指出,2020年前中国劳动年龄人口降低幅度还是相对较轻的,2020—2030年10年,每年将可能减少790万劳动年龄人口,2030—2050年进入21世纪中叶时,即中国实现现代化的最后20年,每年将可能减少劳动年龄人口835万人。可见,从劳动力数量供给看,中国未来劳动力供给形势将日益严峻。

---

① 黄海燕、王金哲:《劳动力市场转折对中等收入阶段发展的挑战及机遇》,《中国劳动》2015年第6期。

表 2-2　　中等收入阶段以来中国 15—64 岁劳动人口变动

（单位：万人，%）

年份	总人口（年末）	劳动年龄人口总量	劳动年龄人口占比	每年新增劳动年龄人口	劳动年龄人口年增长率
1999	125786	85157	67.7	819	0.96
2000	126743	88910	70.15	3753	4.22
2001	127627	89849	70.4	939	1.05
2002	128453	90302	70.3	453	0.50
2003	129227	90976	70.4	674	0.74
2004	129988	92184	70.91	1208	1.31
2005	130756	94197	72.04	2013	2.14
2006	131448	95068	72.32	871	0.92
2007	132129	95833	72.52	765	0.80
2008	132802	96680	72.8	847	0.88
2009	133450	97484	73.05	804	0.82
2010	134091	99938	74.53	2454	2.46
2011	134735	100283	74.43	345	0.34
2012	135404	100403	74.15	120	0.12
2013	136072	100582	73.92	179	0.18
2014	136782	100469	73.4	-113	-0.11
2015	137462	100361	73.01	-108	-0.11
2016	138271	100260	72.51	-101	-0.10
2017	139008	99829	71.82	-431	-0.43
2018	139538	99357	71.2	-472	-0.48
2019	140005	98910	70.6	-447	-0.45

资料来源：历年《中国统计年鉴》。

（2）农村剩余劳动力逐年减少

自 2008 年人力资源和社会保障部有外出农民工数量统计以来，外出农民工人数每年都在增加，但起伏变化较大。2019 年比 2008 年农民工总量增加了 3384 万人。2010 年为转折点，年增长率开始下降，每年外出农民工人数年增长率明显下降，从 2010 年的 5.55% 下降到 2016 年的 0.29%（表 2-3），呈逐年递减态势，2010 年到 2011 年，降幅最大，增速降低了 2.11 个百分点。2014—2015 年增速降幅为 0.9 个百分点，2016 年接近零增长，增速为 0.29%，2017 年又增至 1.48%，2019 年为 0.92%。从目前农村剩余劳动力转移趋势看，如果非农部门需求和劳动力市场制度不能同步改变，农村作为城市化、工业化所需要的源源不断的劳动力资源所起到的"蓄水池"作用将难以继续发挥，"民工荒"问题也将愈演愈烈①。此外，都阳（2014）运用 Probit 模型，分别计算出农村劳动年龄人口各年龄段人口外出务工的具体数量，其中 16—19 岁、20—29 岁年轻劳动未转移人口数量为 616 万人、2650 万人；30—39 岁组劳动力可转移数量为 7069 万人；40—49 岁和 50—64 岁劳动力未转移人口数量为 6317 万人和 8553 万人。农村剩余劳动力中，30 岁以下劳动力占农村剩余劳动力比例仅为 23.4%，50—64 岁占 29.7%，可见滞留在农业中的劳动力老化现象已非常明显，农村剩余劳动力逐渐枯竭。

表 2-3　　2008—2019 年外出农民工变动趋势　　（单位：万人，%）

年份	外出农民工人数	每年新增农民工人数	农民工年增长率
2008	14041	—	—
2009	14533	492	3.50
2010	15335	802	5.55
2011	15863	528	3.44
2012	16336	473	2.98
2013	16610	274	1.67
2014	16821	211	1.27
2015	16884	63	0.37
2016	16934	50	0.29
2017	17185	251	1.48
2018	17266	81	0.47
2019	17425	159	0.92

资料来源：由历年人力资源和社会保障事业发展统计公报整理获得。

---

① 黄海燕、王金哲：《劳动力市场转折对中等收入阶段发展的挑战及机遇》，《中国劳动》2015 年第 6 期。

2. 劳动力资源供给结构变化

（1）新出生人口紧缺，劳动力市场供不应求

从"高出生率、低死亡率和高自然增长率"到"低出生率、低死亡率和低自然增长率"人口转变中，由于人口出生率和死亡率下降有一个时滞过程，通常形成年龄结构变化的三个阶段[①]。三个阶段分别以高少儿抚养比、高劳动年龄人口比和高老年比为主要特征。在劳动人口比重高的阶段，充沛的劳动力资源供给和高储蓄率保障，为实现经济增长提供了较长时期的"人口红利期"。但中国由于较长时间执行严格的计划生育政策，致使人口自然增长率处于较低状态。一方面，导致0—14岁出生人口增长速度缓慢，能够投入市场的15—59岁劳动年龄人口数量越来越少；另一方面，社会经济快速发展需要更多优质劳动力，劳动力素质缓慢提高、就业人口效率不高是中国人口发展中的现实问题。因此，一定时间点上两者达到平衡之后，少儿人口所占总人口比重增长越来越缓慢。2004年起，中国新增劳动年龄人口数已低于劳动需求量，落差于该年出现，供求关系逐年发生变化。2012年新增劳动年龄人口首次出现负增长，落差开始扩大化。中国劳动力市场不仅呈现出了结构性短缺与矛盾，而且已开始呈现一个全局性缓慢发展状态，整体劳动力供应不足，尤其是高素质、高技能劳动力市场供应不足。

（2）抚养比触底反弹

1999年，中国60岁以上人口占总人口比重超过10%[②]，2001年，65岁及以上人口占总人口比重为7.1%，2019年已攀升至12.6%。由于人口快速持续老化，老年抚养比从2006年的11.0%上升至2018年的16.8%（表2-4），上升了近6个百分点，同期少儿抚养比则下降了3.6个百分点，自然增长率出现明显波动，从而导致人口总抚养比同样出现波动反复，其中总抚养比在2006年的38.3%持续下降到2010年的34.2%后，开始触底反弹，2010年起持续攀升，2015年升至37%，比2010年高了近3个百分点，2019年高达41.55%。当前，中国的人口老

---

① 蔡昉：《我国人口总量增长与人口结构变化的趋势》，《中国经贸导刊》2004年第13期。
② 这里用60岁以上人口占总人口比重超过10%作为衡量进入人口老龄化社会的标志。

龄化进程依然持续加剧，总抚养比逐年上升，导致劳动年龄人口负增长，劳动参与率逐年下降以及更高的社会抚养负担，同时还引发了储蓄率下降、资本积累增长缓慢以及消费不足等相关后果，进而减缓中国经济增长速度。

表2-4　　　　2006—2019年人口自然增长率与抚养比变动

年份	0—14岁人口（万人）	自然增长率（‰）	老年抚养比（%）	总抚养比（%）
2006	25961	5.28	11.0	38.3
2007	25660	5.17	11.1	37.9
2008	25166	5.08	11.3	37.4
2009	24649	4.87	11.6	36.9
2010	22259	4.79	11.9	34.2
2011	22164	4.79	12.3	34.4
2012	22287	4.95	12.7	34.9
2013	22329	4.92	13.1	35.3
2014	22558	5.21	13.7	36.2
2015	22715	4.95	14.3	37.0
2016	23008	5.86	15.0	37.9
2017	23348	5.32	15.9	39.2
2018	23523	3.81	16.8	40.4
2019	23492	3.34	17.80	41.55

资料来源：历年《中国统计年鉴》。

3. 劳动力工资水平的变化

刘易斯转折区间，劳动年龄人口数量开始下降，劳动力城乡普遍短缺。中国经济快速增长又创造出了更多新的劳动力需求市场，劳动力需求缺口的扩大必然会导致工资上涨[①]。近年来，普通工人工资及劳动力成本快速上升趋势更为显著。近10年来，中国就业人员平均工资实现了大

---

① 黄海燕、王金哲：《劳动力市场转折对中等收入阶段发展的挑战及机遇》，《中国劳动》2015年第6期。

幅增长，2018年城镇单位就业人员工资是2008年的2.85倍，年平均增长率达到12%左右，且增速在近几年越来越快。2008—2013年提高了22585元，2013—2018年则提高了30978元（表2-5），尽管增速有起伏，甚至在降低，但实际年平均工资增长率提高依然较快。从农民工工资增长率来看，2011年增长速度达到峰值21.24%，之后年增长率开始回落，2012年降至11.76%，2013年又有所回升，随后直线下降，基本稳定在6%—7%。2008年至2019年，农民工工资年均增长率接近11.0%，与城镇单位就业人员工资年均增长速度基本持平，不过农民工工资增长相对不稳定，且从绝对数看，2008年农民工年平均工资低于城镇单位就业人员年平均工资12818元，前者仅是后者的55.64%，2019年平均工资差距为42957元，农民工年平均工资是城市的52.53%。

就业人员工资水平持续上涨，必然推动劳动力成本攀升，企业面临总成本攀升，这就必须通过改变技术类型、技术创新、提高劳动者效率，尤其是资本技术和劳动投入变化，以适应劳动力成本上升。生产技术方式的变化，正是经济结构调整的重要内容和转变经济增长方式的前奏[1]。在中国经济达到刘易斯拐点后，单位劳动力成本几乎直线上升，主要表现为，中国2004年制造业单位劳动力成本约为美国的31%，2012年上升至40%。而同时期的一些主要制造业大国的单位劳动力成本却呈下降趋势。虽然现阶段中国劳动力成本优势仍然存在[2]，但在中等收入阶段，面对劳动力成本的快速上升，这显然对经济发展的影响不是好消息。

表2-5　　2008—2019年城镇就业人员与农民工年均工资及增幅

（单位：元,%）

年份	城镇单位就业人员年平均工资	年增长率	农民工年平均工资	年增长率
2008	28898	16.89	16080	—
2009	32244	11.57	17004	5.74

---

[1] 都阳：《劳动力市场变化与经济增长新源泉》，《开放导报》2014年第6期。
[2] 都阳：《劳动力市场变化与经济增长新源泉》，《开放导报》2014年第6期。

续表

年份	城镇单位就业人员年平均工资	年增长率	农民工年平均工资	年增长率
2010	36539	13.32	20280	19.26
2011	41799	14.39	24588	21.24
2012	46769	11.89	27480	11.76
2013	51483	10.07	31308	13.93
2014	56360	9.47	34368	9.77
2015	62029	10.05	36864	7.26
2016	67569	8.93	39300	6.60
2017	74318	9.99	41820	6.41
2018	82461	10.96	44652	6.77
2019	90501	9.75	47544	6.48

资料来源："城镇单位就业人员年平均工资"来源于历年《中国统计年鉴》，"农民工年平均工资"来源于历年《农民工检测调查报告》。

4. 未来劳动力供给预测

根据齐明珠采用要素预测方法①推断出我国2010—2050年各年龄段劳动年龄人口规模以及劳动年龄人口总数量（表2-6），采用总和生育率为1.8预测方案，同时假定出生性别比由当前水平线下降到2050年的107。

表2-6　　　　2010—2050年劳动年龄人口预测数量　　　（单位：万人）

年份	15—24岁	25—44岁	45—64岁	15—64岁
2010	11287	37672	25600	74559
2012	10682	36852	26817	74350
2014	9723	36278	28222	74222
2016	8518	36189	29362	74068
2018	7645	35886	29739	73270

① 齐明珠：《我国2010—2050年劳动力供给与需求预测》，《人口研究》2010年第5期。

续表

年份	15—24 岁	25—44 岁	45—64 岁	15—64 岁
2020	7010	35670	29568	72248
2022	6796	35668	29042	71506
2024	6737	35440	28937	71114
2026	6805	35221	28999	71026
2028	7093	34591	27895	69579
2030	7380	34341	26615	68335
2032	7458	33719	26117	67295
2034	7487	32410	25804	65701
2036	7383	30828	25852	64063
2038	7117	30142	25716	62975
2040	6728	29895	25621	62244
2042	6288	29977	25649	61914
2044	5865	30207	25504	61576
2046	5509	30415	25352	61277
2048	5302	30725	24899	60926
2050	5205	30761	24704	60670

资料来源：转引自齐明珠《我国 2010—2050 年劳动力供给与需求预测》，《人口研究》2010 年第 5 期。

分年龄段的劳动力数量有明显变化（表 2－6），随着经济结构转型，经济进入新常态，老龄化日益严重，这部分劳动力人口应尽快能有与之相适应的、学习新的劳动技能的能力与机会，这也是提高整体人口效率，开发与提高人力资源利用率中最合适的对象，对经济发展和促进有着不可估量的作用，同时这部分人是未来经济社会发展的中坚力量，也一定是社会的榜样与中流砥柱。

具体看，到 21 世纪中叶较长的一段时间，劳动力中主要"储备资源" 15—24 岁劳动力总量变化趋势：在总和生育率基本达 1.8 的情况下，15—24 岁将呈先降后升趋势，然后再出现螺旋式减少，第一个波谷将出现在 2024 年左右（6737 万人），然后开始上升，并于 2034 年（约为 7487 万人）达到 2024 年之后的第一个波峰。高峰期该年龄人口将增加近

700万人，且这一年龄群体人口总量占总人口比重总体上呈下降趋势（图2-1）。

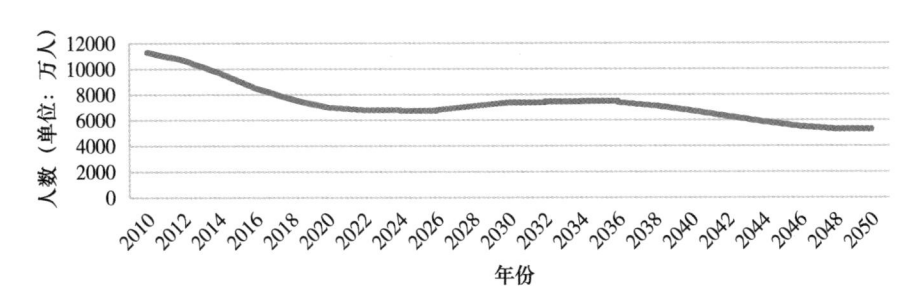

图2-1 2010—2050年15—24岁劳动力人口变化趋势

资料来源：转引自齐明珠《我国2010—2050年劳动力供给与需求预测》，《人口研究》2010年第5期。

其次，25—44岁劳动年龄人口群体是劳动力市场的中流砥柱，未来该年龄段人口变动趋势与15—24岁青年劳动力相似，总体上呈螺旋下降（图2-2），因受到总和生育率的影响较小，起伏与下降幅度不是很明显。2028—2038年，将出现断层式下降，预计总量将减少4000万人左右。2040—2050年，将稳定在3亿人左右，21世纪中叶将有小幅上升。

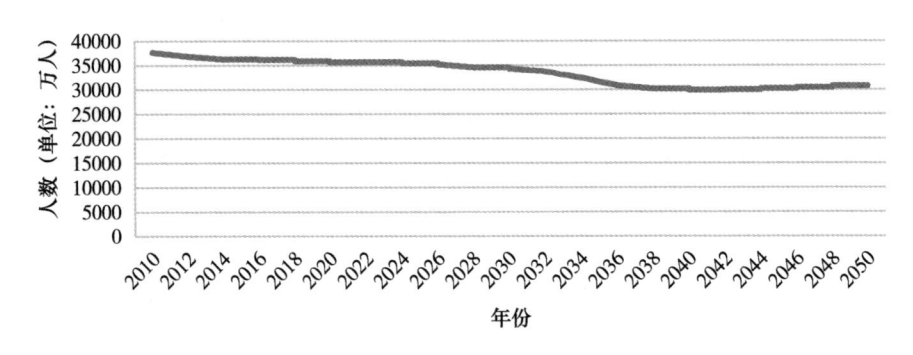

图2-2 2010—2050年25—44岁劳动力人口变化趋势

资料来源：转引自齐明珠《我国2010—2050年劳动力供给与需求预测》，《人口研究》2010年第5期。

按照简单与一般标准，45—64岁人口属中老年人口，从该年龄段总量看，我国未来45—64岁人口呈现以下主要特征（图2-3）。

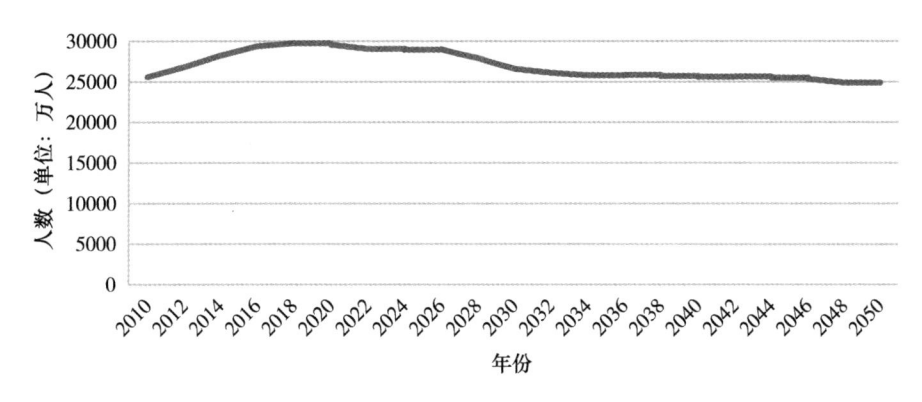

图 2-3　2010—2050 年 45—64 岁劳动力人口变化趋势

资料来源：转引自齐明珠《我国 2010—2050 年劳动力供给与需求预测》，《人口研究》2010 年第 5 期。

一是总体上呈先升后降趋势。2018 年为一个小峰值（29739 万人），2018—2025 年有所下降，2026 年又将达一个新的峰值（28999 万人），然后又进入下降阶段，并在之后的 20 年均处于下降趋势，年均下降速度为 1.21%，2050 年将减少到 24704 万人。二是该年龄段数量庞大，对整个劳动力市场和社会保障基金投入产生较大影响，是中国人口老龄化进程中的重要群体。三是该年龄段人口受总和生育率影响小，从绝对数量看，由于总和生育率变动对这一年龄群体的影响要在调整后的 45 年后才能逐年显现，所以在 2010—2050 年间，该年龄组人口数量并不随着总和生育率而发生变化[①]。

（二）中等收入阶段劳动力市场变化对经济增长的影响

1. 劳动力市场变化对经济增长方式产生的影响

劳动力市场从二元经济形态转向新古典状态的另一突出特点是经济增长方式发生了根本性改变，并遵循新古典形态的一般规律。二元经济发展阶段，由于劳动力无限供给，现代部门的扩张（资本积累），总能获得想要的几乎是无限供给的劳动力要素匹配。换言之，在进入新古典增长方式之前，劳动力和资本两种生产要素有条件地同时积累，而经济发展也因此可

---

① 张一名、韩巍：《我国 2010—2050 年劳动力供给与需求预测》，《广西经济管理干部学院学报》2014 年第 1 期。

以避免报酬递减规律的制约。因此,在劳动力市场达到刘易斯转折点之前,这样的要素积累经济增长与发展模式几乎可以支撑经济的高速增长①。

随着劳动力市场达到刘易斯转折点,劳动力要素稀缺性得以日益体现,继续维持要素积累方式,尤其是继续依靠投资、提高资本产出方式维持较快经济增长,将由于劳动供给水平处于不变甚至减少而受到报酬递减规律等条件制约。除非经济效率能得到有效提升,这样才可以抵消资本回报率下降,否则经济增速将不可避免出现下降。要实现经济效率稳步提升,最重要的方式就是提高全要素生产率在经济增长中的作用②。中国劳动力市场中刘易斯拐点早已出现,高质量劳动力要素已呈现稀缺状态,要实现经济持续增长,依赖以往劳动力与资本积累的模式已无法实现,需要尽早扭转原有劳动力市场的局面以更好适应经济发展。

2. 劳动力市场变化对产业结构的影响

首先,劳动力市场变化带来的劳动力供给数量减少意味着抚养比提高,既容易导致国家投资与民众创业的冲动减弱,也将导致消费人口上升带动消费市场与服务业发展,从而导致第二产业比重下降。现阶段,中国工业和服务业比重都维持在40%左右,考虑劳动力市场变化情况,未来40年,中国工业比重占比将下降到30%以下水平,而服务业比重将上升至60%以上水平,我国三次产业结构将出现巨大变化③。

其次,劳动力数量减少直接导致劳动力要素成本提高,中国廉价劳动力优势将不复存在。整体来看,劳动力数量持续减少,劳动年龄人口下降是经济发展中不得不面对的现实。2030年起将出现更大降幅,每年平均将减少760万人。根据人力资源与社会保障部的相关预测,2050年,劳动年龄人口将由2030年的8.3亿人减少到7亿人左右。正如要素禀赋理论者赫克歇尔(Eli Hechscher)和俄林(Bertli Ohlin)提出的,该理论也被称为赫克歇尔 – 俄林(H – O)定理,即由于要素数量变化会引起生产可能性边界有偏向的拓展。因此,中国劳动力人口的减少将使得劳动

---

① 都阳:《劳动力市场变化与经济增长新源泉》,《开放导报》2014年第6期。
② 都阳:《低生育率时代的经济发展:结构、效率与人力资本投资》,《国际经济评论》2015年第3期。
③ 曾铮:《及时调整经济战略应对人口红利衰减》,《中国证券报》2012年3月30日第4版。

密集型产业的生产遭受更大损失,从而需要改变过度依赖劳动密集型产业发展经济的现实,应尽早转变至加强资本密集型产业的升级与发展,加快产业结构的转型与优化①。

最后,无论是资本、技术还是其他密集型产业,都需要资本市场和金融业作为强大后盾做支撑。加强资本要素积累,为上述产业发展提供有效信贷、出口政策支持等,以增强其与发达国家竞争的后发优势。此外,若利用好偏向出口产品密集使用生产要素的这一变化,就相当有利于降低中国的劳动依存度,释放部分劳动力从事高端产业,比如新型知识密集、技术密集的创新性等行业的发展。而这些行业的发展将进一步提高中国制造业等传统领域的生产效率,并带动其不断实现优化升级,从而实现经济的良性循环②。

3. 劳动力市场变化对需求结构的影响

首先,劳动力数量下降导致从事生产的人口减少,而人口转变带来的老龄人口增多导致储蓄人群减少,从而造成储蓄率下降。研究发现,随着劳动力供给能力的下降③,与劳动人口比例走势相同,总储蓄率在2010年达到顶峰50.9%后逐年下降,2017年为47.9%④,2050年将下降至25%左右的水平,届时将与现阶段世界主要国家储蓄率的平均水平较为接近⑤。

其次,劳动力规模减小导致非劳动力人口增加,形成消费群体整体规模的扩大,将实现消费率较大提升。随着中国劳动力供给数量减少,整体消费率将从当前低于50%的水平逐步上升,2050年将升至70%左右,同样与现阶段世界主要国家消费率的平均水平接近⑥。

---

① 杨礼彬:《浅谈我国劳动力市场的变化及其经济影响》,《决策与信息》(下旬刊)2012年第7期。

② 杨礼彬:《浅谈我国劳动力市场的变化及其经济影响》,《决策与信息》(下旬刊)2012年第7期。

③ 曾铮:《及时调整经济战略应对人口红利衰减》,《中国证券报》2012年3月30日第4版。

④ 连平、周昆平等:《新时代中国经济发展趋势》,《中国经济报告》2018年第1期。

⑤ 《劳动力供给将在2050年出现拐点》,2020年12月2日,人大经济论坛(https://bbs.pinggu.org/thread-1560764-1-1.html)。

⑥ 《劳动力供给将在2050年出现拐点》,2020年12月2日,人大经济论坛(https://bbs.pinggu.org/thread-1560764-1-1.html)。

再次，在劳动力供给放缓的现实条件下，中国将出现储蓄率下降和消费率水平提高，并伴随着投资率的整体下降，投资率将从2015年超过45%的水平逐年下降，到2050年将降至30%左右的水平，基本接近世界主要国家投资率的平均水平①。

最后，随着劳动力供给数量减少，生产人口持续下降，消费人群上升，进出口将呈现下降趋势。考虑到中国出口弹性远大于进口弹性，劳动力供给减少将伴随净出口率的缓慢下降。随着中国劳动力供给的减少，长期净出口率将从现在3%以上的水平逐步下降，到2030年前后进口和出口基本保持平衡，而到2040年前后可能出现逆差的情形，中国长期贸易顺差的外部结构特征将逐步出现转变的趋向②。

4. 劳动力市场变化对参与国际分工的影响

自中国参与国际分工与贸易以来，在人口红利作用下，凭借廉价的劳动力吸引了大量跨国公司在中国进行投资设厂，将中国作为劳动密集型产品，即初级产品的加工制造地。"代工""世界工厂"这些名词也在中国广泛流行。多年来，中国以劳动密集型方式从事加工贸易，积极投入国际垂直分工的下游制造链环节中，通过扩大产品市场以及更大的分工网络获得更多的贸易收益，积累了更多资本。但是，在目前劳动力成本不断上升的情况下，中国正在逐步丧失世界制造工厂的产业分工地位③。从汇丰制造业中国经理人采购指数（PMI）④ 中可看出，2011年为

---

① 曾铮：《及时调整经济战略应对人口红利衰减》，《中国证券报》2012年3月30日第4版。

② 曾铮：《及时调整经济战略应对人口红利衰减》，《中国证券报》2012年3月30日第4版。

③ 杨礼彬：《浅谈我国劳动力市场的变化及其经济影响》，《决策与信息》（下旬刊）2012年第7期。

④ 采购经理人指数（Purchasing Managers' Index，PMI）是追踪监测宏观经济表现的一个领先指标。按照国际上通用的做法，该指数由五个扩散指数即新订单指数（简称订单）、生产指数（简称生产）、从业人员指数（简称雇员）、供应商配送时间指数（简称配送）、主要原材料库存指数（简称存货）加权而成。PMI指数计算公式如下：PMI = 订单×30% + 生产×25% + 雇员×20% + 配送×15% + 存货×10%，采购经理人指数是以百分比来表示，常以50%作为经济强弱的分界点：即指数高于50%时，被解释为经济扩张的讯号。当指数低于50%，尤其是非常接近40%时，则有经济萧条的忧虑。汇丰中国制造业PMI每月向超过400家制造业企业的采购经理发出问卷，并根据回收的数据，汇总测算当月的制造业PMI。

54.5%，2014年下半年以来持续低于50%，2018年12月份为49.4%，低于临界点，制造业景气度有所减弱①，意味着中国制造业已进入萧条与萎缩状态，而印度、越南和非洲一些发展中国家将在较长时间里享受廉价劳动力所带来的发展制造业的能力与机会，也预示着将有更多大型跨国企业、外资企业不断将产业投向并转移至生产成本比中国更低的国家或地区。

另一方面，在经济危机冲击下，美国已经意识到本国实体经济的薄弱，意识到长期依靠过度内涵的经济增长方式导致实体与金融服务业发展不相适应和产业空心化等一系列发展问题。美国必将逐步引导其产业回流，特别是在中国的生产成本与美国差距日益缩小的情况下②，将加大吸引力度与制定相关政策引导产业回到美国以刺激实体经济发展成为可能，这就需要对全球产业链分工变化与发展做好积极应对准备，加快从"制造业大国""世界加工厂"转向集设计、创新、科技发展与进步为一体的"创造、创新大国"迈进。面对全球产业梯度快速转移的新局面，在全力做好充分足够的承接准备以实现自然承接与经济软着陆的同时，防止投资增长"一刀切"与再现经济结构断层的局面。

5. 对改善居民福利与提高收入水平的影响

中国依然是典型的城乡二元经济结构，劳动者工资在较长时间里低于边际产品价值，导致劳动者报酬很难通过劳动力市场被科学合理地得到反映，这也是造成国内消费很难作为三驾马车之一带动经济有效、充分、持久拉动起来的重要原因。第一次人口红利逐步消失所带来的劳动力工资水平增长将是长期性的，更是结构性调整与转变，这不仅有利于劳动者购买力增强，也有利于消费转型升级，如从居民消费增长看，中国居民消费正从注重量的满足逐渐向追求质的、有品位的、有内涵的档次提升，从有形物质产品转向更多服务消费，包括从注重量向追求质、

---

① 《2018年12月中国采购经理指数运行情况》，2020年11月2日，国家统计局（http://www.stats.gov.cn/tjsj/zxfb/201812/t20181231_1642475.html）。

② 杨礼彬：《浅谈我国劳动力市场的变化及其经济影响》，《决策与信息》（下旬刊）2012年第7期。

从有形产品向无形服务、从模仿型排浪式消费向个性化多样化消费转变等①。2018年社会消费品零售总额达380987亿元，比2017年增长9.0%（扣除价格因素实际增长6.9%，以下除特殊说明外均为名义增长)②，全国网上零售额90065亿元，比2017年增长23.9%。2018年，全国居民人均可支配收入28228元，比2017年名义增长8.7%。2018年，全国居民人均消费支出19853元，比2017年名义增长8.4%，全年全国居民人均可支配收入中位数24336元，比上年增长8.6%，中位数是平均数的86.2%。③消费在国民经济增长中实现了另外两驾马车的相当比重与作用。随着居民消费能力的不断增强与消费升级步伐的加快，国内消费水平与消费能力对经济增长的拉动作用还可以得到更大的发挥，应该说，这也是改变当前国民经济发展中对出口和投资过度依赖的良好机遇。

（三）人力资源素质提高对经济增长的影响

人力资源素质提高可助推经济快速转型与优化升级，也将实现人力资本存量的整体提高，这对新常态下的中国经济发展有着积极作用。发展经济学理论实证以及发达国家发展经验已证明，人力资本是经济发展与产业升级不可或缺的重要因素，是推动科学技术进步与创新管理的人力基础，影响着物质资本、人力资本和其他生产要素的形成④。新常态以来，中国经济发展处于增速减缓期、结构调整和转型升级关键期，既是重要战略机遇期，又处于社会矛盾凸显期。知识密集型、高科技产业、资本密集型以及技术密集型等新兴产业对市场劳动者素质与能力要求越来越高。改革开放以来，中国教育事业实现了长足进步和发展。2017年新增劳动力平均受教育年限已超过13.3年⑤，相当于大学一年级水平。中国教育事业取得的历史性成就与进展，总体发展已跃居世界中上行列，

---

① 李朴民：《居民消费发展总体情况》，《中国经贸导刊》2018年第12期。
② 韩复龄：《2018年宏观经济数据亮点及2019年政策展望》，《大众理财顾问》2019年第2期。
③ 《2018年居民收入和消费支出情况》，2020年11月1日，国家统计局（http：//www.stats.gov.cn/tjsj/zxfb/201901/t20190121_1645791.html）。
④ 高向东：《中国人口发展趋势对未来经济有何影响》，《人民论坛》2018年第10期。
⑤ 《我国新增劳动力平均受教育年限超过13.3年》，2020年11月3日，新华网（http：//www.xinhuanet.com//2017-09/28/c_1121741721.htm）。

已培养了大量知识型、技术型、技能型的劳动人口进入劳动力市场，为中国现代化建设服务与发展提供了坚强有力的人才支撑。自 2011 年起，随着我国劳动规模的逐年降低，导致第一次人口红利正在逐渐减弱。

（四）人口红利逐渐消失对经济发展的影响

人口红利理论最早是由 Bloom 和 Williamson（1997）在分析东亚国家人口年龄结构转变对经济增长影响研究中提出的，其本质是富有生产性的人口年龄结构创造出的经济增长机会窗口。具体看，当一个国家或地区的人口年龄结构中劳动人口占总人口比重较高，劳动力供给充裕，少儿抚养比和老年抚养比都比较低，形成一个富有生产性的人口年龄结构。人口红利期是经济增长的黄金时期，仅作为经济增长的一个必要条件，要激发人口红利的经济增长作用，还需要相应的外部环境条件，比如较高投资率、劳动人口充分就业、稳定的社会环境、稳健的政治局面与制度建设等。改革开放以来，庞大的劳动力数量带来的人口红利促进了中国经济社会持续健康稳定发展。近年来，中国劳动力市场发展态势发生了重要转折。一方面，随着人口增速放缓、人口结构变化，人口转变对劳动力市场的影响开始凸显，劳动年龄人口总量减少将成为长期趋势。另一方面，由于人口红利因素逐渐减弱，持续的经济发展导致了旺盛的劳动力需求，中国经济增长的劳动力优势开始逐渐减弱。伴随着劳动力市场的转折，中国已进入上中等收入国家行列，同时面临落入"中等收入陷阱"考验。不过，由人口文化素质导致人力资本存量的提高，加上健康水平提升等因素带来的"人才红利"或"人口素质红利"，都将成为推动中国经济高质量发展和社会进步的重要基础。

人口年龄结构和经济增长彼此间相互关联、相互作用，从改革开放以来中国人口转变和经济增长联系可看出，1987 年起出生率持续下降，2000 年左右基本稳定在 11‰—12‰，呈相对稳定状态，死亡率一直在 6‰—7‰，人口处在一种低生育、低死亡、低自然增长的现代型人口发展阶段。改革开放后，我国大力发展经济，都阳（2010）根据可比价格计算出 2015 年的人均 GDP 指数是 1978 年的 21.2 倍。经济增长水平和人口出生率变动呈现一个"剪刀差格局"，而现代型人口发展阶段为我国经济起飞提供了良好人口红利条件。

(五) 老龄化程度日益加深对经济发展的影响

第一，人口老龄化对储蓄与投资所产生的相关影响。在人口劳动力年龄期，人们为了实现自己在老了以后的消费能得到一定支持与保障，大多数人会选择为了养老而进行一定储蓄，而人们一旦进入老年期退出了劳动力市场与生产领域时，导致其收入水平的降低，同时可能还要花费之前的储蓄来支付养老、医疗、康复与护理等方面的费用①。根据生命周期理论，处于不同生命阶段的人们，其储蓄观念、储蓄倾向、储蓄方式以及储蓄行为都会有所不同②，这一理论在我国人口与经济社会发展中同样具有一定适用性。随着老龄化程度加深与进程的快速推进，逐年增长的老年人口比重对储蓄水平的提高，以及储蓄增长率的增长都会有一定程度的抑制，这些变化都将对资本累积和经济投资等方面产生不利影响。从政府角度来看，老年人口数量的增加，对养老保障金、退休金、医疗保障的需求将逐年扩大，引起医疗卫生支出、老年退休金与养老金、老年公共服务和老年福利设施等国家公共支出的上升，这也就意味着政府消费基金支出的增加。③ 这一来一回，日益加深的人口老龄化消费支出的上涨一定程度上降低了国家对生产、基础设施和其他相关产业的投资规模与投资能力，一定程度上既不利于扩大再生产，更难以实现经济社会稳定发展。从企业发展视角看，面对人口老龄化程度的加深，企业也需要承担部分离退休金、社会养老保障基金和相关医疗支出等，随着相关支出的增加，企业用于生产与发展的资金将相应减少，这不利于企业投资与发展。

第二，降低劳动生产率、减缓经济增速。一般来说，劳动生产效率最高的年龄段基本集中在青壮年，大器晚成的人毕竟是少数，人口年龄结构的变动导致劳动力老龄化，不可避免地使劳动效率降低，老龄劳动力很难适应新技术变革，这样就很难适应经济新常态下产业结构的调整与技术进步，可能导致某些相对较低劳动生产率的年长劳动力比重逐年

---

① 胡亚兰：《浅析中国人口老龄化与经济发展的关系》，《商场现代化》2008 年第 4 期。
② 高向东：《中国人口发展趋势对未来经济有何影响》，《人民论坛》2018 年第 10 期。
③ 胡亚兰：《浅析中国人口老龄化与经济发展的关系》，《商场现代化》2008 年第 4 期。

提高，说明全社会整体劳动生产率呈现下降。第二次人口红利的开发，自然会有更多老年劳动者加入，老年人较低的生产效率与工作效率导致社会整体劳动生产率下降，比如影响社会经济增长率。

第三，对生产、税收和消费方面的影响。人口年龄结构的日益老化将改变消费者需求结构、消费能力和消费水平，一方面因老年人口收入水平下降，其消费能力一般弱于劳动年龄人口，一般情况下一定时期会对消费需求产生一定的抑制作用①，受人均收入水平提高的影响，还会导致全社会纳税收入水平的降低；另一方面，老年人不仅不纳税，还是税收纯使用者，从而使纳税人数量减少，降低国家税收能力的提高和纳税额的增加，同时，随着老年人口消费重点的变化，消费主要体现在医疗保障、护理康复、休闲支出等方面需求的较大提高。为了增加税收收入，政府有可能通过提高税收比重或增加税收项加以实现，这不仅可能降低劳动者积极性，增加企业相关负担，一定程度上还将阻碍经济的健康与正常发展②。

第四，促进老年医疗产业与医疗卫生事业的发展。随着老龄化程度的不断提高，老年产业已成为一个新兴的"朝阳产业"。老年人需要的日用品、医药用品、保健品、老年食品等老龄产业，无论是对提高老年人生活质量，还是促进经济发展都具有十分重要的意义。

另外，随着人机体功能日益衰弱，抵抗疾病的能力相对差，发病率高，随着老年人口规模的持续增加，医疗市场、老年人产品市场是老年人最急需、最舍得消费的市场，自然也成为了各企业的抢手市场。因此，老年市场的积极开拓，无论对老年人的生活质量提升，还是增加社会积累与促进经济发展都有着不一样的意义。

三 新常态下城镇化进程对经济发展的影响

新常态下，我国新型城镇化是实现经济发展的重要源泉与新发展动力。2020 年年末，常住人口城镇化率 63.89%，户籍人口城镇化率

---

① 高向东：《中国人口发展趋势对未来经济有何影响》，《人民论坛》2018 年第 10 期。
② 倪凯：《人口老龄化对我国经济发展的影响》，《中国集体经济》2012 年第 7 期。

45.4%，远低于西方发达国家 70% 的城镇化平均水平，如同年美国为 82.256%、新加坡 100%、法国 80.444%、日本 91.616%，上述发达国家均超过 80%，包括中国香港、澳门特别行政区均达到了 100%。从经济社会发展战略，中国 2050 年左右实现现代化，意味着 30 年左右城镇化发展仍将以较快速度进行，预计有超过 2 亿人将从乡村转移至城镇。大量农村人口进入城市，势必给城镇基础设施建设、准公共产品带来投资规模大幅增长，由此形成大规模消费水平的急速提高，同时也给城市经济发展带来更加多元、更丰富的推进模式，提供层次更丰富、数量更充裕、素质更高的劳动力资源。

另外，城镇化建设与发展不是简单意义上的城镇人口规模增加、比重提升以及城镇面积的大量扩张，更主要体现在人力资本不断积累、技术资本量与质的提升、信息更加畅通、产业结构不断调整与优化升级，同时还包括养老保障、社会保障、医疗保障、初始更新与基础设施等一系列配套制度的设置与完善，以及由"乡村"向"城镇"发展的众多制度设计转变。新常态下，推进"以人为中心"的新型城镇化发展，实现乡村振兴战略，既要积极促进城镇的功能与完善，提高与改善城镇的人居环境、公共服务与基础设施等[1]，更要注重城市适度人口规模的调控与安排，即合理调整并优化城市群发展，形成科学城市群格局，以促进卫星城市、大中小城市、小城镇以及特色小镇建设的功能互补、合理分工、科学规划及集约化发展。同时体现以人为本的科学管理理念，注重以人为中心的、有内涵的、可持续发展的城镇化，防止大城市病与贫民窟出现，不仅应及时降低城镇准入门槛，使农业转移人口有效转为市民，更主要体现在市民化过程中人口质量的发展、实现城市市民待遇与发展机会的平等。充分发挥城镇化强心剂作用，为经济发展注入稳定与强大动力，城镇化巨大潜能功不可没，为经济建设与发展添砖加瓦。

同时，城镇化进程中对经济的积极影响不可能自动实现，不仅是实现"以人为本"的城镇化，实现进城人员的身份市民化，还需要有保驾护航的制度创新和政策调整，促进进城人员在城市生根发芽。首先，中

---

[1] 高向东：《中国人口发展趋势对未来经济有何影响》，《人民论坛》2018 年第 10 期。

国应积极扩大开放力度，更全面地参与经济全球化，推动中国经济对外贸易及交流发展，实现更多人参与全球经济；其次，科学引导与布局城镇化发展，不能等大城市病出现后又花费高昂的成本治疗城市病。科学引导一些劳动密集型产业转移到中西部地区，产业转移既实现人的发展，同时还实现中西部地区城镇化促进经济发展；最后，加大农村基础教育、基础设施建设投资，努力加快农村职业教育发展，让更多农村剩余劳动力拥有一技之长，积极为进城人员提供更多技术型、创新型等提高技能的培训机会，使劳动力资源供给与市场需求结构逐步相适应，避免盲目城镇化、贫民窟与空心城。此外，城镇化作为新常态下促进经济发展的重要驱动力，加快推进农民工市民化为核心与内涵的户籍改革，加大特色小镇建设，实现就地城镇化，既可以提升城镇化发展质量与劳动力供给效率，也能降低城镇化进程成本，不仅可以延长第一次人口红利，还可以持续提高人口质量红利以及延长第二次人口红利的重要作用。

总体而言，新常态下的中国经济发展伴随人口转变进程同步进行，既是挑战也是机遇。经济发展的重点是需求，需求的来源是高质量人口，这决定了研究中国人口发展趋势对于跨越"中等收入陷阱"的重要意义与深刻内涵。中国劳动力规模下降、人口低增长甚至可能负增长、较低质量的城镇化以及日益严峻的老龄化态势等人口变动特征，是中国主要的人口问题，一定程度上可能会给中国经济增长带来下行压力，但只要不犯大错误，发展方向明确，以着眼于更加稳健、更加深刻以及立足更为长远的制度建设和改革，通过技术革新、产业升级和制度改革，就能加快高质量城镇化开发与发展，既可以延长第一次人口红利期，积极开发与深度挖掘第二次人口红利，也可以在新常态背景下创造有利于经济社会发展的人口格局与有利人口条件，为实现中国迈进高收入行列奠定基础，促进经济更加健康发展。

第三章

中国人口转变历程及相关现实问题

新常态下,人口发展已表现出与以往不同的发展态势,未来人口变动对经济社会发展有着重要影响,包括人口规模增长持续放缓,总量负增长或以极低水平增长,很可能给经济发展带来负面影响;劳动年龄人口规模缩小以及劳动者素质缓慢提高给经济带来的双重影响;老龄化程度的日益加深将一定程度上阻碍经济社会发展;人力资本累积与存量以及人口质量水平的提高,将助推经济转型升级;新型城镇化的进一步推进与全面乡村振兴战略行动,是新常态下作为经济发展的重要源泉与发展动力。复杂的人口情势,需要具体分析中国人口发展状况、转变历程及可能产生的相关现实问题。

第一节 新常态下中国新型人口红利

20世纪70年代以来,国家通过实行强制计划生育政策控制人口增长,使我国进入低生育水平的国家行列[1],使中国逐渐形成了"中间大,两头小"的人口格局,即较低抚养比和丰厚的劳动年龄人口结构格局。1982—2000年,中国人口红利非常可观,抚养比上升了28%,年均增加1.3%,而同期人均真实GDP每年平均增加8.4%。1982—2000年,中国人口红利对经济增长的贡献值约为15%[2],可见,计划生育带来的人口红

---

[1] 田雪原:《人口老龄化与"中等收入陷阱"》,社会科学文献出版社2014年版,第173页。
[2] 佟新:《人口社会学》(第四版),北京大学出版社2012年版,第89页。

利优势为社会经济活动提供了丰富的劳动力资源，提供了充足劳动力和较低抚养比为条件的人口红利。

随着计划生育政策的持续实行，人口年龄结构出现了严重断层，特别是 2010 年以来，"中间大、两头小"的人口结构红利消失拐点出现，劳动年龄人口供给出现了改革开放以来的首次下降，也是中国首次进入少子化阶段，老年抚养比达到 11.9% 的较高水平。2010 年以来人口发生了一系列趋势性与结构型变化，同时经济发展步伐明显放缓，GDP 增长率从 2010 年的 10.6% 下降到 2015 年的 6.9%，经济增长从过去两位数的高速增长下降到 6%—8% 的中高速增长①，人口变量作为经济增长的内生性因素影响整个经济发展走势。中国经济在发展新阶段体现为两大发展目标：一是成功跨越"中等收入陷阱"，进入中高收入发展阶段；二是转换经济增长的动力机制，形成内生性增长机制②，这两大目标的完成离不开对新型人口红利的充分开发与利用，只有这样才能更好更顺利地实现中国经济发展目标。

一 人口发展主要特征

人口新常态意味着当前人口增长率持续走低和少子化、老龄化程度加深的人口现状特征在一定时期内不会有所改观，而是成为一种常态化③。人口发展新阶段将成为中国未来社会经济改革和发展的重要影响因素。

（一）人口增长率持续走低

改革开放以后，人口出生率下降导致自然增长率持续走低，这是 21 世纪 10 年代以来人口主要特征之一。出生率整体呈下降趋势，呈现典型的"四起四落"特征。"一起一落"自 1978 年（18.25‰）的缓慢增长

---

① 《中华人民共和国国内生产总值（GDP）》，2020 年 12 月 2 日，国家统计局（www.stats.gov.cn）。

② 《全面看待经济增速放缓》，2020 年 4 月 6 日，和讯新闻网（http://news.hexun.com/2014-10-21/169549166.html）。

③ 魏益华、迟明：《人口新常态下中国人口生育政策调整研究》，《人口学刊》2015 年第 2 期。

(其中 1979 年下降至 17.82‰)至 1982 年的 22.28‰；随后"二起二落"，降至 1984 年的 19.9‰，1985 年开始逐渐上升，从 21.4‰增长至 1987 年的 23.33‰（图 3-1），1988 年开始经历持续下降，从 22.37‰降至 2010 年的 11.9‰，降幅较大；2010 年后人口出生率逐渐上升，但相比 20 世纪 80 年代，上升幅度较小。2011—2014 年开启"四起"征程，从 11.93‰增至 12.37‰，增幅较小；2015 年为 12.07‰，比 2014 年下降了 0.3 个千分点，2017 年又回升至 12.43‰，2018 年又回落至 10.94‰。可以看出，2010 年以来中国人口出生率虽有所上升，但幅度较小，整体呈下降趋势。

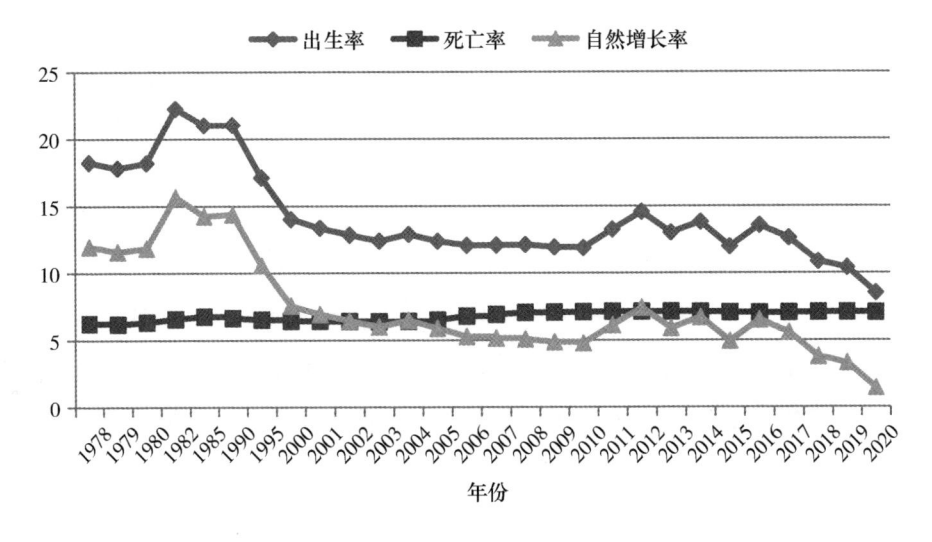

图 3-1　1978—2020 年人口出生率、死亡率和自然增长率（单位：‰）

资料来源：国家统计局（https://data.stats.gov.cn/easyquery.htm?cn=C01）。

从人口出生率变动原因看，1978 年至 1982 年持续增长（1979 年小幅回落），主要由于 1979 年刚开始实行农村经济体制改革，计划生育还在推广阶段，许多地区尚未全面进行[①]，独生子女政策和农村生育观念脱

---

① 王文录：《如何认识和评价近年来我国人口出生率的回升现象》，《人口学刊》1991 年第 3 期。

节，在农村贯彻执行遭到严重阻碍，农村出生率回升①；随着1981年新婚姻法实施，很多年轻夫妇选择在1981年至1982年结婚生子，导致此期间人口出生率较快增长。1982—1984年经历了短暂回落，主要由于国家计划生育政策宣传与引导作用，如1984年中央7号文件提出在农村适当放宽生育二孩条件；其次，年龄结构变化是出生率回升的重要原因，1962—1973年，生育高峰期出生的子女人口相继进入婚育阶段，育龄妇女人数显著增加②，故人口出生率回升，从而迎来改革开放后第二次出生人口高峰期。1987年后尤其20世纪90年代以来，出生率持续下降，规模不断扩大，给经济社会发展带来较大压力，1991年出台了《中共中央国务院关于加强计划生育工作 严格控制人口增长的决定》，将计划生育工作提升到与经济建设同等重要地位，明确贯彻实施生育政策，严格控制人口增长，计划生育政策执行力度加大，人口出生率因此进入持续下降阶段③，2010年依然持续下降，为11.9‰，2013年逐渐上升，2014年达12.37‰，2015年又降至12.07‰，2017年回升至12.43‰，由于出生惯性作用至2018年起又有所回落，2020年为8.52‰，新中国成立以来首次跌破两位数。2010年以来我国虽然调整了生育政策，但出生率依然保持在较低水平，并成为一种常态化发展趋势。

随着社会经济发展和卫生医疗条件改善，人口死亡率逐年降低，1978—2007年一直处于较低水平（图3-1），各年份均低于7‰，2008年起有所上浮，当年主要受四川汶川大地震等自然灾害影响，导致死亡率较大幅度增长。2008—2020年均超过7‰，稳定在7‰左右，相比1978—2007年在上升，这主要由于新中国成立以来第一次人口高峰期已进入老龄化，人口因衰老而导致死亡人数增多，老年人口增长也反映了2010年以来呈现另一个主要特征。

近20年来，自然增长率起伏变化，其中2009—2010年、2015年、2018—2020年均低于5‰的低增长率，人口再生产处于较低增长状态。

---

① 李建伟：《我国人口出生率的影响因素及其发展趋势》，《发展研究》2014年第9期。
② 王文录：《如何认识和评价近年来我国人口出生率的回升现象》，《人口学刊》1991年第3期。
③ 李建伟：《我国人口出生率的影响因素及其发展趋势》，《发展研究》2014年第9期。

2012—2014年小幅增长主要因为国家单独二孩政策的实施导致出生率上升，致自然增长率小幅提高。即使国家在2013年实行单独二孩政策以及2016年实施全面二孩生育政策，均没能扭转中国持续较低的人口增长率，政策实施结果未能达到预期效果。2018年，人口增长率仅为3.81‰的低水平，并将在21世纪30年代末转为负增长①。2020年更是低至1.45‰，人口缓慢增长甚至零增长已成为中国人口发展中的主要表现特征。

（二）劳动年龄人口减少

作为世界第一人口大国，充足的劳动力人口②是过去中国经济腾飞的基石，进入21世纪10年代以后，劳动力人口在2011年出现了绝对数量第一次下降，由此开启了沿海地区普遍出现的"民工荒"、招工难等问题，劳动力人口开始从无限供给转向有限供给。

分年份看，1978—1990年，15—64岁劳动力人口占总人口比重缓慢上升（图3-2），从57.751%上升至65.78%，增长了8.029个百分点；90年代以来继续增长，2010年高达73.266%，比2000年增长了4.867个百分点，较前一个10年增长更快。2011年起开始下降，从72.231%下降至2019年的70.723%。据世界人口展望预测，中国劳动年龄人口至少在2030年以前稳步减少，劳动年龄人口减少是不可否认、不可避免的人口发展主要特征之一。

（三）少子化、老龄化并存

目前我国已经处于深度老龄化阶段，少子化是人口结构的另一重要特征，中国人口已进入老龄化和少子化并存时代。

首先，0—14岁人口占总人口比例持续走低，从1982年的33.6%降至2015年的16.5%，根据人口统计学标准③，1982—2019年，中国经历

---

① 李建民：《中国的人口新常态与经济新常态》，《人口研究》2015年第1期。
② 劳动力人口：本书中将15—64岁的人口划分为劳动力人口是为了与国际划分标准保持一致性，但是就我国现行的法定退休年龄制度（男职工60岁，女职工50岁，女干部55岁）和人口预期寿命和健康寿命水平等实际情况而言，通常我国的劳动力人口一般指15—59岁（即不满60岁）的年龄人口，若按此计算的话，我国实际的劳动年龄人口更少，下降得更快。
③ 0—14岁人口占总人口的比例在15%以下，为超少子化；15%—18%，为严重少子化；18%—20%，为少子化；20%—23%，为正常；23%—30%，为多子化；30%—40%，为严重多子化；40%以上，为超多子化。

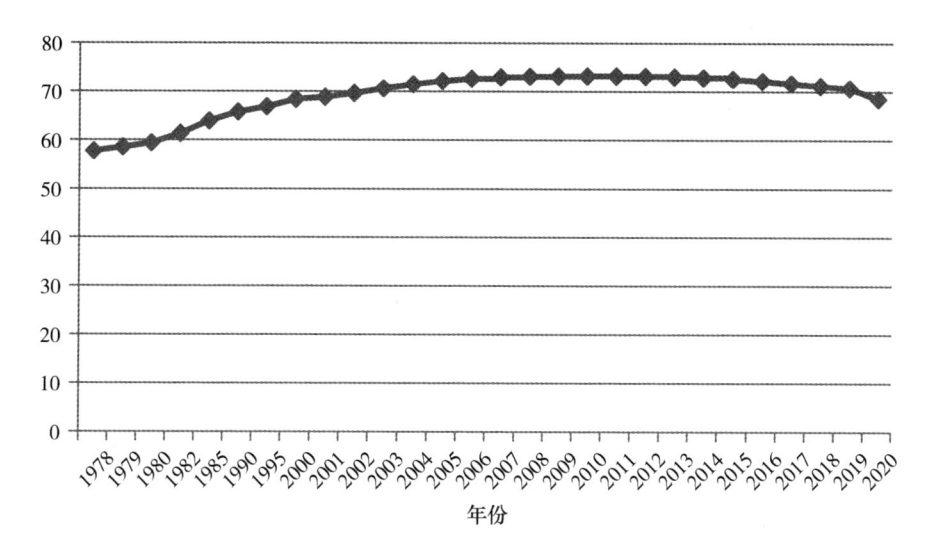

图 3-2　1978—2019 年中国 15—64 岁劳动力人口占总人口比重（单位：%）

资料来源：15—64 岁的人口（占总人口的百分比），世界银行数据库（https://data.worldbank.org.cn/indicator/SP.POP.1564.TO.ZS?locations=CN&view=chart）。

了严重多子化—多子化—正常—少子化—严重少子化的人口发展路径，目前处于严重少子化阶段，形成了少子化和老龄化并存的人口新格局。表 3-1 反映了 0—14 岁人口呈现从极端多子化到严重少子化的反转巨变，1982 年比重为 33.6%，属严重多子化；1987—1999 年，基本维持在 28.7%—25.4%，属多子化阶段；2000—2005 年，比重在 22.9%—20.3%，属正常水平，5 年后迈入少子化阶段。2006—2009 年，为 19.8%—18.5%，属少子化阶段；2010—2019 年，下降至 16.9%—16.4%，首次进入严重少子化阶段，形成了 2010 年以来的人口发展又一典型特征。

严重少子化的同时是日益严峻的人口老龄化，65 岁以上人口比重逐年提高（表 3-1）。1982—2000 年，持续保持在 4.9%—7.0%，并未超过老龄化标准[①]，2000 年为 7.0%，老年抚养比 9.9%，2010 年起人口老龄化态势持续加剧，该年为 8.9%，老年抚养比为 11.9%，2019 年达

---

① 按照国际标准，当一个国家 65 岁以上老年人口占人口总数超过 7% 就意味着这个国家进入老龄化社会。

12.6%，老年抚养比增长到17.8%。可以看出，日益严重的人口老龄化和少子化并存。此外，人口预期寿命、健康寿命延长也是人口发展新特征，虽然与发达国家相比还有一定差距，但就中国的发展时间和速度来说已是巨大进步。

表3-1　　　　　1978—2019年我国少子化和老龄化程度　　（单位：万人）

年份	0—14岁人口数			65岁及以上人口		
	人口数	比重（%）	少子化程度	人口数	比重	老年抚养比
1982	34146	33.6	严重多子化	4991	4.9	8.0
1987	31347	28.7	多子化	5968	5.4	8.3
1990	31659	27.7	多子化	6368	5.6	8.3
1991	32095	27.7	多子化	6938	6.0	9.0
1992	32339	27.6	多子化	7218	6.2	9.3
1993	32177	27.2	多子化	7289	6.2	9.2
1994	32360	27.0	多子化	7622	6.4	9.5
1995	32218	26.6	多子化	7510	6.2	9.2
1996	32311	26.4	多子化	7833	6.4	9.5
1997	32093	26.0	多子化	8085	6.5	9.7
1998	32064	25.7	多子化	8359	6.7	9.9
1999	31950	25.4	多子化	8679	6.9	10.2
2000	29012	22.9	正常	8821	7.0	9.9
2001	28716	22.5	正常	9062	7.1	10.1
2002	28774	22.4	正常	9377	7.3	10.4
2003	28559	22.1	正常	9692	7.5	10.7
2004	27947	21.5	正常	9857	7.6	10.7
2005	26504	20.3	正常	10055	7.7	10.7
2006	25961	19.8	少子化	10419	7.9	11.0
2007	25660	19.4	少子化	10636	8.1	11.1
2008	25166	19.0	少子化	10956	8.3	11.3
2009	24659	18.5	少子化	11307	8.5	11.6
2010	22259	16.6	严重少子化	11894	8.9	11.9
2011	22164	16.5	严重少子化	12288	9.1	12.3

续表

年份	0—14 岁人口数			65 岁及以上人口		
	人口数	比重（%）	少子化程度	人口数	比重	老年抚养比
2012	22287	16.5	严重少子化	12714	9.4	12.7
2013	22329	16.4	严重少子化	13161	9.7	13.1
2014	22558	16.5	严重少子化	13755	10.1	13.7
2015	22715	16.5	严重少子化	14386	10.5	14.3
2016	23008	16.6	严重少子化	15003	10.9	15.0
2017	23348	16.8	严重少子化	15831	11.4	15.9
2018	23523	16.9	严重少子化	16658	11.9	16.8
2019	23492	16.8	严重少子化	17603	12.6	17.8

资料来源：国家统计局（http：//data.stats.gov.cn/easyquery.htm? cn = C01）。

（四）人口文化素质大幅提高

人口文化素质大幅提升主要表现在中国成年总体、青年总体识字率处于较高水平。中国硕士毕（结）业生人数从2010年的38.36万人增长至2018年的60.44万人；普通本科生在校人数从2010年的1265.61万人增长至2017年的1648.63万人。

1982—2015年，15岁以上成人总体人口识字率从65.5%提高至96.4%（图3-3），提高了30个百分点；15—24岁青年总体人口识字率从88.8%提高至99.7%。反映出中国青壮年文盲率在快速下降，文盲人口逐年减少。人口文化素质显著提高，是中国进入21世纪10年代的又一个人口发展新特征。

从不同文化程度构成看，小学文化程度人口比重大幅下降（表3-2），从1990年的53.24%降至2015年的26.22%，下降了27.02个百分点；初中文化层次人口占比从33.37%增长至38.32%，增长了4.95个百分点；中专文化层次人口占比从2.19%增长至4.17%，增长了1.98个百分点；大学专科文化层次的人口占比从1.22%增长至6.82%；大学本科文化层次的人口占比从0.78%增长至5.93%，增长了5.15个百分点；研究生学历人口占比从2000年的0.08%增长至2015年的0.59%，增长了0.51个百分点。另外，中国小学文化层次人口占比下降幅度较大，

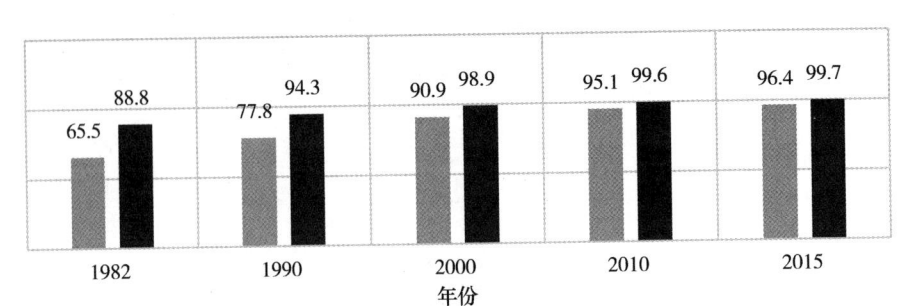

图 3-3　1982—2015 年青年总体和成人总体的识字率（单位：%）

资料来源：世界银行数据库（联合国教科文组织统计研究所）（http://data.worldbank.org.cn/indicator/SE.ADT.LITR.ZS? locations = CN&view = chart）。

初中、高中和大学文化人口比例逐渐提高，有文化人口的重心逐渐向高中以上学历转移。在少子化与现代核心家庭结构影响下，家长普遍拥有让子女读书成才观念，并在实践中加大了对子女教育扶持力度，让子女接受更高层次教育；国家也加大了教育政策支持力度，从义务教育阶段减免学杂费到高中、专科和大学以上的"奖、助、补、减"等多项学生资助政策，促进了中国人口文化水平提高，为社会经济跨越式发展提供了以人口素质为优势的新型人口红利。根据国家统计局相关数据，中国每十万人口中高等学校平均在校生数从 2010 年以来增长幅度较大。

表 3-2　　　　　　1990—2010 年人口文化层次比重　　　　（单位：%）

年份	1990	2000	2010	2015
小学	53.24	38.18	28.75	26.22
初中	33.37	36.52	41.7	38.32
高中	9.2	8.57	15.02	12.27
中专	2.19	3.39	—	4.17
大学专科	1.22	2.51	5.52	6.82
大学本科	0.78	1.22	3.67	5.93
研究生	—	0.08	0.33	0.59

注：2010 年第六次人口普查数据中未分中专学历人口，故表中未显示该年数据。

资料来源：国家统计局历年普查数据与抽样调查数据。

1978 年，中国每十万人中高等学校平均在校生数仅 89 人，1989 年也仅 185 人（图 3-14）。从 1990 年起就超过 300 人，且上升幅度较快，2000 年为 723 人，2005 年增长至 1613 人，2008 年超过 2000 人，2010 年达 2189 人。2015 年，每十万人中高等学校平均在校生数增长到 2524 人，2020 年为 3126 人（图 3-4），意味着有更多人可以进入到高等学校接受教育，为中国劳动力市场输出高等教育人才数量逐年增多，提高了人力资源整体素质。

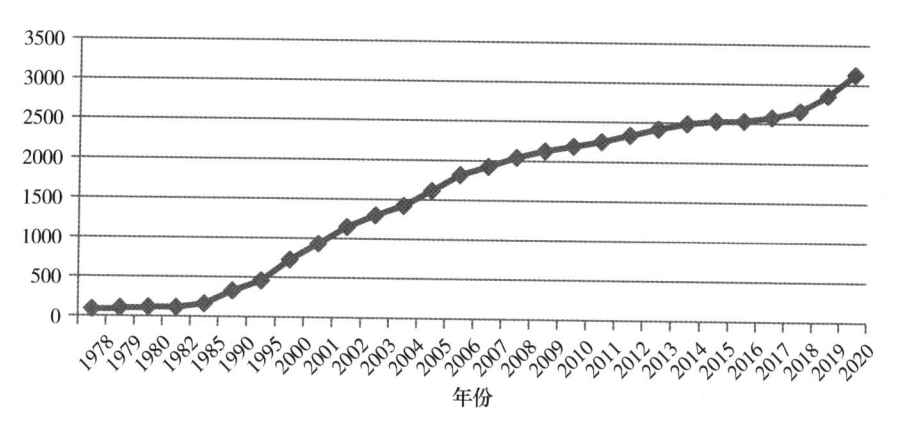

图 3-4　1978—2020 年每十万人高等学校平均在校生数（单位：人）

注：每十万人高等学校平均在校生数，指每十万人中普通高等学校和成人高等学校的在读学生人数。

资料来源：国家统计局（http://data.stats.gov.cn/easyquery.htm?cn=C01）。

一个国家接受过高等教育的人数越多代表着其人口文化素质人才越多。1978 年中国普通高等教育学校毕业学生数仅 16.5 万人，1980 年还减少了 1.8 万人，仅 14.7 万人。随后几年有了缓慢增长，1990 年增长至 61.4 万人，2000 年也没有超过 100 万人，2010 年上升至 575.42 万人，2014 年为 659.4 万人，2020 年增长到 797.20 万人，中国接受高等教育人数显著增长发生在 20 世纪 90 年代以后（图 3-5）。2010 年以来增长尤其快，2010—2014 年增加了 84 万人，2015—2020 年增加了 137.8 万人，即使进入新常态，中国接受高等教育人数还在以更快速度增长，大幅增长的高学历人口，提高了整体人力资本存量，为国家经济发展提供了大量高素质人才，成为保持经济持续发展的新型人口红利直接动因。

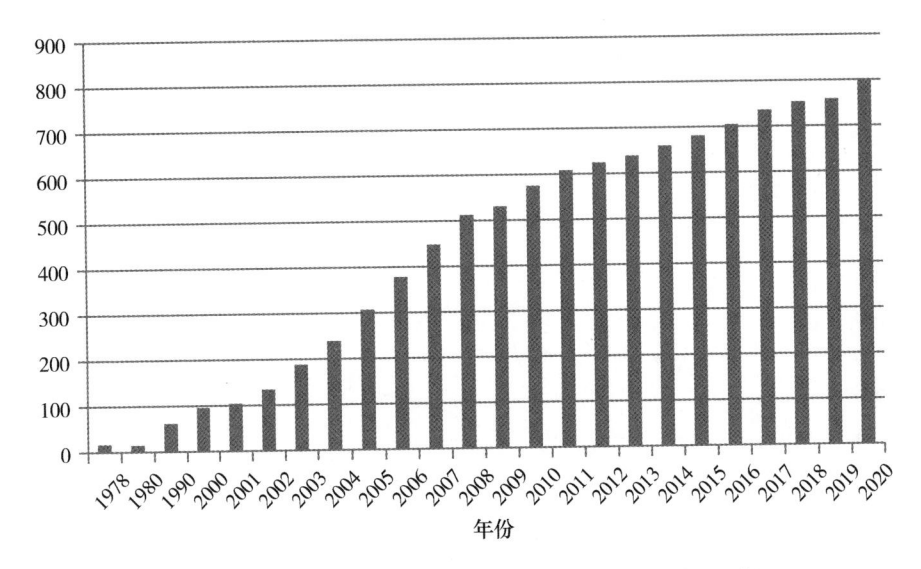

图 3-5　1978—2019 年普通高等学校毕业生数（单位：万人）

注：普通高等学校指通过国家普通高等教育招生考试，招收高中毕业生为主要培养对象，实施高等学历教育的全日制大学、独立设置的学院、独立学院和高等专科学校、高等职业学校及其他机构。

资料来源：国家统计局（http://data.stats.gov.cn/easyquery.htm? cn = C01）。

（五）城镇人口比重增加

当前，中国城镇人口比重进入了新一轮快速发展期，是人口发展过程又一主要特征具体表现。首先，全国城镇人口比重 2005 年末为 43%，2010 年上升至 50%，5 年增长了 7 个百分点（表 3-3），由此实现了农村人口与城镇人口比重持平元年；2011 年末为 51.27%，城镇人口首次超过农村人口，这是中国社会结构的历史性变化，表明中国已经结束了以乡村型社会为主体的时代，开始进入到以城市型社会为主体的新时代，2019 年，全国城镇人口比重（常住人口城镇化率）超过了 60%，2020 年达 63.6%，增速较快。

表3-3　　　　2005—2019年分地区、省市区年末城镇人口比重　　　（单位：%）

地区	2005	2010	2011	2012	2013	2014	2015	2016	2017	2018	2019
全国	43.0	50.0	51.3	52.6	53.7	54.8	56.1	57.35	58.52	59.58	60.60
北京	83.6	86.0	86.2	86.2	86.3	86.4	86.5	86.5	86.5	86.50	86.60
天津	75.1	79.6	80.5	81.6	82.0	82.3	82.6	82.93	82.93	83.15	83.48
河北	37.7	44.5	45.6	46.8	48.1	49.3	51.3	53.32	55.01	56.43	57.62
辽宁	58.7	62.1	64.1	65.7	66.5	67.1	67.4	67.37	67.49	68.10	68.11
上海	89.1	89.3	89.3	89.3	89.6	89.6	87.6	87.9	87.7	88.10	88.30
江苏	50.1	60.6	61.9	63.0	64.1	65.2	66.5	67.72	68.76	69.61	70.61
浙江	56.0	61.6	62.3	63.2	64.0	64.9	65.8	67.0	68.0	68.90	70.00
福建	47.3	57.1	58.1	59.6	60.8	61.8	62.6	63.6	64.8	65.82	66.50
山东	45.0	49.7	51.0	52.4	53.8	55.0	57.0	59.02	60.58	61.18	61.51
广东	60.7	66.2	66.5	67.4	67.8	68.0	68.7	69.2	69.85	70.70	71.40
海南	45.2	49.8	50.5	51.6	52.7	53.8	55.1	52.74	58.04	59.06	59.23
山西	42.1	48.1	49.7	51.3	52.6	53.8	55.0	52.56	57.34	58.41	59.55
吉林	52.5	53.4	53.4	53.7	54.2	54.8	55.3	54.2	56.65	57.53	58.27
黑龙江	53.1	55.7	56.5	56.9	57.4	58.0	58.8	57.4	59.4	60.10	60.90
安徽	35.5	43.0	44.8	46.5	47.9	49.2	50.5	47.86	53.49	54.69	55.81
江西	37.0	44.1	45.7	47.5	48.9	50.2	51.6	48.87	54.6	56.02	57.42
河南	30.7	38.5	40.6	42.4	43.8	45.2	46.9	43.8	50.16	51.71	53.21
湖北	43.2	49.7	51.8	53.5	54.5	55.7	56.9	54.51	59.3	60.30	61.00
湖南	37.0	43.3	45.1	46.7	48	49.3	50.9	47.96	54.62	56.02	57.22
广西	33.6	40.0	41.8	43.5	44.8	46.0	47.1	44.81	49.21	50.22	51.09
内蒙古	47.2	55.5	56.6	57.7	58.7	59.5	60.3	58.71	62.02	62.71	63.37
重庆	45.2	53.0	55.0	57.0	58.3	59.6	60.9	62.6	64.08	65.50	66.80
四川	33.0	40.2	41.8	43.5	44.9	46.3	47.7	49.21	50.79	52.29	53.79
贵州	26.9	33.8	35	36.4	37.8	40.0	42.0	44.15	46.02	47.52	49.02
云南	29.5	34.7	36.8	39.3	40.5	41.7	43.3	45.03	46.69	47.81	48.91
西藏	26.7	22.7	22.7	22.8	23.7	25.8	27.7	29.56	30.89	31.14	31.54
陕西	37.2	45.8	47.3	50.0	51.3	52.6	53.9	55.34	56.79	58.13	59.43

续表

地区	2005	2010	2011	2012	2013	2014	2015	2016	2017	2018	2019
甘肃	30.0	36.1	37.2	38.8	40.1	41.7	43.2	44.69	46.39	47.69	48.49
青海	39.3	44.7	46.2	47.4	48.5	49.8	50.3	51.63	53.07	54.47	55.52
宁夏	42.3	47.9	49.8	50.7	52.0	53.6	55.2	56.29	57.98	58.88	59.86
新疆	37.2	43.01	43.54	43.98	44.5	46.1	47.2	48.35	49.38	50.91	51.87

资料来源：历年《中国统计年鉴》，中国统计出版社。

分区域看，中国东、中、西部地区城镇人口比重都在增加。首先，东部地区人口城镇化水平较高，除了河北、山东和海南外，其余省份2005年就超过农村人口，而且经济越发达的省份人口城镇化程度越深，2019年，东部地区有3省市超过80%，仅海南一省未达60%，为59.23%，其余省份均在60%—79%。其次，东北地区2005年吉林、黑龙江、辽宁3省份均超过50%。2015年，除了河南省以外的中部7省均大于50%，2019年，中部地区全部省份城市人口超过农村，最高的湖北、黑龙江已超过60%，其余省份均稳步增长。最后，西部地区城镇化率也在逐年提高，但差距较大。2005年，西部地区有贵州、云南、西藏未达30%，城镇化率较低，只有内蒙古自2007年起城镇人口超过农村人口比重，2019年内蒙古达63.37%，排在西部12省市区第二位；同样增长较快的还有重庆，2009年首次超过50%，2019年高达66.80%，排在西部地区第1位，全国第9位，说明重庆市城镇化率增速高于很多省份；此外，广西、四川、贵州、云南、西藏、陕西和甘肃逐年提高，逐步赶超农村人口比重，2017年超过50%的有四川、陕西、青海和宁夏。全国该值最低的西藏2017年刚过30%，2019年仅31.54%，增速缓慢。可以看出，2014年进入新常态以来城镇化率继续提高，东部地区匀速增长，中部地区提速增长，西部地区差异化增长，全国基本进入城镇化均衡发展模式。

（六）现代型人口产业结构初见端倪

中国从传统农业社会向发达的现代社会转换过程中，国民经济结构发生重大变化，与此相适应的中国人口产业结构也将出现明显转变①。人口产业结构是否合理，要看三次产业比例搭配是否得当，一般而言，第三产业就业人口比重最大，第二产业比重次之且趋于稳定，第一产业比重最小的倒三角形人口产业结构是现代人口产业结构模式②，现代型人口产业结构模式显著特征：第三产业在业人口比重超过50%，纵观人口产业结构可看出中国经济活动人口产业结构正趋于合理化与现代化发展模式。21世纪10年代以来，中国现代型人口产业结构初见端倪，2010年第一产业人口占比下降到28.3%，第二产业人口为29.3%，第三产业人口为42.4%，逐渐形成了三、二、一人口产业结构分布，越来越多的人口合理分布于三大产业，是中国人口转变过程中的重要表现特征之一。

1952年以来，中国人口产业结构转变呈如下特点：一是人口产业结构转变速度先快后慢，第一产业就业人口比重下降较快，第三产业就业人口上升相对较快，第二产业就业人口比重增速较慢，甚至有下降态势（图3-6）。第一产业人口比重1952年为83.58%，1978年依然高达70.53%，1982年68.13%，30年下降15个百分点；随着国家实行农村经济体制改革，第一产业人口降速加快，1983—2013年从67.08%下降至31.24%，下降了35.84个百分点，远超1952—1982年15%的降速。2014年以来，第一产业人口基本以每年2个百分点下降，2015年降至28.06%，2020年仅为23.6%③，即使经济增速放缓，降幅依然较大，1952—2020年，第一产业就业人口下降了59.98个百分点。

其次是第二产业人口逐渐增长，1952年起，国家重视工业化建设致第二产业人口占比逐渐增长，从1952年7.39%增长至1978年17.3%，增长了近10个百分点，1995年为23%；2000年突破30%，随着国家深化产业结构调整，第二产业人口缓慢增长，2012年以来略有下降，该年

---

① 乔家君、鲁丰先：《中国人口产业结构的问题与对策》，《河南大学学报》（自然科学版）1999年第4期。

② 孙文生：《中国人口发展与经济发展关系研究》，中国人口出版社1995年版，第29页。

③ 国家统计局（https://data.stats.gov.cn/easyquery.htm?cn=C01），2020年12月2日。

为30.46%，是1952年以来的最高值，随后缓慢下降，2020年为28.7%，超过第一产业人口比重5.1个百分点，这主要由于劳动力人口成本增加，导致一些外资企业外迁，一定程度上导致该值减少，1952—2020年仅增加了21.31个百分点。

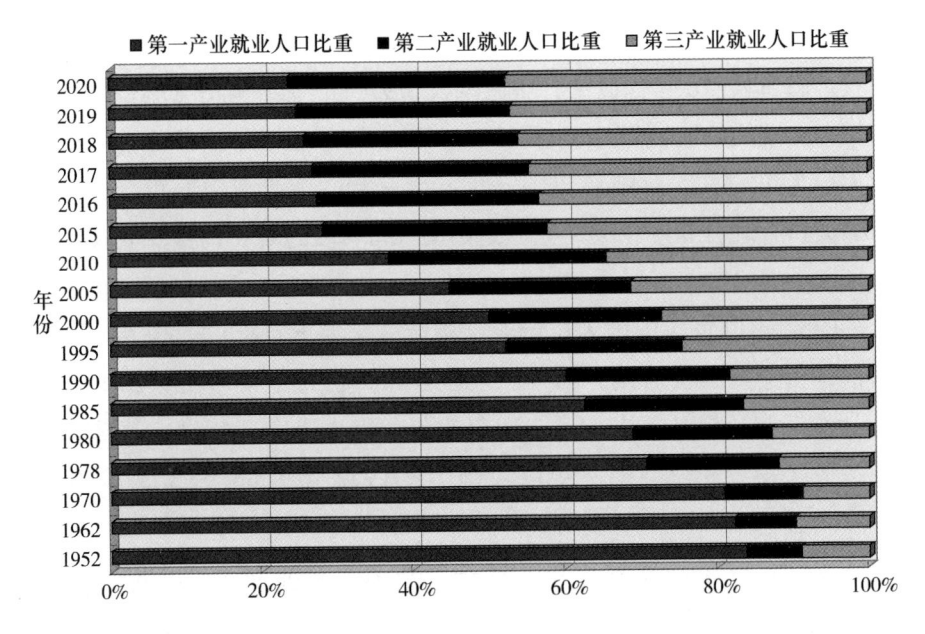

图3-6 1952—2020年按三次产业分就业人口比重（单位：%）

资料来源：历年《中国统计年鉴》。

最后是第三产业人口比重，在逐年提高，1952年为9.08%，1965年首次超过10%，1978年为12.18%，1993年超过20%，增速较慢，10个百分点花了近40年。21世纪以来进入快速增长期，2000年为27.5%，2004年超过30%，2010年增长至34.6%，2014年超过40%，10年增长了10个百分点，2011年分别超过第一、二产业人口比重，2020年为47.7%，依然未达到现代型人口产业结构中超过50%的标准值。应该说，自2010年以来，第三产业人口比重增长逐渐加快，中国正快步地、稳健地朝现代型人口产业结构迈进。

二 新常态下中国新型人口红利

经济新常态与中国新型人口红利相互作用、紧密关联。新常态下新型人口红利逐渐凸显，并将成为中国成功跨越"中等收入陷阱"的动力来源之一。

（一）促使新型人口红利产生

进入21世纪10年代以来，原来依靠充足的劳动力人口和较低抚养比创造的传统人口红利在人口转变中逐渐消失，同时新型人口红利随着人口转变逐渐凸显出来。人口红利呈现多角度、多层次发展趋势，数量型人口红利减少和老年抚养比提高，人口结构转变成为了经济发展转型的倒逼机制。在该机制下，可积极挖掘和开发人口转变中老年人口红利、素质或质量红利、产业结构调整型红利和城镇化红利，即多元新型人口红利。正如学者唐代盛指出：中国经济从要素驱动向生产力驱动转型过程中，核心并不只是关注劳动年龄人口或抚养比的动态变化，更应注意的是中国人口已经出现的新特征，即人口新常态的特征①。快速人口转变过程中应充分利用新型人口红利，挖掘人口潜质，创造中国经济的新一轮腾飞，也是早日实现中国成功跨越"中等收入陷阱"的重要动力源泉。

（二）新型人口红利是成功跨越"中等收入陷阱"的动力机制

跨越"中等收入陷阱"是经济新常态下的重要发展目标，2010年中国已跨入中高等收入行列。东亚成功跨越"陷阱"的国家都是在人口劳动力充沛、人口老龄化加速之前就已迈入高收入国家行列。2004年以来，中国出现的"民工荒"现象，象征着刘易斯拐点的到来，2013年后人口红利开始逐渐减弱，面临着滑入"中等收入陷阱"的危险②。秦佳、李建民研究认为，在中等收入发展阶段背景下，对人口年龄结构和就业水平与经济增长的关系进行分析，认为中国在进入上中等收入阶段后，需警

---

① 唐代盛、邓力源：《以新型人口红利破解中等收入陷阱》，《人民日报》2012年10月31日第23版。

② 蔡昉：《中国的人口红利还能持续多久》，《经济学动态》2011年第6期。

惕劳动年龄人口比重和就业劳动人口绝对数量的减少[①]，人口红利缩减是我国成功跨越"中等收入陷阱"的软肋，需要结合人口结构现状，充分发挥、利用人口红利保持经济持续上升发展优势，以更好地迈入高收入行列。

诚然，以老年人口红利、素质红利、现代人口产业结构红利和城镇化为主的四大新型人口红利将作为促进中国居民收入增长的重要内容。老年人口红利通过预期寿命延长、老年人力资本提升、老年消费市场开发为国家继续创造人口红利；高学历人口提高为国家提供高质量人才，为国家经济发展提供动力；现代型人口产业结构促进新常态下产业结构升级；城镇化水平逐渐提高释放更多农村剩余劳动力，促进了中国城镇化和经济现代化发展。

三 人口素质红利存在的主要问题

当前，中国人口素质无论数量还是产业结构均存在相关问题，距离人口素质红利的到来还有漫长的路要走，问题主要体现在以下几方面。

（一）身体素质相对较低

预期寿命增加 1 岁将导致产出年增长率增加 4%（Bloom, D., D. Canning and J. Sevilla, Health, 2001），还有学者提出健康投资增加劳动生产率并促进经济增长的主要途径包括：减少伤残、体弱和疾病，降低人力资本的折旧率，降低治疗成本等方面的内容（Rivera, B. and L. Currais, 1999）。中国人口身体素质与发达国家相比至少相差 30 年左右，国民整体身体素质相对较低、健康意识、健康素养以及医疗卫生支出占 GDP 比重与发达国家相比有较大差距。2014 年，美国医疗卫生支出占 GDP 比例达 17.1%，法国、德国、瑞典也都超过 10%，近年来，中国该值虽有上涨，2014 年也仅有 5.6%。2020 年，全国居民健康素养水平达 23.15%，虽实现了持续增长，但比世界同期平均值低 10 个百分点。这些因素都不利于中国健康人力资本积累与提高。

[①] 秦佳、李建民：《人口年龄结构、就业水平与中等收入陷阱的跨越——基于 29 个国家和地区的实证分析》，《中国人口科学》2014 年第 2 期。

(二) 非基础教育亟待提升

当前，中国非义务教育阶段教育普及率相对较低，且没能引起足够重视。人口素质红利的重要特征之一是高层次、高技能人才的数量与质量。新常态背景下，供给侧结构性改革进入更深层次的发展期，高素质、高技能与创新型人才显得尤为重要，对经济持续性支持作用更是显而易见。当前中国高等教育毛入学率与发达国家相比，差距至少超过20年，企业对员工投入费用与培训机会还有待提高。总体来看，在提高基础教育发展的同时，随着GDP进一步增长，义务教育年限可延长至高中阶段，同时还应加强职业教育与在岗培训。

(三) 企业家人力资本急需提升

研究表明，企业家人力资本作为推动经济增长的重要甚至关键要素，与经济增长发展存在典型正相关关系。当前，中国企业家人力资本与发达国家或地区相比存在较大差距，该人力资本的落后还没有引起企业与社会各界重视，应当将其作为未来重点投资的方向之一。

(四) 不同地区间人口素质差异较大

自改革开放以来，由于受历史、文化、自然及制度等相关因素影响，各地区间经济社会发展的不均衡状态越来越显现。研究发现，人口素质在中国同样存在显著地区差异。中部、西部以及东北地区人口素质普遍比东部地区低，这极不利于上述地区发挥人才优势，也不利于实现承接东部地区产业转移与升级，这种差异的存在也说明，要推动不同地区经济增长还要结合该地区相应的人口要素等相关条件。

(五) 第一产业劳动者素质过低，第三产业劳动者素质有待提升

纵观发达国家产业结构调整历程，产业结构重心几乎都经历了依次向第一、第二、第三产业转移过程，发达国家第一产业大多实现了现代化农业或农业产业化发展。如美国农业耕种程度属现代农业，具有高度机械化、电气化、化学化和良种化特点。作为世界第二大粮食生产国，美国仅用全国2%的农业人口作为劳动力，生产了全世界1/5的粮食，不仅能够供应本国3亿人的粮食需要，还能满足2/3的农产品对外出口。这就是与其高人口素质与条件密不可分。中国仅新增劳动力人口受教育年限平均达到了大学一年级水平，整体素质依然较低。当前第一产业劳

动者受教育程度非常低,也由此导致农业产业发展程度不高,第三产业尽管比第一、第二产业发展相对要好,产业人口素质也相对更高,但该产业人口素质不及发达国家水平,十分不利于产业转型与升级,也不利于中国经济持续发展。

（六）不同劳动年龄人口人力资本差异大

随着"九年义务教育"长时间推行与普及,为提高新增劳动者人口素质、提高人力资本存量做出巨大贡献。但相对已年长的劳动者人口素质提高与人力资本增长仍然较低,而且针对年长劳动者各种技能提高、培训机会也缺乏。另由于新增劳动者所占比重较小,更多年长劳动者依旧在劳动力市场,这群人较低的人力资本存量不利于发挥人口素质红利相关效应。

第二节 中国人口转变进程与趋势判断

一 中国人口转变历程

根据布莱克和寇尔等相关学者划分的人口转变"五阶段论",结合中国人口发展状况与人口转变中各指标所显现的人口学特性,将人口转变各阶段进行具体划分（表3-4）。

表3-4　　　　关于人口转变的阶段划分及参量指标　　　（单位：‰）

指标	高位静止	初期加速	中期扩张	后期减速	低位静止
出生率	≥40	≈40	20—40	≈20	≤15
死亡率	≥38	30—35	15—30	10—15	≤13
自然增长率	≤2	5—10	10—25	5—10	≤2

资料来源：摘自罗淳《人口转变进程中的人口老龄化——兼以中国为例》,《人口与经济》2002年第2期。

结合中国1949—2020年人口转变主要指标实际变动情况,对人口转变阶段进行划分,对转变发展趋势做出基本判断（图3-7）[①]。

---

① 晏月平、王楠：《中国人口转变的进程、趋势与问题》,《东岳论丛》2019年第1期。

图3-7 1949—2020年中国人口转变"三率"变化趋势

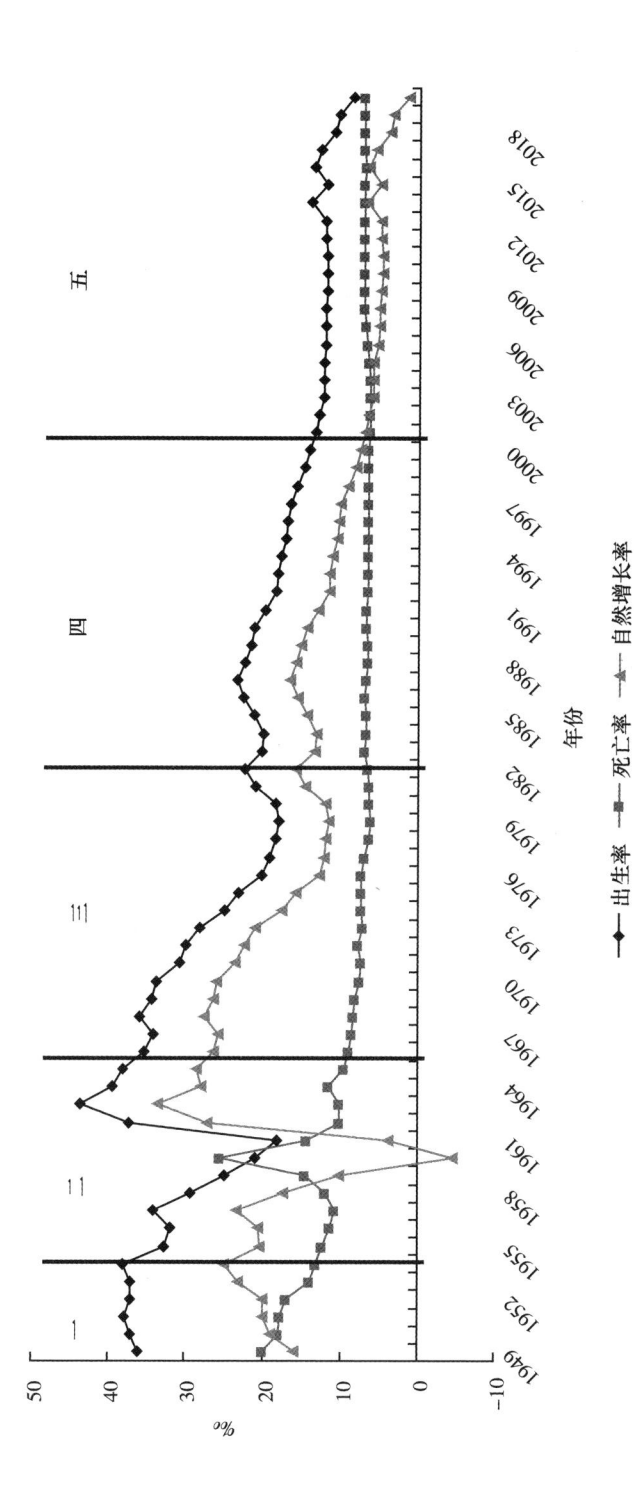

资料来源：国家统计局（http://data.stats.gov.cn/easyquery.htm?cn=C01）。

第一，高位静止阶段：新中国成立至1954年①死亡率先于出生率下降，出生率维持在较高水平，死亡率逐渐趋于下降，自然增长率稳步提升，人口高位稳定态势明显。新中国成立之初，人民安定生活的环境基本得到保障，人口出生率基本稳定在37‰左右。随着医疗卫生条件改善，死亡率逐年下降，但仍然在高位。较高的出生率和死亡率逐年下降，自然增长率逐渐提高，基本稳定在25‰以下，该时期中国人口转变处于高位静止阶段。

第二，初期加速阶段：1955—1965年，该时期最典型特点是人口再生产波动较大、人口转变复杂。排除特殊时期异常变化，人口出生率基本维持在35‰左右；死亡率虽有阶段性攀升，总体呈下降趋势，后期基本在8‰左右；自然增长率随出生率和死亡率变化呈现波动，虽出现负值但后期仍回落至30‰左右，增长率较高。图3-7中第二阶段极端值为1959—1961年困难时期，由于"大跃进"运动以及牺牲农业发展工业导致全国性粮食短缺和饥荒。出生率从1955年的32.6‰跌至1961年的18.13‰。同时，由于温饱得不到基本保障，死亡人数急剧增加，导致死亡率突变性提高，1960年死亡率达到近现代以来的峰值25.43‰，随之自然增长率出现有史以来负增长，跌至-4.57‰。1962年后随着国家政策措施调整和经济形势逐渐好转，出现了一定补偿性生育，出生率急速上涨，1963年达43.6‰。同时死亡率和自然增长率也出现不同程度回落，人口总量极大提高②。总之，该时期人口转变复杂，人口波动更多取决于外部因素。因此，中国人口转变初期加速阶段是以家庭和个人生育决策为主，受到一系列外部经济、环境因素影响，生育率、死亡率和自然增长率总体呈高水平下降特征。

第三，中期扩张阶段：1966—1982年，以出生率为主导。出生率下降至20‰—40‰，死亡率基本稳定在7‰左右，同期自然增长率也主要受制于出生率变化，呈现出总体下降但略有波动。从20世纪70年代初开

---

① 由于缺乏1949年之前全面的人口普查数据，因此不能对中国何时开始人口转变做准确的界定，但根据现有数据可以合理推断，中国在1949年新中国成立之初已经处于人口转变时期。
② 晏月平、王楠：《中国人口转变的进程、趋势与问题》，《东岳论丛》2019年第1期。

始，国家虽然提出了计划生育政策，但政策实施力度较弱，基本上仍依靠家庭和个人自主进行生育决策，出生率虽不断下降，但仍保持在较高水平。根据表3-4的判断，该时期人口转变向低生育率阶段过渡，为中期扩张期，人口转变持续进行。

第四，后期减速阶段：1983—2002年，出生率、死亡率均远低于表3-4中相关量化指标。出生率从1983年的20‰左右降至2002年的13‰，自然增长率从15‰左右降到7‰，死亡率继续保持在6.5‰，并长时期保持低位稳定。20世纪80年代中期开始，国家开始实施严格的生育政策，80年代后期生育政策虽不断收紧，实施力度不断加强，但出生率仍出现小幅上涨，这主要与20世纪60年代初开始的补偿性生育高峰有关，随着高峰期出生人口逐渐到达生育年龄，生育群体势必造成总人口出生率小幅上涨，在死亡率基本稳定情况下，人口自然增长率随之同向变动[①]。随着生育政策继续推行，工业化不断发展，社会经济日益繁荣，人们生育意愿和生育条件受到更多因素影响，人口转变逐渐趋于低位静止状态。

第五，低位静止阶段：自2002年至今且仍在持续进行中，出生率维持在12‰左右，死亡率出现小幅上涨，致自然增长率呈小幅下降，2020年自然增长率已降至1.45‰。总体来看，人口转变处于相对平稳和静止状况。需要说明的是，现阶段死亡率上涨，主要是在第一、二人口高位发展阶段时出生人口逐渐步入老年，社会老龄化日趋严重，死亡率上涨趋势还将持续一段时期[②]。基于出生率和自然增长率呈现低水平静止状况等特征，该时期为现代静止阶段。

通过对1949—2020年人口转变阶段进行较为简略的划分，虽然量化指标并未完全重合[③]，但基本可以把握中国人口转变阶段性特征[④]。可以

---

① 晏月平、王楠：《中国人口转变的进程、趋势与问题》，《东岳论丛》2019年第1期。
② 晏月平、王楠：《中国人口转变的进程、趋势与问题》，《东岳论丛》2019年第1期。
③ 人口转变的阶段量化指标是大致上判断人口转变发展状况的简单标志，在本书的阶段划分中，指标与实际数值存在一定的出入，并未完全重合，主要是因为中国人口转变过程中存在诸多的特殊状况和不可控因素。因此，不完全与判断指标重合是正常的。
④ 晏月平、王楠：《中国人口转变的进程、趋势与问题》，《东岳论丛》2019年第1期。

看出，现阶段人口出生率基本保持低水平稳定，死亡率一定时期内有所提高，导致自然增长率稳步下降。从人口统计学角度看，中国现阶段人口出生率和死亡率已降到较低水平①。随着老龄化日益加深，国家生育政策调整以及育龄人口生育观念的转变，中国人口转变情势必定呈现新的阶段性特征②。

二 人口转变发展趋势判断

"十四五"时期后受育龄妇女数量减少，人口老龄化带来的死亡率上升影响，人口增长势能减弱，总人口将在 2030 年前后达到峰值，此后持续下降③。2030 年自然增长率约 0.4‰，接近零增长（表 3-5），此后人口将呈负增长态势，2040—2100 年均为负增长。此预测结果基本与国家人口发展规划相符，2030 年起人口总量将不断减少，自然增长率下降趋势不断加快，2080 年达到最低值 -6.3‰后略有回升，21 世纪末将回落到 -4.5‰。根据相关指标与观点判断，自然增长率为 0 时，意味着人口转变完成。可初步断定：中国将在 2030 年以后出现人口负增长，正式完成人口转变过程。

表 3-5　　　　　中国人口未来发展趋势预测（2020—2100 年）

（单位：万人，‰）

指标	2020	2025	2030	2040	2050	2060	2070	2080	2090	2100
出生率	11.4	9.8	9.0	8.9	8.8	8.2	8.4	8.7	8.7	8.7
死亡率	7.4	7.9	8.6	10.6	12.5	13.9	14.6	15.0	14.5	13.2
自然增长率	4.0	1.9	0.4	-1.7	-3.7	-5.7	-6.2	-6.3	-5.8	-4.5

注：自然增长率根据 2020—2100 年总人口预测数据计算所得，用来粗略估计中国未来人口增长速率和方向。

资料来源："World Population Prospects：The 2015 Revision"，New York：United Nations.

---

① 晏月平、王楠：《中国人口转变的进程、趋势与问题》，《东岳论丛》2019 年第 1 期。
② 晏月平、王楠：《中国人口转变的进程、趋势与问题》，《东岳论丛》2019 年第 1 期。
③ 引自国务院关于印发国家人口发展规划（2016—2030 年）的通知：《中华人民共和国国务院公报》，2017 年 2 月 28 日。

中国将在2030年后步入低出生率、低死亡率和负自然增长率的"后人口转变"期（图3-8）。届时，在人口老龄化加深和预期寿命延长共同作用下，中国将再次进入以死亡率主导的后人口转变时期[①]。结合表3-5对2030—2100年后人口转变阶段划分为：

第一，进入期：2030—2040年，出生率降至9‰以下，死亡率增长到10‰左右，自然增长率为-1.7‰，死亡率增幅大于出生率降幅，且二者差距将不断扩大。

第二，扩张期：2040—2060年，随着死亡率加速上涨至14‰左右，出生率缓慢下降至8‰左右，自然增长率将急剧下降。该时期人口转变呈明显加速，而死亡率上涨与三年困难时期后的补偿性生育紧密相关，同期群出生人口总量大，加之人口预期寿命的延长，且随着老年人口逐渐结束生命历程，总人口死亡率出现加速上涨。

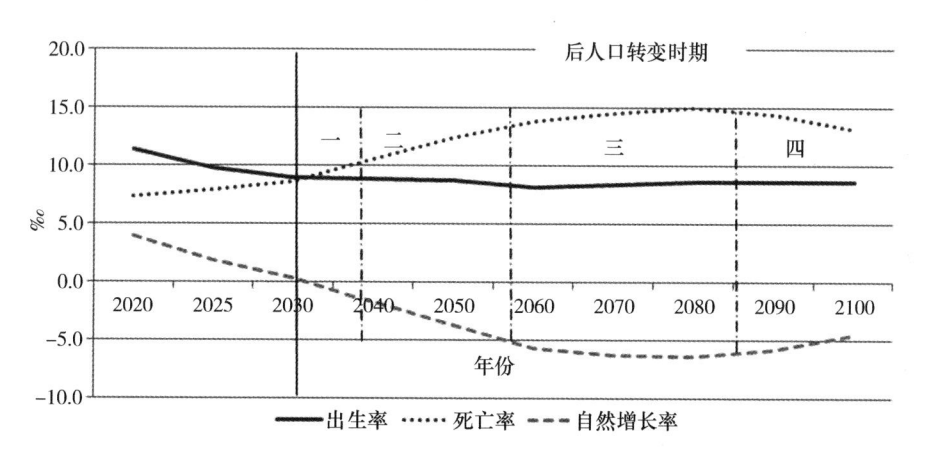

图3-8 2020—2100年中国人口转变趋势预测

资料来源："World Population Prospects：The 2015 Revision"，New York：United Nations.

第三，稳定期：2060—2080年，死亡率缓慢增至15‰左右的高峰值，并且在2080年以后逐渐下降；出生率从2060年开始缓慢增长，并逐渐稳定在8.7‰左右；自然增长率持续徘徊在-6‰以下，此后随着死亡率下

---

① 晏月平、王楠：《中国人口转变的进程、趋势与问题》，《东岳论丛》2019年第1期。

降逐渐开始回升。

第四，收缩期：2080年起延续到2100年，随着死亡率下降出生率上涨，自然增长率逐渐回升，到达一定时期后，即完成后人口转变过程。由于预测时间跨度的有限性和人口长期发展的不确定性，这里对后人口转变具体的完成时间不做深入探讨[①]。

三 人口年龄结构趋势判断

为了更准确地判断中国人口发展，需进一步从年龄结构分析未来各年龄组人口分布状况，据此判断人口转变后期与后人口转变时期的人口内在条件与发展趋势（表3-6）。

（一）少儿人口比重、总量将不断下降

2020年起0—14岁少儿人口数量及比重将不断下降，至2030年人口转变完成期，少儿人口占总人口比重约为14.82%，进入后人口转变时期，少儿人口总量仍不断减少，占总人口比重基本稳定在13%左右，与表3-5出生率预测结果基本一致，基本保持在8‰—9‰[②]。

（二）劳动年龄人口比重、总量也将持续下降

15—64岁劳动年龄人口从2020年直到21世纪末总量将不断减少，从99310万人下降到53048万人，累积将减少46262万人，劳动年龄人口占总人口比重从2020年的70.79%下降至2100年52.82%，将下降17.97个百分点。

（三）老年人口比重持续增长、总量将缩减

2020—2060年，65岁及以上老年人口总量不断增长，2060年将达峰值，总量为42008万人，占总人口比重达32.90%，届时每3个人中就有1个65岁及以上的老年人。此后随着总人口规模缩减，老年人口总量也随之下降，但占总人口比重却不断上涨，2100年将可能达到33.75%。

整体看，后人口转变时期人口总量不断减少，少儿人口数量基本保持稳定，老年人口增长的同时，劳动年龄人口规模不断缩小。进入后人

---

① 晏月平、王楠：《中国人口转变的进程、趋势与问题》，《东岳论丛》2019年第1期。
② 晏月平、王楠：《中国人口转变的进程、趋势与问题》，《东岳论丛》2019年第1期。

口转变收缩期后，少儿人口与老年人口之和（即被抚养人口）与劳动年龄人口之比接近 1∶1，意味着 1 单位的劳动年龄人口需要供养 1 单位的被抚养人口，社会抚养负担不断加剧。届时，人口再生产将呈现截然不同的形式和特征，社会经济发展模式也将发生重大调整。

表 3-6　　　　分年龄组人口分布状况（2020—2100 年）（单位：万人，%）

时间	总人口	分年龄组人口			各年龄组人口占总人口比重		
		0—14 岁	15—64 岁	65 岁以上	0—14 岁	15—64 岁	65 岁以上
2020	140285	24014	99310	16961	17.12	70.79	12.09
2025	141487	23006	98421	20060	16.26	69.56	14.18
2030	141555	20975	96263	24317	14.82	68.00	17.18
2040	139472	18579	86600	34292	13.32	62.09	24.59
2050	134806	18214	79453	37139	13.51	58.94	27.55
2060	127676	16879	68789	42008	13.22	53.88	32.90
2070	119753	15493	65208	39053	12.94	54.45	32.61
2080	112257	15074	59793	37390	13.43	53.26	33.31
2090	105507	14368	55501	35638	13.62	52.60	33.78
2100	100439	13491	53048	33900	13.43	52.82	33.75

资料来源："World Population Prospects：The 2015 Revision"，New York：United Nations.

通过对中国人口转变现阶段所呈现的特征和未来发展趋势可得出以下基本判断：人口转变进程仍在进行中，并仍将持续一段时间，2030 年左右基本完成第一阶段人口转变，此后进入持续低出生率、低死亡率和零自然增长率（或负自然增长率）为特征的"后人口转变"期。现阶段生育政策的调整势必会对中国人口发展产生一定程度影响，但政策是否会在短期内取得立竿见影的效果，是否需要较长时间的政策普及和政策适应，是否会加速或者减缓人口转变的进程[1]，这一系列问题都需要根据政策实施效果与后续持续的深入研究。

---

[1]　晏月平、王楠：《中国人口转变的进程、趋势与问题》，《东岳论丛》2019 年第 1 期。

第三节 中国人口转变后期相关现实问题

人口与经济社会发展密切相关，人口也不再是一种"自然""自发"的过程，仅在传统和狭窄意义上理解和认识人口转变，显然已无法满足当代社会发展和文明进步的需要，也难以满足人类自身的需求[①]。应将人口转变时期的"人口"置于社会各要素核心位置，回归"以人为本"理念，具体考察和分析人口转变产生的诸多现实问题[②]。

一 内在结构性问题

（一）老龄化日益严重，社会负担加剧

首先，从人口老龄化发展趋势看，日本老龄化趋势发展最为迅猛，美国老龄化程度起点高，2019 年比日本低了近 12 个百分点，中国老龄化进程虽远远晚于美国、法国、英国和日本等发达国家，但发展迅速，1980 年至 2015 年增长了 5.058 个百分点（表 3-7），美国和英国同比例增长用了 30 多年。2015 年，中国超过世界平均值 1.3 个百分点。2019 年，日本和法国已超过 20%，日本接近 30%，老化速度尤其快，同期世界平均值为 9.1%，中国高于世界 2.37 个百分点。但从绝对数量看，2019 年中国 65 岁以上人口为 1.6 亿人，老年人口数量占世界老年总数的 22.97%，人口老龄化发展迅速，数量庞大，且将越来越严重[③]。

表 3-7　　1980—2018 年部分国家人口老龄化状况比较　　（单位：%）

地区	1980	1985	1990	1995	2000	2005	2010	2015	2019
世界	5.844	5.871	6.085	6.453	6.835	7.275	7.627	8.267	9.099
美国	11.36	11.99	12.52	12.59	12.32	12.32	13.01	14.79	16.21
法国	13.92	12.69	14.02	15.11	16.10	16.63	17.02	19.12	20.39

---

① 刘爽：《对中国人口转变的再思考》，《人口研究》2010 年第 1 期。
② 晏月平、王楠：《中国人口转变的进程、趋势与问题》，《东岳论丛》2019 年第 1 期。
③ 晏月平、王楠：《中国人口转变的进程、趋势与问题》，《东岳论丛》2019 年第 1 期。

续表

地区	1980	1985	1990	1995	2000	2005	2010	2015	2019
英国	14.95	15.14	15.73	15.85	15.83	15.99	16.18	17.76	18.51
日本	9.046	10.20	11.95	14.39	17.18	19.85	22.94	26.34	28.0
中国	4.493	5.058	5.342	5.851	6.651	7.492	8.246	9.551	11.47

注：人口老龄化指标指65岁以上老年人口占总人口比重。

资料来源：世界银行数据库（https://data.worldbank.org.cn/indicator/SP.POP.65UP.TO.ZS? view=chart）。

2050年世界总人口将达97.25亿人，2100年112.13亿人，60岁以上人口[①]分别为20.91亿人和31.73亿人。除日本外，其他地区60岁以上老人占总人口比重不断增加。21世纪末，美国、法国、英国、日本和中国分别达14683万人、2728万人、2891万人、3402万人和39774万人，中国46.9%的劳动年龄人口需供养39.6%的老人（表3-8）。

表3-8　　　　全球部分国家人口老龄化发展状况预测　　　　（单位：%）

地区	2015年		2050年		2100年	
	60岁以上	80岁以上	60岁以上	80岁以上	60岁以上	80岁以上
世界	12.3	1.7	21.5	4.5	28.3	8.4
美国	20.7	3.8	27.9	8.3	32.6	11.5
法国	25.2	6.1	31.8	11.1	35.9	14.7
英国	23.0	4.7	30.7	9.7	35.1	13.7
日本	33.1	7.8	42.5	15.1	40.9	18.5
中国	15.2	1.6	36.5	8.9	39.6	16.5

资料来源："World Population Prospects: The 2015 Revision", New York: United Nations.

2000—2015年，中国老年人口抚养比增长了4.4个百分点，总数增加了5562万人，老年抚养比占同期总抚养比也在增加，增长了15.4个百

---

① 60岁以上人口占总人口比重，是人口老龄化另一衡量指标，若该比重超过10%，即可视为该国或该地区进入人口老龄化时期。

分点。老年人口占总人口比重不断上涨，2100年，65岁以上人口占总人口比重将达33.75%，总抚养比将达89.3%，老年抚养比将达63.9%[①]（表3-9）。届时每单位社会抚养支出中用于老年人口支出将不断增加，且在2030年后赶超少儿抚养比，逐渐占绝对比重。老年人口所需社会公共资源、服务和资金投入较少儿人口更为多样。因此，随着人口老龄化不断加剧，社会和家庭抚养负担加重，需要更多的社会资本投资于老年群体，对社会保障水平、社会抚养体系建设等将提出更高要求。

表3-9　　　　　　2000—2100年中国人口抚养比变动情况　　　（单位：%）

年份	总人口（万人）	各年龄人口比重			人口抚养比		
		0—14	15—64	≥65	少儿抚养比	老年抚养比	总抚养比
2000	126743	22.9	70.1	7.0	32.6	9.9	42.6
2005	130756	20.3	72.0	7.7	28.1	10.7	38.8
2010	134091	16.6	74.5	8.9	22.3	11.9	34.2
2015	137462	16.5	73.0	10.5	22.6	14.3	37.0
2020	140285	17.12	70.79	12.09	24.2	17.1	41.3
2030	141555	14.82	68.00	17.18	21.8	25.3	47.1
2050	134806	13.51	58.94	27.55	22.9	46.7	69.6
2100	100439	13.43	52.82	33.75	25.4	63.9	89.3

资料来源：2000—2015年数据来自中国历年《人口统计年鉴》。2020—2100年数据来自"World Population Prospects：The 2015 Revision"，New York：United Nations。

其次，随着人口预期寿命不断延长，高龄老人[②]总量不断增长。1982—2010年，80岁以上高龄老人占老年人口比重从10.25%增加到17.65%（图3-9）。2015年、2050年和2100年分别为1.6%、8.9%和16.5%，高龄老人增速不断加快（表3-8）。高龄老人绝对数量不断增

---

① 晏月平、王楠：《中国人口转变的进程、趋势与问题》，《东岳论丛》2019年第1期。
② 学界一般将65—69岁、70—79岁和80岁以上老年人口分别划分为低龄老人、中龄老人和高龄老人。

长，不仅对家庭抚养提出了增加投入的需求，而且对社会公共支出和社会抚养提出更高要求①。

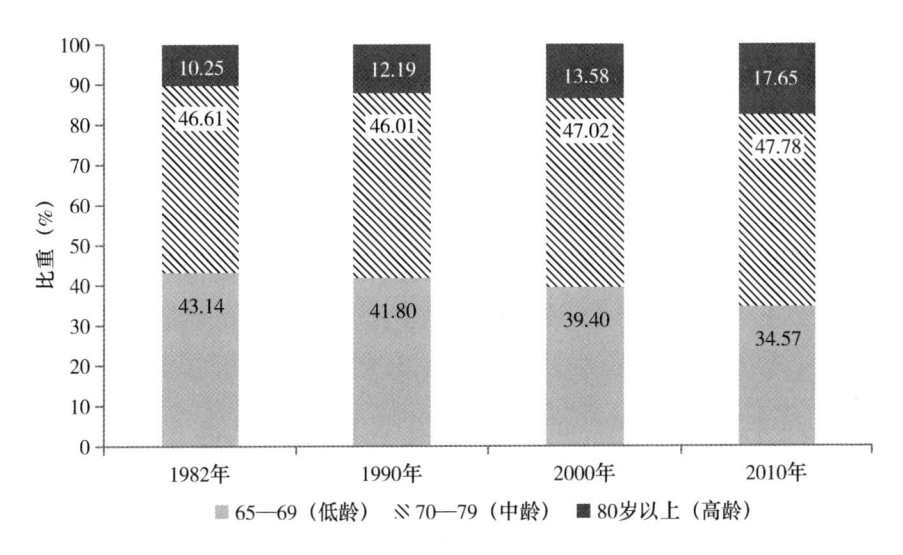

图 3-9 1982—2010 年中国老年人口年龄结构变化状况

资料来源：1982—2010 年四次人口普查资料。

最后，从老年人口性别结构看，同期老年女性比男性预期寿命长 4—5 岁左右。随着老年人口年龄不断增大，女性老人数量逐渐多于男性，65 岁以上老人分年龄段性别比明显下降（表 3-10）。低龄老人中，男女两性基本保持平衡，但随着年龄不断增长，女性老人数量逐渐多于同龄男性。尤其高龄老人，性别失衡更突出。以 95 岁以上老人为例，2015 年，性别比为 39.35，女性是男性的 2.5 倍。在老人照料服务中，满足老人基本物质资料需求的同时，应考虑老人精神和心理健康。

对于单身老人，尤其数量相对较多的高龄女性老人晚年生活，需要子女、救助机构和社会投入更多精力予以支持保障，确保老人安度晚年时光，追求高品质、有尊严的老年生活②。

---

① 晏月平、王楠：《中国人口转变的进程、趋势与问题》，《东岳论丛》2019 年第 1 期。
② 晏月平、王楠：《中国人口转变的进程、趋势与问题》，《东岳论丛》2019 年第 1 期。

表 3–10　　2015 年中国老年人口分性别构成状况　　（单位：%）

年龄组	男性	女性	性别比
65—69	49.98	50.02	99.92
70—74	49.07	50.93	96.35
75—79	47.56	52.44	90.69
80—84	44.12	55.88	78.95
85—89	40.13	59.87	67.03
90—94	35.05	64.95	53.96
95+	28.24	71.76	39.35

资料来源：根据中国 2015 年 1% 抽样调查数据整理计算所得。

（二）总和生育率偏低，影响人口合理更替

1975 年至今，中国总和生育率始终低于世界平均值（表 3–11），1995 年起低于更替水平，2010 年为 1.54，低生育率若持续将陷入"低生育陷阱"。据 2020—2100 年预测结果，中国低生育率将一直持续①。

表 3–11　　中国和世界总和生育率变化情况（1960—2100 年）

年份	世界	中国	年份	世界	中国
1960	4.98	5.75	2015	2.45	1.56
1965	5.04	6.39	2020	2.47	1.59
1970	4.78	5.73	2025	2.43	1.63
1975	4.17	3.86	2030	2.38	1.66
1980	3.72	2.61	2040	2.31	1.70
1985	3.54	2.65	2050	2.25	1.74
1990	3.28	2.43	2060	2.18	1.76
1995	2.87	1.68	2070	2.12	1.78
2000	2.66	1.45	2080	2.08	1.80
2005	2.56	1.51	2090	2.03	1.81
2010	2.50	1.54	2100	1.99	1.81

资料来源：1960—2015 年的数据来自世界银行相关统计资料，2020—2100 年的预测数据来自 World Population Prospects：The 2015 Revision。

---

① 晏月平、王楠：《中国人口转变的进程、趋势与问题》，《东岳论丛》2019 年第 1 期。

"全面二孩"政策的颁布与实施,育龄妇女生育水平在更替水平以内的可能性较大,即 1.8 左右①。因数据可得性和生育行为的复杂性,生育政策调整具体效果如何需要较长时间验证。从数据看,中国总和生育率仍然较低,并将在较长时期内保持现状,长此以往势必造成人口规模萎缩,人口更替难以维持,家庭和社会抚养负担将日益加重②。

(三)性别结构失衡,婚龄人口问题堪忧

20 世纪 80 年代以来,生育水平快速下降压缩了人们的生育空间,致使部分无法通过多胎生育实现男孩偏好的人转向采用技术手段进行性别选择,导致出生人口性别比偏高③,人口转变一直伴随性别比失衡问题④。

表 3-12　　　　　1982—2020 年中国人口性别比变化状况

性别比	1982	1990	1995	2000	2005	2010	2015	2020
出生人口性别比	107.6	111.3	115.6	116.9	118.6	118.1	113.5	111.3
总人口性别比	106.2	106.3	104.2	106.7	106.3	104.9	105.0	105.07

资料来源:1982 年、1990 年、2000 年、2010 年、2020 年数据为第三、四、五、六、七次人口普查数据,1995 年、2005 年、2015 年数据为 1% 抽样调查数据。

20 世纪 90 年代起人口出生性别比不断增大,2005 年、2010 年均超过 118(表 3-12),2015 年、2020 年分别降至 113.5、111.3,总体上新出生男孩明显多于同期女孩。总人口性别比看,1982 年至今,中国总人口性别比偏高,2020 年降至 105.07。其中以 20—49 岁各年龄段男女性别比均存在不同程度失衡(表 3-13),尤其 20—24 岁年龄组,2020 年男性比女性多了 1752 万人,性别比为 108.9,该年龄段是青年男女交往和婚配最频繁时期,性别数量严重不均衡,势必带来适婚人口尤其是适龄

---

① 王广州:《影响全面二孩政策新增出生人口规模的几个关键因素分析》,《学海》2016 年第 1 期。
② 晏月平、王楠:《中国人口转变的进程、趋势与问题》,《东岳论丛》2019 年第 1 期。
③ 李树茁、闫绍华、李卫东:《性别偏好视角下的中国人口转变模式分析》,《中国人口科学》2011 年第 1 期。
④ 晏月平、王楠:《中国人口转变的进程、趋势与问题》,《东岳论丛》2019 年第 1 期。

男性择偶和婚配问题①。

表3-13 　　　　　2010—2014年中国分年龄组未婚人口状况（单位：万人，%）

年龄组	2010年			2014年		
	小计	男性	女性	小计	男性	女性
20—24	869.81	54.71	45.29	683.86	56.65	43.35
25—29	268.28	62.39	37.61	319.75	63.08	36.92
30—34	81.14	70.52	29.48	87.16	70.50	29.50
35—39	45.81	78.97	21.03	35.26	77.16	22.84
40—44	29.33	84.89	15.11	26.59	84.73	15.27
45—49	18.22	87.71	12.29	17.98	87.93	12.07

资料来源：2010年数据根据第六次人口统计年鉴整理计算，2014年数据根据2015年中国人口和就业统计年鉴整理计算。

2010—2014年适婚人口②未婚总体变化不明显。2010年男性明显高于女性，25岁以后两性差距显著。说明随着年龄增长，男性未婚人口远多于同龄女性，且暂时没有明显改观③。

二　外部环境作用下相关人口问题

（一）区域经济发展不均衡与人口流迁问题

中国国际人口迁移比重长期以来都较低，人口流动主要集中在境内，而且主要表现在中西部地区向东部沿海发达地区流动。由于东部地区社会经济发展水平较高，科学技术更为先进，资源更为丰富，产业结构分布相对合理，能吸引更多、更频繁的人口迁移流动。可以说，中国呈现出了人口转变与区域经济发展不均衡、不同步的特点。根据人口迁移流动动机，经济迁移和婚姻迁移是两大主要迁移原因，且在很大程度上还

---

① 晏月平、王楠：《中国人口转变的进程、趋势与问题》，《东岳论丛》2019年第1期。

② 适婚人口：由于女性的生育年龄上限为49岁，可认为该年龄段以后的女性无论婚否，都不会对生育率产生影响。因此，本书将20—49岁视为适婚人口，该年龄段人口的婚配状况直接影响总人口的生育率。

③ 晏月平、王楠：《中国人口转变的进程、趋势与问题》，《东岳论丛》2019年第1期。

是受制于区域经济发展状况①。

从经济迁移角度看,"五普""六普"人口净迁入并未发生根本性变化(图3-10),上海、北京、天津、广东和浙江省是中国排名前五的人口净迁入省份,2010年相比2000年,人口净迁入率更高,分别增长了19.29%、17.12%、14.41%、2.83%和13.58%。净迁出省份主要集中在安徽、江西、湖南、四川和贵州等中西部经济相对落后省份,2010年净迁出率较2000年大幅增长。可以判断,中国人口主要从经济落后的中西部地区向中东部地区迁移。对于迁出地,其经济发展水平较低,人口转变相对滞后。迁移人口较高的迁入地,受到生育政策和经济发展状况影响更明显,人口出生率和死亡率均维持在较低水平,随着医疗卫生和科学教育投入水平不断提高,能够相对较早地实现人口转变②。

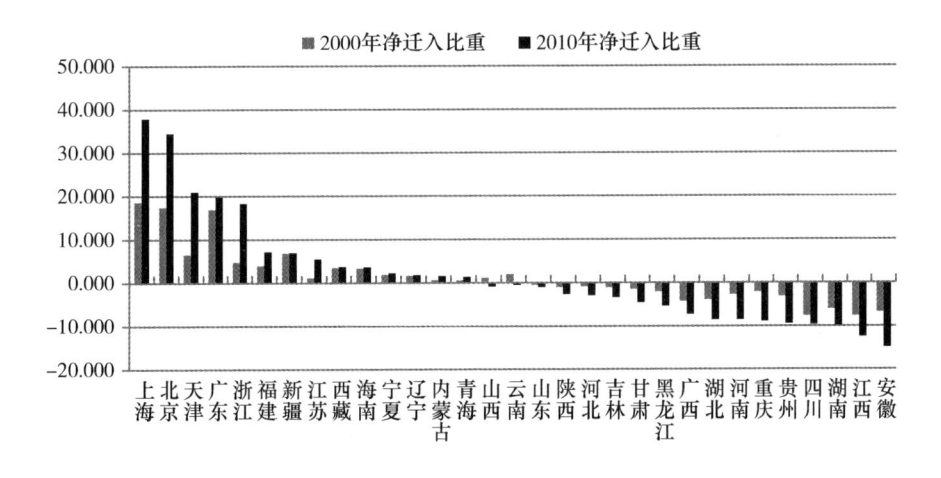

图3-10 2000年、2010年全国各省份人口净迁入状况比较

注:人口净迁入指标,是指现住地在一地,而户口登记在其他省市某一级行政单位(即省际的人户分离状态)的人口占同期现住地常住人口的比重。

资料来源:2000年、2010年中国第五次、第六次人口普查数据。

从迁入地角度看,根据受教育状况排序,江西、陕西、重庆、湖南

---

① 晏月平、王楠:《中国人口转变的进程、趋势与问题》,《东岳论丛》2019年第1期。
② 晏月平、王楠:《中国人口转变的进程、趋势与问题》,《东岳论丛》2019年第1期。

和湖北吸纳的受过高等教育的外来人口最多，占总迁入人口的比重分别为：37.39%、28.72%、27.51%、27.48%和26.95%（图3-11）。而浙江和福建吸纳受过高等教育的外来人口相对较少，仅占总迁入人口的4.01%和4.97%。造成这个差异的主要原因是区域经济发展特征，广东、浙江与福建是中国经济发展最为迅速、发展水平较快地区，但其产业结构和发展环境决定了能够吸引更多初等教育者就业。当然，从区域经济长远发展和产业结构优化升级出发，东部发达地区应该积极引进和吸纳高端技术人才，提高当地就业者科学文化素质。

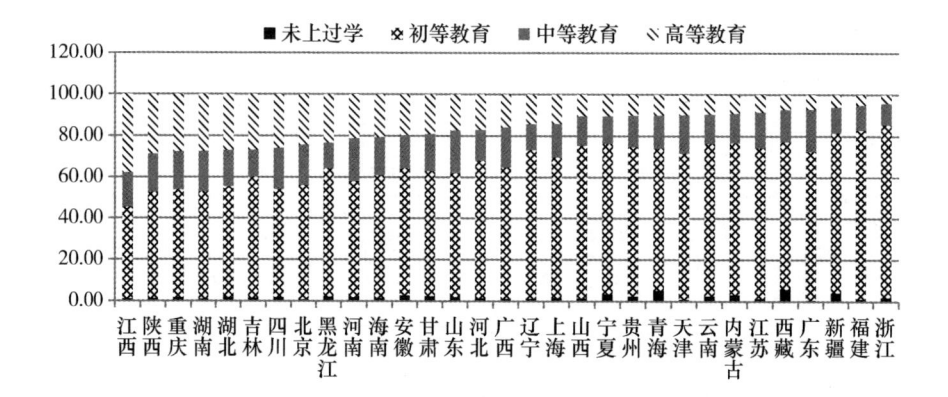

图3-11 2010年各省份跨省迁入人口受教育状况比较

注：受教育程度划分为四级——未上过学、初等教育（指完成小学和初中九年义务教育）、中等教育（指高中教育）和高等教育（包括大学专科、大学本科及研究生）。

资料来源：2010年第六次人口普查数据。

还应注意的是，未上过学文盲人口多流入西藏、青海、新疆、宁夏、内蒙古等相对落后的民族地区[①]，这些地区经济发展相对滞后，产业结构单一，劳动力就业市场不完善，就业机会短缺。中国迁移流动人口主要是受过初等教育的低端劳动力群体，其灵活性与自主选择性相对较大。一个地区经济发展状况、产业结构很大程度上决定了该地区劳动力供需类型，进而影响该地区劳动人口的迁移决策，影响迁出地和迁入地的人

---

① 晏月平、王楠：《中国人口转变的进程、趋势与问题》，《东岳论丛》2019年第1期。

口转变方式和发展进程①。

从婚姻迁移角度看，一直以来婚姻迁移是中国女性实现迁移流动的一种重要方式，2010年通过婚姻方式进行迁移的人口中，女性占85.66%。女性婚姻迁移高密度地区主要集中在北京、上海、江苏、浙江和广东，上述省区是中国经济文化发展最快的地区（图3-12），其强劲的吸附能力促使女性通过婚姻迁移形成流迁。在东北地区和中部地区，女性婚姻迁移相对较少，山西、江西、河南等部分省区的女性婚姻迁移人口占婚姻迁移总人口仅为2%左右②。而在西部少数民族地区，通过婚姻迁移方式进入该地区的女性更少。因此，区域经济发展不平衡，一定程度上影响着婚姻迁移方向和强度。

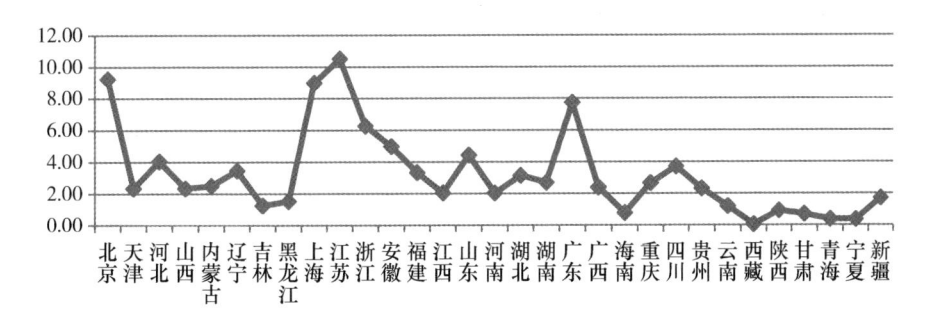

图3-12 2010年全国各省份女性婚姻迁移状况

注：女性婚姻迁移，是指某地区的迁入人口中，因为婚姻嫁娶的原因迁移的人口。
资料来源：2010年中国第六次人口普查数据。

（二）强制计划生育政策实施导致的被动人口转变

社会经济发展并非人口转变的充分条件，但是人口转变的持续进行需要社会经济发展的支持。传统发达国家和发展中国家在人口转变时期存在巨大的经济差异，法国、瑞典、英国等传统发达国家，资本主义经济萌芽较早，工业革命发展的同时便开始了人口转变，其经济发展与人口转变相互影响、相互促进，在自主自发情况下经历了一个多世纪才完

---

① 晏月平、王楠：《中国人口转变的进程、趋势与问题》，《东岳论丛》2019年第1期。
② 晏月平、王楠：《中国人口转变的进程、趋势与问题》，《东岳论丛》2019年第1期。

成了人口转变，德国和意大利同样经历了90年（表3-14）。而中国人口转变是在市场经济发展相对较晚，国家生育政策强制性调控下推进的，并且在人口转变过程中一直伴随政府干预和调控，在人口转变后期也缺乏相应完善性和保障性政策兜底①。

表3-14　　　　部分国家或地区人口转变的持续时间

国家或地区	人口转变开始和结束时间（年份）	持续期（年）
法国	1785—1970	185
瑞典	1810—1960	150
德国	1876—1965	90
意大利	1876—1965	90
中国台湾	1920—1990	70
新加坡	1930—1980	50

资料来源：转引自杨凡《人口转变的中国道路》，中国人民大学出版社2014年版，第50页。

中国用30多年走完了欧美发达国家近百年人口转变道路，取得了显著成效，而且是在计划生育政策强制与经济和社会条件尚不完备下推进的。因此，中国人口转变过程存在诸多问题和挑战。

表3-15　　　2000年、2019年全国部分省区人口自然变动情况　　（单位：‰）

区域	2000年			2019年		
	出生率	死亡率	自然增长率	出生率	死亡率	自然增长率
全国	14.03	6.45	7.58	10.41	7.09	3.32
北京	6.20	5.30	0.90	8.12	5.49	2.63
上海	5.30	7.20	-1.90	7.00	5.50	1.50
广东	15.32	5.40	9.92	12.54	4.46	8.08
江苏	9.08	6.52	2.56	9.12	7.04	2.08

---

① 晏月平、王楠：《中国人口转变的进程、趋势与问题》，《东岳论丛》2019年第1期。

续表

区域	2000年			2019年		
	出生率	死亡率	自然增长率	出生率	死亡率	自然增长率
贵州	20.59	7.53	13.06	13.90	6.85	7.05
云南	19.05	7.57	11.48	12.63	6.2	6.43

资料来源：根据2001年、2020年《中国统计年鉴》整理所得。

从现阶段国内发展情况看，中国幅员辽阔，各地区经济文化、社会发展、科学技术存在较大差距，其人口转变过程也存在明显区域性差异。2000年到2019年，北京、上海、江苏等经济发展较快的地区（表3-15），出生率已经达到相对稳定状态，其中表中的北京、上海和江苏出生率呈增长状态，广东呈下降态势。说明经济发展迅速、计划生育政策实施较早、政策执行力度较强的地区，较早地进入了人口转变后期。而计划生育政策实施较晚、政策较为宽松、经济发展相对落后的西部省区，人口转变在不断进行中[①]。2019年，计划生育政策实施较晚、政策实施力度相对较小的云南、贵州等省份，出生率较2000年大幅降低，分别下降了6.42个和6.69个百分点。目前这些省份出生率远高于中东部地区，自然增长率也远高于北京、上海、江苏。可以说，由于区域经济发展不平衡，计划生育政策倾斜的共同作用，中国人口转变呈现明显的区域差异性。

（三）女性受教育状况改善，社会角色发生转变

随着社会价值观念和道德取向的日臻改善，男女两性社会分工更趋于模糊化、平等化，女性社会角色也更为多样化，社会地位逐渐得到认可，也越来越多地拥有了更多自主决策权，获得了更为平等的受教育机会。现阶段，男女两性受教育程度差距不大，尤其是进入中职以上的教育层次，男女差异越来越小（表3-16）。这意味着女性获得进入就业市场的机会在不断提高，女性需要兼顾家庭和社会两方面的责任义务，需要承受的社会压力和负担也相对增加，传统生育理性不断受到挑战，女

---

① 晏月平、王楠：《中国人口转变的进程、趋势与问题》，《东岳论丛》2019年第1期。

性在婚姻、家庭和生育决策方面需要考虑和衡量的因素越来越受制于现时的社会经济环境。

首先，从生育角度看，女性受教育年限延长致大多数现代女性初婚年龄不断推迟，生育年限不断压缩，加之社会地位提升，受教育程度越高的女性越拥有独立生育决策权，可以自主决定何时生育、生多少、甚至要不要生育等一系列问题，这极大增加了生育行为的不确定性。

表3-16　　　　2015年全国6岁以上人口分性别受教育状况　　　（单位：%）

性别	未上过学	小学	初中	高中	中职	大学专科	大学本科	研究生
男	3.22	24.67	40.38	13.59	4.37	7.06	6.08	0.63
女	8.27	27.83	36.18	10.90	3.96	6.56	5.76	0.54

资料来源：根据2015年《中国人口统计年鉴》整理所得。

其次，从经济角度看，女性受教育程度提高，绝大多数已婚生育年龄女性同时也在劳动力市场从事相关的职业活动，其经济收入也成为家庭的一部分经济来源。职业女性因为生育放弃工作机会或者暂时退出劳动力市场，对个人和家庭生活产生不同程度影响。因此，更多职业女性在做出生育决策时，不得不衡量生育所带来的机会成本，若生育成本超出个人和家庭承受范围，可能做出晚生、少生甚至不生的决策。

最后，从个人发展看，随着"以人为本""自我发展"以及西方相关文化观念的传播和渗透，女性对未来生活期望值不断提高，追求自我发展意识越来越强烈，更多年轻夫妇和独立女性选择少生育子女甚至自主放弃生育权，以保证自身高水平的生活质量。总之，女性受教育状况不断改善、女性社会地位不断提高，是社会文明进步的重要表现和内在要求，但女性社会角色日益多元化，自主决策和社会负担增强，都给生育行为带来了更多不确定性，甚至一定程度上阻碍女性生育行为的产生，在微观层面上影响了社会生育政策的贯彻和实施[①]。

[①] 晏月平、王楠：《中国人口转变的进程、趋势与问题》，《东岳论丛》2019年第1期。

(四) 核心家庭成为主流，风险家庭增多

伴随人口转变的是家庭结构的小型化与精简，2018 年，中国平均家庭户规模为 2.94 人①，比 2014 年减少了 0.03 人。2014 年，全国平均家庭户规模为 2.97 人/户，即使在乡村地区也只有 3.15 人/户，全国二人户和三人户的家庭共占 54.33%（表 3-17），城市、镇和乡村分别为 62.47%、53.32% 和 48.43%。总体看，中国现阶段家庭规模缩小，传统"四世同堂"基本不复存在，核心家庭成为现代主要家庭形式。随着我国计划生育政策的推行和现代人追求自由的生活方式的理念变化，支撑家庭凝聚力的因素日渐削弱，代际关系收缩，亲属间的联系和互动减少，社会关系网络日益松弛。以上这些变化都会不同程度地影响家庭生育和抚养观念②。

表 3-17　　　2014 年中国平均家庭户规模及户数构成情况

（单位：人/户、%）

地区	平均家庭户规模	一人户	二人户	三人户	四人户	五人户	六人及以上户
全国	2.97	14.92	27.65	26.68	15.90	8.76	6.08
城市	2.69	16.99	29.28	33.19	11.71	6.07	2.75
镇	3.03	13.73	27.14	26.18	17.05	9.07	6.83
乡村	3.15	13.91	26.64	21.79	18.62	10.73	8.32

资料来源：根据 2015 年《中国人口和就业统计年鉴》相关数据整理、计算所得。

从抚养子女角度看，现阶段抚养子女成本远超过之前任何一个时期，养育子女需要投入的时间、金钱和精力越来越多。一方面致使父母无力兼顾多子女，降低了家庭生育意愿；另一方面也使得独生子女成长存在诸多的问题③，如娇气、脆弱和自闭等。

在持续鼓励"少生""独生"政策导向下，人口安全系数在降低，人

---

① 国家统计局人口抽样调查计算数据。
② 晏月平、王楠：《中国人口转变的进程、趋势与问题》，《东岳论丛》2019 年第 1 期。
③ 晏月平、王楠：《中国人口转变的进程、趋势与问题》，《东岳论丛》2019 年第 1 期。

口发展风险在积累，中国将从一个低风险的人口转变时期逐渐过渡到高风险的人口转变时期①。目前，"失独家庭""空巢家庭""残缺家庭"等风险型家庭不断增多，既对社会发展和稳定带来挑战，更影响到个体生存和发展。一方面，存在部分中年失子女家庭；另一方面，表现为多发的老年家庭失独问题，这部分老年人在生育年龄响应国家政策号召，放弃多生育子女权利，在老年因种种意外丧失唯一子女，使得老年人身心受到很大打击。中国人口转变阶段现实性问题的妥善解决和协调，可以在很大程度上助力于人口转变进程，进而促使人口转变与中国特色社会主义发展历程相适应。

首先，中国人口转变是现在时而非完成时。无论从人口统计角度还是从人口内在发展状况来看，人口转变过程都未完全结束，且随着生育政策的重大调整，势必迎来一个新的时期，与之相随的是新的一系列问题和挑战。

其次，中国人口转变带来了一系列问题，而且往往具有鲜明的时代特色和地域特征，需辩证地理解和看待，并且应提出针对性的解决措施。在满足国家利益和社会经济长远发展的同时，还应充分满足个人的合理诉求和长远发展，实现国家与个人利益的均衡、协调发展。

再次，无论是人口自然结构还是社会经济环境影响下的社会结构，人口转变中的两性都存在较大差异。随着两性社会角色多元发展，甚至部分领域社会性别逐渐模糊化，以及女性在家庭外的社会、经济和文化等众多领域中承担越来越重要的责任，社会经济地位也不断提高。在分析具体问题时，要尊重性别差异，区别看待和解释两性在人口转变过程中呈现出的独特性，比如就业、婚姻与养老政策措施的建立和完善，应充分考虑性别差异问题和挑战②。

最后，中国人口转变与传统西方人口转变历程存在较大差异。前者是国家宏观政策调控与个体自主选择共同作用的产物，在分析和理解中

---

① 穆光宗：《中国人口转变的风险前瞻》，《浙江大学学报》（人文社会科学版）2006年第6期。

② 晏月平、王楠：《中国人口转变的进程、趋势与问题》，《东岳论丛》2019年第1期。

国特色的人口转变历程时，既要把握人口政策随着国家政治、经济和文化发展变迁而不断转变的宏观态势，也要考虑社会个体在思想、教育和物质积累过程中的价值观念、行为习惯的不断转变。

随着工业化和现代化进程的加快促进，实现经济、社会和人口三者协调发展是国家发展的根本性战略目标。人口作为经济发展的主体和受益方，在整个社会运行系统中处于核心位置，必须时刻牢记"以人为本"的价值理念，将人口与其他社会经济文化因素结合在一起思考，既要使人口转变助力于经济发展，也要使经济发展适应于人口转变[①]。

---

① 晏月平、王楠：《中国人口转变的进程、趋势与问题》，《东岳论丛》2019 年第 1 期。

第四章

新常态下中国经济发展现状及主要问题

1978年改革开放以来,创造了经济发展史上的"中国式增长奇迹",至2010年,GDP年均增长率基本稳定在10%左右。国家综合实力由弱变强、国际地位显著提高、人民生活质量稳步提升,2020年成功实现了从贫困到总体小康再到全面小康的历史性三级跳。经济结构不断改革并日益趋于合理,经济可持续发展能力逐年提升。2014年进入新常态后面临发展新问题,这使中国顺利迈入高收入行列面临诸多挑战。

第一节 新常态下中国经济发展现状

一 中国经济发展基本现状

中国改革开放打破了传统计划经济体制对资本要素、劳动要素和技术要素等各种生产要素的藩篱与束缚,提高了资本生产率、劳动生产率和全要素生产率,推动中国经济实现了前所未有的、长时间的、稳定的高速增长,成为世界第二大经济体。一是国民经济整体增长速度较快,即使新常态下经济增速放缓,但依然还是在预期与可控范围内实现经济增长。二是较长时间以来,全国物价总水平基本保持相对稳定。三是中国在全球十大外汇储备经济体中名列前茅,根据国家外汇局信息,2020年年末外汇储备规模达32165亿美元。外汇规模总体稳定并持续为经济提供支持。四是就业状况基本符合市场发展需求,符合经济社会前期发展。

五是国民收入稳步增长,脱贫攻坚顺利完成,民众消费水平、消费能力稳步提升,消费质量明显改善。

(一)经济持续高速增长,随后放缓

1978—2020 年,中国经济增长不仅体现在速度上,总量上也取得了巨大成绩。1978 年,经济总量仅为 3678.7 亿元,2020 年达 1008782.5 亿元,相当于 1978 年的 274 倍。从 1986 年破万亿起持续快速发展,1991 年突破 2 万亿元,1993 年起基本每年实现了万亿增速。1978—2010 年,年均增长率达 9.83%,是世界上经济增速最快的国家;1979—2017 年,GDP 年均增长率达 9.5%。2010 年,中国 GDP 超过日本,成为世界第二大经济体。

根据世界银行官网数据,我国人均 GDP 增长率从 2010 年的 10.4% 降至 2014 年的 7.3%,2015 年低至 6.9%,2019 年降到 6.1%(2020 年因新冠肺炎疫情,为 2.3%)。可以说,在中国进入中等收入阶段尤其是进入中等偏上收入阶段后,经济增长下滑压力还将持续存在。

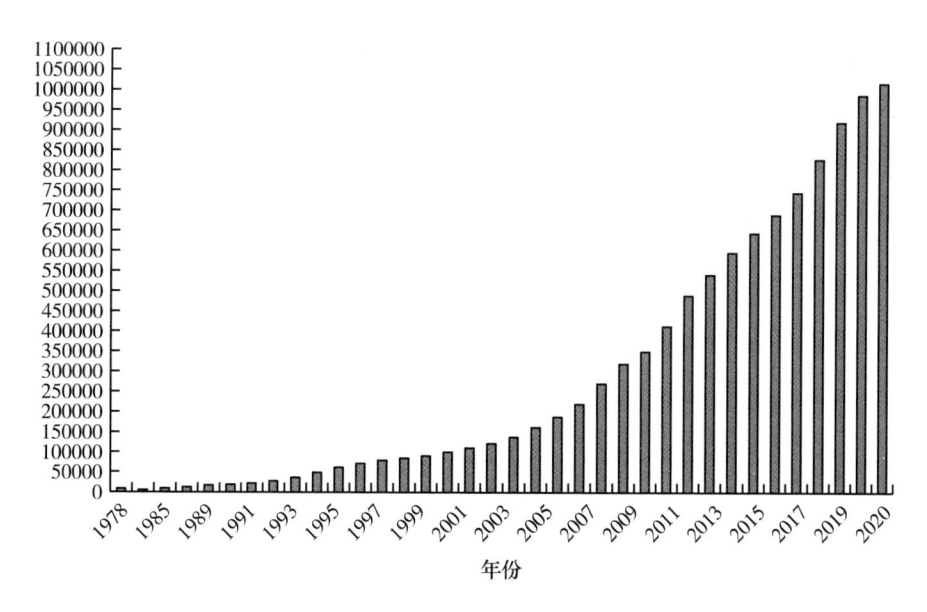

图 4-1 1982—2020 年中国国内生产总值变化趋势(单位:亿元)

资料来源:国家统计局(http://www.stats.gov.cn)。

(二) 人均GDP增量放缓

改革开放之初,人均GDP仅385元(图4-2),1987年突破1000元,为1123元,1990年增长到1663元,人民生活进入温饱状态,也有部分地区实现了小康生活。经过多年持续发展,人民生活水平得到了稳步提升。2000年人均GDP达7942元,2010年猛增至30808元,计4660美元,步入中等偏上收入行列,2014年为47173元,且每年以3000—5500元在递增,2015年接近5万元,2020年达72000元,首次突破1万美元,与当年迈入高收入国家行列最低线相差2500美元左右。

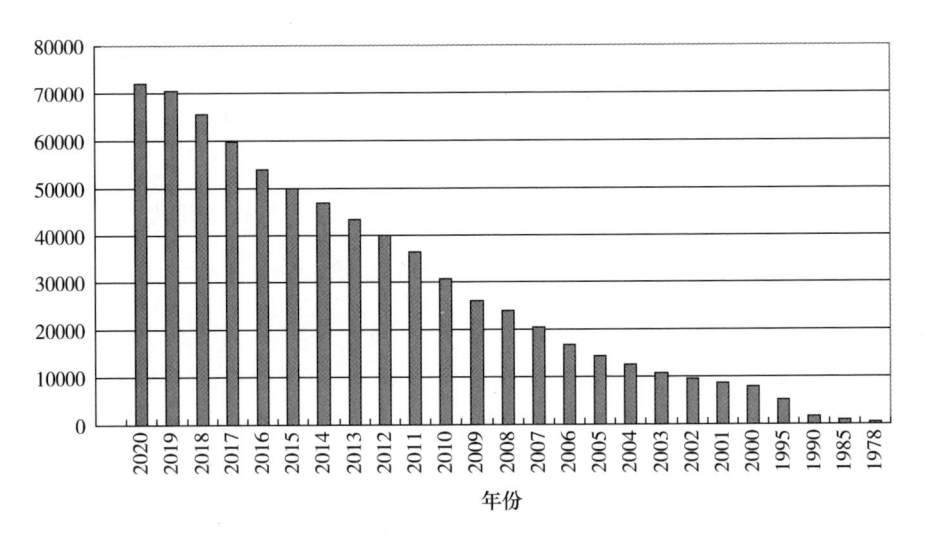

图4-2 1978—2020年中国人均GDP(单位:元)

资料来源:国家统计局(https://data.stats.gov.cn/easyquery.htm?cn=C01)。

改革开放以来,随着国家经济迅猛发展,居民消费水平显著提高,消费结构也随之发生了巨大变化。中国城、乡居民家庭恩格尔系数[①]某些年份虽有一定起伏,但整体呈现持续下降,而且农村一直高于城市。城、乡居民家庭恩格尔系数1978年为57.5%、67.7%,1982年分别为60.7%、58.6%,城、乡居民家庭恩格尔系数均接近60%,且城镇在提

---

① 恩格尔系数是指一个家庭中食品支出占消费支出总额的比重,其比值越低,则代表越富裕,生活水平越高。国际标准:59%以上为贫困;50%—59%为温饱;40%—50%为小康;30%—40%为富裕;30%以下为最富裕。

高，农村在降低。1988年较低，该年分别为51.4%、54%。此后缓慢增长，1995年城市才低于50%，乡村低于50%比城市晚了近5年。21世纪以来持续下降，但城乡差距在扩大。2005年，城乡差距接近10个百分点，2008年开始缩小，差值仅5.8个百分点，2014年城乡差值缩小到3.6个百分点，2019年分别降至27.6%、30.0%（图4-3）。

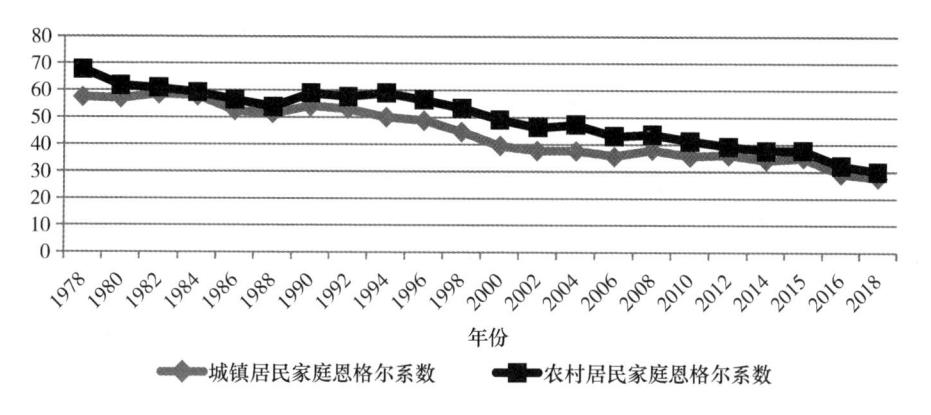

图4-3　1978—2019年中国城镇与农村居民家庭恩格尔系数变化趋势

资料来源：国家统计局历年《中国统计年鉴》，中国统计出版社。

随着社会经济发展，人民生活水平普遍提高，生活质量稳步提升，中国城、乡居民恩格尔系数基本在逐年下降，城乡差距在逐步缩小。按照国际相关评价标准，说明中国人民的生活水平已处于相对富裕与富足的发展态势。发达国家或者富裕国家该值一般在20%—30%。2019年，中国恩格尔系数（28.2%）可以判断为进入了发达国家行列，但不是说恩格尔系数进入该水平就说明已是发达国家。因为衡量一个国家是否已进入高收入国家行列，除了恩格尔系数外还有很多指标，如人均国民收入、人均GDP、国民收入分配情况、人均预期寿命、人均受教育程度等多项指标，其中人均国民收入是最关键指标。

（三）经济增长结构越来越合理

新中国成立初期，中国经济增长结构极不合理，主要体现为以农业发展为主的产业结构，产能低下，经济增速缓慢；以片面的公有制为主的单一所有制经济结构，经济活力严重不足。1978年，城乡人口比重差距悬殊,超过80%为乡村人口,第一产业比重仅为27.7%(表4-1),即超过80%第一产业人口仅创造了27.7%的社会总财富,说明生产力极低,该时期中国经济主要以第二产业为主,近一半的产值由第二产业在支持。但从事第二产业人口仅为总人口的17.3%。一方面说明从事第二产业的人口数量较少,另一方面说明第二产业就业人口效率较高。1990年,以农业为主体的经济发展结构依然没有得到改善,60%的就业人口依然从事农业,且第一产业生产总值比重还在下降,第三产业生产总值有所增长。

进入21世纪,城镇人口比重比1990年提高了近10个百分点(表4-1),第二产业依然为主导产业。2019年,城镇人口比重超过60%。从各产业的国内生产总值年平均增长率看,2001—2019年,第一、二、三产业平均增速分别为:3.9%、9.4%、9.8%,第三产业增速最快。同期人均国民收入增速为8.4%[1],这说明中国经济结构已发生了质的变化。另外,在分配结构方面,中国以往存在严重的绝对平均主义分配体制,造成全社会劳动效率低下,经济增长停滞不前。改革开放以后,逐渐改革经济体制,建立了社会主义市场经济体制,形成以公有制为主体多种所有制共同发展的所有制结构,以按劳分配为主体,多种分配方式并存的分配制度,为经济快速发展提供了确切的制度保障。此外,经济增长结构在改善中趋于合理和优化,产业结构以农业为主,转变为一、二、三产业协同发展。

表4-1　　　　　1978—2019年国民经济结构主要指标　　　　(单位:%)

主要指标		1978	1990	2000	2010	2019
人口	城镇	17.9	26.4	36.2	49.95	60.60
	乡村	82.1	73.6	63.8	50.05	39.4
国内生产总值产业比重	第一产业	27.7	26.6	14.7	9.3	7.1
	第二产业	47.7	41.0	45.5	46.5	39.0
	第三产业	24.6	32.4	39.8	44.2	53.9

---

[1]《中国统计年鉴2020》,2020年11月2日,国家统计局(http://www.stats.gov.cn/tjsj/ndsj/2020/indexch.htm)。

续表

	主要指标	1978	1990	2000	2010	2019
产业贡献率	第一产业	9.8	40.2	4.1	3.6	3.8
	第二产业	61.8	39.8	59.6	57.4	36.8
	第三产业	28.4	20.0	36.2	39.0	59.4

资料来源：历年《中国统计年鉴》，中国统计出版社。

(四) 经济下行压力加大

首先是投资过热。投资过热是21世纪以来经济运行中的典型顽症，新常态下的中国经济不能重现以往投资过快增长的"老问题"，防止投资过热一直是宏观经济调控中的重中之重，但又似乎很难在经济前进道路上克服这一拦路虎，因投资过热的体制、机制和增长方式等持续实行，造成了中国自2003年起开始显现的诸如钢铁、水泥、平板玻璃、电解铝、船舶等部分行业产能严重过剩，而且这些问题似乎一直很难得到有效解决，也缺乏具有针对性的解决方案，导致问题反复出现。

其次是信贷增长过快。2019年，中国新增人民币贷款和社会融资规模增量均超出了市场预期。人民币贷款2019年1月份增加了3.23万亿元，创单月历史新高与新的历史纪录，同比多增加了3284亿元；社会融资规模增量为4.64万亿元，比2018年同期多融资了1.56万亿元。1月份社会融资新增规模较大，增速回升十分明显，既显示出金融对实体经济支持力度加大，也显示了中国货币政策效果正逐渐显现。中国经济依靠投资与出口的增长方式已成为过去式，已进入一个靠消费拉动经济增长的时代。CPI下滑意味着通缩逐渐临近。PPI值则差于预期，反映出企业生产意愿在降低，尽管原因比较复杂，可能是产能过剩，也有可能是企业生产的产品或提供的服务利润率太低，经济增长难以出现质的提升。

最后是固定资产投资规模下降。2019年，全年固定资产投资规模为560874亿元，增速为5.1%[1]，创1995年有历史数据记录以来最低值，

---

[1] 《中国统计年鉴2020》，2021年1月6日，国家统计局（http://www.stats.gov.cn/tjsj/ndsj/2020/indexch.htm）。

扣除价格因素后的投资实际增速仅为0.5%。中国人民大学副校长刘元春认为："目前投资增速下滑比想象要快，基本构成断崖式变化。"

二 中国经济的现实表现

中国正处在城镇化加速发展以及社会主义现代化建设的关键期，能源、资源需求上升趋势短期内不会被改变。在当今错综复杂的国际国内大背景下，中国经济运行整体上实现了基本平稳、稳中有进，主要预期目标得到了较好实现。

（一）经济保持中高速增长，总量再上新台阶

2019年，国内生产总值990861.5亿元，比2018年增长了6.1%，这一经济增速在世界前五大经济体中居首位，持续保持中高速增长态势，且该年中国经济增长对世界经济增长的贡献率接近30%，已连续多年成为世界经济增长最大贡献国。

（二）城镇就业继续扩大，新增就业大幅增加

就业是民生之本，是人民改善生活与提高生活质量的基本前提与重要途径。2019年，全国就业形势保持稳定，城镇调查失业率下降，全国城镇登记失业人数为945万人，比2018年减少29万人。2019年，全年城镇新增就业1352万人，连续7年超过1300万人，2019年末，全国就业人员77471万人，其中城镇就业人员44247万人[①]。

（三）价格涨幅低于预期，居民消费价格温和上涨

据国家统计局官网2020年1月9日发布的信息显示，2019年12月，全国居民消费价格同比上涨4.5%，涨幅与上月相同。2019年全年全国居民消费价格比上年上涨2.9%，低于3%左右的预期涨幅。总体来看，全国物价总水平处于平稳运行态势，总体保持相对温和上涨势头，同比增速变化在合理运行的区间范围。

（四）进出口稳中向好，国际收支基本平衡

2019年，中国货物贸易进出口总值31.56万亿元人民币，合45778.9

---

① 《中国统计年鉴2020》，2021年1月6日，国家统计局（http://www.stats.gov.cn/tjsj/ndsj/2020/indexch.htm）。

亿美元，比 2018 年增长 3.4%。货物贸易规模创历史新高，保持世界第一。其中，出口总额为 17.24 万亿元，进口总额为 14.33 万亿元①，贸易顺差达 2.91 万亿元②。中国对外进口规模扩大说明经济内生增长动力正在提高，外贸市场呈现经济的、多元化的积极发展态势，贸易结构持续优化，一般贸易进出口比重快速增长，贸易方式结构有所优化。同时机电产品出口比重提高，出口商品结构得到了持续优化。

整体上看，无论是消费还是投资，中国经济发展的关键问题不仅是实现供给侧结构性改革，还要看货币政策和财政政策之间的配合是否密切，未来相关配套政策、机制、制度与社会治理能否再度推升经济增长。另外，中国经济下滑加剧主要表现为出口和投资贡献率下降较快，近年来，净出口对经济增长的贡献率为负，主要原因是进口增长超过出口，即中国经济的发展根本不仅需要三驾马车同时发力，还需要进行深度的供给侧结构性改革。

三 中国经济在"中等收入"阶段的潜在风险

随着全球经济持续动荡与中国经济进入新常态，中国经济外部环境和内部资源约束都面临较大压力。经济发展面临的机遇与挑战前所未有，在"中等收入"阶段的潜在风险亦明显。

（一）收入差距持续扩大

一是城乡收入差距在扩大。城乡收入比在 1978 年时为 2.57∶1，2002 年以来城乡收入比一直在"3"以上，2007 年扩大到改革开放以来的最高水平 3.33∶1，2010 年稍微下降，为 3.23∶1，2011 年 3.13∶1，2013 年 3.03∶1，2015 年 2.73∶1，2019 年降至 2.45∶1③，城乡收入差距虽有小幅回落，但根据国际劳工组织数据显示，绝大多数国家的城乡

---

① 《中国统计年鉴 2020》，2021 年 1 月 6 日，国家统计局（http://www.stats.gov.cn/tjsj/ndsj/2020/indexch.htm）。
② 海关总署：《2018 年外贸进出口规模创历史新高》，2019 年 3 月 5 日，中证网（http://www.cs.com.cn/xwzx/hg/201901/t20190114_5914690.html）。
③ 《中国统计年鉴 2020》，2020 年 12 月 1 日，国家统计局（http://www.stats.gov.cn/tjsj/ndsj/2020/indexch.htm）。

人均收入比基本小于1.6，仅3个国家超过2，中国就是其中之一。而美、英、日等发达国家一般在1.5左右。此外，中国经济越发达的地区城乡收入差距越小，中西部差距更是高达4∶1。

二是国有垄断行业员工、国有大中型企业员工收入过高。这是我国一种较为独特的社会现象，占人口绝大多数普通劳动者群体的收入增长缓慢甚至有些行业在降低，而处于垄断行业中的少数群体收入不仅高，而且增长更快，这样就扩大了社会贫富差距。收入分配的过分悬殊和不公平，严重制约了经济持续发展、机会公平获得以及扰乱了正常的分配秩序，也影响了市场公平竞争的环境。

三是"寒门难出贵子"，重点大学里农村学生比例过低，不仅反映了中国教育与社会不公平，也表明了农村城市化进程缓慢与城乡人口结构的变化，反映了中国出现的社会流动性在下降，阶层固化显著。应该说，收入差距扩大主要是由我国经济发展水平、城乡体制分割现象严重以及发展机会不平等因素造成的。

（二）经济持续增长乏力

中国经历了自改革开放1978年至2011年33年国内生产总值年均达9.9%的高速增长率，成功地实现了从基础薄弱、2000年以前处于低收入水平阶段向世界第二大经济体、中等偏上收入水平阶段的经济腾飞。2014年起中国经济发展减速，由于受到传统农业、经济增长方式和经济体制等因素的制约，主要依靠粗放型增长、扩大投资规模、增加人力物力与出口初级产品等方式的增长模式，难以满足国内国际市场需求，难以实现持续与赶超型经济增长，也就无法实现国民收入持续增长与国富民强的目的。

（三）社会公共产品与服务短缺

经过几十年的经济高速发展，中国已形成了买方市场，而在公共领域，公共产品及公共服务的供求状况却不令人满意。全社会公共需求全面快速增长同公共服务不到位、基本公共产品短缺之间的矛盾日益突出，比如公共安全、公共教育、公共卫生、公共环境等问题，以及社会保障滞后、政府公共资源的不断上升与公共产品间的短缺矛盾。同时，我国自主创新能力与发达国家也存在较大差距，这也与公共产品与服务短缺密切相关。

(四) 产业升级艰难

产业转型升级是实现创新与经济持续增长的动力,作为传统农业大国,中国经济实现了一路飙升,但伴随着要素成本上升、产能过剩持续、资源环境压力加大、后发国家工业化和发达国家再工业化的双重挤压,严重缺乏高技能人才致核心技术被别人卡脖子,加上制度性与结构性障碍,以往单纯依靠要素驱动、低成本竞争的增长模式已越来越难以为继,迫切需要转型升级发展带动经济继续腾飞。

(五) 创新能力不足

当前,世界经济仍然处于低迷和困惑阶段,中国经济要想实现在逆境中前行,离不开创新能力提升。正如习近平主席2017年在达沃斯论坛演讲中提出:"全球增长动能不足,难以支撑世界经济持续稳定增长。"[1] 我国确实面临整体经济创新能力不足的现实,2019年发布的全球创新指数中国已连续第四年保持上升势头,排在第14位[2]。相对于很多发达国家,作为发展中国家的中国,该排名已经很了不起,但对于全球经济总量第二的中国,说明创新能力、创新技术、创新手段还有待实现实质性提高。

第二节 新常态下中国人口经济面临的主要问题

随着中国经济增长进入新常态,经济转型意味着告别以往以 GDP 为主导的经济增长方式,增长动力开始转变,原有发展优势逐渐丧失,需要逐渐淘汰中低端产业结构、常态的调控和刺激,实现人的全面发展、共同福祉以及人类自由而全面的发展等为主要特征的经济发展为最终目的。新常态下,一些新的人口经济问题开始逐步显露。

---

[1] 习近平:《共担时代责任 共促全球发展——在世界经济论坛2017年年会开幕上的主旨演讲》,《人民日报》2017年1月18日第3版。

[2] 《全球创新指数2019:中国排名再创新高》,2019年7月24日,新华网(http://www.xinhuanet.com/2019-07/24/c_1124795004.htm)。

一 从"未富先老"到"边富边老"

首先，人口老龄化提前到来。根据国家统计局官网数据显示，2001年，全国老年人口总量为9062万人，占总人口比重7.1%，正式步入老龄化时代。同年中国人均GNI仅1010美元，同样的指标与同处亚洲的日本、韩国和新加坡相比，日本1971年65岁及以上人口占总人口比重7.045%，人均GNI为2120美元，几乎同样的老年人口比重，日本人均GNI是中国的2倍。韩国2000年老年人口比重7.186%，人均GNI为10740美元，远高于中国同样老龄化比重的国民收入。新加坡2004年老龄化比重7.104%，人均GNI达26150美元，是中国的近26倍。2019年，中国65岁及以上人口总量为17603亿人，占总人口比重的12.6%，人均GNI为10410美元。上述三国接近该老龄化比重的年份分别为：日本（1991年，12.308%）、韩国（2014年，12.403%）、新加坡（2019年，12.393%），三国人均GNI分别为28590美元、26800美元、59590美元。可见，中国人口年龄结构正从一般老年型社会快速向深度老年型社会演变，经济收入未实现高收入国家水平。

相比上述三国人口老龄化与经济发展进程，中国是典型的"未富先老""边富边老"，正走向深度老龄化社会时还遇上经济新常态，较高的老年抚养系数加重了全社会养老负担，社会资本将更多用于社会保障事业，降低生产部门资金投入。此外，65岁及以上人口属于非生产性人口，消费能力大于生产能力，对经济增长贡献较低，整体将降低全社会生产活力，从而不利于经济增长。

其次，从人力资本等经济增长要素看，中国人均受教育程度虽然逐年稳步提高，与各收入阶段国家的受教育程度均值发展趋势相似，但人均受教育程度目前低于中低收入国家均值，更低于中高收入国家均值，相对于发展阶段，中国人力资本尚有很大发展空间。在中国进入中高收入阶段时，人均受教育程度已经不是经济增长的动力因素。虽然教育对经济发展很重要，但在更高的经济发展阶段，教育更可能是发展的结果，而不是经济增长的外生动力因素。由此看，虽然中国人均受教育程度尚有提升空间，但中国未来经济可持续增长可能不能依赖人均受教育程度的持续提高①。

最后,新常态时期的中国经济既带来了新的发展机遇,也让中国经济改革面临新的难题与挑战。2019年,GDP增长率下降至6.1%,中国还需挖掘持续经济增长的能力。经济结构转型与升级、供给侧结构性改革还面临诸多挑战,产业结构、科技进步与发达国家相比显得较为落后,需求结构、收入分配结构、城乡结构以及区域结构等还有很大调整与发展空间,这些因素依然制约着中国经济高质量发展与整体提升。

二 城乡差距在扩大

首先,中国正经历着世界上规模最大、速度最快的城镇化发展历程,城镇化进程伴随大规模人口流动与迁移,不仅推动了消费升级与经济持续增长,同时成为了经济增长的强大推动力。2020年,中国常住人口城镇化率为63.6%,户籍人口城镇化率仅有45.1%,与发达国家相比,中国城镇化水平还有很大提升空间。在快速城镇化发展的同时,更多农村出现了"空心化"现象,许多进城务工人员成了回不去的人,但与此同时,城市经济发展还没有足够能力支持所有进城务工人员获得更体面、发展更好的工作,很多人还无法过上有质量的城市生活,城乡差距还在持续扩大。

其次,从工业化角度来看,中国工业化任务还远没有完成。新中国成立初期是一个贫穷落后的国家,实施重工业优先发展战略,经济建设最主要的任务是改变以农业经济为主的经济结构、加快工业化发展步伐。实施该战略既有其特定历史环境与背景,也有其合理性,但也造成了中国轻重工业比例发展严重失调。如此经济结构导致了市场资源配置的扭曲、投资与消费比例的严重失衡、工业企业效率低下等问题,尤其导致了人民生活水平长期没有得到明显改善与提高。

改革开放以来,中国从计划经济迈向市场经济转轨过程中,市场机制逐步取代了计划经济体制,这就着重纠正了产业结构不合理、产业重

---

① 张德荣:《"中等收入陷阱"发生机理与中国经济增长的阶段性动力》,《经济研究》2013年第9期。

大比例关系失调、投资与消费失衡等问题。随着社会主义市场经济体制的建立健全和改革开放逐渐深入，市场资源配置效率迅速且有效提升，配置范围快速扩大，要素价格与产品商品价格扭曲得到矫正，经济主体实现了多元化，注重发挥比较优势的工业化发展路径取得了有效成果。比如劳动密集型产业获得了快速发展，各行各业吸纳了大量农业农村富余劳动力，既实现了农村剩余劳动力快速转移，推进了城镇化进程，又促进了劳动力资源的优化配置和全要素生产率水平的提高。

随着中国市场经济体制改革的进一步完善，产业结构进一步调整，不仅推动了第一、二、三产业快速发展，逐步实现了产业结构优化布局，还在高度重视基础产业与支柱产业发展基础上，进一步推动了高新技术产业发展，该时期是中国工业化发展初级阶段。21世纪以来，随着全方位、进一步扩大开放领域，已更好地、更深入地融入世界经济一体化发展中，坚持走新型工业化道路。从优先发展重工业到发挥比较优势，是中国工业化历程中最重要的实践，工业经济发展加快了产业结构调整、自主创新能力与创新水平的提高，从而进一步促进了产业竞争力在世界市场的提升。进入新常态以来，中国重点围绕科技强国目标、推动经济高质量发展，科学构建现代产业新体系，正实践着更高水平、更宽领域与更大范围的开放体系，维护与推动全球自由贸易。当前，中国除了东部沿海地区部分省市基本完成了工业化外，其他省市以及中部、西部等省区的工业化发展还不充分，仍有很大发展空间，这也是新常态下中国经济改革的重要机遇。

最后，贫富差距依然较大，主要体现在城乡与地区间差异，城乡间收入分配差距尤为明显。1985年，城市居民人均收入比农村高出约1.9倍，2014年扩大至2.92倍，2017年为2.71倍，2019年城镇居民人均消费支出为28063元，增长7.5%，农村居民人均消费支出13328元，增长9.9%，城镇居民人均消费支出是农村的2.11倍。值得注意的是，农村居民消费多为食品支出，该项支出占总消费支出的31.18%，城镇该值为28.64%[1]。2019年，城镇居民恩格尔系数为27.6%，农村居民为30.0%。

---

[1] 根据《中国统计年鉴2020》计算获得。

农村市场规模在扩大,但农村人口消费水平依然偏低,同时过高收入分配不平等导致了消费需求的不足。

当前,城乡差距依然较显著,收入不平等、地区发展不平衡、贫富差距较大、绝对贫困人口的持续脱贫能力低下以及资源难以实现有效配置等问题,依然不利于中国人口和生产要素在区域间的自由流动,降低了宏观经济整体竞争力与发展水平,是促进经济增长中的一大挑战。

三 科技创新能力不足

科技创新已成为支撑一个国家优先发展、实现产业更快转型升级与保障国家安全的关键力量和锐利武器,在中国,科技创新扮演着实现现代化与"两个一百年"奋斗目标的发动机角色。当前中国科技已取得了巨大成就,并成为具有重要影响力的科技大国。但与有关发达国家的科技实力与经济持续推动力相比,中国科技创新能力稍显不足。

(一)科技创新发展现状

2018 年,中国总体研发支出占 GDP 比重为 2.186%[①],总量约为 3037 亿美元,基础研究经费约为 205 亿美元,基础研究投入占总研发投入的比重仅为 6.75%,投入严重偏低,源头创新能力不足,缺乏颠覆性、彻底否定性创新与持久创新水平的经费支持。同年,美国总体研发投入占 GDP 比重为 2.838%,经费总量为 5841 亿美元,研发投入总量相当于中国的 1.9 倍,基础研究投入占总研发投入的比重高达 20.0%,显著高于中国基础研究的经费投入。中国科技创新、科研投入与美国相比,差距十分明显。

企业作为科技创新的主体,其创新能力代表着国家竞争力。当前,中国规模以上工业企业研究开发强度只有 0.76%,远低于发达国家 2.5%—4.0% 的水平。中国有研发机构的企业只有 23%,拥有自主知识产权核心技术的企业占比仅有万分之三。中国企业创新投资总体水平偏低,企业研发投资占全球总量的 7.2%,远低于美国(38.6%)、欧盟

---

① 《研发支出(占 GDP 的比例)》,2021 年 1 月 6 日,世界银行数据库(https://data.worldbank.org.cn/indicator/GB.XPD.RSDV.GD.ZS?locations=CN&view=chart)。

(27.0%)、日本（14.4%）的同期水平。这些差距，导致中国企业创新能力更加薄弱，也最终导致中国民营企业平均年龄只有3.9岁①。

2018年，习近平总书记在中央财经委员会第二次会议上强调，"关键核心技术是国之重器"。近年来，中国各级地方政府长期倾向产业发展规模扩张，大多重产值、轻研发，忽略核心技术开发，企业自主创新能力不强，关键领域核心技术总受制于人，"缺芯少核"局面短期难以实现改观，这已成为中国传统产业转型升级、科学技术创新以及新兴产业培育发展短板和软肋。实际上，无论企业对基础研究与应用研究是否重视、是否是重大原创性成果、是否有足够资金投入，在关键领域、关键技术等卡脖子的地方都要下大力气、下大功夫。目前，中国科技创新体系建设还处在较为初级的阶段，体制机制建设还很不完善，企业创新主体地位远没有形成，距离2030年跻身创新型国家前列、2050年建成世界科技创新强国，成为世界主要科学中心和创新高地目标还任重道远。

（二）面临的主要问题与挑战

中国科技创新除了科技研发投入总量不足、高素质人才不足、结构不优、企业作为创新主体作用没有充分发挥外，还面临以下主要问题与挑战。

1. 科技创新治理体制机制不完善

一是科技创新治理涉及部门多元而且复杂，比如国家发改委、科技部、财政部、工信部、教育部、人社部、中央编办、国务院国资委、知识产权局等多个部门，中国的科技创新治理呈现的是"九龙治水"、分工不明、职责交叉，有的行业领域甚至政出多门；二是相关法律法规建设相对滞后，政府针对创新企业的有关督导、激励与评价机制既不健全也不配套，与科技创新发展要求很不适应。与创新相关的人、财、物等制度由人社、财政、中央编办等机构制定，而创新体系、创新建设、创新能力分别由科技、教育、发改、工信、国资委等机构制定与建设，创新资源难以实现有效配置，部门之间协同性较差，踢皮球甚至相互扯皮致

---

① 马忠玉：《进一步有效推进我国科技创新发展的问题与建议》，2020年12月3日，求是网（http://www.china.com.cn/opinion/theory/2018-04/29/content_51018586.htm）。

科技创新效率不高；三是金融服务科技创新机制体制构建还不成熟，缺乏金融服务意识，服务力度不够，服务意识严重滞后。

2. 科技创新人才管理机制滞后

一是引进与选拔高技能、尖端人才的制度竞争力不强，中国发展核心问题是缺乏真正的高尖端人才；二是科技人员实现跨部门、跨区域流动的渠道不够畅通，很难给予研发人员创造一个相对宽松、自由与无障碍的工作环境，创新潜力、创新目标与积极性难以得到有效发挥；三是高校、科研院所相关人员的科技创新激励机制与评价体系不尽完善，缺乏鼓励长期基础研究积累、产能转化甚至是包容失败的机制和政策，致使大多科研人员的科研投入与产出不成比例，同时，中国人才管理机制体制较为僵化。

3. 自主创新战略实施忽略了区域差异性特征

当前，中国各地社会经济发展水平、市场发育程度以及发展阶段呈现较大差异，创新在不同经济发展阶段、不同市场环境中呈现出引进、消化吸收、集成创新、原始创新等不同特征，要求具有集聚相应创新资源、发展市场能力。因此，科技创新政策、创新发展与组织模式不能一刀切，如果各地都一窝蜂地争抢人才，各地都争抢建设创新中心，都做同样的孵化器，但如果缺乏创新成果①，无法实现更多、更高效的产出并长时间在低水平循环，不仅造成了创新资源的严重浪费，而且还将延误科技发展步伐与延缓建设创新型国家实现进程。

4. 创新实力不足，科技成果转化率低

由于中国科技创新起步晚、基础科技研发投入弱等原因致市场创新实力不足。另外，科技成果转化涉及成果来源、资金投入、产业化运作、利益分配与经济效益等多方因素，缺乏相应的利益机制设计及其相关配套制度、法律法规，现行的《科技成果转化法》由于可操作性差而难以推行与有效落实。成果转化需求的人、财、物管理，同样呈现"一刀切"局面，不能充分尊重和维护科技创新人员的智慧贡献与知识产权，既导致了创新人员与企业都不愿意把资金和时间投入到投资大、风险高与周

---

① 李波：《基于 ZMNL 法的雷达杂波算法仿真》，《中国科技信息》2019 年第 12 期。

期长的先进技术研发领域，同时也因缺乏科技成果转化服务平台而降低转化效率①，最终导致相关世界一流技术常被人"卡脖子"，中国科技创新在经济发展中的贡献率不高，创新发展能力不足，将使中国传统经济产业面临较大国际市场冲击，并最终失去竞争优势。

新常态下，中国经济首先必须摆脱对生产要素的过度依赖，应着眼于科技进步、创新驱动、科技实力与发展能力的提升。

5. 科技创新能力与生态环境有待进一步完善

首先，国家对科技研发的整体投入表现为总量不足与结构不优。与很多发达国家相比，中国在基础理论的研究和应用基础研究领域经费上的投入严重不足，国家策划与实施的重大科技计划、重大科技项目投入计划性、目的性与长久性欠缺，表现较为分散，联合创新机制与重点产业发展体系还没有形成。②其次，科研经费的拨付、审计、监控、监督和管理，与科技创新研发规律严重不符，这已成为中国科技创新发展的重要障碍，严重干扰了科研人员的积极性、创造性与创新效果。再次，针对知识产权保护力度不够，技术与产品被侵权的现象普遍存在，在全社会实现尊重、运用和保护知识产权，尊重与保护科研人员应达成全民共识，对科研技术人员相关待遇、科技创新的生态环境也有待进一步提升。③最后，现行针对科技创新企业的财税政策、科研费用的加计扣除政策及科技金融服务政策，对科技创新支持缺乏应有力度。现行企业增值税抵扣政策难以落地，致使税负过重且偏高，不仅降低了企业的盈利能力，同时也减少了企业对研发资金的投入。④

此外，中国经济发展还面临其他诸多挑战，新常态下需尽早认清国情，趋利避害，培育可持续经济增长新动能，加快供给侧结构性改革，推动经济结构优化升级，尽快实现经济健康平稳发展。应该说，中国的科技体制改革与创新、创新能力发展与提升、良好科研生态环境建设等还有艰难的路要走，所面临的创新挑战、制度设计和技术瓶颈依然存在，

---

① 李波：《基于 ZMNL 法的雷达杂波算法仿真》，《中国科技信息》2019 年第 12 期。
② 李波：《基于 ZMNL 法的雷达杂波算法仿真》，《中国科技信息》2019 年第 12 期。
③ 李波：《基于 ZMNL 法的雷达杂波算法仿真》，《中国科技信息》2019 年第 12 期。
④ 李波：《基于 ZMNL 法的雷达杂波算法仿真》，《中国科技信息》2019 年第 12 期。

离依靠"技术红利""人才红利"等创造经济新增长点与核心动力源建设还有较远的距离①。

四 经济发展能力提升缓慢

新常态下,中国经济发展已经由高速增长向中高速的高质量发展阶段转变②,宏观经济依然处在探底的"L"型底部,呈现波动发展状态,经济增速放缓,稳定经济发展压力依然存在。宏观层面看,中国劳动力绝对数量供给增速从2012年开始递减,资源生态环境所面临的压力剧增,科技创新竞争力仍然较弱③,制约了中华民族伟大复兴"百年梦"的实现,亟须通过科技创新以提高中国经济质量与全要素生产率。微观层面看,随着原材料成本、企业劳动力成本的加速提高,企业生存与发展愈加艰难。

(一)限制了创新活力释放

当前,中国在主要产业规模、相关产业体量已经做到了世界上最大,资本、劳动力资源以及科技人员规模较为充裕,但是市场盈利能力依然十分艰难,成果转化能力与国民收入提高较慢,科技实力、创新水平与产业竞争力较薄弱,无法与发达国家抗衡,主要制约因素体现在国家政策、资金投入、监督管理以及体制机制不够完善,多方面甚至是全方位地限制了创新资源的集聚、市场环境的优化以及创新活力的释放。

(二)高质量经济发展有待提高

即使进入新常态,中国经济发展未来前景依然很稳定,经济结构转型升级与发展还有很大空间④。2012年,第三产业增加值占GDP比重为45.5%,首次超过第二产业增加值所占比重(45.4%),2019年,第三产业增加值比例攀升至53.9%,远超过第二产业增加值所

---

① 张占斌:《主动适应引领中国经济新常态》,《中共贵州省委党校学报》2015年第7期。
② 曹华:《聚焦智力资源增强创新发展动能》,《经济研究导刊》2019年第12期。
③ 于忠泊、孙烨、贾婧:《狠抓关键公司关键环节 持续改善上市公司高质量发展生态》,《清华金融评论》2019年第10期。
④ 张占斌:《主动适应引领中国经济新常态》,《中共贵州省委党校学报》2015年第7期。

占比重 39.0%①，这是非常好的经济结构调整升级与优化迹象。改革开放以来 40 多年的高速经济增长，较长时间内需结构的投资比重持续相对较高。但自 2010 年消费率与投资率比重各占 50% 起，消费率在经济贡献率中一直持续增长且超过投资率，可以说，新常态下的中国经济发展，消费在经济增长、产业升级中的基础性作用以及针对投资的关键性作用在经济发展中逐步得到体现②。但同时也应看到，中国经济结构转型升级与发展还面临诸多挑战，产业结构与发达国家相比还显得较为落后，城乡结构、需求结构、收入分配结构、区域结构等方面还有很大调整与进步空间，上述因素依然制约中国经济整体质量提高③。

（三）政府职能转变滞后，问题凸显

新常态下，市场活力需要得到进一步释放，政府职能转变依然是经济发展的关键与重要内容，核心问题是需要处理好政府和市场的关系，最主要目的是发挥市场在资源配置中的决定性作用，经济体制改革是实现政府职能转变的主题，必须从体制、机制上给各类市场实现主体松绑。当前政府职能转变的滞后，将严重制约行政管理体制改革的继续深化。

2013 年以来，国家先后取消和下放超过了 700 项的行政审批等事项，涉及将工商登记前置审批事项改为后置审批等一系列具体举措。④ 根据国家市场监督管理总局信息，到 2018 年底，全国实有市场主体多达 1.1 亿户，其中企业 3474.2 万户，全年新增市场主体 2149.58 万户，新增企业 670 万户，平均每天新增企业达 1.83 万户。当年世界银行评价营商环境，中国排名 46 位，比 2017 年上升了 32 位，企业开办时间指标排名 28 位，较 2017 年上升了 65 位。企业开办环节从原来 7 个环节变为 4 个环节，时间由原来的 22.9 天变成 8.6 天。上述举措既实现了减轻企业负担，又激发了市场活力，也将成为中国经济结构改革与转型升级的重要措施与机遇。同时也应看到，在深入持续的改革开放中，一些地方某些职能部门过度干预企业经营管理，寻租与腐败等现象依然存在，民众增收渠道较

---

① 国家统计局（http：//data.stats.gov.cn/easyquery.htm? cn = C01），2020 年 12 月 2 日。
② 张占斌：《主动适应引领中国经济新常态》，《中共贵州省委党校学报》2015 年第 4 期。
③ 张占斌：《主动适应引领中国经济新常态》，《中共贵州省委党校学报》2015 年第 4 期。
④ 张占斌：《主动适应引领中国经济新常态》，《中共贵州省委党校学报》2015 年第 4 期。

窄，影响市场需求增长。

新常态下的中国经济改革，还需要尽早建立完善的法治与服务型政府，增强政府公信力和执行力，加强政府现代治理能力建设，重视民主、法治、地方自主治理以及实现负责任的现代政府转化，可以说，加快转变政府职能依然任重道远。

第三节 "新常态"对跨越"中等收入陷阱"的影响

新常态下我国经济发展的主要特点是：增长速度要从高速转向中高速，发展方式要从规模速度型转向质量效率型，经济结构调整要从增量扩能为主转向调整存量、做优增量并举，发展动力要从主要依靠资源和低成本劳动力等要素投入转向创新驱动。这些变化是我国经济向形态更高级、分工更优化、结构更合理的阶段演进的必经过程[①]。新常态背景下对中国跨越"中等收入陷阱"有着重要影响。

一 "新常态"对跨越"中等收入陷阱"的影响机制

从宏观经济视角看，"新常态"主要体现在发展速度、经济结构以及增长动力等几个方面。新常态经济面临"中等收入陷阱"的严峻挑战，中国实施新常态经济战略是跨越"中等收入陷阱"的必然选择。

首先，中国经济进入新常态，减速是合乎规律的现象。经济增速放缓并非坏消息，适度的回落也是一种机遇，实现减速不失速才是跨越"中等收入陷阱"的基本方略。经济增速适度放缓，有利于抓紧时机进行结构调整，也有利于把各方注意力引导到调整结构和提高增长质量效益上。国家统计局原新闻发言人盛来运解释道："经济走势的回落不是因为中国经济发展的基本面发生了根本变化，而是前期刺激增长政策退出以及刺激的力度和效果递减的反映，是主动调控的结果。"实际上，经济进

---

① 《深入认识经济发展新常态》，2019年3月3日，人民网（http：//theory.people.com.cn/n1/2018/0103/c416126-29743053.html）。

入增速放缓阶段，影响经济结构和增长动力的因素也将发生改变。

其次，原有以GDP增长指标为目标与投资驱动的经济发展，最容易引发投资与项目争夺战，出现重复引进、结构失衡、产能过剩、建设滞后等问题而致使经济效益下降。新常态经济应着力调整经济结构以跨越"中等收入陷阱"，主要包括实现经济结构转型和产业升级、转变经济增长方式、提高经济增长效益；创新增长动力机制、激发创业与创新活力；区域协调发展和城乡协调发展，以及环境与社会协调发展[1]。既要提高对速度放缓的耐受力，理性地看待速度回落，也要提高宏观调控的灵活性，高度重视经济运行中的新情况、新问题，预调微调，既要促进经济保持合理的发展速度，避免大起大落，也要找准时机加快结构调整，努力探寻新的增长点和新动力，促进国民经济长期平稳快速发展。

最后，新常态下，经济增长动力从投资增长切换到消费增长，从粗放型增长切换到集约型、创新型增长，使得增长的源泉更科学、更合理，增长动力将更持久、更稳健，周期性波动幅度也将明显缩小。使经济得到更高质量发展，表现为资源与生态环境将得到更有效保护，资源消耗压力缩小，收入差距逐渐缩小等，同时需要着力提升改革收入分配体系以跨越"中等收入陷阱"，具体包括改革收入分配制度，缩小收入差距和提高收入水平；提高基本公共服务水平和实行基本公共服务均等化；完善社会保障体系和提高社会保障水平；加强收入与财富调节，促进社会公平。

二 "新常态"下需调整的基本经济关系

2010年，中国人均GNI突破4035美元正式进入中等收入国家行列。但较高的收入增长不代表长久的经济增长与可持续增长，中国面临"中等收入陷阱"挑战，步入新常态后，"三驾马车"表现比较乏力，需要处理好一些基本经济关系。

---

[1] 何玉长：《结构调整与分配改革：新常态经济跨越"中等收入陷阱"之路》，《学术月刊》2015年第9期。

（一）"双循环"新发展格局与投资

国内消费需求已被定格为新常态下经济增长的主要动力源。2020年5月14日，中共中央政治局常委会会议首次提出"深化供给侧结构性改革，充分发挥我国超大规模市场优势和内需潜力，构建国内国际双循环相互促进的新发展格局"，之后新发展格局在多次重要会议中被提及。在中共中央政治局会议上指出，加快形成以国内大循环为主体、国内国际双循环相互促进的新发展格局，应从五个方面发力：一是坚持市场化改革，形成良好的市场环境；二是打造更多知名品牌和产品，抢占国内国际两个市场；三是自力更生下苦功，攻克生产核心技术，不要受制于人；四是调节国内的收入分配格局，让劳动者获得更多报酬，提高中低收入人群的收入水平；五是大力发展民营企业，推动各项政策落地实施[1]。

投资是经济增长不可或缺的另一主要动力源，与消费相互促进、相互制约，同时又都是国民收入分配主体，于是出现了这样一种关系：消费增长依赖于居民可支配收入增长，要发挥消费对经济增长的动力作用，居民收入增长至少应同步甚至略高于GDP增长。然而，这会扩大GDP中居民收入比重，并相应增加劳动要素投入成本，从而压缩企业经营与投资的利润空间。这一方面会削弱企业经营者的投资或再投资意愿，同时利润减少还会制约企业投资能力，最终将阻碍经济扩张和GDP增长[2]。针对我国长期重速度轻效益、重城市轻农村、重外需轻内需、重生产轻生活、重收入轻消费等现实问题与环境，居民收入与投资收益、国内消费与投资的合理均衡需要重视市场供求及一般均衡机制，政府运用"看得见的手"（如最低工资标准）等都必须尊重市场规律。

应该说，经济形势稳中向好、健康发展来自新旧增长动能的有效结合，以及宏观政策两方面的有机统一。稳增长为调结构创造有效空间和条件，调结构为经济发展增添后劲，两者相辅相成。

---

[1] 贺铿：《"双循环"新发展格局意义重大 要作为战略实施》，2021年2月12日，人民网（http://www.people.com.cn/n1/2020/0807/c32306-31814266.html）。

[2] 罗小明、宋雨辰：《中国经济新常态与跨越中等收入陷阱》，《北方经济》2016年第2期。

(二) 稳增长与调结构

转变经济结构、调整与实现产业转型升级是个漫长过程，我国储蓄过剩、投资拉动的经济格局无法在短时间内大幅改变。过去长期采取粗放型经济增长模式，一方面大量消耗能源资源导致生态环境破坏与资源短缺；另一方面又由于各级政府"运动式"地推动经济发展，造成了经济同构化、同质化以及大量过剩产能。新常态下，改变增长方式，通过调整经济结构消化过剩产能是必然选择。然而，由于结构调整中的关停并转不可避免地会拖累经济增长，当新常态下经济呈现下滑趋势时，"稳增长"就会提上日程，调结构往往被让位其次①。因此，如何在调结构与稳增长间寻求合理平衡点，已成为当前协调长期发展与短期目标的一个关键。

进入新常态，既要看到中国经济韧性好、潜力足、回旋空间大等特点，同时也要看到经济下行压力还在加大，发展中深层次问题与矛盾凸显。在全球经济疲软与国内经济增速放缓大背景下，要实现经济有质量、有效益与可持续发展，推动经济结构优化是必须采取的主动作为。2015年的政府工作报告中指出，要保持稳增长与调结构的平衡。必须坚持稳中求进工作总基调，坚持以提高经济发展质量和效益为中心；必须把调结构放到更加重要位置。

(三) 推进"四化"发展与保障就业

推进新型工业化、信息化、城镇化和农业现代化同步发展，是新阶段我国经济发展理念的重大转变，对于我们适应和引领经济新常态，推进供给侧结构性改革，切实转变经济发展方式具有重大战略意义②。经济新常态下调结构的目标之一就是推动新型工业化发展，新型工业化更加强调依靠创新和技术进步推动产业链提升和价值链升级。目前正在兴起的这场新工业革命，以新一代信息技术为核心，以新能源、新材料、生物技术等为代表的新兴技术群体性突破和协同应用为主体，以人、机器

---

① 罗小明、宋雨辰：《中国经济新常态与跨越中等收入陷阱》，《北方经济》2016 年第 2 期。

② 《推进新型工业化、信息化、城镇化、农业现代化同步发展》，2019 年 11 月 6 日，求是官网（http://www.qstheory.cn/zhuanqu/bkjx/2017 - 07/21/c_1121358607.htm）。

和资源间的智能互联以及制造业数字化、网络化、智能化为特征①。

机器人、人工智能等技术的广泛应用，有助于规避国内劳动快速出现的成本上升问题，克服某些制造业领域日趋恶化的劳动力短缺困境。但如果被替代的劳动力不能被其他行业有效吸收，就会导致新的失业。在促进新型工业化、发展信息化、推进城镇化与农业现代化过程中，不仅应积极开发新的就业领域，加大劳动力转岗培训与技能提升等方面的支持，在推进"四化"同步发展过程中，应充分顾及劳动者的就业压力、就业保障以及劳动尊严。

(四)"走出去"与"引进来"

适应经济全球化发展与扩大改革开放，都要求中国经济以更加积极的姿态走向世界，坚持"走出去"与"引进来"相结合战略，在更宽领域、更大范围、更高层次上参与国际经济技术合作与竞争。新常态下的中国对外开放依然需要善于借力，更好地利用国内外两个市场、两种资源、两种力量，提升经济发展动力与后劲，善于运用国外资本、技术等更积极地促进内需与外需、进口与出口、引进外资与对外投资的平衡发展，形成内外联动、增量提质、互利共赢、多元平衡、安全高效的开放型经济体系。

中国经济开放要有新局面、新高度，实现"走出去"与"引进来"有效结合，并形成经济全球化条件下参与国际经济合作和竞争新优势，既要注重二者量的平衡，也要关注结构平衡。如果工业项目流出多、流入少，国内经济就可能走向产业"空洞化"，其结果可能会在长期发展中进一步放慢经济增长及导致经济结构失衡。20世纪中后期的美国和日本都有过产业空洞化的类似经历和教训②。需要进一步整合"引进来"和"走出去"力量，持续鼓励与支持优势企业对外投资，积极引进国内市场需求的物质技术力量，带动商品和劳务出口，促进中国企业更好地嵌入全球产业链、价值链、创新链，形成参与国际合作与竞争新优势。

---

① 赵昌文：《推进新型工业化发展需把握好新趋势》，2020年2月7日，光明网-理论频道（https://theory.gmw.cn/2019-03/29/content_32696033.htm）。

② 罗小明、宋雨辰：《中国经济新常态与跨越中等收入陷阱》，《北方经济》2016年第2期。

三 "新常态"对跨越"中等收入陷阱"的主要表现

(一) 经济增速放缓减缓国民收入增速

人均 GDP 和人均 GNI 是衡量一个国家或经济体经济发展状况的重要宏观经济指标,我国历年来的数据表明这两个指标相差不到 2%①。根据世界银行按收入划分标准②,2010 年为 4340 美元,进入中等偏上收入行列;2019 年为 10410 美元,依然处于而且也是稳步地处在中等偏上收入国家行列。从人均 GNI 增长率看,进入中等收入元年的 1998 年,为 6.384%,随后除了 2000 年小幅下降,基本呈上涨态势,2000 年以来的峰值出现在 2007 年,为 14.09%,随后呈波浪式下降,2010 年进入中等偏上收入,为 9.811%,2019 年为 6.054%③。

改革开放以来,人均 GDP 持续不断攀升,1978 年为 156.396 美元,增长率为 9.846%,1998 年为 828.58 美元(现价美元)④,同年增长率为 6.816%,1978 年人均 GDP 比同年人均 GNI 高 47.58 美元。2008 年国际金融危机爆发以来,经济增长速率放缓,2010 年人均 GDP 为 4550.45 美元,比人均 GNI 高了 210.45 美元,增长率为 10.103%,2019 年人均 GDP 为 10261.670 美元,比同年人均 GNI 低 148.321 美元,增长率为 5.732%⑤。整体看,人均 GDP 持续上升,但人均 GDP 年增长率改革开放以来呈波浪式变动,从 1992 年起相对平稳,与人均 GNI 峰值都出现在 2007 年,该值为 13.636%,与人均 GNI 增长率十分接近。

上述人均 GNI 与人均 GDP 及增长率具体指标呈现该结果的主要原因

---

① 张彬、林惠娟:《中国跨越中等收入陷阱的实证研究》,《广西财经学院学报》2016 年第 2 期。
② 世界银行自 1988 年起每年都对收入标准划分进行调整,其中 1998 年中等偏下收入标准为:786—3215 美元,2010 年中等偏上收入标准为:3946—12195 美元,2019 年中等偏上收入标准为:4046—12535 美元。
③ 《人均国民收入增长率》,2021 年 1 月 3 日,世界银行数据库(https://data.worldbank.org.cn/indicator/NY.GNP.PCAP.KD.ZG?locations=CN&view=chart)。
④ 《人均 GDP (现价美元)》,2021 年 6 月 3 日,世界银行数据库(https://data.worldbank.org.cn/indicator/NY.GDP.PCAP.CD?locations=CN&view=chart)。
⑤ 《人均 GDP 年增长率》,2021 年 6 月 3 日,世界银行数据库(https://data.worldbank.org.cn/indicator/NY.GDP.PCAP.KD.ZG?locations=CN&view=chart)。

在于，经济增速放缓主要是出口和投资增速放缓所致，拉动经济增长的"三驾马车"对经济贡献率出现了持续下降，尤其是经济全球一体化，在国际金融危机背景下，受到世界整体经济不景气的影响，出口对中国经济的贡献率转为负值，消费对经济增长的贡献也相对有限，仅投资在保持增长。但是由于投资边际效应递减的原因，依靠投资拉动经济增长的作用不仅有限，而且很难实现可持续，导致经济下行压力在不断增加。

应该说，对于任何一个经济体在经历长时间的高速增长后出现经济增速回调，是经济发展规律的必然性。从世界范围看，当一个国家的工业化、城镇化水平达到一定程度后，经济增速均会出现一定程度放缓。比如亚洲的日本、韩国，欧洲的意大利、希腊、德国等国家都曾出现过类似情况。经济增速放缓也可以倒逼中国进行经济结构调整和实现产业优化升级，改造传统产业，淘汰高污染、高能耗、高风险企业；发展新材料、新能源、信息技术等新兴产业，而经济结构合理，产业结构优化是实现成功跨越"中等收入陷阱"的主要途径。因此，经济新常态下我国经济增长速度由高速增长换挡为中高速增长，将更有利于中国成功跨越"中等收入陷阱"[1]，一定程度上减缓国民收入增速的现实需要引起重视。

(二) 人口结构变化影响了国民收入的提高

1978 年改革开放至 2016 年 GDP 增速跌破 7% 以来的近 40 年时间，中国经济出现了飞速发展，经济高速增长建立在资本的高速积累、制度变革、劳动力持续增加以及技术不断进步的基础上。中国是世界第一人口大国，各层次充足的劳动力供给和廉价的用工成本，在改革开放早期确实促进了中国经济快速发展。由于人口增长惯性、计划生育政策、生育观念的转变以及社会发展程度等多因素的影响致出生率严重下降，人口自然增长率明显下滑。

据国家统计局官网统计数据显示[2]，年出生人口从 20 世纪中期的

---

[1] 张荣、韩桂文：《经济新常态下中国跨越"中等收入陷阱"影响因素分析及跨越路径探寻》，《经济问题探索》2017 年第 7 期。

[2] 国家统计局（http://www.stats.gov.cn，2021 年 6 月 3 日）。

2600多万人下降到2019年的1465万人，0—14岁人口在总人口中比重从1982年的33.59%降至2019年的16.78%，远低于同期世界25.65%的平均值，属严重少子化，少儿人口数量从1982年的3.41亿人降至2019年的2.35亿人，减少了1.06亿人；1982年，65岁及以上老年人口仅为4991万人，2019年增长至1.76亿人；15—64岁劳动人口从2013年的10.06亿人下降至2019年的9.98亿人，6年减少了800万人，人口红利逐年减少，未富先老也是一种社会隐忧。同发达国家老龄化情形相比，我国老龄化除了绝对数量庞大和进程较快等特征外，老化速度高于或快于现代化进程。

据美国发布"彭博夕阳指数"显示，目前中国在世界人口老龄化风险最严重的国家中排第五[①]。经济新常态下，少子化、老龄化与劳动人口数量持续减少将对我国成功跨越"中等收入陷阱"形成很大冲击。

（三）大量的中低端产业人群难以实现产业结构转型与升级

改革开放以来我国经济所遇到的主要问题是产业结构始终处于中低端水平与经济结构不合理，与世界产业结构平均水平有着明显差距，最突出地表现在：与世界发达国家相比，中国第一、二产业比重过高，第三产业比重较低，且产业调整与升级异常艰难。2008年国际金融危机以来，第二产业发展更是疲软，第三产业发展乏力，产业结构失衡问题日益严重，转型升级紧迫，应对经济危机的关键在于转变经济发展方式，转变经济发展方式就需要尽快推进产业转型升级。新常态下，中国迫切需要高技能人才、高精尖端的技术和设备，以促进产业从全球价值链中低端迈向中高端，而完全依靠进口不仅不现实，也不利于中国经济社会发展，需要的是自给自足与自力更生。只有把本国产业做大做强了，中国才能真正迈入现代化国家行列，才能成为世界上真正意义上的强国。

当前，国家正着力优化产业布局和加强产业升级，第一产业要加快实现传统农业向现代农业的转变；重点解决第二、三产业去杠杆、去库存、去产能同时防止经济失速，努力打造装备业自主创新国产化、服务

---

① 张荣、韩桂文：《经济新常态下中国跨越"中等收入陷阱"影响因素分析及跨越路径探寻》，《经济问题探索》2017年第7期。

业高附加值化①。因中国传统产业存在大量中低端门槛不高、技术含量低、产能过剩严重、效率不高而且同质化竞争异常激烈等特征，从业者收入也相对较低。而且随着人口深度老龄化、人口红利逐渐消失，中国已不再适合发展劳动密集型产业。

2010年以来，制造业增加值已连续11年位居世界第一，高技术制造业发展势头良好，丰裕的资本存量和巨大的市场潜力为中国推进产业优化升级、跨越"中等收入陷阱"提供了良好机遇。党的十八大以来，国家产业结构调整与升级的调控政策初见成效。据国家统计局公告显示，1998年第二产业贡献率高达60.9%，比第三产业高出29.4个百分点，2010年进入中等偏上收入时，第二产业贡献率为56.8%，比第三产业高出17.5个百分点，差距缩小，2013年，第三产业贡献率首次超过第二产业，这在一定程度上是一个具有象征意义的、标志性转折点。2015年第三产业贡献率为50.5%，高出第二产业10个百分点，2019年第一产业贡献率仅为3.8%、第三产业高达59.4%，高出第二产业达22.6个百分点，服务业已成为新常态下经济增长新动力，说明中国产业结构在持续优化，并实现了经济增长速度减速不失速。同时，需要放在中低端产业本身的产业调整与优化升级上，重点关注中低端产业人群的素质提升与消费升级，实现产业结构调整与产业优化升级，更有助于成功跨越"中等收入陷阱"。

（四）自主创新能力难以形成现代核心竞争力

各国历史经验表明，工业化后期与中期相比，一个重要的经济发展特征变化是在工业化中期由于依靠高投资、重化工业主导发展而支撑经济高速增长将难以为继，工业化后期由于主导产业转换、潜在经济增长率下降，经济增速将会自然回落。这表明中国经济发展的确面临一个重大的阶段转换，那就是从工业化中期向工业化后期的转换②，这一过程与中国经济步入"新常态"完全吻合。西方发达国家以及部分新兴工业化

---

① 何玉长：《结构调整与分配改革：新常态经济跨越"中等收入陷阱"之路》，《学术月刊》2015年第9期。

② 黄群慧：《"新常态"、工业化后期与工业增长新动力》，《中国工业经济》2014年第10期。

国家的发展实践与经验已充分表明，工业化是实现国强民富的关键，工业是实现经济发展与国民收入增长的主要动力。

熊彼特在其《经济发展理论》创立了新的经济发展理论，创新是经济发展的根本现象，他认为创新不同于发明，创新要进行实际应用，是一种市场行为，既要接受市场的检验，是产业发展一次质的飞跃与突破，同时也要遵循投入和产出的规律，实现产业发展质的突变。根据李义平有关创新与经济发展的研究认为，创新具体包括以下五种情况：采用一种新的产品，即消费者还不熟悉的产品；采用一种新的方法，也就是在有关的创造部门中尚未通过检验鉴定的方法；开辟一个新的市场，不管这个市场以前是否存在过；掠夺或控制原材料或成品的一种新的供应来源，也不问这种来源是已经存在的，还是第一次创造出来的；创造出一种新的企业组织形式①。

改革开放以来，中国已成功地推进了快速工业化进程，工业化推进经济发展取得了巨大成就。但在进入工业化后期尤其进入新常态后，工业化发展在经历艰难曲折的发展道路，正面临重大挑战和任务，作为一个在全球市场上快速崛起的大国竞争者，中国竞争力基本不是来自于创新性，多数出口企业仅仅是产品的制造商、承包商或组装商，企业不掌握核心技术，包括诸如技术创新与产业转型升级问题、老龄化社会与"未富先老"、资源环境约束、区域差距、收入分配等问题②，"新常态"之路是曲折和极富挑战性的，只有不断地进行自主创新与升级改造，才能帮助中国获得技术能力和竞争优势，才能顺利地迈入高收入行列。

（五）科技发展水平难以推进产业优化升级改造

在快速经济发展过程中，我国除了自主创新能力不足与缺乏系统的、明确的科技投入战略外，企业科研投入与政府科技研发投入不仅投入不足，缺乏连续性与制度性保障，还带有较大的不确定性。据世界银行数

---

① 李义平：《创新与经济发展》，2019年12月7日，人民网（理论版）（http：//theory.people.com.cn/n/2013/0129/c40531 - 20362868.html）。

② 张荣、韩桂文：《经济新常态下中国跨越"中等收入陷阱"影响因素分析及跨越路径探寻》，《经济问题探索》2017年第7期。

据库统计数据①，2018年世界研发支出占GDP比重为2.274%，中国为2.186%，发达国家瑞典为3.39%、日本3.265%、德国3.094%、美国2.838%、韩国4.81%，中国不仅落后于世界平均值，也远低于很多发达国家的研发投入。另外，每百万人口中的R&D研究人员，世界平均值为1410.82人（2015年），2018年，中国为1307.121人，相关发达国家如美国为4412.435人（2017年）、韩国为7980.396人、日本为5331.15人、瑞典为7536.175人②。上述发达国家能够长时间在国际经济竞争，尤其是在高技术竞争中占据绝对优势与主导地位，从其所具有坚实基础地位也确能看出缘由。中国人均科技经费投入、科技投入占GDP比重等与发达国家的差距等要素，严重制约了科技发展与进步。

产业结构调整与升级、工业化持续发展与社会主义现代化国家能否顺利实现，主要取决于我国科技发展水平与创新能力。从高科技出口占制成品出口比重看，2019年世界均值为23.608%，中国同期为30.795%，相关发达国家英国23.468%、美国18.968%、日本17.023%、德国16.476%、瑞典14.613%、韩国32.407%，虽与韩国有一定差距，近年来中国高科技出口占制成品比重逐年提升，且自2015年以来均超过30%（韩国自2014年以来超过30%，2018年达峰值36.391%③），高于世界同期平均值，也远高于很多发达国家水平，科技发展水平的提升直接促进了产业优化与升级改造，更加有利于中国顺利跨越"中等收入陷阱"。

---

① 世界银行数据库（https：//data.worldbank.org.cn/indicator/TX.VAL.TECH.MF.ZS?view=chart），2021年6月7日。

② 世界银行数据库（https：//data.worldbank.org.cn/indicator/SP.POP.SCIE.RD.P6?view=chart），2021年6月7日。

③ 世界银行数据库（https：//data.worldbank.org.cn/indicator/SP.POP.SCIE.RD.P6?view=chart），2021年6月7日。

第五章

多元视角下部分国家跨越"中等收入陷阱"比较

新常态以来,中国经济面临持续增长乏力、结构不合理、企业投资萎缩等各种压力,侧重需求管理的经济政策相关作用逐渐下降,目前还在中等偏上收入行列里徜徉,中国经济急需要利用新一轮全方位改革开放、新一轮供给侧结构性改革、新一轮技术革命与产业变革,重点进行化解和对冲,加大对实体经济投资并提升科技创新力度,尽快提高劳动生产率与人口效率,才能实现经济持续快速发展。根据国家具体实践与国情,借鉴东欧、拉美已成功跨越"中等收入陷阱"相关国家经验,探讨中国如何顺利迈入高收入行列。

第一节 中东欧国家人口转变与跨越"中等收入陷阱"

"一带一路"沿线中东欧国家有 19 个[①],各国在经济发展水平、人口转变和人口效率等方面存在一定差异,目前已有 10 个国家进入高收入行列,还有 9 个国家仍在快速发展,也面临"中等收入"阶段长时间徘徊的窘境。中东欧位于欧洲中东部,总面积 133.6 万平方公里,2019 年,

---

① 中东欧 19 国有波兰、阿尔巴尼亚、爱沙尼亚、立陶宛、斯洛文尼亚、保加利亚、捷克、匈牙利、北马其顿、塞尔维亚、罗马尼亚、斯洛伐克、克罗地亚、拉脱维亚、波斯尼亚和黑塞哥维那、黑山、乌克兰、白俄罗斯、摩尔多瓦。

该区域人口达1.75亿，GDP为2.2万亿美元，人均GDP约为1.46万美元，是"一带一路"所有国家里最富裕的地区之一。"一带一路"倡议提出8年来，中国—中东欧国家合作取得了丰硕成果，切实持续惠及各国人民。这不仅得益于中国与各国传统友好的深厚基础，也是中国坚持以开放包容的心态，促进文化与文明互鉴、兼容并蓄、互利共赢的精神，推进务实合作，实现各区域共同发展繁荣的务实表现。根据2019年7月1日世界银行发布的新收入标准阈值①，中东欧19国中有9个国家以及中国属于中高等收入国家，这9个国家分别是阿尔巴尼亚、保加利亚、塞尔维亚、波黑、北马其顿、黑山、白俄罗斯、乌克兰、摩尔多瓦，其余10国均属高收入国家（表5-1）。

表5-1　　　　　2019年中国、中东欧19国人均GNI　　（单位：美元）

国名	人均GNI	是否迈入高收入	国名	人均GNI	是否迈入高收入
阿尔巴尼亚	5220	否	罗马尼亚	12630	是
保加利亚	9570	否	塞尔维亚	7030	否
波兰	15350	是	斯洛伐克	19210	是
捷克共和国	21940	是	斯洛文尼亚	25940	是
爱沙尼亚	23260	是	波黑	6170	否
克罗地亚	14980	是	匈牙利	16500	是
北马其顿	5840	否	立陶宛	19080	是
黑山	9060	否	拉脱维亚	17740	是
中国	10410	否	白俄罗斯	6290	否
乌克兰	3370	否	摩尔多瓦	4590	否

资料来源：世界银行数据库（https://data.worldbank.org.cn/indicator/NY.GNP.PCAP.CD?view=chart）。

---

① 2019年7月1日，世界银行更新收入划分阈值。其中，阈值人均国民总收入GNP（现价美元）低收入＜1025美元，中等偏下收入1026—3995美元，中等偏上收入3996—12375美元，高收入＞12376美元。资料来源：https://blogs.worldbank.org/opendata/new-country-classifications-income-level-2019-2020，2020年12月6日。

人口作为影响经济社会发展的基本因素，一定条件之下，当某一个国家的劳动年龄人口比重和规模处于上升阶段时，容易创造无限劳动力供给和高储蓄率的良好条件，从而实现经济增长长期处于"高速"状态。但随着各国人口转变推进，出生率不断下降，导致劳动年龄人口规模及比重持续下降，人口开始凸显老龄化，进一步引起人口总抚养比上升，人口红利渐进"关窗期"，势必对经济持续增长产生不利影响，若不实行经济转型和产业升级计划，有可能加大跨越"中等收入陷阱"的难度，甚至有掉入"中等收入陷阱"的风险。

一　人口转变和收入行列判断

（一）人口转变完成的判定

人口转变始于高位均衡状态之下时死亡率开始下降，从而开始了人口转变进程。人口转变和经济发展是相辅相成的，经济的快速发展加快人口转变的进程，人口转变的速度在一定程度上影响人均国民收入。截至2019年，波兰、捷克、爱沙尼亚、克罗地亚、罗马尼亚、希腊、斯洛伐克、斯洛文尼亚、匈牙利、立陶宛、拉脱维亚等中东欧11国都处于人口转变的低位静止阶段，同时也相继进入高收入国家行列，且都跨过"中等收入陷阱"；阿尔巴尼亚、北马其顿、黑山、塞尔维亚、波黑、白俄罗斯、摩尔多瓦等中东欧7国和中国都处于人口转变的低位静止阶段，与此同时都进入了上中等收入国家；保加利亚、乌克兰等两国也已经处于人口转变的低位静止阶段，同时处于下中等收入国家行列。未进入高收入国家行列的各国中，中国有很大可能性跨过"中等收入陷阱"，黑山、波黑和摩尔多瓦等国跨过"中等收入陷阱"的可能性较低，阿尔巴尼亚、保加利亚、白俄罗斯、北马其顿、塞尔维亚、乌克兰已经相继掉入"中等收入陷阱"。

中国和中东欧国家都在21世纪前就完成了人口转变（表5-2），其中有10个高收入国家已进入"后人口转变"时代，剩下包括中国在内的9个属中高收入国家，包括马其顿、黑山、保加利亚、阿尔巴尼亚、塞尔维亚、波黑、白俄罗斯、摩尔多瓦和中国，其中有塞尔维亚、保加利亚、白俄罗斯和摩尔多瓦出现了人口负增长，同时属于中等偏下收入国家行列的乌克兰在1994年以来持续负增长，2001年最低值为1.051%，近20年来人口连续负增长。这说明域内高、中、低收入国家均有进入人口负增长的现象，也不是所有中等偏高收入国家为负增长状态。从时间上看，人口转变完成的国家所发生的时间几乎集中在20世纪末，其中克罗地亚最先在1966年已完成，最晚是2001年的阿尔巴尼亚。尚未进入"后人口转变"的有马其顿、黑山、阿尔巴尼亚和中国，已处于相对"静止"阶段，人口自然增长率最高的中国2019年也仅3.34‰，这预示着上述国家不久将进入"人口萎缩"期并进入"后人口转变"时代。

表5-2　中国—中东欧国家人口转变阶段与首次人口负增长

	首次低于更替水平的年份	2019年人口转变阶段	首次人口负增长年份
波兰	1989年	低位静止	2002年
立陶宛	1988年	低位静止	1994年
爱沙尼亚	1990年	低位静止	1991年
拉脱维亚	1989年	低位静止	1992年
捷克	1980年	低位静止	1994年
斯洛伐克	1989年	低位静止	2001年
匈牙利	1978年	低位静止	1981年
斯洛文尼亚	1980年	低位静止	1993年
克罗地亚	1966年	低位静止	1991年
罗马尼亚	1990年	低位静止	1992年
马其顿	1993年	低位静止	尚未出现
波黑	1981年	低位静止	2007年
黑山	1989年	低位静止	尚未出现
塞尔维亚	1981年	低位静止	1995年
阿尔巴尼亚	2001年	低位静止	尚未出现
保加利亚	1980年	低位静止	1990年
中国	1992年	后期减速	尚未出现
白俄罗斯	1977年	低位静止	1994年
乌克兰	1963年	低位静止	1994年
摩尔多瓦	1993年	低位静止	1993年

资料来源：根据世界银行数据库官网整理获得（https://data.worldbank.org.cn/）。

(二) 成功跨越"中等收入陷阱"的判定

对于一个国家或地区是否掉进"中等收入陷阱"的判断根据尚无明确标准和定义[①]。不过本研究认为,Felipe(2012)所提出的判断根据是合理的[②],他以实际人均 GDP 为指标划分了不同收入水平的国家,并将在中低收入阶段(人均 GDP 处于 2000 国际元[③]至 7250 国际元)超过 28 年或者在中高收入阶段(人均 GDP 处于 7250 国际元至 11750 国际元)持续 14 年以上的国家定义为陷入"中等收入陷阱"[④]。因此,按照 Felipe 对一个国家或地区是否掉进"中等收入陷阱"的判断,根据世界银行划分标准,一国的人均 GDP 在中等偏高收入区间里长达 14 年以上(不含 14 年),则可以判断该国或地区已经陷入了"中等收入陷阱"。

表 5 – 3 至 2019 年中国、中东欧 19 国跨越"中等收入陷阱"情况

	跨越"中等收入陷阱"时期	跨越"中等收入陷阱"所用的时间	是否掉进"中等收入陷阱"
波兰	1996—2007 年	12 年	否
立陶宛	2002—2007 年	6 年	否
爱沙尼亚	1998—2005 年	8 年	否
拉脱维亚	2002—2006 年	5 年	否
捷克	1994—2004 年	11 年	否
斯洛伐克	1995—2005 年	11 年	否
匈牙利	1994—2006 年	13 年	否
斯洛文尼亚	1990—2002 年	13 年	否
克罗地亚	1995—2006 年	12 年	否
罗马尼亚	2005—2018 年	14 年	2019 年已跨越

---

① 范洪敏、穆怀中:《人口老龄化会阻碍中等收入阶段跨越吗?》,《人口研究》2018 年第 1 期。

② 赞同 Felipe 的理由有:因为近多年以来,世界人均 GDP 基本上是逐步微量增加的,每年增加 200—500 美元,增量比较小,因此,低收入阶段、中等收入阶段和高收入阶段的上下限值并不会出现太大的增幅。

③ 这里的国际元为美元。

④ 范洪敏、穆怀中:《人口老龄化会阻碍中等收入阶段跨越吗?》,《人口研究》2018 年第 1 期。

续表

	跨越"中等收入陷阱"时期	跨越"中等收入陷阱"所用的时间	是否掉进"中等收入陷阱"
北马其顿	2007年至今	已停留14年仍在跨越中	可能性极大（5840美元）
波黑	2007年至今	已停留14年仍在跨越中	可能性极大（6170美元）
黑山	2006年至今	已停留15年仍在跨越中	可能性极大（9060美元）
塞尔维亚	2006年至今	已停留15年仍在跨越中	可能性极大（7030美元）
阿尔巴尼亚	2008年至今	已停留13年仍在跨越中	可能性极大（5220美元）
保加利亚	2006年至今	已停留15年仍在跨越中	可能性极大（9570美元）
中国	2000年至今	已停留21年仍在跨越中	可能性极大（10410美元）
白俄罗斯	1992年至今	已停留29年仍在跨越中	已陷入
乌克兰	1989年至今	至少停留了30年仍在跨越中	已陷入
摩尔多瓦	2004年至今	已停留17年仍在跨越中	几乎不可能跨越（3370美元）

注：括号里表示的是2019年人均GNI。

资料来源：世界银行数据库整理获得（https://data.worldbank.org.cn/）。

迄今为止，中国—中东欧19国有10国已成功进入高收入国家行列（表5-3），其余8国还处在中等偏高收入阶段，1国为中等偏下收入阶段。其中，罗马尼亚2019年人均GNI已达12630美元，成功进入高收入行列。另外，中高收入国家人均GDP增长不理想，比如阿尔巴尼亚人均GNI 2008年为4030美元，2019年也仅为5220美元，11年增幅不到1200美元，乌克兰2020年也仅为3540美元。保加利亚2006年人均GNI为4490美元，2020年为9540美元，10多年依然处于中高等偏上行列，白俄罗斯该值增长也很缓慢，2020年也仅为6330美元，是高收入最低值的一半。因此，结合现实和发展经验看，中国与中东欧中的8个中等偏上收入国家，只有中国近期将能成功迈入高收入行列，其他7国掉进陷阱中的可能性较高，还有2国已掉入陷阱中。

二 域内国家人口效率比较

人口效率是指人口实现人口生产功能与消费功能及人口—社会复合系统的运行，从而发挥人口—资源—环境系统协调中人口作用的有效性。

由于人口效率的相关研究尚处于探索阶段，在相关指标的选取和评价体系的构建方面借鉴以往的研究成果，用劳动生产效率、人类发展指数以及就业产值弹性系数三个指标测算人口效率。

（一）人口效率指标测算

人口效率的表达公式为：

公式（1）：人口效率 $= \dfrac{\text{劳动生产率} + \text{人类发展指数} + \text{就业产值弹性系数}}{3}$

1. 劳动生产率

劳动生产效率是用以反映单位就业人口创造产值的能力的指标，即当期国民收入总量与15岁以上就业人口总量的比值。即含量纲数劳动生产率 Po' 值，J 表示指标对应的含量纲数值。

公式（2）：劳动生产率 $Po = \dfrac{\text{当期国民收入总量}}{15\text{—}64\text{岁就业人口总量}}$

公式（3）：标准化劳动生产率 $Po' = \dfrac{\text{劳动生产率} - \text{最小值}}{\text{最大值}① - \text{最小值}}$

公式（4）：劳动生产率 $Po' = \begin{cases} 1 & J > 1 \\ \dfrac{J-0}{1-0} & 0 < J < 1 \\ 0 & J < 0 \end{cases}$

2. 就业产值系数

就业产值系数是就业人口人均 GDP 减去该地区最小值，与2019年高收入国家就业人口人均 GDP 减去所在地区最小值的比值，即就业人口人均 GDP 增加1个百分点带动就业增长的百分点。即含量纲数就业弹性系数 Pe 值，如下

公式（5）：就业产值系数 $Pe = \dfrac{\text{就业人口人均 } GDP - \text{最小值}}{\text{最大值}② - \text{最小值}}$

若就业产值系数为正，表示经济增长对就业增长的促进作用大，系

---

① 最大值是指当年的高收入国家的劳动生产率，最小值是指当年的最小值劳动生产率。
② 最大值是指2019年高收入国家就业人口人均 GDP，最小值是指该地区的最小值。

数越大,吸收劳动力的能力,当就业产值系数为零时,则意味着不存在就业状况。因此将就业产值系数的上限值定为1,下限值定为0。Pe 表示就业产值系数,J 表示指标对应的含量纲数值。计算

公式(6):就业产值系数 $Pe = \begin{cases} 1 & J > 1 \\ \dfrac{J-0}{1-0} & 0 < J < 1 \\ 0 & J < 0 \end{cases}$

3. 人类发展指数

人口产值弹性系数是 GDP 增长率与人口增长率的比值,即人口增长 1 单位带动的生产总值的增长量。即含量纲的就业弹性系数 J 值,如下

公式(7)[①]:人类发展指数 $PHDI = \dfrac{预期寿命指数 + 教育指数 + GDP\ 指数}{3}$

由于高收入国家人口转变已完成,经济发展对人力资本的依赖度小于发展中国家。人类发展指数划分标准为五类,分别是极高人类发展指数 0.8 以上;高人类发展指数 0.7—0.8;中等人类发展指数 0.55—0.7;低人类发展指数 0.55 以下。

4. 人口效率

由于劳动生产效率、就业弹性系数以及人口产值弹性系数均是反映人口与经济发展状况的相关指标,能在一定程度上说明中国人口发展过程中的人口效率,很难界定哪个指标对人口效率的测量更为准确,因此,本书全部采用上述三个指标的平均水平来阐释各国人口效率的总体状况,人口效率的补充研究和测算指标将在后续的研究中展开。因此,人口效率具体表示为:

公式(8):人口效率 $= \dfrac{Po + Pe + PHDI}{3}$

这里的人口效率划分标准有五类:0—0.2 为极低人口效率;0.2—0.4 为低人口效率;0.4—0.6 为中等人口效率;0.6—0.8 为高人口效率;0.8—1.0 为极高人口效率。

[①] 预期寿命指数是指出生时预期寿命指数;教育指数是指成人识字率指数加上毛入学率(GER)指数以及人均国内生产总值 GDP 指数。

(二) 人口效率相关指标比较

1. 劳动生产率比较

从静态来看（表5-4），2019年，劳动生产率排前五位的国家是斯洛文尼亚、爱沙尼亚、捷克、立陶宛和斯洛伐克，其劳动生产效率分别为71190美元/人、60119美元/人、57669美元/人、50198美元/人、49272美元/人，上述5国在本地区的经济发展水平都较高。劳动生产率排后五个的国家是乌克兰、阿尔巴尼亚、白俄罗斯、摩尔多瓦和北马其顿，其劳动生产率分别为10665美元/人、14460美元/人、15713美元/人、16645美元/人和17998美元/人。这五个国经济发展较为落后，劳动生产率相对较低。劳动生产率最高和最低的国家分别是斯洛文尼亚和乌克兰，两者相差了6.675倍。

可以看出，中东欧国家之间的劳动生产率差距较大。从变化趋势看，中东欧19国的劳动生产率整体上呈上升态势，变化最明显的是爱沙尼亚，其劳动生产率从1990年的8510美元/人上升到2019年的60119美元/人，其间上升了6.06倍，说明爱沙尼亚在中东欧19国中，经济社会发展强劲。

表5-4　1990—2019年中国—中东欧国家劳动生产率（单位：美元/人）

国别	1990	1995	2000	2005	2010	2015	2016	2017	2018	2019
中国	628	1175	1852	3435	9088	16578	16907	18705	21193	22138
波兰	4764	10885	13913	24733	33756	33336	32571	35921	40113	41059
阿尔巴尼亚	1728	2322	3560	8748	12993	12641	12746	13419	14792	14460
爱沙尼亚	8510	10377	11369	27062	41245	45154	47352	51542	58748	60119
立陶宛	5209	6395	9686	22544	37437	38246	39050	43586	49010	50198
斯洛文尼亚	28679	28950	27174	45919	60890	57516	60619	63913	70360	71190
保加利亚	6560	6954	5587	12506	20346	21136	22688	24115	26980	27769
捷克	8499	14392	15444	32832	48540	43856	45245	50534	57209	57669
匈牙利	11635	14316	13980	32751	40668	34882	35658	38824	43722	45029
北马其顿	9907	10085	7486	12822	16801	16166	16689	17379	19100	17998
塞尔维亚	9778	9913	2761	12661	20121	18589	17936	18825	21713	21555
罗马尼亚	3996	3883	4063	13083	23160	25909	27755	30562	34893	36611

续表

国别	1990	1995	2000	2005	2010	2015	2016	2017	2018	2019
斯洛伐克	13126	13997	16159	31914	45130	42666	42228	44933	49685	49272
克罗地亚	13391	14336	15722	32910	43197	40151	40878	44127	48365	47411
拉脱维亚	5600	7319	10384	21254	35746	38732	40092	43340	48013	48190
波黑	851	1597	6854	14642	20069	19959	20484	20922	23165	22404
黑山	7227	7241	7459	16489	25161	22553	23934	26410	29013	28550
乌克兰	4221	2468	1774	5080	8233	5890	6204	7608	8958	10665
摩尔多瓦	1936	1842	1398	3657	9230	9177	10046	12467	16467	16645
白俄罗斯	5454	4179	3593	8039	14045	13548	11439	13268	14543	15713

资料来源：世界银行计算获得（https：//data.worldbank.org.cn/indicator/SP.POP.GROW）。

从中国视角来解析，2009年是中国改革开放第30周年，中国经济以肉眼可以看到的速度快速增长，特别是2010—2015年提高了0.069个百分点，劳动生产率提升与国家提出优化经济发展空间格局，重点实施"一带一路"、京津冀协同发展、长江经济带三大战略同步，说明该时期中国经济快速发展、人口增速放缓，人均GDP产值不断提高，2015—2019年，国家绿色生态的经济新常态并行的人口发展战略调整，经济和人口增长速度缓慢，在一定程度上对劳动生产率产生一定的影响，家庭421模式比例增加，老龄化进程加快，抚养比上升，导致该时期的劳动生产效率增长速度放缓，2015—2019年劳动生产效率从0.676变化到0.670，变化幅度较小。可见，劳动生产率以国家政策为导向，会对经济发展产生不同程度的影响。

2. 就业产值系数比较

从静态来看（表5-5），中国与中东欧19国中，暂时没有就业产值系数为0或为1的国家。从动态来看，中国属于上中等收入阶段，其在1990年有数据记录以来，就业产值系数从0.001，变化到了2019年的0.255。中国的就业产值系数，总体水平较低，说明自身的就业压力比较大。特别是2014年实施新常态以来，经济增速放缓。在绿色新常态下，转变经济增长方式，促进适龄人口充分就业，能有效带动人口效率的提升。我国就业产值系数一直处于一个较低的层次，说明经济增长对就业增长的拉动效应一直比较弱,也意味着经济增长中生产要素的相对密度发生了变化,资本、技术的相对含量不断加大,而劳动力的相对贡献在下降。

表 5-5　　　　1990—2019 年中国—中东欧国家就业产值系数

国别	1990	1995	2000	2005	2010	2015	2016	2017	2018	2019
中国	0.001	0.015	0.032	0.064	0.124	0.191	0.205	0.221	0.238	0.255
波兰	0.219	0.273	0.375	0.442	0.497	0.556	0.563	0.581	0.609	0.636
阿尔巴尼亚	0.059	0.089	0.126	0.187	0.252	0.270	0.268	0.269	0.265	0.264
爱沙尼亚	0.217	0.243	0.368	0.506	0.544	0.568	0.583	0.602	0.624	0.652
立陶宛	0.222	0.222	0.294	0.433	0.534	0.598	0.600	0.627	0.644	0.675
斯洛文尼亚	0.405	0.432	0.519	0.584	0.632	0.681	0.705	0.706	0.720	0.746
保加利亚	0.235	0.238	0.245	0.317	0.367	0.408	0.426	0.423	0.436	0.441
捷克	0.387	0.417	0.483	0.581	0.647	0.676	0.679	0.703	0.717	0.734
匈牙利	0.366	0.400	0.450	0.552	0.571	0.561	0.554	0.570	0.597	0.621
北马其顿	0.357	0.295	0.315	0.357	0.377	0.386	0.388	0.384	0.386	0.378
塞尔维亚	0.156	0.156	0.183	0.299	0.373	0.379	0.368	0.365	0.376	0.383
罗马尼亚	0.199	0.202	0.206	0.349	0.414	0.494	0.523	0.547	0.572	0.597
斯洛伐克	0.231	0.282	0.351	0.426	0.531	0.572	0.568	0.576	0.590	0.600
克罗地亚	0.318	0.318	0.430	0.534	0.550	0.583	0.602	0.612	0.619	0.627
拉脱维亚	0.203	0.203	0.278	0.403	0.455	0.515	0.527	0.541	0.557	0.572
波黑	0.025	0.038	0.216	0.318	0.337	0.384	0.389	0.382	0.389	0.381
黑山	0.413	0.413	0.406	0.461	0.472	0.454	0.464	0.476	0.485	0.495
乌克兰	0.273	0.132	0.136	0.209	0.228	0.211	0.219	0.227	0.236	0.245
摩尔多瓦	0.119	0.119	0.100	0.159	0.222	0.245	0.270	0.292	0.344	0.341
白俄罗斯	0.156	0.114	0.152	0.211	0.295	0.312	0.303	0.311	0.319	0.329

资料来源:世界银行(https://data.worldbank.org.cn/indicator/SP.POP.GROW)。

波兰、捷克、爱沙尼亚、克罗地亚、罗马尼亚、斯洛伐克、斯洛文尼亚、匈牙利、立陶宛、拉脱维亚等中东欧 10 国都属于高收入国家,就业产值系数都呈现出持续上升的变化趋势。其中立陶宛、爱沙尼亚和波兰的就业产值系数增加幅度最为明显,截至 2019 年,上述三国分别上升了0.453、0.435和0.417。分别于2019年达到最大值0.675、0.652和0.636。可说明上述10国，各自的经济发展形势都较好，就业压力较小。

阿尔巴尼亚、保加利亚、北马其顿、黑山、塞尔维亚、波黑、白俄罗斯和摩尔多瓦等中东欧8国属于中等偏上收入国家。上述国家中的就业产值系数，均整体呈现上升态势。其中上升幅度最大的是罗马尼亚，从1990年的0.199，上升到了2019年的0.597。可一定程度上说明上述8国，面临较小的就业和经济发展压力。

乌克兰属于中等偏下收入国家。该国的就业产值系数，由1990年的0.273，总体下降到了2019年的0.245，下降了0.028。其间虽然略有上升，但幅度很小。乌克兰为中东欧19国中唯一出现就业产值系数下降的国家，可看出乌克兰国内的经济发展压力较大，就业形势严峻。

3. 人类发展指数比较

从表5-6计算结果看，人类发展指数为0，可以理解为GDP的增长对人力资本的依赖度大；如果该值为1，即GDP增长率依靠人力资本增长的力度很小。

从静态来看，2019年中东欧19国中，没有人类发展指数为1或为0的国家。从变化来分析，整体上呈现出上升的态势。中国的人类发展指数从1990年的0.501上升到2019年的0.761，达到最高点，29年间增加了0.26。中东欧19国中，人类发展指数最为趋近于1的前三位国家为斯洛文尼亚、捷克和爱沙尼亚。截至2019年，上述3国人类发展指数分别为0.917、0.9和0.892。相较于1990年，分别上升了0.088、0.17和0.162。说明GDP增长率依靠人力资本增长的力度较小。人类发展指数最为趋近于0的前3位国家为摩尔多瓦、北马其顿、波黑，上述3国的人类发展指数分别为0.75、0.774、0.78。说明GDP增长率依靠人力资本增长的力度较大。

从动态来看，中东欧19国的人类发展指数变化趋势基本一致，处于高水平人类发展指数的国家有阿尔巴尼亚、北马其顿、波黑、乌克兰和摩尔多瓦5国，其余中东欧14国都处于极高水平人类发展指数。中东欧19国没有处于低人类发展指数和中等人类发展指数水平的国家。

从中国视角来解析，中国人类发展指数在2019年达到巅峰，基于改革的计划生育政策实施效果显现，少儿抚养比迅速下降，劳动就业人口增加，人口增长速度放缓，得益于人口红利，使得人类发展指数呈不断增长态势。2013—2017年国家实施"单独二孩"和"全面二孩"政策加上经济新常态实施，经济增长和少儿占比速度缓慢，人口红利出现"刘易斯拐点"。但受到经济发展强有力的推动，人类发展指数持续保持上升的态势，从1990年的0.501上升到2019年0.761，说明人口红利效应仍在。

表5-6　1990—2019年中国—中东欧国家人类发展指数（HDI）

国家	1990	1995	2000	2005	2010	2015	2016	2017	2018	2019
中国	0.501	0.549	0.591	0.643	0.702	0.742	0.749	0.753	0.758	0.761
波兰	0.712	0.74	0.785	0.808	0.835	0.858	0.864	0.868	0.872	0.88
阿尔巴尼亚	0.644	0.629	0.667	0.702	0.74	0.788	0.788	0.789	0.791	0.795
爱沙尼亚	0.73	0.724	0.78	0.825	0.844	0.871	0.875	0.879	0.882	0.892
立陶宛	0.732	0.703	0.755	0.81	0.824	0.855	0.86	0.866	0.869	0.882
斯洛文尼亚	0.829	0.782	0.824	0.861	0.881	0.886	0.892	0.899	0.902	0.917
保加利亚	0.694	0.697	0.712	0.75	0.779	0.807	0.812	0.813	0.816	0.816
捷克	0.73	0.753	0.796	0.835	0.862	0.882	0.885	0.888	0.891	0.9
匈牙利	0.704	0.741	0.769	0.802	0.826	0.835	0.838	0.841	0.845	0.854
北马其顿	0.669	0.669	0.669	0.702	0.735	0.753	0.757	0.758	0.759	0.774
塞尔维亚	0.706	0.695	0.71	0.742	0.762	0.785	0.791	0.794	0.799	0.806
罗马尼亚	0.701	0.687	0.709	0.755	0.797	0.806	0.808	0.813	0.816	0.828
斯洛伐克	0.739	0.751	0.763	0.794	0.829	0.849	0.851	0.854	0.857	0.86
克罗地亚	0.67	0.696	0.749	0.785	0.811	0.83	0.832	0.835	0.837	0.851
拉脱维亚	0.698	0.673	0.728	0.802	0.817	0.842	0.845	0.849	0.854	0.866
波黑	0.669	0.669	0.669	0.7	0.714	0.755	0.765	0.767	0.769	0.78
黑山	0.741	0.741	0.741	0.753	0.793	0.807	0.809	0.813	0.816	0.829
乌克兰	0.705	0.664	0.671	0.715	0.732	0.742	0.746	0.747	0.75	0.779
摩尔多瓦	0.653	0.605	0.609	0.658	0.681	0.703	0.705	0.709	0.711	0.75
白俄罗斯	0.656	0.656	0.682	0.724	0.792	0.811	0.812	0.815	0.817	0.823

资料来源：人类发展指数，0—0.55为低人类发展指数，0.55—0.7为中等人类发展指数，0.7—0.8为高人类发展指数，0.8以上为极高人类发展指数，世界银行（https：//data.worldbank.org.cn/indicator/SP.POP.GROW）。

4. 中国—中东欧人口效率比较

从静态来看（表5-7），2019年中东欧19国中，人口效率排前三位的国家是斯洛文尼亚、捷克和爱沙尼亚，其值分别为0.750、0.702和0.679。上述国家经济发展快，人民生活水平高，人口效率也因此相对较高；而居于后三位的是乌克兰、阿尔巴尼亚和摩尔多瓦，该值分别为0.366、0.388和0.405。这些国家相对于中东欧其他国家来说，经济发展较落后，人口效率也相对低下。中东欧19国的人口效率最高的斯洛文尼亚是最低乌克兰的2.05倍。

表5-7　　中国—中东欧19国2009—2019年人口效率比较

国家	1990	1995	2000	2005	2010	2015	2016	2017	2018	2019
中国	0.170	0.192	0.215	0.247	0.300	0.357	0.365	0.372	0.386	0.396
波兰	0.342	0.392	0.454	0.508	0.544	0.569	0.571	0.579	0.601	0.616
阿尔巴尼亚	0.245	0.249	0.280	0.327	0.367	0.387	0.386	0.386	0.388	0.388
爱沙尼亚	0.372	0.374	0.438	0.544	0.585	0.614	0.627	0.634	0.662	0.679
立陶宛	0.352	0.339	0.396	0.496	0.564	0.597	0.602	0.615	0.637	0.655
斯洛文尼亚	0.606	0.552	0.582	0.653	0.687	0.694	0.714	0.710	0.734	0.750
保加利亚	0.353	0.345	0.345	0.401	0.441	0.465	0.478	0.475	0.488	0.492
捷克	0.429	0.462	0.501	0.594	0.648	0.649	0.656	0.668	0.692	0.702
匈牙利	0.435	0.452	0.474	0.573	0.587	0.568	0.569	0.575	0.598	0.613
北马其顿	0.408	0.371	0.364	0.400	0.419	0.424	0.428	0.424	0.430	0.429
塞尔维亚	0.353	0.333	0.309	0.393	0.436	0.440	0.437	0.434	0.447	0.451
罗马尼亚	0.326	0.314	0.323	0.415	0.471	0.508	0.524	0.534	0.555	0.573
斯洛伐克	0.412	0.414	0.450	0.525	0.588	0.600	0.598	0.598	0.617	0.620
克罗地亚	0.419	0.410	0.470	0.562	0.582	0.589	0.599	0.602	0.616	0.621
拉脱维亚	0.337	0.328	0.385	0.480	0.530	0.566	0.576	0.580	0.600	0.610
波黑	0.236	0.242	0.327	0.393	0.408	0.436	0.443	0.437	0.446	0.445
黑山	0.433	0.420	0.418	0.465	0.495	0.485	0.493	0.499	0.510	0.516
乌克兰	0.354	0.276	0.276	0.325	0.341	0.331	0.336	0.341	0.348	0.366
摩尔多瓦	0.269	0.249	0.241	0.284	0.326	0.339	0.351	0.364	0.393	0.405
白俄罗斯	0.306	0.276	0.294	0.340	0.402	0.411	0.402	0.408	0.414	0.423

从动态来看,中东欧19国的人口效率变化趋势基本一致,人口效率处于低水平的有阿尔巴尼亚和乌克兰2国,人口效率处于中等水平的有白俄罗斯、摩尔多瓦、黑山、波黑、罗马尼亚、塞尔维亚、北马其顿、保加利亚8国,人口效率处于高水平的国家有拉脱维亚、克罗地亚、斯洛伐克、捷克、匈牙利、斯洛文尼亚、立陶宛、爱沙尼亚、波兰9国,中东欧19国暂时没有人口效率处于极高水平的国家。

总体来看,中东欧19国大多数国家的人口效率都呈现出较为乐观的变化态势(图5-1)。虽然区域内各个国家人口效率差距较大,但都是保持持续上升的态势。很大程度上可说明中东欧地区是一个经济活力较强,发展势头较强劲的区域,区域内各国经济发展形势较乐观,具有较好的发展潜力。

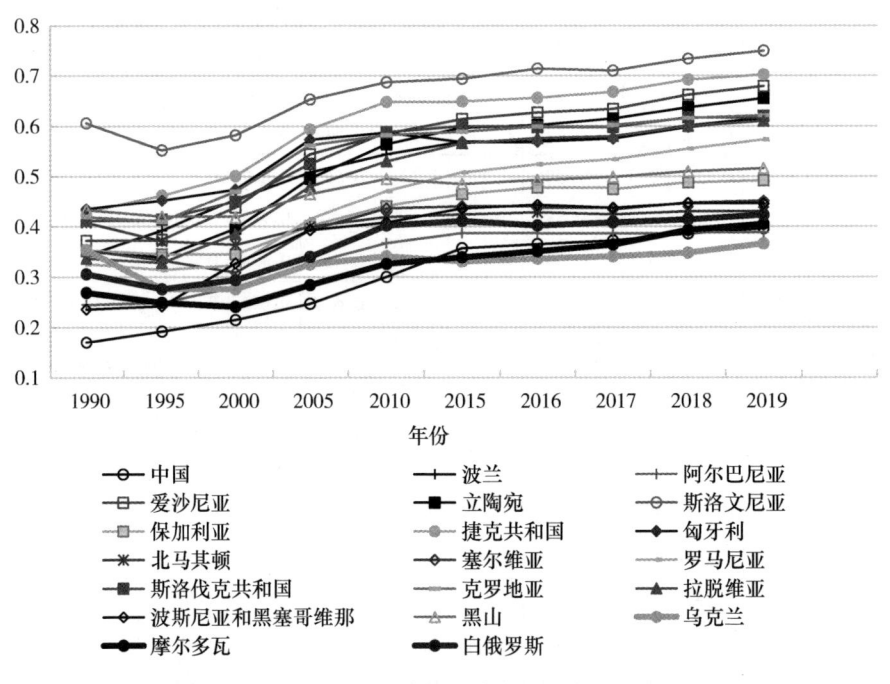

图5-1 1990—2019年中国—中东欧国家人口效率比较

资料来源:世界银行数据库(https://data.worldbank.org.cn/indicator/SP.POP.GROW)。

从中国视角来看,一方面,中国的人口效率与人类发展指数的变化具有同步性,即1990年到2019年这两个指标均呈上升的趋势。另一方面,中国的人口效率变化,从1990年的0.170上升到了2019年的0.396,29年间增加了1.33倍。可看出中国的经济发展势头强劲,发展潜力巨大。

三 中东欧人口转变与跨越"中等收入陷阱"

(一)人口转变与跨越"中等收入陷阱"

为分析中国和中东欧19国跨越"中等收入陷阱"和人口转变之间的关系,需考虑中国和中东欧19国人口转变历程和跨越"中等收入陷阱"时期,同时借鉴成功跨越"中等收入陷阱"的日本和亚洲四小龙等国家或地区成功经验,以便更好地对中国和中东欧国家进行更为直观的比较。

表5-8　　　中国、中东欧、日本、亚洲四小龙
跨越"中等收入陷阱"

国家或地区	首次低于更替水平年份	首次人口负增长年份	跨越"中等收入陷阱"时期	"中等收入陷阱"时期是否低于更替水平	"中等收入陷阱"时期是否人口负增长
中国—中东欧19国					
波兰	1989年	2002年	1996—2007年	提前	是
立陶宛	1988年	1994年	2002—2007年	提前	提前
爱沙尼亚	1990年	1991年	1998—2005年	提前	提前
拉脱维亚	1989年	1992年	2002—2006年	提前	提前
捷克	1980年	1994年	1994—2004年	提前	是
斯洛伐克	1989年	2001年	1995—2005年	提前	是
匈牙利	1978年	1981年	1994—2006年	提前	提前
斯洛文尼亚	1980年	1993年	1990—2002年	提前	是
克罗地亚	1966年	1991年	1995—2006年	提前	提前
罗马尼亚	1990年	1992年	2005—2019年	提前	提前
马其顿	1993年	尚未出现	2007年至今	提前	未出现
波黑	1981年	2007年	2007年至今	提前	是
黑山	1989年	尚未出现	2006年至今	提前	未出现
塞尔维亚	1981年	1995年	2006年至今	提前	提前

续表

国家或地区	首次低于更替水平年份	首次人口负增长年份	跨越"中等收入陷阱"时期	"中等收入陷阱"时期是否低于更替水平	"中等收入陷阱"时期是否人口负增长
阿尔巴尼亚	2001 年	尚未出现	2008 年至今	提前	未出现
保加利亚	1980 年	1990 年	2006 年至今	提前	提前
白俄罗斯	1977 年	1994 年	1992 年至今	提前	是
乌克兰	1963 年	1994 年	1989 年至今	提前	是
摩尔多瓦	1993 年	1993 年	2004 年至今	提前	是
中国	1992 年	尚未出现	2010 年至今	提前	未出现
日本和亚洲四小龙					
日本	1974 年	2007 年	1973—1985 年	是	推迟
韩国	1983 年	尚未出现	1988—2001 年	提前	未出现
中国台湾	1985 年	尚未出现	1986—1995 年	提前	未出现
中国香港	1980 年	尚未出现	1979—1989 年	是	未出现
新加坡	1977 年	尚未出现	1980—1990 年	提前	未出现

注：由于世界银行缺乏中国台湾地区数据，其人口和人均 GDP 数据分别源于 WWP 和中国台湾省政府主计总处。

资料来源：根据世界银行数据库相关数据整理。

表 5-8 中包含两个小组，第一组包括中国和中东欧 19 国，第二组包括日本和亚洲四小龙 5 个国家或地区。可以看出，几乎所有国家都在进入中高收入阶段之前就已完成人口转变，可见所有研究对象国在跨越"中等收入陷阱"之前，甚至有些国家在还没有进入中等偏高收入阶段时就已完成了该国人口转变。但从人口呈现负增长或进入"后人口转变"阶段指标上看，第一、二组中的国家（或地区）就有很大差异。

首先，第一组中的 10 个高收入国家已成功跨越了"中等收入陷阱"。仔细观察发现，这 10 国都是在成功跨越"中等收入陷阱"之前已出现人口负增长，即早已进入"后人口转变"时代，与此同时，后 9 个国家包括中国仍处于中等偏高、偏下收入阶段，尚未跨越"中等收入陷阱"，其中波黑、塞尔维亚、保加利亚、乌克兰、白俄罗斯、摩尔多瓦已经提前或早已出现人口负增长，但依然没有成功迈入高收入行列，且较长时间经济处于低迷状态,再加上日益严重的老龄化双重影响,减小经济增长压力无疑是一种重压,使其跨越"中等收入陷阱"将更加艰难。

其次,第二组中的日本和亚洲四小龙,除了日本在2007年首次出现人口负增长外,其他国家或地区至今未出现,与第一组20国相比,日本和亚洲四小龙在成功跨越"中等收入陷阱"之后,很长时间才进入或者暂时不会进入"后人口转变"阶段。

最后,关于中国和中东欧19国人口转变与"中等收入陷阱"之间非常明显的特点(表5-8),即未成功跨越过"中等收入陷阱"就出现人口负增长,然后在促进经济增长与发展过程中再进入"后人口转变"阶段,中国也不例外。

可以看出,中国和中东欧19国在人口转变和跨越"中等收入陷阱"的过程、历程十分相似,即在跨越"中等收入陷阱"之前可能先迎来"后人口转变"时代,或者说在进入"后人口转变"期间就已成功迈入高收入行列。

(二)中国—中东欧国家人口转变指数及特征

表5-9所示,展示了中国—中东欧国家20世纪90年代、21世纪10年代两个时点的人口转变指数及相关指标,借此可以观察各国人口转变指数的变化特征。

中国20世纪90年代的总和生育率为1.807,人口转变指数为0.768,处于后期减速阶段,到21世纪10年代总和生育率下降为1.661,自然增长率下降到4.801‰,人口转变指数为0.831,处于低位静止阶段。

波兰20世纪90年代的总和生育率为1.729,人口转变指数为0.877,处于后期减速阶段,到21世纪10年代总和生育率下降至1.375,人口转变指数上升为0.910,同样处于后低位静止阶段。

阿尔巴尼亚20世纪90年代的总和生育率为2.624,自然增长率为15.18‰,人口转变指数为0.660,处于后期减速阶段,到21世纪10年代总和生育率下降至1.658,自然增长率下降为4.6763‰,人口转变指数为0.832,处于低位静止阶段。

爱沙尼亚20世纪90年代的总和生育率为1.512,自然增长率为-3.220‰,人口转变指数为0.952,处于后期减速阶段,到21世纪10

年代总和生育率上升至 1.605，自然增长率上升为 -0.96‰，人口转变指数为 0.900，接近低位静止阶段。

表 5-9　　　　　　　　中国—中东欧国家人口转变指数　　　　　　（单位：个）

国别	20 世纪 90 年代			21 世纪 10 年代		
	总和生育率（TFR）	自然增长率（‰）	人口转变指数（TDI）	总和生育率（TFR）	自然增长率（‰）	人口转变指数（TDI）
中国	1.807	11.001	0.768	1.661	4.801	0.831
波兰	1.729	1.990	0.877	1.375	-0.16	0.910
阿尔巴尼亚	2.624	15.180	0.660	1.658	4.6763	0.832
爱沙尼亚	1.512	-3.220	0.952	1.605	-0.96	0.900
立陶宛	1.675	0.610	0.896	1.613	-3.73	0.931
斯洛文尼亚	1.312	0.160	0.928	1.583	0.62	0.884
保加利亚	1.375	-3.960	0.971	1.536	-5.8	0.960
捷克	1.450	-1.030	0.932	1.569	0.23	0.890
匈牙利	1.583	-3.210	0.947	1.417	-3.78	0.947
北马其顿	1.996	7.519	0.794	1.493	1.2639	0.884
塞尔维亚	0.510	-1.246	1.000	1.456	-5.12	0.959
罗马尼亚	1.433	-0.640	0.929	1.614	-2.89	0.921
斯洛伐克	1.673	2.620	0.874	1.443	0.83	0.893
克罗地亚	1.540	-0.280	0.917	1.451	-3.08	0.937
拉脱维亚	1.428	-4.340	0.971	1.564	-4.22	0.940
波黑	1.692	4.961	0.845	1.293	-1.5978	0.933
黑山	1.986	6.816	0.802	1.735	1.571	0.861
乌克兰	1.467	-4.160	0.966	1.431	-4.48	0.954
摩尔多瓦	1.959	3.688	0.840	1.267	-0.9337	0.928
白俄罗斯	1.524	-1.770	0.935	1.582	-1.65	0.910

注：0—0.2 为高位静止；0.2—0.4 为初期加速；0.4—0.6 为中期扩张；0.6—0.8 为后期减速；0.8—1 为低位静止。

资料来源：世界银行（https://data.worldbank.org.cn/indicator/SP.POP.GROW）。

立陶宛 20 世纪 90 年代的总和生育率为 1.675，自然增长率为 0.610‰，人口转变指数为 0.896，处于后期减速阶段，到 21 世纪 10 年代总和生育率下降至1.613，自然增长率下降为-3.73‰，人口转变指数为0.931，步入低位静止阶段。

斯洛文尼亚20世纪90年代的总和生育率为1.312，自然增长率为0.160‰，人口转变指数为0.928，处于后期减速阶段，到21世纪10年代总和生育率下降至1.583，自然增长率上升至0.62‰，人口转变指数为0.884，处于低位静止阶段。

保加利亚20世纪90年代的总和生育率为1.375，自然增长率为-3.960‰，人口转变指数为0.971，处于后期减速阶段，到21世纪10年代总和生育率小幅上升为1.536，自然增长率下降至-5.8‰，人口转变指数为0.960，长期处于低位静止阶段。

捷克20世纪90年代的总和生育率为1.450，自然增长率为-1.030‰，人口转变指数为0.932，处于低位静止阶段，到21世纪10年代总和生育率小幅上升为1.569，自然增长率上升至0.23‰，人口转变指数为0.890，长期处于低位静止阶段。

匈牙利20世纪90年代的总和生育率为1.583，自然增长率为-3.210‰，人口转变指数为0.947，处于低位静止阶段，到21世纪10年代总和生育率小幅上升为1.417，自然增长率下降至-3.78‰，人口转变指数为0.947，长期处于低位静止阶段。

北马其顿20世纪90年代的总和生育率为1.996，自然增长率为7.519‰，人口转变指数为0.794，处于后期减速阶段，到21世纪10年代总和生育率小幅下降为1.493，自然增长率下降至1.2639‰，人口转变指数为0.884，长期处于低位静止阶段。

罗马尼亚20世纪90年代的总和生育率为1.433，自然增长率为-0.640‰，人口转变指数为0.929，处于低位静止阶段，到21世纪10年代总和生育率小幅上升为1.614，自然增长率下降至-2.89‰，人口转变指数为0.921，长期处于低位静止阶段。

斯洛伐克20世纪90年代的总和生育率为1.673，自然增长率为2.620‰，人口转变指数为0.874，处于后期减速阶段，到21世纪10年代总和生育率小幅上升为1.443，自然增长率下降至0.83‰，人口转变指数为0.893，长期处于低位静止阶段。

克罗地亚20世纪90年代的总和生育率为1.540，自然增长率为－0.280‰，人口转变指数为0.917，处于后期减速阶段，到21世纪10年代总和生育率小幅上升为1.451，自然增长率下降至－3.08‰，人口转变指数为0.937，长期处于低位静止阶段。

拉脱维亚20世纪90年代的总和生育率为1.428，自然增长率为－4.340‰，人口转变指数为0.971，处于低位静止阶段，到21世纪10年代总和生育率小幅上升为1.564，自然增长率上升至－4.22‰，人口转变指数为0.940，长期处于低位静止阶段。

波黑20世纪90年代的总和生育率为1.692，自然增长率为4.961‰，人口转变指数为0.845，处于后期减速阶段，到21世纪10年代总和生育率小幅下降为1.293，自然增长率下降至－1.5978‰，人口转变指数为0.933，长期处于低位静止阶段。

黑山20世纪90年代的总和生育率为1.986，自然增长率为6.816‰，人口转变指数为0.802，处于后期减速阶段，到21世纪10年代总和生育率小幅下降为1.735，自然增长率下降至1.571‰，人口转变指数为0.861，长期处于低位静止阶段。

乌克兰20世纪90年代的总和生育率为1.467，自然增长率为－4.160‰，人口转变指数为0.966，处于低位静止阶段，到21世纪10年代总和生育率小幅下降为1.431，自然增长率下降至－4.48‰，人口转变指数为0.954，长期处于低位静止阶段。

摩尔多瓦20世纪90年代的总和生育率为1.959，自然增长率为3.688‰，人口转变指数为0.840，处于后期减速阶段，到21世纪10年代总和生育率小幅上升为1.267，自然增长率下降至－0.9337‰，人口转变指数为0.928，长期处于低位静止阶段。

白俄罗斯20世纪90年代的总和生育率为1.524，自然增长率为－1.770‰，人口转变指数为0.935，处于低位静止阶段，到21世纪10年代总和生育率小幅上升为1.582，自然增长率上升至－1.65‰，人口转变指数为0.910，长期处于低位静止阶段。

第二节　基于 HDI 视角跨越"中等收入陷阱"的国际比较

从国际发展经验看，高收入国家一般具有极高人类发展指数①，而且是学界认可的与"中等收入陷阱"关键特征相关度极高的指标。用其分析中国与韩国、智利以及中国与巴西异同点，研究已成功迈入高收入的韩国、智利与 HDI 间关系以及发展经验，对中国和巴西社会转型与跨越"中等收入陷阱"具有较大参考价值。

新兴市场经济国家上空笼罩着"中等收入陷阱"的阴影②。考察半个多世纪以来世界上不同区域、不同政治形态、不同文化背景的国家发展历程看，绝大部分国家都实现了从低收入向中等收入行列的转变，但只有少数国家能继续突破中等收入进入高收入国家行列，譬如日本、"亚洲四小龙"，拉丁美洲的智利等国家和地区。研究中国跨越"中等收入陷阱"必须从多方面、多视角、全方位切入，全面比较和分析中国与高收入国家在当期存在的差异，明确中国跨越"中等收入陷阱"还需改进和努力的方向。经过几十年的不断丰富和完善的 HDI，正好与衡量"中等收入陷阱"阶段的经济、社会和人口状况的指标不谋而合，呈现出极大相关性，二者相互影响，相互促进。这里分别选取拉美国家成功跨越和至今徘徊在"中等收入陷阱"的两个典型代表国家智利、巴西，同时选取东亚经济体中与中国地缘、历史、文化很相近的韩国作为研究对象。基于 HDI 视角，探讨中国与韩国、智利以及巴西在迈入高收入时的异同点，吸取智利和韩国社会转型以及跨越"中等收入陷阱"具有较大参考价值的经验，为中国经济发展提供更为全面的资料和发展路径。

---

① 人类发展指数主要指标包括健康、教育、收入、贫困、就业、经济和人口状况等方面。
② 田雪原：《"中等收入陷阱"的人口老龄化视角》，《中州学刊》2012 年第 6 期。

一 "中等收入陷阱"与 HDI 的相关性

（一）HDI 与高收入国家人均 GNI

绝大部分进入高收入水平国家 HDI 都超过 0.8（图 5-2），即进入极高人类发展水平状态；分阶段看，人均 GNI 在 20000 美元左右的相对低水平的高收入国家，其 HDI 徘徊在 0.8 左右，甚至低于 0.8，人类发展指数水平相对较低，当人均 GNI 超过 35000 美元的高收入国家，HDI 除少数几个国家外，大部分国家已超过 0.9。可以说人均 GNI 越高，同期 HDI 也越高，反之亦然。成功跨越"中等收入陷阱"与进入极高人类发展水平是同时并举的两道"发展门槛"，二者相互影响、相互制约。图 5-2 中 A 点即为中国人均 GNI 与对应的 HDI 发展水平，与高收入国家相比，中国无论在经济还是人类发展方面与发达国家相比均存在较大差距，尤与 B 点的挪威差距大，两国人均 GNI 相差了 85620 美元，HDI 相差了 0.211 个单位值。因此，从 HDI 角度看，中国要成功跨越"中等收入陷阱"，必须全面发展经济、社会、人口等多方面内容，人均 GNI 与 HDI "两只脚"同时迈进高收入国家行列。

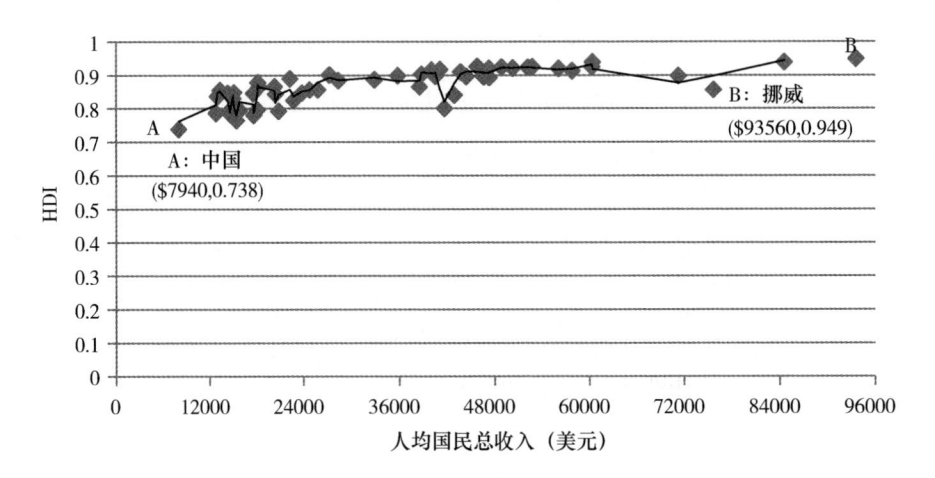

图 5-2 高收入国家人均 GNI 与 HDI 关系

资料来源：来自世界银行（World Bank）2015 年相关统计数据（https://data.worldbank.org.cn/indicator/NY.GNP.PCAP.CD）；所用高收入国家的 HDI 数据来自于联合国开发计划署出版的《2016 年人类发展报告》。

验证高收入国家人均 GNI 与同期 HDI 相关关系后，还需深入印证高收入国家与中等收入国家的发展是否适应该规律。首先，高收入国家与中等偏上收入国家人均 GNI 和同期 HDI 存在明显差距，2015 年，中等偏上收入国家人均 GNI 比高收入国家低了 28213 美元，仅为 1/5 左右（表 5-10）。同样，中等偏上收入国家的 HDI 比高收入国家低 0.127 个单位值。其次，高收入国家人均 GNI 排前四的有挪威、瑞典、卡塔尔和卢森堡（2020 年分别为：列支敦士登 131032 美元、卡塔尔 92418 美元、新加坡 88155 美元、卢森堡 72712 美元），中等偏上收入国家人均 GNI 前四的有：帕劳、土耳其、巴拿马和俄罗斯（2020 年这四个国家均进入高收入行列），主要特征表现为：一是收入差距较大，高收入国家、高收入与中等偏上收入国家间均是如此；二是 2015 年排名前 4 的高收入国家同期 HDI 均超过 0.85，同期中等偏上收入 4 国经济发展明显优于中等偏上国家的平均值，但 HDI 除了俄罗斯外，其他国家均低于 0.8，2020 年均超过了 0.8，进入极高人类发展指数级别；最后，韩国、智利、巴西和中国的人均 GNI、HDI 与其他国家比较看，人均 GNI 较高的韩国，其 HDI 明显高于高收入国家平均值，收入较低的智利则略低于平均值（2015 年），高收入国家智利人均 GNI 不高，但人类发展指数相对较高；人均 GNI 相对较高的巴西，HDI 高于中等偏上收入国家平均值，而人均 GNI 较低的中国，HDI 也略低于平均水平，巴西与中国均处于高人类发展指数。无论从总体还是从各收入层次、各国微观层面看，基本印证了人均 GNI 与 HDI 呈现典型的正相关关系。

表 5-10　　2015 年、2020 年部分国家 HDI 与人均 GNI 比较　（单位：美元）

国家	2015 年		2020 年		国家	2015 年		2020 年	
	人均GNI	HDI	人均GNI	HDI		人均GNI	HDI	人均GNI	HDI
高收入	35787	0.87			中等偏上收入	7574	0.743		
挪威	93560	0.949	66494	0.957	帕劳	12180	0.788	19317	0.826
瑞典	84540	0.939	54508	0.945	土耳其	12000	0.767	27701	0.820
卡塔尔	75660	0.856	92418	0.848	巴拿马	11730	0.788	29558	0.815

续表

国家	2015年 人均GNI	HDI	2020年 人均GNI	HDI	国家	2015年 人均GNI	HDI	2020年 人均GNI	HDI
卢森堡	71240	0.898	72712	0.916	俄罗斯	11660	0.804	26157	0.824
韩国	27250	0.901	43044	0.916	巴西	10080	0.754	14263	0.765
智利	14320	0.847	23261	0.851	中国	7940	0.738	16057	0.761

资料来源：根据联合国开发计划署出版的《2016年、2021年人类发展报告》相关数据整理。

（二）四国人均GNI发展比较

近几十年来，世界经济格局发生了巨大变化，新兴国家已成为世界舞台上最耀眼、最重要的力量。韩国、智利、巴西和中国各国经济发展显著不同。韩国、智利和巴西均在20世纪70年代先后步入中等收入行列（图5-3）。经过几十年发展，韩国、智利分别在1994年、2011年进入高收入行列。巴西2013年人均GNI曾达12730美元，十分接近高收入行列，此后下跌，2019年又降至9130美元，未迈入高收入行列。可见，跨越"中等收入陷阱"是一个持续的、漫长的甚至是反复的历程。

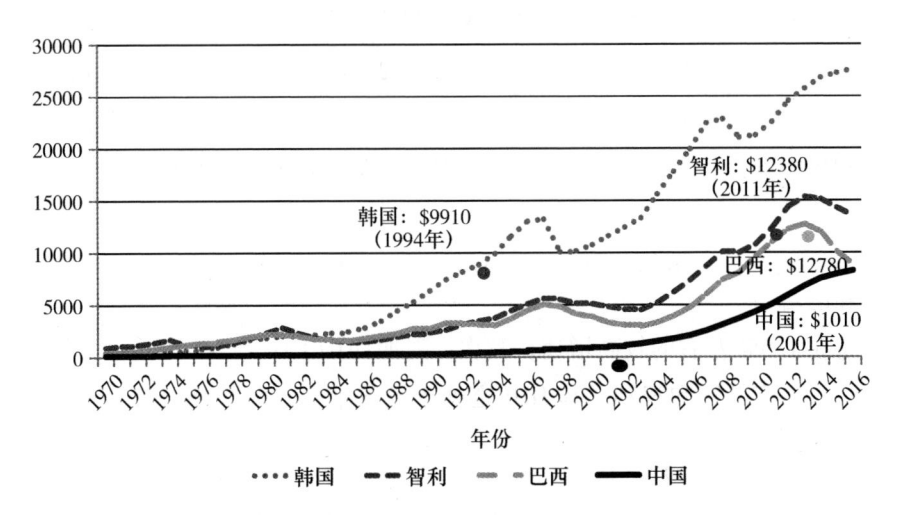

图5-3 韩国、智利、巴西和中国的人均GNI发展状况

资料来源：世界银行（World Bank）相关统计数据（https://data.worldbank.org.cn/indicator/NY.GNP.PCAP.CD）。

就中国来看，经济发展与其他3国呈截然不同发展趋势：首先，经济发展起步晚。1990年前中国人均GNI增长缓慢，1990年后增长速度加快，2001年人均GNI突破1000美元，进入中等收入国家行列，比韩国、智利和巴西分别晚了23年、30年和26年。其次，增长趋势稳定。中国进入中等偏低收入国家后人均GNI增长迅速，且保持稳步上升态势，与其他国家的曲折与反复相比，中国则是平稳与上升趋势。最后，发展速度快。中国人均GNI从1000美元到3000美元用了不到7年时间，在此过程中，发展最快的韩国用了近9年，智利用了21年，巴西在反复波折中，已花费了近17年。

从横截面比较看，2016年中国人均GNI为8260美元，相当于韩国1992年、智利2007年的水平，若按韩国2010年以来人均GNI年增长率3%左右推算，中国成功进入高收入国家还需14年左右；若按智利2010年以来人均GNI年均增长率3.56%左右推算，需要近11年。当然，由于各国国情、策略、制度以及经济状况均有所不同，不能简单地直接借用其他国家数据进行预测，但至少可以明确一点，从中等偏上收入国家进入高收入行列是一个较长期的过程，需要"因时因地制宜"。

（三）四国HDI比较

基于人均GNI与同期HDI的相互关系，可以明确高收入国家不仅实现了经济收入的"高"，还应实现与之相应的人人共享发展成果，实现人口与经济均衡、协调与全面发展，最终达到极高人类发展水平。通过比较四国1990年以来HDI发展可看出（图5-4）：首先，从四国HDI总体趋势看，增长速度不尽相同，均呈现出稳定增长态势。其中，韩国、智利和巴西年平均增长幅度基本保持在0.7%—0.8%，中国年均增长率则保持在1.5%左右的较高增速；其次，对照四国HDI与经济发展状况看，高收入国家韩国和智利，其HDI也处于发达水平，两国分别在1997年、2007年进入极高人类发展水平国家行列，而中等偏高收入国家巴西和中国的人类发展水平仍相对较低，两国分别在2006年和2010年HDI超过0.7；最后，比较四国HDI的差距，巴西现阶段人类发展状况相当于韩国1993年、智利1999年的水平，中国相当于韩国1991年、智利1996年的水平，说明巴西和中国人类发展水平还比较落后，与高收入国家相差近

20年左右的水平，赶超空间还比较大。

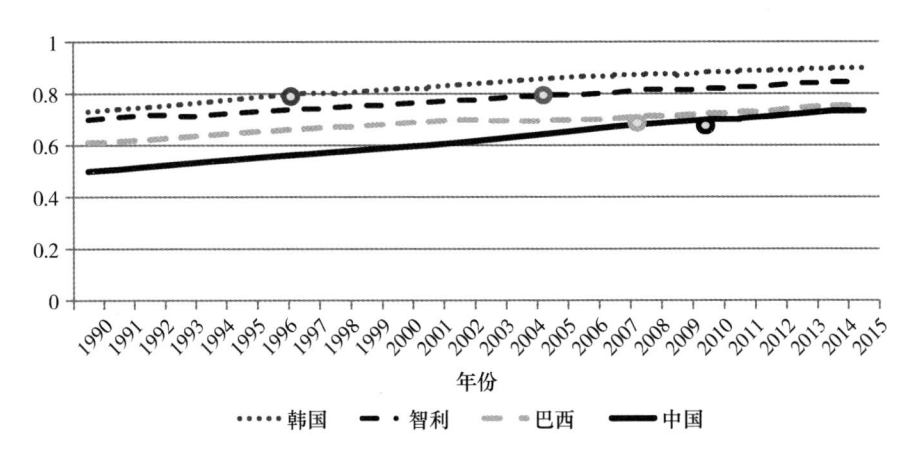

图 5-4　1990—2015 年韩国、智利、巴西和中国人类发展指数比较

资料来源：联合国开发计划署出版的《2016年人类发展报告》。

从以上分析可以基本判断：从经济发展状况看，韩国与智利已成功迈入高收入行列，而中国和巴西正处在跨越"中等收入陷阱"的关键期；从人类发展水平看，韩国和智利已进入极高水平，中国和巴西正处于向极高人类发展水平过渡。因此，两种收入类型国家的经济、社会、人口等指标均呈现明显差异性，具有较大的可比和借鉴价值。

二　HDI 视角下四国迈入"中等收入"阶段发展状况

（一）健康发展

在人类发展指数测度中，反映健康状况的综合指标是人口出生预期寿命，同时还有若干指标作为辅助数据给予说明与支持，通过主要健康数据比较可综合反映四国在跨越"中等收入陷阱"过程中的人口健康指标情况。

1. 出生预期寿命及婴儿死亡率

不同国家、不同地区、不同时期，人口出生预期寿命与作为综合反映妇幼保健工作水平的重要指标婴儿死亡率，比较两个指标在不同时期的差异，可反映4国社会经济发展差距。

表5-11　　　　各国预期寿命、新生儿死亡率比较　　　（单位：年，‰）

时间	出生预期寿命				新生儿死亡率			
	韩国	智利	巴西	中国	韩国	智利	巴西	中国
1990	71.6	73.51	66.34	69.15	7.3	8.6	25.3	29.6
1995	73.7	74.96	68.32	69.89	4.8	6.5	21.1	26.6
2000	75.91	76.37	70.12	71.4	3.4	5.7	18	21
2005	78.17	77.63	71.9	72.99	2.4	5.4	14.1	14
2010	80.12	78.78	73.62	74.41	1.8	5.3	11.2	8.4
2015	82.02	79.65	74.99	75.93	1.6	5.1	9.4	5.4
2019	83.23	80.18	75.88	76.91	1.5	4.6	7.9	3.9

资料来源：所用数据均来自世界银行（https://data.worldbank.org.cn）。

1990年来，各国预期寿命和新生儿死亡状况均有了不同程度改善（表5-11），从出生预期寿命看，处于中等收入水平的巴西和中国，与处于较高收入水平的韩国和智利有两大不同：一是起点低，1990—2019年，韩国和智利出生预期寿命分别比巴西高了6—7年，比中国高了3—6年左右，差值在扩大；二是提高速度较慢，韩国和智利近30年延长了7—12年，巴西延长了近10年，而中国仅增加了7.76年，巴西、中国与高收入国家差距较大；从婴儿死亡率看，巴西、中国与韩国、智利差距也较大，一是初始差距较为悬殊，1990年，韩国已低至7.3‰，比同期的智利、巴西和中国分别低了1.3个、18个和22.3个千分点。二是下降速度不同，经过十几年经济发展和妇幼保健工作的提高与改善，韩国和智利已降至较低水平并且保持长期稳定，相对应的巴西和中国，由于人口基数较大，下降速度虽快，两国该值仍明显高于韩国和智利。2019年，巴西、中国分别比韩国高6.4个、2.4个千分点。说明中等收入水平的中国、巴西与高收入国家的韩国和智利在健康状况上有着较大差距，前者落后于后者。

2. 公共卫生支出状况

利用有限的公共资源实现国家医疗卫生事业的发展，对经济增长有着积极的促进作用。四国初始水平有较大差距，1995年，智利和巴西公共卫生支出占国内生产总值比重最大，分别为2.5%、2.8%，韩国和中国比重分别是 1.4%、1.8%,韩国低于中国,说明拉丁美洲国家在更早时期就开始关注民生问题。随着各国经济发展,国内生产总值不断增长,2014 年韩国公共卫生支出占 GDP 的比重已超过拉美国家,达 4%,同期智利和巴西分别达 3.9%、3.8%,中国是最低的,仅有 3.1%(表 5-12)。综合四国预期寿命和婴儿死亡率比较,韩国和智利公共卫生支出占本国生产总值比重较高,政府部门对公共卫生医疗事业投入较大,人口预期寿命和婴儿死亡率不断得到改善,人口健康发展指数不断提高,这是巴西和中国需要不断改进的方面,也是巴西和中国在向高收入国家发展中必不可少的环节。

表 5-12　　　　四国公共卫生支出状况比较(占 GDP 比重)　　　(单位:%)

时间	韩国	智利	巴西	中国
1995	1.4	2.5	2.8	1.8
2000	2.1	3.3	2.8	1.8
2005	2.8	2.5	3.4	1.8
2010	3.9	3.3	3.8	2.7
2014	4	3.9	3.8	3.1

资料来源:所用数据均来自联合国开发计划署出版的《人类发展报告 2016》。

(二)教育状况

人口科学文化素质的高低直接影响着一国的科学技术水平、创新能力以及未来经济社会长远发展,在"科教兴国"发展战略下,教育作为衡量国家综合实力的一个重要方面,也是向高收入国家、极高人类发展水平国家迈进的需要完善和改进的重要因素。

1. 受教育状况

从平均预期受教育年限[①]看,除了韩国自 2000 年以来的 20 年,平均预期受教育年限基本保持在十六七年外,其他 3 国基本呈不断增长态势。

---

① 平均预期受教育年限,指学龄儿童人均预期可以接受正规学校教育的平均年数,即学历教育各年级净入学率之和,是国际上评价教育成就和教育发展水平的通用指标。

但中国与其他3国差距较为明显（表5-13），其一，初始水平较低，1990年，中国平均预期受教育年限仅8.8年，分别比韩国、智利和巴西同期少了4.9年、4.1年和3.4年，说明中国当时适龄儿童毛入学率显著偏低；其二，2020年，韩国和智利平均预期受教育年限均在16年左右，两国十分接近，巴西低了1年，中国相对较低，虽然两国经历了20年发展和积累，但与韩国、智利相比还存在一定差距，2020年中国比韩国低2.5年，比智利少2.4年。平均预期受教育年限客观上反映了一国组织教育活动的水平，只有提高各学龄人口毛入学率，保证受教育人口增量，才能保证未来适龄劳动年龄人口整体素质的提高。

表5-13　　　　　　　　四国受教育年限水平比较　　　　　　　（单位：年）

时间	平均预期受教育年限				人口平均受教育年限			
	韩国	智利	巴西	中国	韩国	智利	巴西	中国
1990	13.7	12.9	12.2	8.8	8.9	8.1	3.8	4.8
1995	14.7	12.5	13.3	9.1	10.0	8.4	4.6	5.7
2000	15.9	13.7	14.3	9.6	10.6	8.8	5.6	6.5
2005	16.7	14.9	13.8	11.0	11.4	9.5	6.1	6.9
2010	16.7	15.4	14.0	12.8	11.8	9.8	6.9	7.1
2015	16.6	16.3	15.2	13.5	12.2	9.9	7.8	7.6
2020	16.5	16.4	15.4	14.0	12.2	10.6	8.0	8.1

资料来源：来自联合国开发计划署出版的《人类发展报告2021》。

四国人口平均受教育年限[①]呈现以下特征：首先，从整体看均呈现稳定增长趋势，说明四国国民整体文化素质不断提高。其次，1990年，韩国、智利、中国和巴西平均受教育年限依次降低，年限更长的韩国、智利与相对较短的巴西、中国差距较大。巴西比韩国、智利分别短5.1年、4.3年，中国则比韩国、智利分别短4.1年、3.3年。可见，巴西与中国

---

① 人口平均受教育年限，指6岁及以上人口的平均接受学历教育年数，计算该指标需要对人口的文化程度进行普查，然后按人口普查结果进行计算。

仍有较大提升空间。最后，2020年，中国、巴西分别为8.1年、8.0年，与韩国12.2年、智利10.6年相比有一定差距。可以看出，中国和巴西20年间虽然取得了显著进步，但仍不及（或刚好）韩国和智利在1990年时的教育发展水平，说明巴西和中国全民文化素质水平还有待提高。

2. 教育支出状况

由于4国在个别统计年份数据缺失，只能从宏观角度比较和判断4国教育投入情况。总体看，4国自1990年以来政府教育支出占GDP比重总体不断增长，智利上升快，除了中国稳步增长外，其他三国在十几年间出现不同程度增减变化，个别年份支出较多，而有些年份又出现了一定回落（表5-14）。2017年，韩国和智利教育支出占GDP比重较高，分别为4.333%、5.419%左右，巴西比重最高，达6.323%，高出中国同期水平。相比，2015年，中国该值仅3.81%，而且人口基数大，平均到每个适龄人口的受教育支出经费还是稍显不足。

表5-14　　　　四国教育开支总额（占GDP比重）比较　　　（单位：%）

时间	韩国	智利	巴西	中国
1990	3.02	2.36	—	1.66
1995	2.98	2.64	4.47	1.84
2000	—	3.71	3.95	1.89
2005	3.90	3.23	4.48	—
2010	—	4.18	5.64	3.04
2015	5.05	4.92	6.24	3.81
2017	4.333	5.419	6.323	—

注：因数据缺失，1990年为1992年数值，2000年为1999年数值，同时韩国2017年数据用2016年替代，个别统计年份存在缺失，用"—"表示。

资料来源：世界银行（World Bank）数据库（https：//data.worldbank.org.cn/indicator/SE.XPD.TOTL.GD.ZS）。

可见，巴西和中国无论从平均预期受教育状况，还是人口平均受教育年限，处于中等收入国家的巴西、中国与高收入国家的韩国、智利均存在一定差距。同时，中国公共教育支出占GDP比重明显低于韩国、智利和巴西。综合看，中国政府最应当尽快增加教育公共事业支出投入，均衡教育资源分配，提高教育质量，只有教育事业发展了，才能确保国民科学文化素质水平提升，才能确保未来中国人口素质的快速提高，实现创新与长远发展。

（三）收入状况

收入水平是衡量国家经济、社会状况最为直接和重要的硬性指标之一，除了人均GNI，还有一系列其他经济指标，将各个指标结合起来分析以全面考察一国整体经济发展状况。

1. 人均GNI增长率与储蓄

进入"中等收入陷阱"的首要标志是经济增长回落或停滞，根据4国人均GNI年增长率1990—2019年呈现以下主要特征（表5-15）：首先，从整体趋势看，除巴西在1990年、2015年左右出现负增长外，其他3国均保持相对稳定增长，这也正是巴西始终徘徊在"中等收入陷阱"的原因之一。其次，从长远发展看，除巴西外，其余3国都从较高增长速度出现逐年放缓。比如韩国从1990年的8.973%下降至2019年的2.289%，智利从1995年峰值的7.942%降至2019年的0.17%，中国2010年之前均保持较高的人均GNI增长率，2015年左右也出现明显"降速"，为5.796%，但仍高于韩国和智利，2019年为5.894%，是4国中最高的。巴西较为复杂和波折，多次出现反复下降，这是由于国内政策措施和国际形势双重作用导致。最后，结合实际经济发展规律看，在中高收入或高收入阶段，由于政策弹性、社会环境以及其他多方原因，经济增速放缓是必然趋势，也是必经发展阶段，中国政府提出的"经济新常态"发展阶段就是最好的解释。因此，高收入国家的韩国和智利人均GNI仍在不断增长，经济发展形态更成熟，发展速度更稳定。巴西进行适时的、科学与完善的政策措施调整，才是促进居民收入稳定增长的关键。而中国经济增长状况仍然是乐观的，也只有继续保持稳定的、较高的人均GNI增长率，才有可能在较短时期内成功跨入高收入国家行列。

表5-15　　四国人均GNI年增长率与同期储蓄率比较　　（单位：%）

时间	人均GNI年增长率				储蓄率（占GDP百分比）			
	韩国	智利	巴西	中国	韩国	智利	巴西	中国
1990	8.973	3.112	-12.191	7.774	39.03	23.67	18.92	36.69
1995	8.349	7.942	2.952	8.503	37.68	24.24	14.35	39.53
2000	8.564	3.420	3.578	7.727	33.89	21.07	13.99	35.74
2005	3.090	3.841	1.914	10.278	33.77	23.34	18.11	45.96
2010	6.326	4.174	8.460	9.813	35.05	24.53	17.80	51.33
2015	2.215	2.340	-4.728	5.796	36.35	21.3	14.53	45.52
2019	2.289	0.17	0.572	5.894	34.79	19.05	12.19	43.82

资料来源：世界银行（World Bank）数据库（https：//data.worldbank.org.cn/indicator/NY.GNP.PCAP.KD.ZG。https：//data.worldbank.org.cn/indicator/NY.GNS.ICTR.ZS? view=chart）。

人均GNI不断增长，意味着居民收入水平不断提高，同期居民储蓄率状况也将发生明显变化，4国居民储蓄率均有一定起伏变化，相对来说，韩国与中国变化相对较小（表5-15）。从地域上看，韩国与中国"勤俭"的同源文化传统，是形成两国储蓄率明显高于拉美国家的原因之一，两国分别在2005年、2000年有所下降。从经济角度看，1990—2019年中国储蓄率最高，韩国次之。巴西的低储蓄率和中国的高储蓄率形成了鲜明对比。2019年，智利储蓄率占GDP比重不到20%，比韩国低了近15个百分点，比中国低了近23个百分点，比巴西高近7个百分点。高储蓄率一定程度上阻碍一国经济发展，也是造成国内消费动力不足的主要原因之一；而过低的储蓄率又可能会造成过度消费，形成虚假繁荣，不利于经济长远发展。显然，在国民收入不断增长过程中，适时的调整总收入中消费与储蓄的关系同样至关重要。

2. 收入分配状况

基尼系数是反映国民收入内部分配公平与否的重要指标之一。因获取数据有限，仅能通过比较四国在2010年、2013年、2015年和2019年基尼系数，以了解4国的社会财富分配状况。

表 5-16　　　　　　　　四国基尼系数变化情况对比

时间	韩国	智利	巴西	中国
2010	0.32	0.47	0.537	0.437
2013	0.312	0.458	0.528	0.397
2015	0.314	0.444	0.519	0.386
2019	—	0.444	0.534	0.385

资料来源：联合国开发计划署出版的《人类发展报告2016》，其余有缺失数据通过世界银行数据库及四国相关统计网站补充。因数据缺失，韩国2013年数据为2014年替代，2015年数据用2016年替代；智利2010年数据用2009年替代，2019年为2017年数据；巴西2010年数据用2009年替代；中国2019年为2016年数据。

根据联合国划分标准[1]，4国收入分配类型可分为三类：一是韩国，属于收入相对合理的国家，4个年份中较高的2010年也只有0.32，基尼系数与大部分发达国家十分相似；二是巴西和智利，属于收入差距悬殊国家，巴西每个年份超过了0.5，智利虽比巴西数值低一些，但均属收入差距较大区间。许多学者认为，拉美是世界上收入分配最不公平的地区[2]，造成该结果既有历史遗留的所有制问题，也存在产业结构不合理、城乡差距大，同时受税收制度、宏观经济政策等方面的影响较大，即使是成功进入高收入行列的智利，也不可避免地存在收入分配悬殊难题，长期得不到合理有效解决，巴西在摆脱"中等收入陷阱"的同时，也亟待实现收入分配制度的改革和完善；三是中国，属于收入差距较大国家，基尼系数相对较高，4年中2010年最高，接近0.5，其他年份属收入相对平均区间（表5-16），新常态下，中国应做好收入分配制度改革，合理调节居民收入。

（四）贫困状况

联合国开发计划署《2016年人类发展报告》中确定的主题"人类发

---

[1]　联合国规定的有关基尼系数标准为：低于0.2，收入绝对平均；0.2—0.3，收入比较平均；0.3—0.4，收入相对合理；0.4—0.5，收入差距较大；大于0.5，收入差距悬殊。通常把0.4作为收入分配差距的"警戒线"。

[2]　江时学：《拉美国家的收入分配为什么如此不公》，《拉丁美洲研究》2005年第5期。

展为人人",每个人共享发展成果,消除贫困。4 国贫困人口比例①下降均较快,中国在 2005 年前超世界同期平均值,1990 年(之前年份因数据缺失),中国高出世界同期平均值 23.9 个百分点,说明中国贫困人口比重高。2000 年差值为 11.6 个百分点,此后中国减贫任务完成十分迅速,2005 年比世界平均值低了 2.2 个百分点,2015 年,世界为 10%,中国已降至 0.7%(表 5-17),下降速度很快,也说明中国脱贫攻坚完成很出色,给世界减贫任务做出了杰出贡献。与其他 3 国相比,中国在 2013 年前该值均高于 3 国,既说明中国脱贫任务艰巨,也看出减贫十分迅速。

表 5-17　　　　　　　　四国、世界贫困人口比例　　　　　　（单位:%）

	1981	1990	1995	2000	2005	2010	2015	2017
世界	42.3	36.0	29.5	28.6	20.7	15.7	10.0	9.3
韩国	—	—	—	—	0.2	0.5	0.2	0.2
智利	11.7	8.1	3.4	4.4	1.5	0.6	0.3	0.3
巴西	21.4	21.6	13.0	11.6	8.6	4.7	3.2	4.4
中国	—	66.2	41.7	40.2	18.5	11.2	0.7	0.5

注:因数据缺失,世界平均值 1995 年数据为 1996 年数据替代,2000 年为 1999 年数据,2018 年数据缺失;韩国 2005 年数据用 2006 年数据替代,2015 年用 2014 年数据替代,2017 年用 2016 年数据替代;智利 1981 年为 1987 年数据,1995 年数据为 1996 年数据替代,2005 年数据为 2006 年数据替代,2010 年数据为 2011 年数据替代;巴西 2000 年数据为 2001 年数据替代,2010 年数据为 2011 年数据替代;中国 1995 年数据为 1996 年数据替代,2000 年数据为 1999 年数据,2017 年数据为 2016 年数据替代。

资料来源:贫困人口比例按每天收入 1.9 美元的(2011 PPP)人口占总人口的百分比,世界银行数据库(https://data.worldbank.org.cn/indicator/SI.POV.DDAY?view=chart)。

已进入高收入国家的韩国、智利从贫困指标上看均比较低,由于数据缺失,韩国仅显示 2005 年后的数据,指标很低。智利在 1981 年虽超过 10%,但远低于同属拉美国家同期巴西 10.3 个百分点,说明智利的减贫任务比巴西相对更轻,智利在 1995 年下降至 3.4%,比同期巴西低了 9.6

---

① 这里的贫困人口比例是指按每天收入 1.9 美元的人口(2011 PPP)占总人口的百分比。

个百分点，降速几乎一致，但智利比重明显低于同期中国与巴西，随后智利虽有一定回升，2005年又降至1.5%，2017年更是低至0.3%，与韩国十分接近。智利、韩国贫困人口比例在进入高收入行列起持续偏低，中等收入国家的中国与巴西不仅起点高、任务重，为实现脱贫攻坚任务需要耗费大量人力物力财力，一定程度上减少了社会经济发展投入。要尽快实现迈入高收入行列，脱贫是第一步，而且是必不可少的步骤。

第三节 基于产业与就业结构跨越"中等收入陷阱"比较

1970—2019年，中国人均国民收入从120美元跨越到10410美元。其中三次产业结构经过系统调整和优化升级实现了由"二、一、三"向"三、二、一"的转变，就业人口基本呈"三、一、二"结构。可见，中国就业人口结构的调整速度远跟不上产业结构的优化升级，由此带来了产业结构与就业人口结构一定程度上的失衡和偏离，不仅造成人力资源浪费和闲置，一定程度上阻碍了中国经济社会持续健康发展。中国正处于中等收入阶段，在比较韩国、中国两个国家产业结构与就业结构发展基础上，提出如何协调产业结构与就业结构的协调发展，如何吸纳韩国成功跨越"中等收入陷阱"的相关经验具有重要现实意义[1]。

"配第—克拉克定理"作为产业结构与就业结构调整最为重要的理论之一，其内涵主要体现为：随着经济发展，人均国民收入水平提高，第一产业国民收入和劳动力的相对比重逐渐下降；第二产业国民收入和劳动力相对比重上升，经济进一步发展，第三产业国民收入和劳动力相对比重也开始上升[2]。随后，库兹涅茨（1985）、钱纳里（1989）、刘易斯（1989）等学者相继论证并发展了该理论。可见，产业结构由"一、二、三"向"三、二、一"转变过程中，伴随着就业结构的同向协调发展尤

---

[1] 晏月平、王楠：《中韩跨越"中等收入陷阱"的比较研究》，《云南师范大学学报》（哲学社会科学版）2019年第2期。

[2] 转引自胡嵩《重庆市工业化阶段农地非农化研究》，硕士学位论文，西南大学，2012年，第37页。

为重要。目前，中国产业结构与就业结构不协调问题十分突出。

一 中韩产业结构与就业结构发展状况

在全球经济迅猛发展、各国联系日益紧密等现实背景下，经济发展已不仅仅关乎单一个体与地区，而是某一区域乃至全球互动、相互影响、相互协作的共同结果。同为东亚国家的韩国，与中国一道都是地区经济发展"标兵"，韩国于20世纪90年代成功进入高收入国家行列。比较中国、韩国在人均国民收入、产业与就业发展，可以更加明确两国在产业结构与就业结构发展上实现经济增长与发展的内在逻辑。

（一）跨越"中等收入陷阱"与产业发展比较

因三次产业结构、就业结构相关数据获取有限，这里首先比较1970—1995年韩国和中国人均国民收入与三次产业发展（图5-5、图5-6），可以清楚韩国在跨越"中等收入陷阱"时两国国民收入与产业发展状况。1970年，韩国人均GNI为280美元，经过系列产业结构调整于1973年实现了"三、二、一"转变，实现了经济快速发展。1978年首次突破1000美元且进入中等收入阶段。此后韩国产业结构调整不断深化，1978—1995年，第一产业比重由22.24%降至5.89%，下降16.35个百分点；第二产业比重由33.45%增长至39.51%，增加了6.06个百分点；第三产业比重由44.3%增长到54.6%，提高了10.3个百分点。同时人均GNI从1978年的1270美元增长至1995年的11600美元，增加了10330美元，跨越"中等收入"阶段用时大约17年，年平均增长608美元。

韩国进入"高收入"阶段时中国经济也在缓慢发展，中国人均GNI从1970年120美元增长到1995年540美元。三次产业比重呈现波动式变化，第一产业比重总体下降，从1970年的34.8%降至1995年的19.6%，下降了15.2个百分点；第二产业比重从1970年的40.3%缓慢增长至1995年的46.8%，提高了6.5个百分点；第三产业比重从24.9%增长到1995年的33.7%，增加了8.8个百分点。中国产业结构调整与韩国在方向和程度上基本一致，但中国人均GNI在25年间仅净增长420美元，其中1978—1995年仅增加340美元，与同期韩国相比差距悬殊。

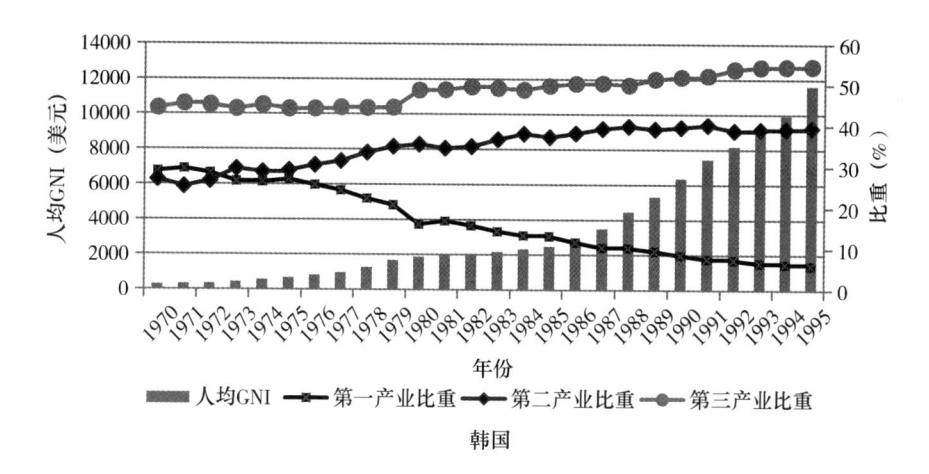

图 5-5　1970—1995 年韩国人均国民收入与产业结构变化

资料来源：根据世界银行数据库相关数据整理绘制（https：//data.worldbank.org.cn/indicator）。

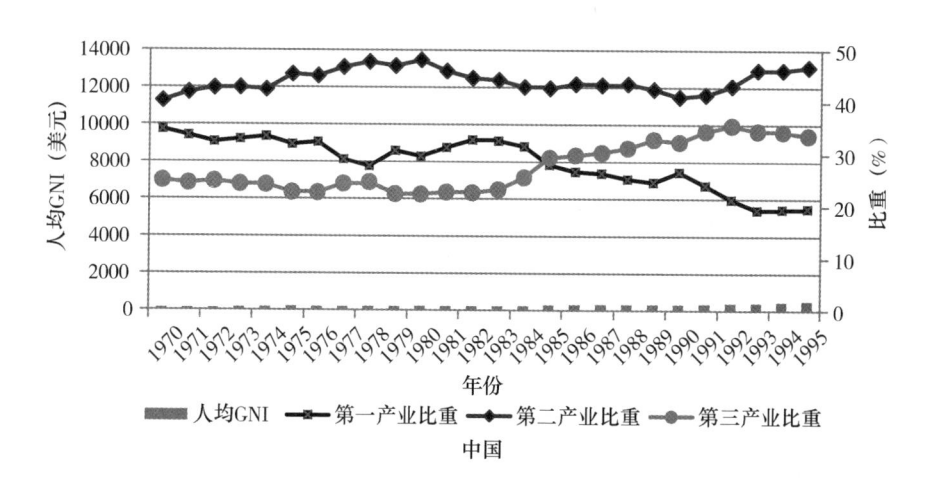

图 5-6　1970—1995 年中国人均国民收入与产业结构变化状况

资料来源：根据世界银行数据库相关数据整理绘制（https：//data.worldbank.org.cn/indicator）。

从两国人均国民收入和三次产业调整看出：一方面，随着经济社会发展，人均 GNI 不断增长，第一产业比重逐年下降，第二、第三产业比重不断增长，说明国民经济发展、国民收入水平提高与产业结构发展密不可分，二者相互影响、相互制约。另一方面，1970—1995 年韩国从

"三、一、二"产业结构调整为"三、二、一",并成功迈入高收入行列。其间中国产业结构从"二、一、三"调整至"二、三、一",产业结构依然不尽合理,国民收入增长相对缓慢。

(二)成功进入高收入阶段后产业与就业结构发展

1. 1995年以来韩国产业与就业结构发展

韩国通过诸如"出口导向型"等一系列经济发展战略以及完善市场经济制度,成功进入高收入行列。1995—2019年,韩国已进入高收入国家20多年,产业结构与就业结构随之发生了较大调整,人均GNI除了1998—2001年、2008—2011年略有下滑外均呈增长态势(图5-7),经济形势总体向好。第一产业产值比重不断下降,从1995年的5.89%降至2018年的1.983%,累计下降3.907个百分点。第一产业就业比重相应下降,由1995年的12.4%降至2019年的4.682%,下降7.718个百分点;第二产业产值比重由39.51%降至2018年的35.123%,下降4.387个百分点。其间第二产业就业比重由33.2%下降至2019年的24.839%,下降8.361个百分点;第三产业产值比重由54.61%增长至60.195%,累计增

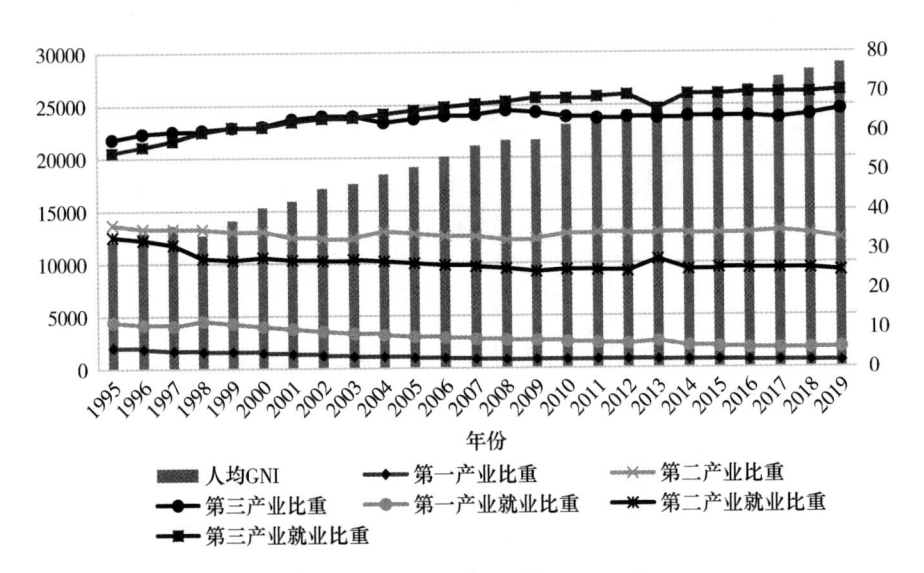

图5-7 1995—2019年韩国产业结构与就业结构发展状况

资料来源:根据世界银行数据库相关数据整理绘制(https://data.worldbank.org.cn/indicator)。

加 5.585 个百分点。第三产业就业比重由 54.4% 增长至 2019 年的 70.478%，累计增加 16.078 个百分点。韩国三次产业产值与就业比重变化方向基本一致，第一、二产业比重在不断下降，第三产业比重持续增加。

2. 1995 年以来中国产业与就业发展

改革开放以来中国经济取得了飞速发展，但与韩国相比仍存在较大差距，体现为起步晚、水平低。1995—2017 年，三次产业结构调整经历了"二、三、一"向"三、二、一"转变，就业结构实现了"一、三、二"向"三、一、二"转变（图 5-8）。

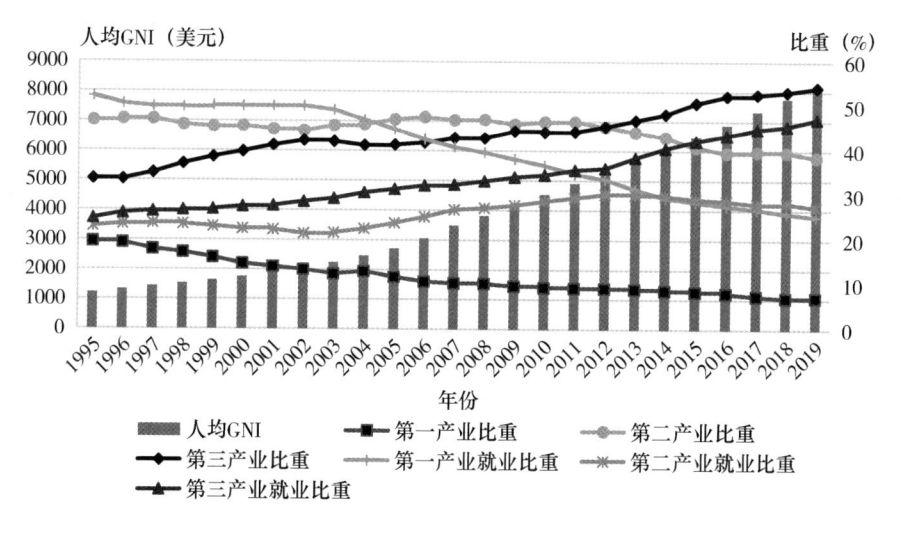

图 5-8 1995—2019 年中国产业结构与就业结构发展状况

资料来源：根据世界银行数据库相关数据整理（https://data.worldbank.org.cn/indicator）。

首先，第一产业就业比重虽逐年下降，1995 年高达 52.2%，超过一半的就业人口囤积第一产业，但仅创造了 19.6% 的产值。2019 年，第一产业就业比重降至 25.1%，1995—2019 年累计下降 27.1 个百分点，2019 年第一产业产值比重下降至 7.1%，1995—2019 年累计下降 12.5 个百分点，调整速度较快；第二产业产值比重变化相对较小，1995—2011 年略有提升，基本保持在 46% 左右，2012 年起持续下降，2019 年降至

39.0%。第二产业就业比重缓慢增长，1998—2002 受金融危机影响略有下降，2003—2019 年就业比重由 20.8% 增长至 27.5%，说明该产业吸纳就业人口不断增多；第三产业产值比重与就业比重同步增长，分别由 1995 年的 33.7%、28% 增长至 2019 年的 53.9%、47.4%，第三产业发展势头良好，且直接带动了就业人口增加。为了更清楚、更直观地理解中国产业与就业结构发展过程，可以从三次产业交替发展时间与特征看出相关变化（表 5-18）。

一方面，经济快速发展、人均国民收入不断提高，三次产业结构由"二、三、一"过渡到"三、二、一"。对应的三次产业就业结构则由"一、三、二"过渡到"三、一、二"，尚未实现"三、二、一"结构，仍在调整中。这清楚地反映了中国产业结构与就业结构的不同步性与不协调性。

表 5-18　　中国三次产业结构与就业结构发展简易时间表　　（单位：美元）

年份	1995	2000	2007	2013	2014	2015	2018	2019
人均 GNI	540	940	2510	6800	7520	7940	9460	10390
产业结构	二三一	二三一	二三一	三二一	三二一	三二一	三二一	三二一
就业结构	一三二	一三二	三一二	三一二	三一二	三一二	三一二	三一二

资料来源：根据 1995—2019 年中国三次产业产值比重与就业比重数据整理所得。

另一方面，在产业结构与就业结构逐渐趋于合理过程中，中国人均 GNI 呈跨越式增长。1995—2000 年净增长 400 美元，年均增长率 12.35%，2007—2011 年第三产业就业人员持续超过第一产业，人均 GNI 从 2510 美元增长至 5060 美元，净增长 2550 美元，实现国民收入翻一番，年均增长率 19.72%。2013 年起第三产业产值比重超过第二产业，实现了"三、二、一"产业结构的调整，人均 GNI 由 6800 美元增长至 2019 年的 10390 美元，净增长 3590 美元。可见，产业与就业结构协调发展直接加速了国民收入稳定增长，结构越合理，人均国民收入增长越快。

二 中韩产业结构与就业结构协调度比较

韩国产业结构与就业结构发展轨迹清晰且表现一致，也为中国经济发展提供了发展思路。中国产业结构虽然调整为"三、二、一"，就业结构仍是"三、一、二"模式，二者仍处于不协调、不同步状态，运用产业结构偏离度、就业弹性系数和比较劳动生产率三个量化指数，比较中韩两国产业与就业结构协调状态，可更准确、更直观地了解中国产业与就业结构现状。

（一）产业结构偏离度

一般来说，产业结构偏离度[①]若是正值，说明该产业尚有大量剩余劳动力存在转出要求，反之，负偏离则表示该产业劳动力资源紧缺，对就业人口的转入需求旺盛。从第一产业偏离度看出（图5-9），韩国始终为正，1995—1998年略有提高，从6.5增长到7.7后缓慢下降，1999—2016年下降3.9个单位，说明韩国第一产业部分剩余劳动力处于不断转出状态。中国第一产业偏离度始终为正，分为两个时期：1995—2000年不断增加，2000年达到35.6的峰值；2001—2016年逐步下降，2014年下降至低于20。由于偏离度基数较大，1995年中国该产业偏离度较韩国高出24.1个单位，经过20多年调整，2019年中国仍比韩国高出近15个单位。说明中国第一产业与就业结构不协调问题虽得到一定程度改善，但该产业囤积的就业人口远大于产业自身消化和需求数量，第一产业就业人口转出问题仍十分突出。

第二产业偏离度韩国始终为负（图5-9、图5-10），且存在阶段性波动。1995—2003年略有起伏，但偏离度均小于10，2004—2013年逐渐增大到-14左右，2014—2019年基本稳定在-8至-6，说明韩国该产业存在一定劳动力供给缺口，劳动力转入需求较大。中国第二产业偏离度也为负值。1995—2006年略有浮动，绝对值均大于25，2007—2019年逐渐缩小，从-24.1调整为-8.25，说明第二产业接收了部分转入就业人员，产业与就业协调度逐渐提升。1995—2019年，中国与韩国差距不断缩小，从18个单位下降至2019年的2.92个单位。

---

① 产业结构偏离度，指某一产业的就业比重与增加值比重之差。

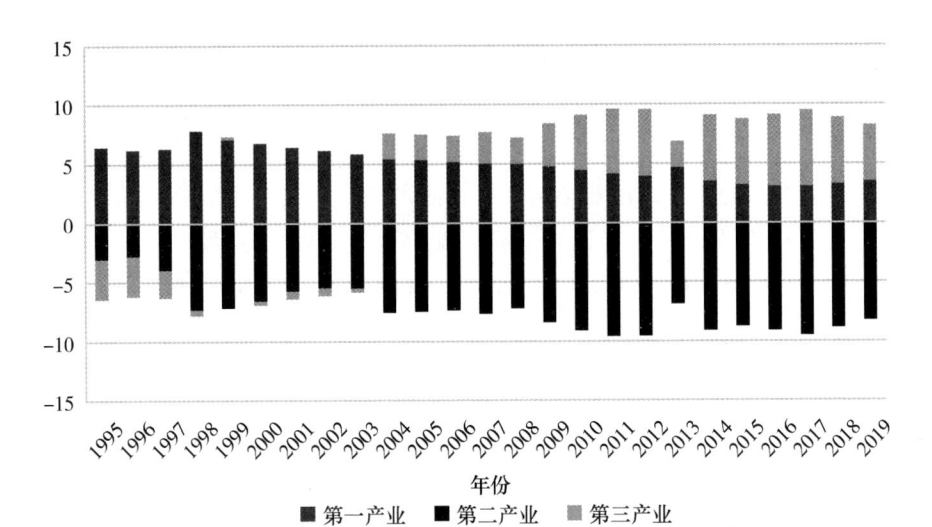

图 5 – 9　1995—2019 年韩国三次产业与就业结构偏离度

资料来源：根据世界银行数据库相关数据计算并绘制（https：//data.worldbank.org.cn/indicator）。

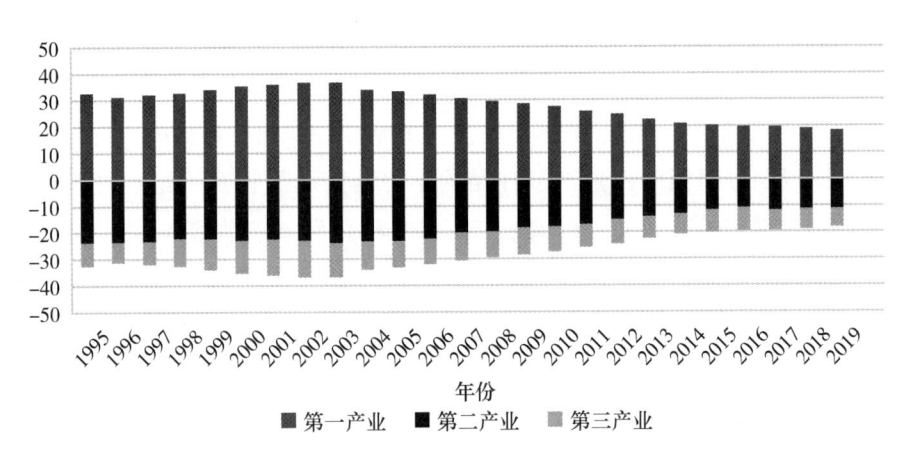

图 5 – 10　1995—2019 年中国三次产业与就业结构偏离度

资料来源：根据世界银行数据库相关数据计算并绘制（https：//data.worldbank.org.cn/indicator）。

第三产业偏离度韩国 1996 年起由负转正（图 5 – 9、图 5 – 10），且不断扩大，从 0 左右扩大至 2019 年的 4.74，2004 年首次超过第一产业，说明韩国第三产业就业人口逐渐饱和，溢出了较多富余劳动力，实现了劳动力合理布局。中国第三产业偏离度始终为负,1995—2002年不断扩大,从绝对值5.7增加到绝对值10.2;2003—2014年有所缩小,此阶段吸纳转出就业人口不断增多,促进了产业与就业协调发展。2015—2019年进一步扩大,说明该产业内部尚存部分劳动力缺口。韩国、中国第三产业偏离度有着根本性差异,主要取决于两国第三产业发展差距,中国2019年仅相当于韩国1992年水平,发展程度不同,偏离度存在一定差异。

总之,中国与韩国三次产业结构偏离度上,第一产业偏离度均为正,说明该产业存在劳动力转出必要性;第二产业偏离度均为负,说明该产业仍是吸纳劳动力就业、提供就业岗位的主要途径,需要满足第二产业不断增长的劳动力需求;第三产业偏离度方向性差异说明在不同国情和经济发展水平下,两国产业发展存在一定差距,侧面说明中国现阶段该产业尚欠成熟,发展前景广阔,对就业人口需求依然很强劲。同时也应看到,中国三次产业偏离程度均高于韩国,产业与就业结构不协调状况问题突出,调整任务艰巨。

(二)就业弹性系数①

韩国1995—2019年第一产业就业弹性系数变动较为显著(图5-11)。1995—2006年基本为负(1995年为-6.04,尤其高),说明在经济增长过程中第一产业发展对就业具有一定"挤出"效应;2007—2008年连续3年为正数,2009年起又出现下降,2011年、2014年均超过2,分别高达2.75、2.08,随后虽然有下降,2018年还一度下降到负1.41,2019年又转为正数,说明该产业发展对就业的促进作用逐渐显现。

中国该弹性系数与韩国相比,在程度和方向上变化都相对稳定,总体由正转负,绝对值由小变大。除1998年降为-3.5,经济增长1个百分点致就业增长率下降3.5个百分点外,1995—2001年间基本稳定在零左右;2002—2019年均为负值,且绝对值明显大于2002年之前,说明随着

---

① 就业弹性系数:指某一产业就业人数增长率与产业产值增长率的比值,即产值增长1个百分点带动就业增长的百分点。若就业弹性系数为正,表示经济增长对就业增长的促进作用大;当就业弹性系数为负时,表示经济增长对就业增长具有"挤出效应",即经济发展势头良好,但就业却出现负增长,其绝对值越大,说明"挤出"效应越明显,反之亦然;当就业弹性系数为0时,则意味着不存在就业弹性。

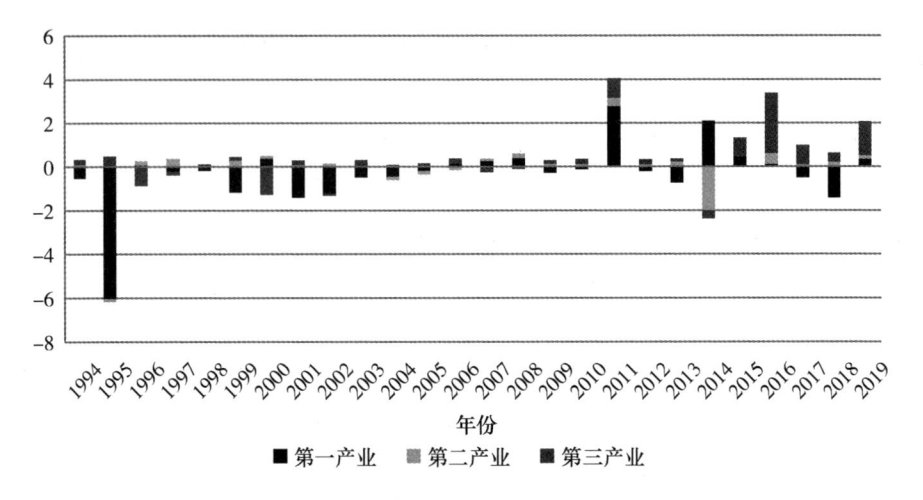

图 5-11　1995—2019 年韩国三次产业弹性系数

资料来源：根据世界银行数据库相关数据计算并绘制（https://data.worldbank.org.cn/indicator）。

中国经济快速发展，第一产业"挤出"效应愈加明显，产业对就业人口的需求不断减少，存在一定数量的劳动力闲置。

从第二产业就业弹性系数看，韩国该值大多数年份为正，变化相对较小，除了 2014 年降为 -2.01 外，其他年份始终在 0.2 左右浮动，峰值在 2016 年，为 0.49，说明该产业对就业影响稳定，产值增加并不直接作用于就业。中国由正转负，1995—2011 年基本为正（除个别年份外），经济增长 1 个百分点平均能带动就业增长 0.2 个百分点；2012—2016 年降为负值，经济每增长 1 个百分点，反而造成就业平均下降 0.37 个百分点，这主要与该时期国家政策调整，尤其是重工业调整有关，2017 年起又回到正值，2019 年为 0.012。

从第三产业就业弹性系数看，韩国有波动变化，但大多数年份系数基本为正（除了 1996 年、1997 年、2000 年、2002 年、2007 年、2008 年、2014 年外），且绝对值较第一产业小，说明韩国第三产业对就业促进作用相对较小，尤其 2010 年以来随着该产业内部结构不断调整，对就业起到了稳定促进作用。与韩国不同，中国始终为正，且变化相对稳定。1995—2019 年，该产业产值平均每增加 1 个百分点能相应促进就业增长

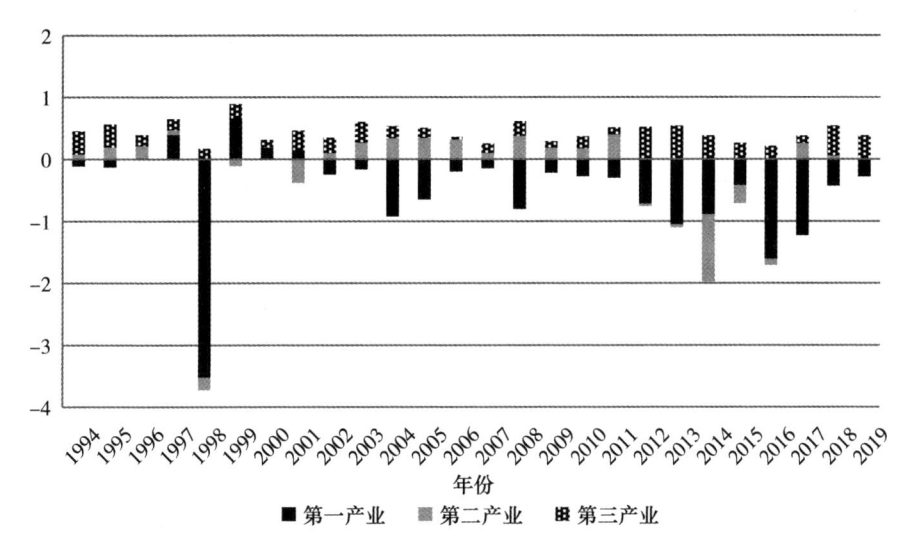

图 5-12　1995—2019 年中国三次产业弹性系数

资料来源：根据世界银行数据库相关数据计算并绘制（https://data.worldbank.org.cn/indicator）。

0.25 个百分点，说明该产业对就业的拉动作用较为显著和稳定。

韩国与中国三次产业就业弹性系数结果体现为：韩国第一产业占国民经济比重较低，随着就业人口的不断转出，弹性系数逐渐显现；第二、第三产业发展较为成熟，产业波动对就业增长的影响作用较小，产业内部就业人口饱和度较高，调整空间相对较小，稳定性较高。中国就业弹性系数变动较为规律，第一产业就业弹性系数由正转负，第三产业始终为正，说明随着产值不断增长，第三产业对就业带动作用明显，能在一定程度上吸收更多就业人口。2017 年以来第二产业弹性系数由正转负，需要继续深化第二产业内部结构调整，加快工业现代化发展，以吸纳更多就业人口。

（三）比较劳动生产率

比较劳动生产率[①]是反映单位就业人口创造产值能力的重要指标。

---

① 比较劳动生产率：指某一产业的产值比重与该产业就业人口比重的比值，若该比值小于 1，说明该产业劳动生产效率较低，就业人口会转出至高效率的产业，反之比值大于 1，就业人口会从别的部门转移进来。

1995—2019 年，中国和韩国三次产业比较劳动生产率特征主要体现为如下几方面。

首先，韩国和中国第一产业比较劳动生产率基本保持稳定，均低于 0.5（图 5-13、图 5-14）。从程度上看，中国始终比韩国低 0.1 个单位值，说明两国第一产业生产效率相对较低，均存在就业人口转出可能性。中国第一产业滞留了大量劳动力，无法有效转移至其他产业，造成劳动力资源较大浪费；其次，韩国和中国第二产业比较劳动生产率变化趋势相反。韩国该产业不断增长，从 1995 年的 1.091 增长至 2019 年的 1.336，比值始终大于 1，说明该产业劳动生产率较高，存在劳动力转入空间，能在一定上解决就业人口压力，实现产业与就业协调发展。中国虽大于 1，但总体在下降，1995—1999 年不断下降，从 2.033 下降至 1.972；1999 年至 2003 年小幅波动，2014—2019 年持续下降，从 2.040 下降至 1.407，说明该产业劳动生产率较高，对劳动力吸纳能力较强，且下降明显，越来越趋近于 1，说明中国该产业劳动力缺口得到一定补充，产业与就业结构协调性有所加强。与韩国相比，中国该产业发展空间较大，同时还可以吸纳更多就业人口；最后，韩国和中国第三产业比较劳动生产率变化

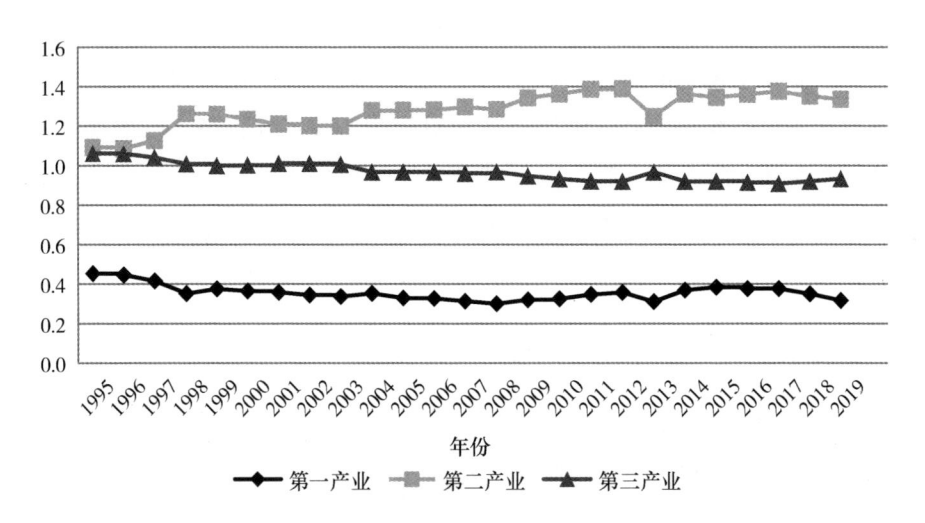

图 5-13　1995—2019 年韩国三次产业比较劳动生产率变化

资料来源：根据世界银行数据库相关数据计算并绘制（https://data.worldbank.org.cn/indicator）。

趋势存在差异。韩国该值缓慢下降，从 1995 年的 1.062 下降至 2019 年的 0.933，说明随着该产业内部就业人口的增多，劳动生产率反而在下降，没有呈现规模效应，存在就业人口转出需求，需有效提高该产业生产效率或转移富余劳动力。中国第三产业比较劳动生产率始终大于 1，且呈阶段性波动。1995—2002 年缓慢增长，2003—2014 年缓慢下降，并逐渐趋近 1；2015—2019 年持续下降，从 1.202 增长至 1.149 左右。说明中国第三产业对就业人口尚有部分劳动力转入需求。

比较韩国和中国三次产业比较劳动生产率不难看出：两国第一产业生产效率都比较低，变化趋势也较为稳定；第二产业变化趋势虽相反，但比值均大于 1，存在劳动力大量转入空间；第三产业均有下降，但由于产业发展程度不同，中国仍大于 1，韩国 2019 年已降至 0.933，随着第三产业不断升级与发展，比较劳动生产率将继续调整与变动，中国还有更多就业空间。

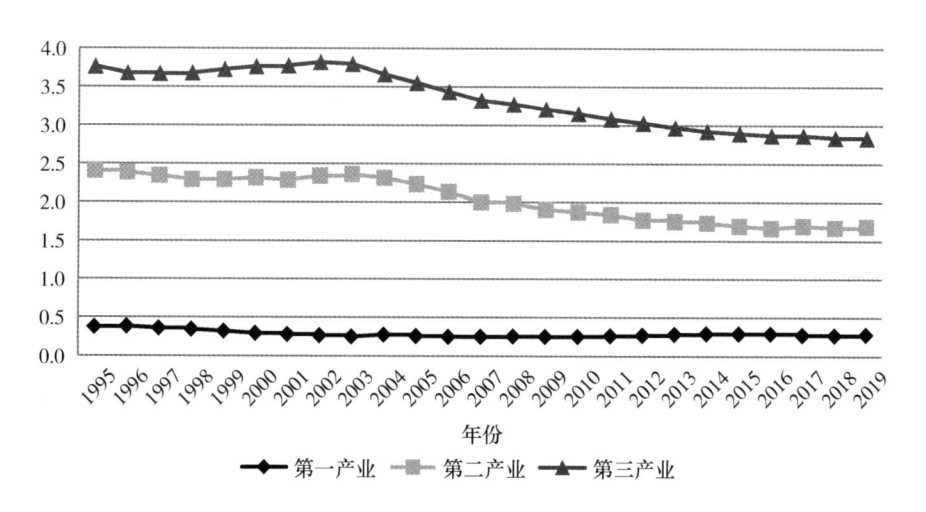

图 5 – 14　1995—2019 年中国三次产业比较劳动生产率变化

资料来源：根据世界银行数据库相关数据计算并绘制（https://data.worldbank.org.cn/indicator）。

三　中国产业与就业结构对跨越"中等收入陷阱"面临的主要问题

通过对中国、韩国在国民收入变化、三次产业结构及就业结构调整方面的分析，可以清楚地看到两国在中等收入阶段中存在较大差距，产业与就业协调发展面临相关问题。

（一）中韩国民收入差距较大

1. 同期收入水平差距较大

在韩国迈入高收入过程中，中国与韩国人均GNI差距不断扩大。1970年，韩国该值是中国的2.3倍，两国相差160美元，1978年韩国进入中等收入阶段时，中国仅200美元，是韩国的15.75%，其间韩国净增长990美元，中国仅增长了80美元。1995年韩国进入高收入国家行列时，中国仅为540美元，是同期韩国的4.66%，差距进一步扩大。中国进入中等收入行列时韩国人均GNI已达11620美元。2019年，中国、韩国分别为10390美元、33790美元，相差23380美元，韩国是中国的3.25倍，中国与韩国同期收入差距大。

2. 中国成功跨越"中等收入陷阱"仍需较长周期

由于经济发展起步较晚，中国1995年人均GNI仅相当于韩国1974年时的水平。2018年，中国是同年韩国的30.92%，不及其1994年时的水平。按照1978—1995年韩国15.18%的年平均增速，以及2017年世界银行按收入上限值划分国别的标准，中国还需要3年才能进入高收入国家行列；中国进入"新常态"以来，人均国民收入增长速度逐年放缓，按照现阶段中国人均GNI年平均4.7%的增速，则至少需要8年才能进入高收入行列。与同期韩国相比，中国离成功跨越迈入高收入行列还有较艰难的历程。

（二）产业结构与就业结构发展不同步

1. 产业与就业结构不协调制约经济发展

1995—2000年，中国三次产业结构呈现"二、三、一"模式，对应的就业结构布局为"一、三、二"，产业结构与就业结构不相协调，其间人均国民收入仅增加400美元。2007年，中国三次产业与就业结构均调整为"三、一、二"后，2007—2011年人均GNI净增加了2550美元，年平均增长637.5美元，增长较快。2013年三次产业结构调整完成后，2013—2019年人均国民收入由6800美元增长到10390美元，净增加了3590美元。可见，产业结构与就业结构布局越趋于合理，越有利于国民经济发展。但中国现阶段就业结构布局仍不合理，第一产业就业人口过多，严重制约了国民收入的进一步提高。

2. 就业结构调整速度远滞后于产业结构

中国就业结构调整步伐明显滞后于产业结构（表 5 – 18）。1995 年，产业结构呈现"二、三、一"，2013 年调整为"三、二、一"合理结构；1995 年，就业结构仍是"一、三、二"，2007 年调整为"三、一、二"结构后一直保持至今。按照韩国 1995 年进入高收入国家行列，其三次产业比重分别为 5.9%、39.5% 和 54.6%，相对应的就业比重分别为 12.4%、33.2% 和 54.4%，基本实现了三次产业结构与就业结构"三、二、一"结构的较高程度匹配状态。中国现阶段就业结构调整明显滞后于产业结构，严重制约了经济发展速度和人均国民收入的提高。

（三）第二、第三产业与就业结构发展水平偏低

1. 第二、第三产业调整速度过慢

中国由传统农业大国逐渐转型，第一产业占国民经济比重相对较高，囤积的就业人口数量十分庞大。在产业升级调整中遇到的阻力和困难也相应较大，导致第二、第三产业发展和调整速度较慢。韩国在 1978—1995 年中等收入阶段，其第二、第三产业分别增长了 6.1、10.3 个百分点。中国 2000 年进入中等收入阶段以来，同等时间内第二产业比重反而下降了近 5 个百分点，第三产业比重增长 10.4%。改革开放进入深水区后，中国由充裕且廉价的劳动力和丰富原料供给所带来的比较优势逐渐丧失，产业升级缺乏足够的科学技术技能人才支撑，这也是导致第二产业产值比重下降的直接原因。第三产业虽得到了快速发展，但现阶段第三产业的产值比重明显低于韩国，第三产业内部缺乏新兴的、高效的、持久的经济增长点，产业发展面临较大挑战和艰巨压力。

2. 第三产业对就业促进作用较小

韩国 1995 年迈入高收入行列时，三次产业结构与就业结构已达较高水平，尤其是第三产业比重增长至 54.6%，对应的就业比重也提高到 54.4%，第三产业产值增长带动了就业同比例增长。2019 年，韩国第三产业比重与就业比重已分别增长至 65.55%、70.28%，1995—2019 年，韩国第三产业比重仅增长 7.37 个百分点，却带动了就业比重净增长

15.49个百分点,可见,第三产业的迅速发展能极大地促进和带动就业增长。中国2019年第三产业比重达54.27%,仅相当于韩国1990年左右的水平,比同期韩国低16.01个百分点。目前,中国第三产业对就业的促进作用尚不显著,对第一产业和第二产业转移人口的吸纳和安置能力有待提高,产业发展对就业促进作用还未完全发挥。

(四)三次产业结构与就业结构不协调

利用产业结构偏离度、就业弹性系数和比较劳动生产率等指标分析后发现,中国三次产业结构与就业结构的偏离度明显高于韩国。

中国第一产业结构偏离度最高。2010年第一产业偏离度为27.37,比同期韩国高出22.9个单位,比1995年韩国跨越"中等收入陷阱"时高出20.93个单位。2019年第一产业偏离度为18.19,比同期韩国高出11.05个单位,比1995年韩国跨越"中等收入陷阱"时高出11.75个单位。原因在于中国第一产业就业人口比重过高,2019年仍有25.33%的就业人员囤积在产值仅为7.14%的第一产业,第一产业就业比重比韩国高出21.81个百分点。中国还有大量富余第一产业就业人口需要转移和再就业,该问题十分急切且严峻。

第二产业产值比重下降。2012年以来,中国第二产业占国民经济比重从45.3%降至2019年的39.0%,致第二产业就业弹性系数转为负。由于第二产业缺乏新经济增长点,加之正处于中国技术密集型产业转变关键期,产值增长对就业存在一定的"溢出"效应,导致产业对就业吸纳能力减弱。

第三产业较韩国发展水平低。中国第三产业比较劳动生产率超过韩国,发展势头良好,产业结构与就业结构协调度相对较高,是促进经济增长和就业增加的主要途径。2019年中国第三产业产值比重比韩国低11.28个百分点,就业比重则低了23.03个百分点,说明第三产业创造就业潜力尚未充分发掘,若与其他发达国家相比,差距更大。

第六章

人口转变对跨越"中等收入陷阱"的相关效应

早在马尔萨斯时代,就开始提及人口与经济发展的关系,新古典经济增长理论将人口因素看作是经济发展的外生变量,主要集中在劳动人口数量增长对经济发展的影响[①]。现代经济发展理论在不断完善原有理论的同时,将人口变量作为消费市场的决定因素,并作为经济增长的内生性因素,从而影响经济增长各要素的平衡,进而对长期经济发展平衡起到关键性作用。在中国,后人口转变和新常态碰撞在同一时期,人口转变因素对经济增长与发展的影响是多方面的、多途径的。人口转变中各人口变量对经济增长既有单方面的作用,也出现多个人口变量对经济运行与发展实现的联动效应。从消费需求看,人口负增长、少子化、老龄化、劳动年龄人口增长放缓和城镇化等人口条件,都可能直接改变消费需求、消费水平和消费结构;从生产需求看,上述变化将影响厂商的市场预期和投资需求。从供给上影响经济运行,劳动力减少将使劳动力供给趋于紧张,抚养比提高将导致储蓄率下降并抬高利率[②],老龄化日益严重将影响投资投入,也将同时形成对供给的约束。可以说,人口转变直接影响中国社会的总需求和总供给,并将改变二者的

---

① Solow P. M., "Technical Change and the Aggregate Production Function", *The Review of Economic and Statistics*, Vol. 39, No. 3, 1957, pp. 312 – 320.

② 李建民:《中国的人口新常态与经济新常态》,《人口研究》2015 年第 1 期。

均衡条件①。

人口转变和社会经济发展相互影响,加上中国传统人口转变即将完成,标志着新一轮人口转变萌芽,同时中国经济发展也迎来新一阶段发展,即由原来的人口红利推动下高速发展的二元经济到后人口转变时期的新古典经济增长模式。现代性经济增长模式以全要素生产为主要动力,且增长速度回归稳定状态,社会经济发展水平将在一段时间内处于中等收入阶段。在经济转型期,人口转变将一定程度地影响收入增长。

第一节 经济影响效应

中国人口转变与跨越"中等收入陷阱"间的核心问题就是人口转变和经济发展之间的内在关系问题。人口是影响经济发展的基本因素之一,相较于其他宏观指标,人口因素具有较长周期性,并且在一定时间段内更为稳定。因此,考察人口要素中的人口数量、人口结构变化等指标对经济增长预期的影响,可信度较高。

一 现代型人口转变带来的经济效应

中国人口转变和经济增长间相互关联、相互作用。改革开放以来,人口出生率呈现典型的"三起三落"特征(图6-1)。具体看,1978—1982年第一次上涨,1982—1984年为第一次下降,1985—1987年第二次上涨,1987年生育率持续下降至1999年,2000年开始稳定在11‰—12‰左右,呈相对稳定状态。死亡率基本显示为一条直线,稳定在6‰—7‰。随着改革开放的深入与经济社会快速发展,中国人口转变自20世纪80年代特别是90年代以来,基本处在低生育、低死亡、低自然增长率的现代型人口发展阶段。

改革开放伊始,中国对原有经济体制进行了大幅改革,实现了经济飞速发展。以不变价格计算人均GDP指数,实现了质的增长,2015年是1978年的21.2倍,1978年人均GDP仅有156.4美元,2019年达10216.7

---

① 李建民:《中国的人口新常态与经济新常态》,《人口研究》2015年第1期。

美元，2019年是1978年的65.32倍。1978年15—64岁及以上人口占总人口比重为57.75%，2019年为70.723%，创造的GDP从1978年的1495.4亿美元上升至2019年的14.28万亿美元。可以看出，中国人口效率提高很快。

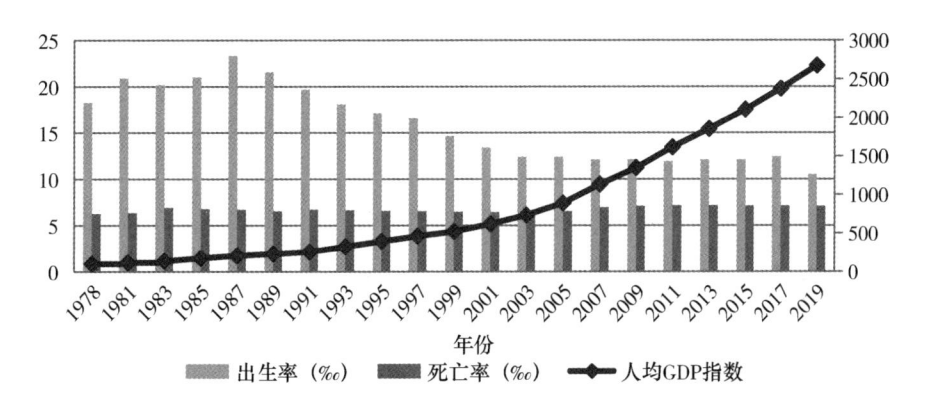

图 6-1 中国出生率、死亡率以及人均 GDP 指数

资料来源：国家统计局历年《中国统计年鉴》，中国统计出版社。

实际上，中国经济发展轨迹和人口出生率变动呈现出了典型的剪刀差格局（图 6-1），该时期现代型人口发展阶段为中国经济起飞提供了良好的人口红利条件与发展基础，也开启了中国经济快速腾飞。

二 人口红利期带来的经济效应

人口转变中年龄结构的变动影响着劳动力供给、收入分配、消费、投资和储蓄以及资本流动等相关因素，进而作用于经济增长与发展①。人口转变对一国或地区经济发展的作用机制具体表现为：从供给上看，人口年龄结构变动将改变市场劳动力供给状况，给人力资源供给需求带来相关影响，进而影响经济发展；从劳动力需求上看，人口转变将影响总消费、投资、储蓄以及国际资本流动等方面，从而影响市场潜在经济发展。

---

① 王颖、倪超：《中国与印度人口转变的经济效应——基于1960—2010年时间序列数据的实证分析》，《人口与发展》2014年第4期。

在经典人口转变理论以及国际经济发展大背景下，Bloom 等人（1998）指出，人口出生率下降导致劳动适龄人口比重上升和劳动人数供给增加，结果是人口总负担相对较轻，对经济增长起到了有效推动作用，这种作用又被称为"成分效应"；第二次人口红利是指由于人口年龄结构的预期变化，"理性人"会在生命周期内重新安排或改变自身的消费和储蓄行为。在劳动年龄人口比例不断上升阶段，作为"理性人"的理性发展行为结果便是出现高储蓄率以及资本供给，进而推动经济增长，又被称为"行为效应"[①]。中国人口转变中，人口年龄结构不断发生变化。

从人口转变和经济发展角度看，经历了非常有利于经济发展的人口红利期，以及即将到来的人口负债期。1978 年改革开始，中国经济快速增长，人口年龄结构中的 15—64 岁的劳动年龄人口比重持续上升（表 2-2），少儿抚养比逐渐下降（表 2-4），老年抚养比虽然在上升，但由于比重较低，所带来的社会负担对经济增长构成的影响相对较低。这种极具生产性的、带有"成分效应"的年轻型结构带来的人口红利，便有力地推动了整个中国经济快速发展。据推算，1982—2000 年中国总抚养比下降 20%，人均 GDP 增长速度在 8.65% 左右，抚养比下降对人均 GDP 增长的贡献是 26.8%[②]。2009 年总抚养比（36.9%）下降到了近 40 年来最低点，随后逐步上升，其间少儿扶养比基本稳定在 22.1%—23.9%，比重增加更多的是老年抚养比，这意味着有利于中国经济发展的人口年龄结构将逐年消失，而长期过低的生育率无法对劳动年龄人口进行有效的、持续性的补充。由于老龄化进程加速，中国将在 2035 年左右由人口红利期转为人口负债期。

人口转变是一个长期持续性过程，很多学者将人口转变过程进行了分段划分，这里采用 Max Roser 的五阶段人口转变模型（图 6-2）。人口转变五个阶段中，所对应的出生率、死亡率和自然增长率都有着不同的特征、不同的阶段。2019 年，中国人口出生率为 10.48‰，死亡率

[①] 王颖、倪超：《中国与印度人口转变的经济效应——基于 1960—2010 年时间序列数据的实证分析》，《人口与发展》2014 年第 4 期。

[②] 都阳：《人口转变、劳动力市场转折与经济发展》，《国际经济评论》2010 年第 6 期。

7.14‰,自然增长率是3.34‰①。由此可见,中国人口转变正处在转变阶段中的第四阶段,而且位于该阶段的后半部分,即将进入第五阶段。虽然根据不同的人口阶段划分标准,对中国当前所处的人口转变阶段仍有不同观点,但更多针对人口转变的关注,集中于中国人口转变进程与社会经济发展的非协进性关系,即相对于传统发达国家人口转变与其社会经济发展水平的匹配关系而言,中国人口转变相较于同期的社会发展水平存在一定的超前性。其表现为中国人口年龄结构转变过程中产生了"人口机会窗口",即人口红利,这一重要人口特征对中国经济发展产生了巨大影响。

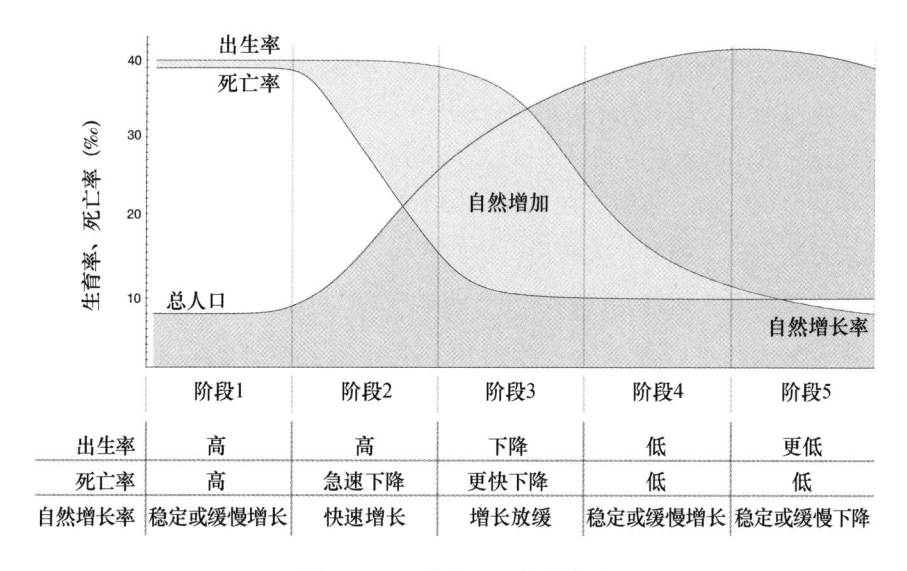

	阶段1	阶段2	阶段3	阶段4	阶段5
出生率	高	高	下降	低	更低
死亡率	高	急速下降	更快下降	低	低
自然增长率	稳定或缓慢增长	快速增长	增长放缓	稳定或缓慢增长	稳定或缓慢下降

图6-2 五阶段人口转变模型

资料来源:Wikipedia。

三 人口相关指标变动对经济增长的贡献

在生育率下降进入具有生产性人口年龄结构的特定人口转变阶段,形成了所谓的"人口机会窗口",即人口红利期;在人口红利期内,较低

---

① 《2020年中国统计年鉴》,2020年12月9日,国家统计局(http://www.stats.gov.cn/tjsj/ndsj/2020/indexch.htm)。

的抚养比保证了劳动力充分供给和储蓄率处于高位，为经济持续增长带来了更多的优势，形成了具有经济意义的人口红利①。在人口转变期内，人口年龄结构特征体现为抚养比下降，其经济意义为抚养比下降对经济增长具有贡献作用。随着人口转变进一步发展，少儿扶养比下降，总劳动力人口比重发生变化，导致养老负担加重。总抚养比下降会迎来一个转折点，并意味着人口红利期结束，人口转变进入人口负债期，由此经济增长会面临较大的下行压力。人口转变可以分别通过生产与消费产生两次人口红利②。第一次人口红利来自年龄结构变动，抚养比下降带来潜在的经济优势，通过较高劳动参与率与较高就业率释放出人力资源的生产力，因此可以把第一次人口红利看作是劳动力供给对经济增长的作用；经济活动人口和就业水平增加产生了经济盈余，使得中国形成了高储蓄率，高储蓄率有利于资本形成和推动经济增长，所以这种人口转变的影响被称为第二次人口红利，或被称为储蓄的影响③。第二次人口红利受人口年龄结构影响，凯恩斯在20世纪30年代提出了绝对收入假说，后来杜森贝利提出了相对收入假说，他们认为，即期收入是决定消费支出的唯一重要因素，而这一理论涉及劳动年龄人口的消费，以人口年龄结构看来，与无收入以及收入小于支出的老年以及少儿人口的消费特征无关。

另外，自1949年新中国成立以来，尤其是改革开放以来，廉价劳动力是吸引外资投资中国促进经济增长的重要因素。众多研究表明，充足的劳动力是改革开放以来实现中国经济高速增长一个重要条件（蔡昉，2007）。实际上，中国劳动年龄人口比重自新中国成立以来持续直线上升，并于2000年起开始高于各发展阶段国家均值，但该人口比重在近些年来尤其进入新常态以来逐年趋于平缓。劳动人口总量于2012年为下降

---

① 蔡昉：《人口转变、人口红利与刘易斯转折点》，《经济研究》2010年第4期。

② Mason A., Lee S. H., *The Demographic Dividend and Poverty Reduction*, Malawi: Seminar on the Relevance of Population Aspects for the Achievment of the Millennium Development Goals, 2010.

③ Cai Fang W. D., "Demographic Transition and Economic Growth in China", the International Conference on the Dragon and the Elephant: China and India's Economic Reform, Shanghai, China. 2006, p. 81.

元年，意味着中国人口红利窗口加速关闭，在中国人口总量相对稳定情况下，劳动年龄人口比例在2012年达到顶点。相关研究结果也表明，虽然人口红利不是低收入阶段和中低收入阶段国家经济增长的推动要素，但它确实是一个中高收入阶段国家经济增长的影响因素[①]。

新常态以来，促进经济增长的动力要素之一的"人口红利"优势在经济发展中正在削弱，劳动力成本逐年提升，导致外资经济在中国经济遭遇了相关瓶颈，甚至有相关企业为此撤出中国市场，由于"人口红利"窗口期关闭，所形成的经济增长动能随之减弱。自20世纪60年代中期开始，中国人口提供了丰富的人口红利，总抚养比下降使得充足的适龄劳动年龄人口作为劳动力资源进入市场。实证结果显示，改革开放以来中国人口转变所产生的人口红利对经济增长的贡献率达到15%—25%。蔡昉、王德文（2010）曾研究并预测，中国面临迅速到来的人口老龄化，人口红利期将在2013年消失。本研究同样显示，中国人口红利期窗口在2011年已关闭，较蔡昉所预测的时间还提前了2年。为保持经济持续增长动力，通过创新能力并提高生产率，不仅应及时调整中国产业机构与转型升级，加快科技投入与创新，还应在人口结构转变的机遇与挑战下，开启中国第二次人口红利以及实现从数量红利转为素质红利的发展任务。

（一）相关变量说明

被解释变量，常见衡量经济发展指标主要有GDP和GNI，这两个指标反映国民收入的两个主要统计数字即本地生产总值及本地居民生产总值，前者计算一段特定时期内本地进行的生产，而后者则计算本地居民的总体收入情况。"中等收入陷阱"的关键指标是人均国民收入，根据研究需要选取人均GNI指标。使用该指标更能准确地判断中国人口转变过程中人均GNI的变动状况，人口转变对跨越"中等收入陷阱"的效应与影响力等相关问题。

同时在人口各指标体系中，各年龄组人口比重是研究经济发展中的重要指标。同时，抚养比指标也能反映人口年龄结构与人口转变的

[①] 张德荣：《"中等收入陷阱"发生机理与中国经济增长的阶段性动力》，《经济研究》2013年第5期。

相关情况。这里的人口指标主要选取如下：少儿年龄人口比重、劳动年龄人口比重、老年人口比重、少儿抚养比、老年抚养比、总抚养比。除此之外，还选取人口增长率和城镇人口比重等相关指标。这些人口指标直接影响一个国家的人口结构状况，同时对经济的发展也有着重要的影响作用。最后还选取了储蓄率，该指标是国内总储蓄[①]（占GDP百分比）。

（二）数据说明

储蓄率包含政府、企业和居民的储蓄率，由于无法收集到各省份储蓄额与GDP的比值，这里的总储蓄水平，主要通过国民总收入（GNI）减去总消费之后的余值来代替[②]，所有的数据均来自世界银行网站，这样能够保证所有指标处于一个相对客观的统计口径中，所有统计分析数据均选取1990年至2019年共计30年数据。

（三）统计结果分析

研究主要统计指标有：少儿年龄人口比重、劳动年龄人口比重、老年人口比重、老年抚养比、少儿抚养比、总抚养比、人口增长率、人均GNI、城镇化率、储蓄率。最后一个数据，ln（人均GNI）是根据原始数据人口GNI取了自然对数，目的是为了更好地计算回归结果。由于进行实证统计分析，同样列出了人口GNI原始数据。

表6-1　　　　　　　　　　变量的描述性统计

变量	观测值	均值	标准值	最小值	最大值
年份	30			1990	2019
少儿人口比重	30	21.895	4.343	17.649	28.761
劳动年龄人口比重	30	70.217	2.958	65.533	73.752
老年人口比重	30	7.885	1.762	5.652	12.573
老年抚养比	30	11.177	2.232	8.618	17.797

---

① 总储蓄的计算方法为国民总收入减去总消费额，再加上净转移支付。

② 胡鞍钢、刘生龙、马振国：《人口老龄化、人口增长与经济增长——来自中国省际面板数据的实证证据》，《人口研究》2012年第3期。

续表

变量	观测值	均值	标准值	最小值	最大值
少儿抚养比	30	31.496	7.592	23.993	43.866
总抚养比	30	42.673	6.099	35.59	52.595
人口增长率	30	.739	.307	.479	1.467
人均GNI	30	3307.4	3222.66	330	10410
城镇化率	30	42.435	10.529	26.442	60.60
储蓄率	30	44.039	4.847	35.82	52.277
ln（人均GNI）	30	7.45	1.143	5.799	9.07

表6-1中分别展示了各指标的观测数、均值、标准差、最小值和最大值。第一项年份，不算确切的指标，仅仅起到数据编号作用，不存在均值和标准差的平方。最小值和最大值说明是从1990年至2019年的数据，观测值30说明以上数据跨度为30年。自变量分别为：少儿人口比重、劳动年龄人口比重、老年人口比重、老年抚养比、少儿抚养比、总抚养比，控制变量为人口增长率、人均GNI、城镇化率、储蓄率。

近30年来，少儿人口比重在17%—29%，处于一个相对合适的水平。劳动年龄人口处于65%—74%，中国劳动年龄人口占总人口比重近四分之三，这是一个有利可图的人口结构优势，劳动年龄人口比重高，为劳动力市场提供充足的劳动力。老年人口比重介于5%—10%，均值为7.885%。30年来老年人口比重逐年提高。65岁及以上人口占总人口比例超过7%，这意味着已经进入老龄化社会。2019年，该值为12.573%，老龄化现象已较为严重。

相对于人均GDP，人均GNI更能反映一个国家或区域人口收入发展状况。这里的ln（人均GNI）作为被解释变量，是根据原数据人均GNI取了自然对数。新中国成立以来，中国的经济、社会、教育、科技等方面都取得了长足发展，同时，人均GNI指标也取得了令世界惊叹的成绩，1960年人均GNI仅为70美元，1965年为100美元，1978年上升至200美元，此时依然处于一个非常低的水平，1980年为220美元，1990年为330美元，2000年为940美元，2001年首次突破1000美元，中国人均

GNI 从 100 美元上升至 1000 美元，中国用了 36 年，2006 年该值突破 2000 美元，从 1000 美元到 2000 美元仅用了 5 年，说明中国经济在 21 世纪以来得到了快速发展，随后 2008 年突破 3000 美元，2010 年突破 4000 美元，仅用 2 年就提高了 1000 多美元，随后更是加速发展，2011 年突破了 5000 美元，2019 年增长到 10410 美元，进入 21 世纪以来，中国经济处于持续高速飞涨状态，虽然自 2014 年开始有减速趋势。但是未来的中国，经济还将以一个可观的速度持续增长。

表6-2　　中国人口年龄结构、城镇化率、人均GNI等指标变动与经济发展多元回归结果

变量	模型一	模型二	模型三	模型四	模型五	模型六
少儿人口比重	0.0148 (0.0337)					
劳动年龄人口比重		0.0192 (0.0313)				
老年人口比重			-0.486*** (0.0705)			
少儿抚养比				0.00664 (0.0177)		
老年抚养比					-0.236*** (0.0489)	
总抚养比						-0.00691 (0.0157)
人口增长率	-0.0585 (0.235)	0.152 (0.236)	0.331*** (0.0826)	-0.0543 (0.256)	0.403*** (0.118)	0.128 (0.255)
城镇化率	0.111*** (0.00750)	0.112*** (0.00398)	0.194*** (0.0125)	0.113*** (0.00622)	0.166*** (0.0119)	0.110*** (0.00398)
储蓄	0.00759 (0.00751)	0.00133 (0.00806)	-0.0127*** (0.00387)	0.00702 (0.00719)	-0.0148** (0.00545)	0.00253 (0.00770)
Constant	2.211* (1.148)	1.462 (2.072)	3.501*** (0.209)	2.393** (0.875)	3.544*** (0.277)	3.042*** (0.836)
Observations	30	30	30	30	30	30
R-squared	0.995	0.995	0.998	0.995	0.997	0.995

注：括号内的标准差值 *** $p<0.01$，** $p<0.05$，* $p<0.1$。

其中模型1是以少儿人口比重为自变量对人均GNI的影响,表6-2中估计结果显示,中国少儿人口比重与lnGNI的回归系数为正,说明少儿人口比重依然有利于中国经济增长。而模型4中,少儿抚养比与lnGNI的回归系数为正,同样也说明少儿抚养比提高一定程度上有利于经济的增长。模型2是以劳动年龄人口为自变量对lnGNI的影响。估计验算结果表明,劳动年龄人口比重的提高完全有利于经济发展增长。就目前中国人口结构变动结果来看,三大年龄组(少儿年龄人口、劳动年龄人口、老年人口)比重中,少儿年龄人口和劳动年龄人口的提高依然对经济增长与发展有明显的促进作用。模型3是老年人口比重作为自变量对经济发展的影响结果,实证结果表明:老年人口比重与lnGNI回归系数为负,也就是老年人口比重增加对经济增长起到了抑制作用,不利于经济增长。模型4,少儿抚养与lnGNI的回归结果,回归系数显示为正,同样对经济增长起到促进作用。模型5,老年抚养比与lnGNI的回归结果显示为负值。老年抚养比的增加与逐年提高对经济增长起到了抑制作用,同前面模型3验算结果几乎一致,老年人口比重的增加以及老年抚养比的增加对经济起到的是抑制作用,不利于经济增长。模型6是总抚养比与lnGNI的回归结果,显示总抚养比的增加对经济增长起到了反作用,不利于经济持续增长。

另外,从模型4和模型5基本可以看出,少儿抚养比的提高对经济发展促进作用相对较小,老年抚养比提高的抑制作用相对较大。由于总抚养比是少儿抚养比和老年抚养比的一个综合指标,最终表现使得总抚养比对经济增长起到了较大的抑制作用。综合模型中的指标4、指标5、指标6来看,少儿抚养比对经济增长起到了一定的促进作用。可以这样理解,随着国家全面二孩政策与三孩政策的全面实施,新出生人口会在一定程度上进一步拉动消费增长,从而促进需求的有效增长。同时,少儿人口比重的提高对劳动年龄人口在未来一定时期可以起到一定的补充,而不是单一静态的指标在发挥作用。可以看出,少儿抚养比是一个变化的动态指标,在不同阶段对经济发展与带动产生不同的影响与作用。老年抚养比,对经济的负面影响相对更大。随着中国老龄化程度的不断加深,其影响相应会扩大。如果没有实施健全的养老政策,加大养老产业的扶持与支持力度,老年人口数量和老年抚养比的不断提高给经济带来的负面影响也随之加大。总体来看,少儿抚养比的提高实际对经济增长还会起到一定促进作用,但不足以抵消老年抚养比给经济增长带来的抑制作用。最终,总抚养比对经济发展整体体现为负面影响。

最后一项系数是 R-squared 也就是模型的 R^2 值,称之为拟合优度。其数据指标都超过 0.995。理论上,该数值越大,模型和实际值的拟合度就越高,说明模型设计项与设计指标越接近实际。从表 6-2 可以看出,表中所选取的各项指标与数据说明这 6 项模型指标较好。

另外,其他控制变量在不同的情况下也会对经济增长产生不同的影响。具体如下:(1)人口增长率,在模型 1 和模型 4 中回归系数显示为负,较高的人口增长率会带来人口数量的增长与生育率水平的提高,且随着人口平均预期寿命的延长和生育率水平的提高,将对经济发展有着一定的抑制作用。(2)在所有模型中,城镇化率回归系数显示为正,也就是说较高的城镇化率对经济增长起到了较大的促进作用。即城镇化率的提高将进一步对中国经济增长起着重要的推动作用。在所有人均收入较高的国家中,城镇化率都处于一个较高的水平,一般情况下,进入高收入行列的国家城镇化率均超过 70%。某种意义上,中国城镇化率还将处于增长态势,基本实现现代化与进入高收入国家,该指标至少应达到 70% 的水平。(3)储蓄,在不同的模型中表现出了不同的结果。应该说,不同年龄组的人对储蓄的影响作用是不一样的。对于劳动年龄人口来说,随着其人均收入的增加才有可能带来储蓄的增加,一定程度上说,储蓄的增加是收入稳定和经济活动良好的表现。储蓄增加了,投资才有可能可持续,包括对人的投资与发展,收入的增加带来储蓄率的提高与量的增加,储蓄增加就带来投资的增长,而一旦包括人的投资在社会发展中占到一定比例,自然又有机会再回到对人均 GNI 的增长上起到重要的促进作用。反之,对老年人口或少儿人口来说,老年人收入偏低或减少,少儿人口是消费群体,随着中国老年人口数量的增加与少儿人口的减少,储蓄的增加并没有带来相应的消费或者再次参与下一步的经济实践活动中,最终不利于人均 GNI 的增长。

通过多元回归结果分析可以看出,老年人口群体,相对于其他年龄组的人口或者其他人口因素来说,更能直接地抑制经济增长与促进。也就是说，在人口转变中的三大指标中，包括少儿人口、劳动年龄人口、老年人口，劳动年龄人口对经济增长的促进作用最大，其中中国该指标2020年依然超过70%，超过世界上很多国家同期值，尤其与发达国家相比，中国该指标更是具有较大的优越性。其次，少儿人口整体上对经济增长也能起到正相关作用。另外，从人口学视角来看，维持一定的人口增长率即一定的人口出生率，对经济增长有着可持续推动作用。同时，在应对人口老龄化问题时，应尽可能把劣势转化为优势，比如老年人再就业、新型养老产业、老年服务产业等方面，加大对老年群体的投资，激发老年人口消费欲望，积极开发老年人力资源，推动与开启中国第二次人口红利。也就是说，在新常态背景下，既要重视养老产业的发展、完善养老服务体系的建设，还要积极拓展银发市场，在提高全社会人口质量的同时，积极开发老年人力资源与质量红利。这不仅是解决中国现阶段人口问题的关键，也是国家基本实现社会主义现代化，促使人均国民收入稳中增长的重要内容。

此外，在中国城镇化建设和发展方面，不断借鉴国外先进经验，结合国情以及自身发展经历，使城镇化进程再迈上一个新的台阶，不仅应有特大城市群的发展，有卫星城的布局，同时有中国特色小镇建设的发展举措，还要有促进中国特色新农村建设与发展。只有在科学促进城乡二元结构的社会发展中谋求对经济的持续助推作用，良好的城镇化发展态势才能有效促进经济健康循环，从而实现经济发展的良性运行状态。

人口作为社会和经济活动的重要组成部分，在整个社会发展和经济活动中都起到突出作用。中国人口老龄化问题较为突出，一定程度上可能不利于经济的高效发展和国民收入水平的有效提高。但是，人口老龄化是个全球性问题，也是一个社会进步现象，不是中国才独有的，是经济社会发展到一定阶段的必然产物。比如日本、意大利等发达国家，人口老龄化程度远超过中国。实际上，经济的稳步发展和人均国民收入的提高，就可以减小或者抵消人口老龄化对经济增长带来的负面影响。

由于这里的实证分析中的变量皆为时间序列数据，为提高分析结果的稳健性，这里使用自变量单独对因变量构造11个VAR模型，在进行格兰杰因果检验前进行变量的稳定性检验，以在统计角度上验证人口年龄结构、储蓄、城镇化率、人均 GNI 等指标变动与经济增长是否存在因果解释，检验结果见表 6-3。

表 6-3　　　　　　　　　　格兰杰因果关系检验

因变量	自变量	平稳性（dfuller 检验）	滞后长度（AIC）	chi2	df	Prob > chi2
人均 GNI 取对数	少儿人口比重	二阶差分	3	39.584	3	0.000
	劳动年龄人口比重	二阶差分	3	19.734	3	0.000
	老年人口比重	二阶差分	3	15.549	3	0.001
	老年抚养比	二阶差分	2	4.2273	2	0.121
	少儿抚养比	二阶差分	3	33.866	3	0.000
	总抚养比	二阶差分	4	22.844	4	0.000
	人口增长率	二阶差分	4	65.265	4	0.000
	GDP 增长率	一阶差分	2	6.3635	2	0.042
	城镇化率	二阶差分	2	5.8305	2	0.054
	劳动力	一阶差分	2	4.4237	2	0.110
	国内储蓄	一阶差分	2	10.034	2	0.007

注：GDP 增长率和劳动力模型最优滞后长度为 0，此处为方便结果展示，采用默认滞后长度 2。

从表 6-3 中可以看出，除却老年抚养比之外，人口因素（包括少儿人口比重、劳动年龄人口比重、老年人口比重、少儿抚养比、总抚养比和人口增长率）均在 1% 显著水平上无法拒绝其不是人均 GNI 变化的格兰杰原因，说明人口因素对人均 GNI 有良好的预测性。

第二节　储蓄效应

储蓄率是一个国家或地区经济发展的重要影响因素，第二次世界大战后，日本、韩国、新加坡、中国香港等东亚相关国家或地区获得了高速经济发展，其中高储蓄率是上述国家经济起飞的重要源泉之一。相较于当时全球储蓄率平均水平 22% 左右，这些国家地区的储蓄率均在 30% 以上，新加坡当时储蓄率甚至达到40%①。20世纪90年代以后,日本随着经济逐渐走向成熟,储蓄率呈下降趋势,随之而来的是经济增速放缓。从国际经验看,虽然不能说储蓄率与国民经济增长之间一定显现为正相关的逻辑关系,但东亚地区相关国家的经济发展历程与经验显示,中等收入或高收入国家的储蓄率均高于低收入国家,一个国家或地区的储蓄率越高,说明该国人民的生活边际消费指数低,人民不需要花费较大比重的收入维持生存。反之,一个国家或地区储蓄率较低,说明人民将大部分国民收入用于维持基本生活,人均生活水平较低。在中国,改革开放以后,人口转型和经济体制改革的双轨下,国民储蓄率呈现快速上升态势,经济水平也开始稳步提升。

在人口转变大背景下,根据生命周期理论,选取人口年龄结构中的少儿扶养比、老年抚养比、储蓄率等指标进行格兰杰因果关系检验,以验证人口转变是否影响储蓄率变动,从而以第二次人口红利的形式影响中国对"中等收入陷阱"的快速跨越。根据人口年龄结构的变动趋势,这里作储蓄率下行预期的假设,并在此基础上探讨储蓄率对跨越"中等收入陷阱"的相关影响。研究结果显示,人口年龄结构与储蓄率存在统计意义上的格兰杰因果关系。

一 人口转变与生命周期理论

人口年龄结构与储蓄率的关系可以用生命周期模型(life cycle model, LCM)表述。根据生命周期理论(LCH),人们的消费决策基于整个生命周期所能获得的收入(资源)与他们当前所处的生命周期阶段。②人们在劳动年龄阶段通过工作积累财富,到退休时再将储蓄的部分进行消费。劳动年龄人口会为退休后的生活进行储蓄,并根据不同的生命周期阶段调整消费模式③。从国家整体角度看,若该国人口中少

---

① 王德文、蔡昉、张学辉:《人口转变的储蓄效应和增长效应——论中国增长可持续性的人口因素》,《人口研究》2004年第5期。

② Modigliani F., Brumberg R., *Utility Analysis and Aggregate Consumption Functions: An Attempt at Integration*, 1980.

③ S. Deaton A., *Franco Modigliani and the Life Cycle Theory of Consumption*, Princeton University, 2005.

儿抚养比（children dependent rate，简称 CDR）和老年抚养比（old age dependent rate，简称 ODR）上升，用于消费支出将增加，则该国储蓄率将下降；反之，若少儿抚养比与老年抚养比下降时，则该国储蓄率将上升。

通过研究城镇人口并分别观察其收入与消费的年龄结构特征发现（图6-3），劳动年龄阶段城镇人口收入显著高于少儿与老年人口。由于调查对象是城镇人口，而城镇人口有养老保险保障，所以城镇人口的收入随年龄增长后出现下降的趋势较为靠后。图6-3观察到，城镇人口在全部年龄段的消费趋势要比收入的变化平稳很多。另外，图6-3、图6-4可以一起解释生命周期理论中关于储蓄率的变化与影响，即当劳动年龄人口下降，少儿人口与老年人口增加时，储蓄率会下降；当劳动年龄人口增长，少儿与老年人口减少时，储蓄率就会上升。

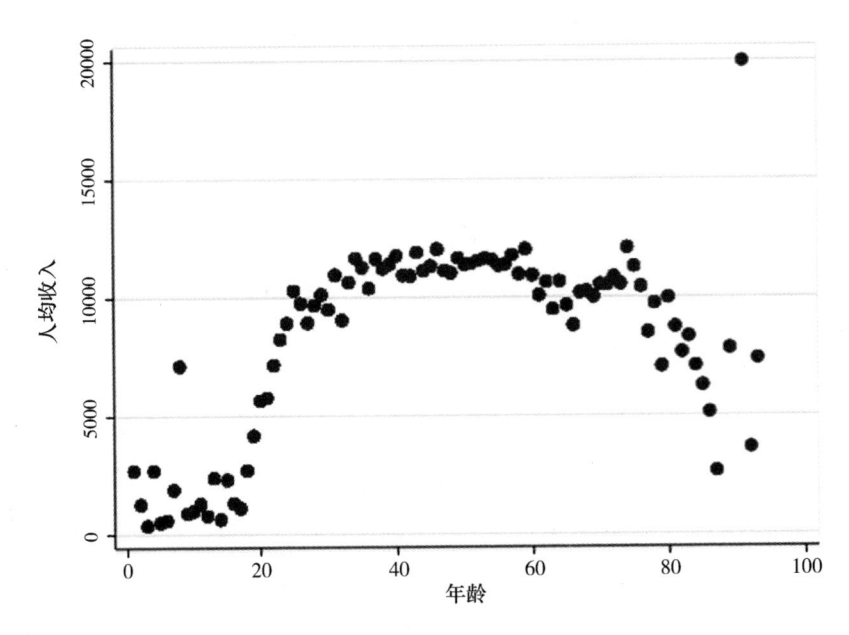

图6-3　城镇分年龄人均收入（元/年）

资料来源：中国居民收入调查项目（2002）。

图6-4对生命周期理论的解释存在某些缺陷，即无法解释储蓄动机

随年龄的变化而变化。生命周期理论在20世纪70年代得到进一步发展后,费希尔和弗里德曼提出了预防性储蓄理论,使用不确定性和跨期选择来解释储蓄动机的变化,这样,寿命的增长被纳入生命周期储蓄理论的模型中,试图解释期望寿命增加,会导致更高的储蓄率,即教育投资和为退休后而储蓄的动机得到增强。但是Bloom等人的研究发现,随着老龄化程度的加深,老年抚养比也会进一步上升,在排除掉流动人口等相关因素后,所谓更高的储蓄率将被抵消掉。上述研究使用期望寿命增加与少儿扶养比下降,解释东亚国家自20世纪50年代以来出现的高储蓄率现象,进而认为,随着东亚地区的人口老龄化,储蓄率将最终稳定到平均水平①。

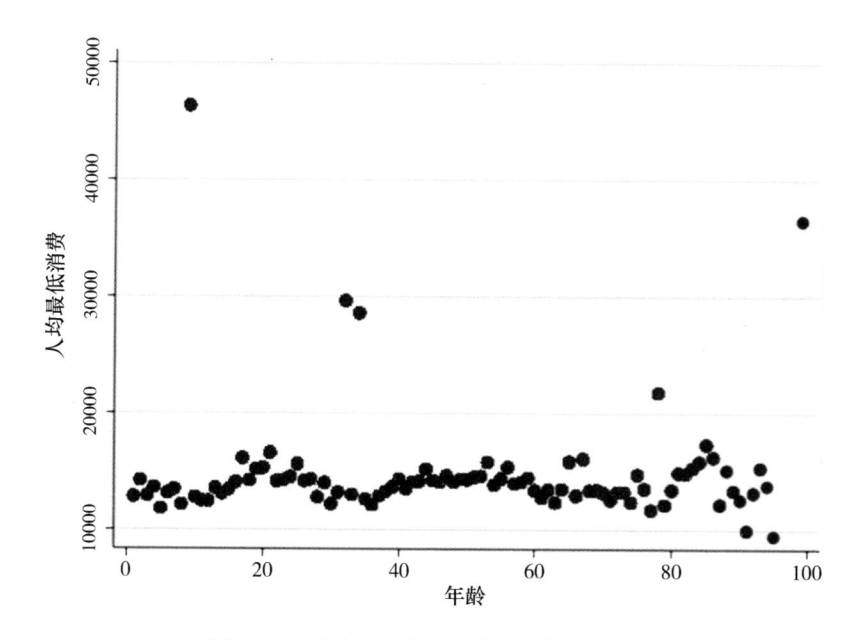

图6-4 城镇分年龄人均最低消费(元/年)

资料来源:中国居民收入调查项目(CHIP 2002)。

一个国家或地区人口转变所带来的消费和储蓄分配比例的变化是人

---

① Bloom D. E., Canning D., Graham B., "Longevity and Life-cycle Savings", *Scandinavian Journal of Economics*, Vol. 105, No. 3, 2003, pp. 319–338.

口转变对经济增长影响的第二条渠道①。通过个体生命周期理论解释人口转变对储蓄率的影响,主要体现在个人生命周期内的经济行为,不同年龄段的个人经济行为的差异对宏观经济发展造成的影响。个体在劳动年龄阶段,从事社会生产所获得经济效益除了自身消费以外,还要抚养下一代和赡养上一代,并且还会将收入进行储蓄,以转化为投资。而未进入劳动年龄的少年儿童还不具备有劳动能力;已经退休的老年人口,则过了从事劳动的年龄阶段,少儿和老年人口基本属于纯消费人口。因此,当一个地区或国家的劳动人口占总人口比例较高时,储蓄和投资水平较高,能够很好地拉动经济发展;但少儿人口或老年人口占总人口比例较高时,整个社会消费较大,储蓄和投资能力较弱,资本量减少,经济发展速度减缓。改革开放以来,中国快速发展的工业化无疑是经济增长奇迹的重要动力,而资本要素的增长是工业化推进的基础,在中国人口红利期内富有生产性的劳动年龄人口结构为资本积累提供了必要条件。

2000—2010年,中国经济保持了年均10%的增长率②,2010—2019年,经济增速维持在6.5%左右,相较于前10年已从高速发展转为中高速状态。中国人口转变给经济发展带来的最直观影响,便是人口年龄结构变化所引发的国民储蓄率的变化。

从20世纪90年代开始,中国储蓄率一直处于相对稳步的上升态势,但在2010年到达顶点后出现持续下降,2019年下降至2009年时的水平(图6-5),同时人均GDP指数几乎直线上升。国民储蓄率下降直接造成了国内投资减少,从而影响中国宏观经济发展速度。从人口学角度看,中国现代人口转变趋于稳定,"人口机会窗口期"到达刘易斯拐点后,人口红利将会逐渐消失,迎来人口负债期。国民总的可支配收入将更多地投入到老年、少儿的抚养与消费上,国民储蓄率开始下降,资本投入不能满足当前人口结构变化后的投资水平,资本要素在经济发展中越来越稀缺,同时也造成了国内经济增速的缓慢下降。如

---

① Kelly, Allen C., "Population Growth, the Dependency Rate, and the Pace of Economic Development", *Population Studies*, Vol. 27, Issue 3, Nov. 1973, pp. 405–414.

② 郭晗、任保平:《人口红利变化与中国经济发展方式转变》,《当代财经》2014年第3期。

果经济结构不随之做出相应的调整与改革,将有可能陷入经济长期低速增长的陷阱中。

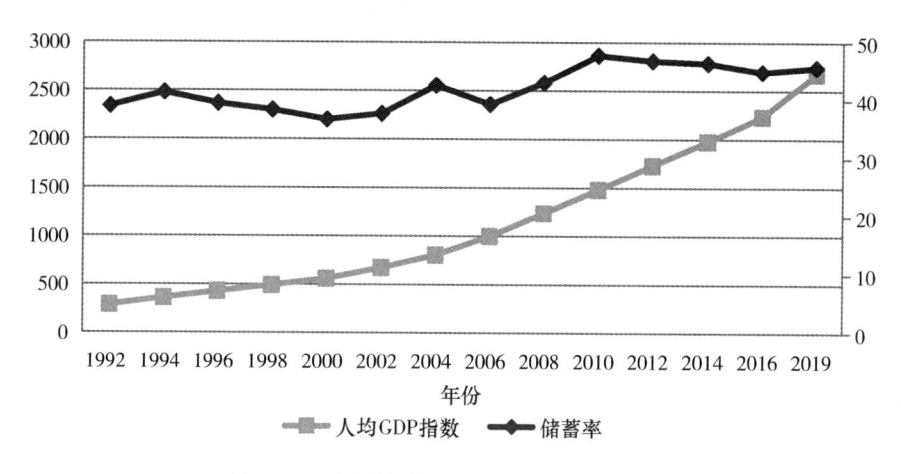

图 6-5 中国储蓄率和人均 GDP 变化趋势

资料来源:历年《中国统计年鉴》,中国统计出版社。

二 居民储蓄率与经济增长的关系

生命周期假说解释了人口年龄结构与储蓄率的关系,而储蓄率与经济增长也有着较强的联系,因此,人口转变通过影响储蓄率作用于经济增长的观察,即在资本市场健全的条件下,储蓄将较为有效地转化为投资,而投资是拉动经济增长的重要因素(Kelley,1973)[1]。储蓄与经济增长之间的关系固然显著,但是不同学者仍持有差异化观点。有学者认为储蓄增长或是高储蓄对经济增长存在促进作用,但也有学者认为储蓄增长未必能促进经济增长,原因有两个,一个是过高的储蓄排挤了消费拉动经济增长因素,另一个是经济增长带动与促进了储蓄增长,反之则未必。储蓄增长在何种程度上可以促进经济发展,这一问题催生了关于最优储蓄率的研究。有学者就最优储蓄率的影响因素开展了诸多研究,分别从金融、经济、人口等不同变量出发,取得了大量的关于最优储蓄率

---

[1] Kelley A. C., "Population Growth, the Dependency Rate, and the Pace of Economic Development", *Population Studies*, Vol. 27, No. 3, 1973, pp. 405-414.

的成立条件、原因等相关研究①。

综上所述,储蓄率作用于经济增长并非没有争论,至少储蓄率对经济的贡献并不是越高越好,也不是越低越好。储蓄率应该有一个合理区间,即最优储蓄率。由于过去几十年间中国总抚养比的持续下降与经济高速增长,导致储蓄率不断攀高。随着总抚养比的上升以及经济增长速度的放缓,中国储蓄率也将在一段时期内回落到一个更有利于经济增长的最优区间,在短时期内将会有利于中国经济发展。

三 人口结构变动对储蓄率的影响

（一）人口转变过程中储蓄率变化

储蓄率的概念和范围较广,从部门划分看,可以分为总储蓄率、私人部门储蓄率、企业储蓄率、居民储蓄率和政府储蓄率;从分母依据看,有使用 GNP 或 GDP 作为分母,以相关储蓄额作为分子求得储蓄率,也有使用可支配收入作为分母,以相关储蓄额作为分子求得储蓄率;从宏微观视角看,有使用宏观层面的总 GDP 或总可支配收入作为分母,计算相关储蓄率,也有使用人均 GDP 或人均可支配收入作为分母计算人均水平的储蓄率。

不同的储蓄率计算方法各有优劣,国际上采用不同分母计算储蓄率都有先例,依据不同的使用环境来选择②。这里基于生命周期理论进行分析,探讨范畴均为宏观语境下的人口转变与储蓄率,所以这里使用的储蓄率主要为宏观层面的储蓄率,在部门储蓄率中采用分母为总可支配收入,为便于比较,同时采用以 GDP 与可支配收入两种分母的储蓄率计算方案进行计算。这里使用 GDP 作为储蓄率的计算分母,主要分为居民储蓄率、企业储蓄率和政府储蓄率三个部门,总储蓄率为三部门之和（图 6-6）。

---

① 范祚军、常雅丽、黄立群:《国际视野下最优储蓄率及其影响因素测度——基于索洛经济增长模型的研究》,《经济研究》2014 年第 5 期。
② 任若恩、覃筱:《中美两国可比居民储蓄率的计量:1992—2001》,《经济研究》2006 年第 3 期。

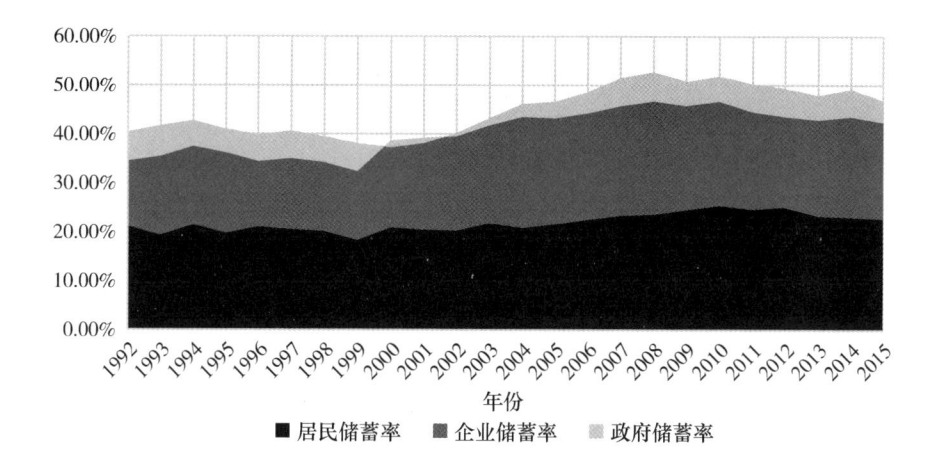

第六章 人口转变对跨越"中等收入陷阱"的相关效应 / 219

图 6 - 6 中国 1992—2015 年各部门储蓄占 GDP 比重

注：居民储蓄率等同于住户部门储蓄率。2000 年、2001 年政府储蓄率为负。中国统计年鉴相关数据根据 2000 年前后我国相关统计口径不一致进行调整，这里使用调整后数据。

资料来源：由历年《中国统计年鉴》相关数据计算获得。

中国自 1992 年以来总储蓄率保持在较高水平，趋势有升有降。其中两个变化较大的时间点分别是在 1999 年、2010 年。第一次是在 1999 年时达到储蓄率最低值，随后开始攀升，这与 1997 年亚洲金融危机有一定的关联性；2010 年达到储蓄率的最高值随后开始下降，人口学视角下往往被解读为因人口年龄结构转变所致，因为中国储蓄率在出现下行拐点的同时，总抚养比刚好也在此时开始出现持续下降（表 6 - 4），即两者的时间拐点保持高度一致。使用可支配收入作为储蓄率的计算分母，可以看到，2011 年后储蓄率同图 6 - 6 中的表现保持一致，同样出现了持续下降。

表 6 - 4 中国 1992—2018 年各部门储蓄占各部门可支配收入的比重

（单位：%）

年份	居民储蓄率	私人储蓄率	国民储蓄率	储蓄率
1992	31.12	42.45	40.29	38.97
1993	29.91	43.93	41.72	43.70
1994	32.57	45.75	42.73	41.31

续表

年份	居民储蓄率	私人储蓄率	国民储蓄率	储蓄率
1995	30.00	43.99	41.62	41.39
1996	30.77	42.11	40.32	39.42
1997	30.46	43.01	40.76	38.10
1998	29.93	42.10	39.98	37.36
1999	27.63	40.35	38.61	37.16
2000	25.45	39.95	38.50	36.66
2001	25.37	39.69	38.89	37.52
2002	28.59	41.45	40.20	37.69
2003	28.89	42.97	42.90	39.94
2004	31.65	50.35	46.10	42.58
2005	35.61	51.85	47.45	40.38
2006	36.40	51.65	48.67	39.30
2007	37.94	52.99	50.88	40.10
2008	39.38	56.01	52.30	43.04
2009	40.38	55.84	50.57	45.72
2010	42.10	57.14	51.77	47.77
2011	40.88	55.53	50.63	48.67
2012	40.70	54.31	49.46	46.84
2013	38.46	53.47	48.34	46.76
2014	37.99	53.65	49.09	46.44
2015	37.07	52.37	47.16	44.40
2016	39.4	54.4	50.3	44.93
2017	38.9	53.9	49.8	44.73
2018	39.4	54.4	50.3	44.22

注：居民储蓄率等同于住户部门储蓄率。私人储蓄率为居民储蓄与企业储蓄之和。企业部门与国外部门无最终消费活动，其储蓄等同于可支配收入，所以此处并未进行两部门的储蓄率计算。

资料来源：由历年《中国统计年鉴》相关数据计算获得。

从图6-6和表6-4中可以看出，中国储蓄率在2011年达到最高点之后开始下降，这一现象与同时期中国人口转变过程中，人口年龄结构特征中总抚养比的变化保持时间与发展趋势上高度一致。为了验证人口年龄结构的变化是否影响了储蓄率的变化，随后将进行进一步检验。

（二）人口年龄结构变化对储蓄率影响的实证分析

采用 VAR 模型对人口年龄结构和储蓄率进行格兰杰因果检验，储蓄率变量选择以可支配收入为分母的总储蓄率，变量命名为 saving_rate。实证分析使用 Stata 14.0 软件。具体数据及变量命名见表 6-5。

表 6-5　　　　　　人口年龄结构指标与储蓄率　　　　　（单位：%）

年份	储蓄率	少儿抚养比	老年抚养比	年份	储蓄率	少儿抚养比	老年抚养比
1992	38.97	41.70	9.30	2006	39.30	27.30	11.00
1993	43.70	40.70	9.20	2007	40.10	26.80	11.10
1994	41.31	40.50	9.50	2008	43.04	26.00	11.30
1995	41.39	39.60	9.20	2009	45.72	25.30	11.60
1996	39.42	39.30	9.50	2010	47.77	22.30	11.90
1997	38.10	38.50	9.70	2011	48.67	22.10	12.30
1998	37.36	38.00	9.90	2012	46.84	22.20	12.70
1999	37.16	37.50	10.20	2013	46.76	22.20	13.10
2000	36.66	32.60	9.90	2014	46.44	22.50	13.70
2001	37.52	32.00	10.10	2015	44.40	22.60	14.30
2002	37.69	31.90	10.40	2016	44.93	22.9	15.0
2003	39.94	31.40	10.70	2017	44.73	23.4	15.9
2004	42.58	30.30	10.70	2018	44.22	23.7	16.8
2005	40.38	28.10	10.70	2019	45.71	23.8	17.8

资料来源：根据历年《中国统计年鉴》计算获得。

这里使用 VAR 模型中的格兰杰因果检验，以在统计角度上验证人口年龄结构的转变与储蓄率是否存在因果解释。由于变量皆为时间序列数据，在进行格兰杰因果检验前要进行变量的稳定性检验，以避免出现虚假回归。

1. 变量的稳定性检验

由于少儿抚养比、老年抚养比、储蓄率都是百分比，为了消除变量间可能存在的异方差，先对原变量取对数值，生成对应的新变量 ln_saving_rate、ln_cdr 和 ln_odr。对变量进行协整检验时需要先检验稳定性，这里使用常用的 DF 稳定性检验，结果如表 6-6 所示。

表 6-6　　　　　　　　　　DF 稳定性检验

变量	水平检验结果		一阶差分检验结果	
	DF 值	p 值	DF 值	p 值
ln_saving_rate	-1.195	0.6757	-4.441	0.0003
ln_cdr	-0.684	0.8509	-4.259	0.0005
ln_odr	2.312	0.9990	-4.987	0.0000

注：p 值小于 0.05 表示在 5% 水平显著，小于 0.01 表示在 1% 水平显著。

表 6-6 中的研究结果显示，变量 ln_saving_rate、ln_cdr、ln_odr 是一阶单整的时间序列数据，即原数据为不平稳，一阶差分后全部平稳。如果该数据通过协整检验，则可以使用对数变量进行 VAR 模型的格兰杰因果检验。

2. VAR 模型滞后阶数的确定

VAR 模型为完整反映所构造模型的动态特征，需要确定滞后阶数，这里采用 AIC 的最小值来选择所使用的滞后阶数，因为 AIC 的最小值所对应的 lag 值为最优的滞后阶数。AIC 的最小值所对应的滞后阶数为 3（lag：3），固本书在 VAR 模型中的最优滞后阶数为 3（表 6-7）。

表 6-7　　　　　　　　　　最优滞后阶数

lag	LL	LR	df	p	FPE	AIC	HQIC	SBIC
0	70.8154				2.3e-07	-6.78154	-6.75238	-6.63218
1	143.196	144.76	9	0.000	4.1e-10	-13.1196	-13.003	-12.5222*
2	150.322	14.251	9	0.114	5.3e-10	-12.9322	-12.7281	-11.8867
3	166.977	33.311*	9	0.000	3.0e-10*	-13.6977*	-13.4062*	-12.2041
4	172.589	11.224	9	0.261	6.7e-10	-13.3589	-12.9799	-11.4172

3. Johansen 协整检验

Johansen 协整检验是针对 VAR 模型的协整检验，当变量存在协整关系时，可以理解为存在长期均衡关系。

表 6-8　　　　　　　　　　Johansen 协整检验

rank	trace statistic	5% critical value	max statistic	5% critical value
0	34.9144 ***	29.68	22.0856	20.97
1	12.8288 **	15.41	12.0224	14.07
2	0.8064	3.76	0.8064	3.76

从表 6-8 Johansen 协整检验中可看到，特征根迹检验（trace statistic）在 1% 显著水平上拒绝没有协整关系的假设，即存在协整关系。结合前文的稳定性检验，变量 ln_saving_rate、ln_cdr、ln_odr 存在一阶协整关系，意味着变量间存在统计意义上的因果关系，但是未能指明因果关系的方向。

4. 模型的选取与格兰杰检验结果

为进一步研究变量间是否存在统计意义上的方向性因果关系，这里采用格兰杰因果检验，结果如表 6-9 所示。

表 6-9　　　　　　　　　　格兰杰因果关系检验

Equation	Excluded	chi2	df	Prob > chi2
ln_saving_rate	ln_cdr	27.608	3	0.000
ln_saving_rate	ln_odr	19.101	3	0.000
ln_saving_rate	ALL	36.282	6	0.000
ln_cdr	ln_saving_rate	9.5927	3	0.022
ln_cdr	ln_odr	.96764	3	0.809
ln_cdr	ALL	10.261	6	0.114
ln_odr	ln_saving_rate	6.5559	3	0.087
ln_odr	ln_cdr	1.4551	3	0.693
ln_odr	ALL	7.6508	6	0.265

当 p 值小于 0.05 时，可以拒绝原假设，由表 6-9 中可以看出，变量 ln_cdr 是 ln_saving_rate 的格兰杰原因，变量 ln_odr 也是 ln_saving_rate 的格兰杰原因，变量 ln_cdr 和 ln_odr 的组合也是 ln_saving_rate 的格兰杰原因，说明在统计意义上，可以把少儿抚养比与老年抚养比称作是储蓄率的格兰杰原因。

上述研究结果表明，在统计意义上说明，人口年龄结构对储蓄率存在一定影响，即人口转变对储蓄率造成了影响。由于相较于储蓄率的预测，少儿抚养比与老年抚养比的预测更具有准确性，所以就人口年龄结构的进一步变化趋势来看，储蓄率可能会面临一个下行预期。

四 储蓄率变化对跨越"中等收入陷阱"的相关效应

（一）储蓄率变化对跨越"中等收入陷阱"的正效应

第一，中国储蓄率即将进入一个合理区间，有利于经济发展。研究结果显示，中国储蓄率偏高状况将逐渐减弱，面临储蓄率下降预期，从而进入更加合理的储蓄率水平区间，这对中国经济发展可以起到更健康、更有力的帮助。储蓄率下降，结合中国长期以来的高储蓄率水平，可以推测中国储蓄率将进入一个更加合理的区间。虽然高储蓄率可以带来高投资，但中国常年的高储蓄率对金融体系和资本市场也造成一定消极影响。相较于中国高储蓄率的现实，合理的储蓄率将对经济增长起到更健康、康的促进作用。

第二，储蓄与消费逐渐趋于均衡。过度储蓄理论认为，储蓄与消费在收入中的比重需要均衡。收入分配给消费和储蓄，其比例存在一个较为均衡的水平，在均衡水平内，储蓄既能够通过投资扩大再生产，又可以不挤占消费水平而对市场产生需求。后者即是霍布森所认为的"有效需求不足"，其原因在于过度储蓄。也就是说，储蓄偏高对经济增长的影响是一种视角狭隘，当从消费角度看经济增长时，就会有不同的判断。同时，凯恩斯认为，从储蓄到投资的转化过程来看，如果储蓄过高，其转化为资本的风险就越高，这对经济增长也是一种负面影响。由此可见，过高的储蓄率可以从两个方面对经济增长产生负面影响，一是储蓄—投资的转化效率不高,二是储蓄过高挤占了消费①。

第三,储蓄与投资的有效转换。储蓄率进入合理区间,则意味着经济增长也逐渐步入成熟期,使得中国将更加平稳地跨越"中等收入陷阱"。人口结构的变动将促使储蓄率进入最优区间,提高储蓄—投资的转化效率,减少对消费的挤占效应,通过扩大消费提振经济增长,从而对中国跨越"中等收入陷阱"做出积极贡献。

(二) 储蓄率变化对跨越"中等收入陷阱"的负效应

储蓄的下降预期带来了结构性调整与减弱经济增长的机会,但是这种调整本身也具有风险,即储蓄的减少对国家从宏观上保持投资与经济增长的稳定性产生一定负面影响。投资作为拉动经济增长的一种重要方式,其对宏观经济发展起到了极其重要的作用②。传统上,储蓄可以通过金融机构转化为投资,即高储蓄水平意味着大量储蓄资金为投资提供丰沛的来源。储蓄的下降可能使中国在投资方面面临下行压力,如果对外资产生需求增加,则进一步对国际收支平衡产生影响,使金融的稳定性面临更严峻的考验。

短期内,居民储蓄一定程度的减少可有利于居民消费的稳定增长并构建合理的消费结构,但是随着储蓄与消费结构的均衡,储蓄率在跌破合理区间后,难以再为居民消费提供增长的空间。居民储蓄的减少也为社会保障制度改革的物质基础带来了一定的压力和考验,居民储蓄作为居民自身的一种自我保障机制的作用受到了挑战③。

中国储蓄率偏高的原因不仅是居民储蓄率长期居高不下,企业储蓄率和政府储蓄率也具有庞大规模。近年来,储蓄率下降主要是居民储蓄率下降造成的,而企业储蓄率与政府储蓄率仍然保持原有较高水平。与大多数国家相比,中国企业储蓄率和政府储蓄率偏高的事实明显,随着

---

① 丁海云:《中国经济增长的最优储蓄率研究》,《时代金融》(下旬) 2014 年第 5 期,第 10—11 页。

② 任行伟:《中国居民储蓄率对经济增长的影响效应分析》,硕士学位论文,西南大学,2012 年,第 28 页。

③ 任行伟:《中国居民储蓄率对经济增长的影响效应分析》,硕士学位论文,西南大学,2012 年,第 30 页。

居民储蓄率的下降，中国储蓄率的内部结构将更加不均衡，矛盾将可能更加突出。为获得更加合理的储蓄率结构，企业储蓄率和政府储蓄率应该向下调整，增加初次分配和转移支付，以减少居民储蓄率降低所带来的社会经济风险。中国居民储蓄率的下降，将使得企业储蓄率和政府储蓄率的调整面临紧迫的压力。

长期看来，中国储蓄率的下降可能通过金融风险、社会风险以及治理风险等方面体现出来，这可能会给跨越"中等收入陷阱"带来一定挑战。根据生命周期理论研究认为，在人口转变背景下，随着人口年龄结构的变动，储蓄率可能面临进一步下行的预期。为了建立人口转变对储蓄率的影响模式，这里选取代表人口年龄结构的少儿抚养比、老年抚养比以及储蓄率三个时间序列变量进行格兰杰因果关系检验。研究结果显示，可以在统计意义上认为，人口年龄结构的转变是储蓄率变化的格兰杰原因，进而通过变动趋势较为稳定的人口年龄结构变化来推测储蓄率面临进一步下行的预期。在该预期下，讨论储蓄率进一步下降对经济增长的影响，从而关系到中国对"中等收入陷阱"的跨越。

总之，短期内储蓄率的下降将为中国经济增长带来更加均衡的发展契机。根据过度储蓄理论，储蓄率下降将使得中国储蓄率进入合理储蓄率水平，接近"最优储蓄率"，使得中国储蓄—消费的结构更加合理、更为优质。长期看来，储蓄率下降也会对中国跨越"中等收入陷阱"带来一定挑战。同时随着储蓄率进一步下降，中国储蓄率有可能跌破"最优储蓄率"区间的下限，使中国经济增长在长远看来可能面临投资来源不足的压力，面临潜在的金融风险。另外，对社会保障也提出了挑战，存在一定的社会风险。储蓄的三个部门面临一定治理风险。

由于生育政策的持续宽松与老龄化程度的持续加深，我们有理由相信，在人口年龄结构的变化趋势下，储蓄率的下行预期较为强烈，为此，政府应当针对储蓄率下行带来的不同风险，提早做好积极应对举动，如防范潜在的金融风险，为企业融资做好预案，以及建立健全并提供社会保障能力，同时要制定政策，着手解决部门间储蓄率存在的结构不均衡问题。通过提前预判，政府应该在施政过程中注重前瞻，以保障中国经济的持续良性发展，从而顺利地迈入高收入国家行列。

第三节 人力资本累积与劳动力市场效应

一 人力资本累积效应

中国人口转变对人力资本积累的影响机制可以从人口年龄结构变动和人口空间流动两方面考察。首先，随着中国计划生育政策的实施以及改革开放的深入推进，人口年龄结构也开始表现为出生率急速下降、人口总抚养系数降低、适龄劳动力人口数量缓慢上升，更多劳动力人口从少儿抚养和老年赡养负担等非生产性活动中解放出来，源源不断地为劳动力市场提供生产力。从单个个体而言，各年龄段的生产劳动效率有所差异，人的一生劳动效率呈现倒"U"型分布，劳动力人口在刚进入劳动力市场以及接近退休阶段时的劳动效率是最低的，在15—64岁适龄劳动年龄区间，随着劳动经验的积累，生产效率将逐步提升。因此，随着中国人口转变所带来的人口年龄结构变动，使得适龄劳动力人口在数量和比例上持续增加，并且在老龄化程度加重之前，劳动力市场上的人力资本在量上的积累持续扩大。另外，长期的二元经济体制形成了频繁的城乡人口结构变动，劳动力从农村向城市转移，极大地推动了城市化进程，并且改变了劳动力市场人力资本供求之间的匹配，在市场的优胜劣汰下，提升了人力资本的质量累积。

其次，人口的受教育水平与健康质量是衡量人力资本存量积累的重要标准，在经济增长理论中，人力资本的积累对经济增长有着较大份额的贡献。具体来说，人力资本中的教育因素为劳动者提供劳动所必需的专业技能、知识视野，教育体系越能真实反映劳动力市场的需求，劳动者生产力越强，生产效率越高。而健康因素为劳动者提供了必要的生理支持，个体劳动者健康水平越高，则劳动能力越强，对经济增长的贡献就越多。

最后，完善的人力资本积累体系是一个国家或地区持续提高人力资本存量以及质量的基础，从现阶段中国人力资本积累的现状看，人力资本在量上的积累已初见成效，丰富的劳动力资源对中国改革开放后经济的快速发展起到了巨大贡献作用。但随着中国劳动力市场进入刘易斯拐点，劳动力数量开始呈现下降趋势，经济增长速度进入新常态阶段。

人口转变与经济体制改革进入深水区，跨越中等收入阶段，从经济增长的人口动力看，中国逐渐从人口红利期过渡到人口负债期，经济发展要素也需要从依靠人口数量红利拓展发展渠道，深化发展到人力资本红利、人口质量红利，人力资本的积累需实现从量到质的改变，持续不断地完善中国人力资本积累体系，提高高素质人才质量比例，从而稳健地、健康地促进中国经济增长。

二 劳动力市场效应

人口转变所带来的生育率变化是造成劳动年龄人口变化的主要因素，人口转变带来的一段时期内人口结构的变化造成了劳动力结构的较大变化，是人口转变对经济增长影响的内在主要逻辑。具体从劳动力供给角度看，假设劳动生产率保持不变的情况下，人口转变带来的总人口中劳动力数量的相对变化，劳动力数量上升将产生更大的规模效应，劳动力数量下降将减弱劳动力规模效应，从而社会总产出和人均收入也随之下降。在传统的二元经济时期，经济发展很大程度上依赖更多的劳动力数量所产生的规模效应，以此保持经济的可持续增长。

中国劳动力供给数量变化和经济转变情况在时间上基本吻合，从新中国成立初期到20世纪80年代，中国处于第一个人口负债期，虽然从劳动力数量上一直处于上升状态，但劳动力供给不能满足庞大人口规模下的劳动力需求。20世纪80年代以后，中国由人口负债期进入到人口红利期，劳动力供给高于劳动力市场需求，呈现欣欣向荣的经济发展态势。人口红利拐点出现在2010年，人口红利向人口负债的转折点大约出现在2035年。这意味着中国人口红利在2010年达到顶峰后持续下降，并将在2035年转向人口负债期[①]。劳动力供给处于倒"U"型的顶点，劳动力数量达到最充足时期，随后开始出现劳动人口增长率以及绝

---

① 郭晗、任保平：《人口红利变化与中国经济发展方式转变》，《当代财经》2014年第3期。

对数量下降时期。近年来,中国沿海部分地区出现的"民工荒"以及全国普遍性最低员工工资的上涨,主要是由于中国人口转变带来的劳动力人口数量结构变化所造成的。中国二元经济进入到了新一轮转变阶段,劳动力要素在经济发展中将越来越紧缺,其他经济增长要素亟待开发,经济增长速度放缓,从人均可支配收入角度来看,人均国民收入的增长速度以及增长量的下降,中国经济在中等收入阶段还将持续一段时间。

从人口结构看,中国处于"人口红利期"尾期或者说即将结束人口红利期,人口转变是推动中国劳动力市场跨过刘易斯拐点的关键因素。1990 年,中国劳动年龄人口总量为 7.63 亿人(图 6-7),1995 年突破 8 亿人,2002 年突破 9 亿人,随后以更快速度增长,2011 年突破 10 亿人,2013 年是高峰期,达 10.104 亿,随后逐年减少。2014 年比 2013 年减少了 113 万人,2015 年比 2014 年减少了 108 万人,中国劳动年龄人口自 2013 年起出现绝对数量的持续减少,2018 年依然超过 10 亿人,2020 年降至 9.67 亿人。据测算,2020—2030 年将年均减少 790

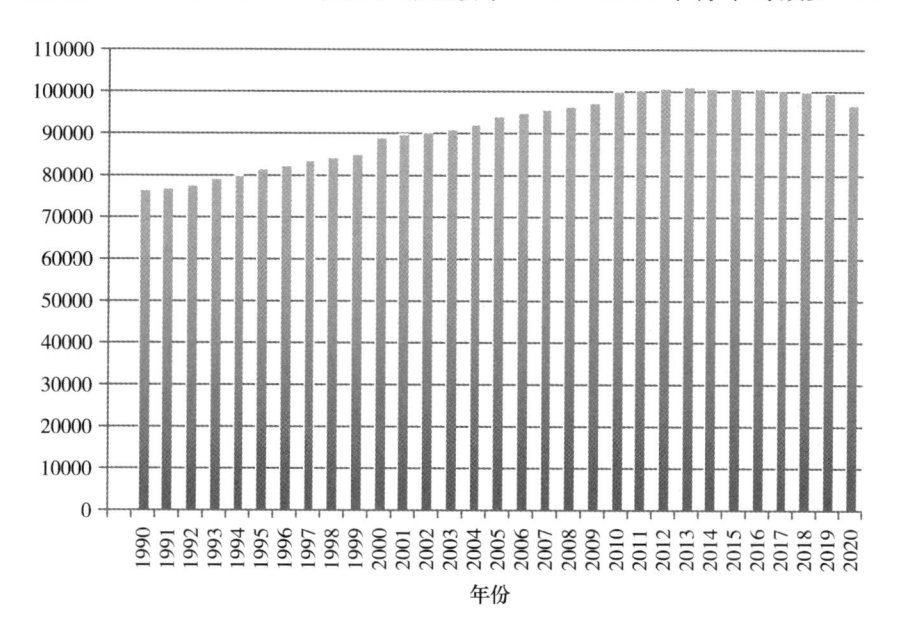

图 6-7 中国 1990—2020 年劳动年龄人口数量变化趋势(单位:万人)

资料来源:国家统计局历年《中国统计年鉴》,中国统计出版社。

万劳动年龄人口，2030—2050 年将年均减少 835 万人。① 劳动年龄人口绝对数量持续减少，对中国经济可持续增长及顺利迈入高收入阶段是一个挑战。

第四节　人口红利消失对跨越"中等收入陷阱"的机遇与挑战

一　人口红利渐近消失与"中等收入陷阱"

（一）人口红利与人口红利期

从人口转变视角看，人口红利期是人口转变过程中的一段特定时期，在这段特殊的转变时期内，人口年龄结构特征具体体现为抚养比下降，经济意义表现为抚养比下降对经济增长具有重要的贡献意义。随着人口转变过程的进一步发展，少儿抚养比持续下降，总劳动力人口比重随之发生变化，导致养老负担相继加重，这时，总抚养比下降将迎来一个转折点，并意味着人口红利期结束，该人口转变过程则进入人口负债期，经济增长将面临较大下行压力。

人口转变可以分别通过生产与消费产生两次人口红利②。第一次人口红利来自人口年龄结构变动，抚养比下降带来潜在经济优势，通过较高的劳动参与率与较高的就业率释放出丰富的人力资源作为生产力，因此也可以把第一次人口红利看作丰富劳动力供给对经济增长的促进作用；经济活动人口和就业水平的增加产生了经济盈余，使得中国形成了较高储蓄率，高储蓄率有利于资本形成并推动经济增长，因此，这种人口转变的影响被称为第二次人口红利，或储蓄的影响③。也有学者将人

---

① 李培林、陈光金、张翼主编：《2015 年中国社会形势分析与预测》，社会科学文献出版社 2014 年版。

② Mason A., Sang-Hyop L., *The Demographic Dividend and Poverty Reduction*, Seminar on the Relevance, of Population Aspects for the Achievement of the Millennium Development Goals November, 2004, pp. 17–19.

③ Cai, F., Wang, D., "Demographic Transition: Implications for Growth", *EconWPA*, 2006, p. 22.

力资本含义赋予第二次人口红利,即第一次人口红利是人口数量红利,第二次是人口素质红利,随着人口数量红利的式微,人口素质红利对经济增长的作用越来越受到重视。由于人口转变与二元经济发展的过程有较多相似的影响因素,使得两者在相当大的程度上具有过程的重合性,可以将人口转变所促成的人口红利期看成二元经济发展过程中的一部分①,也有部分学者将刘易斯拐点视作人口红利消失的判断标志。这里探讨人口红利期结束对中国跨越"中等收入陷阱"的挑战与机遇,所选用人口红利的经济意义是指人口转变过程中,人口年龄结构转变对经济增长的作用,在实证研究中使用抚养比作为人口红利的测度变量。

(二) 中国人口红利是否消失

人口红利作为中国经济增长的重要动力,何时消失已成为学界研究与争论的焦点之一。由于中国长期二元经济结构,农村拥有大量剩余劳动人口,为经济发展在一定时期内提供了无限劳动力供给。2003 年,中国东南沿海地区开始出现"民工荒",自此每年都有"民工荒"事件发生,且范围在不断扩大。同时由于用工需求的存在,农民工的工资水平逐年上涨,按照定义,这就是刘易斯拐点到来的特征②。中国近来的经济发展过程中,随着劳动年龄人口增速放缓,劳动人口绝对数量已经出现减少趋势,平均工资水平也不断上涨③,中国人口红利的拐点是否已经到来也引起了学界越来越多的争论,正反两种声音此起彼伏尚未能达成共识。

一方观点认为,人口红利拐点已经到来,以劳动年龄人口绝对数量开始下降为标志,我国人口红利于 2012 年已出现消失的迹象④。蔡昉曾预测,中国人口红利将于 2013 年消失,届时人口抚养比将触底反弹,由

---

① 蔡昉:《人口转变、人口红利与刘易斯转折点》,《经济研究》2010 年第 4 期。

② 刘易斯转折点意味着在工资不变的条件下无法雇用足够的劳动力,而不是劳动力的绝对不足。

③ 封小郡:《对"人口红利"概念本土应用的反思——从中国人口红利消失与否的争论说起》,《人口与社会》2014 年第 2 期。

④ 田俊荣:《人口红利拐点已现》,《人民日报》2013 年 1 月 28 日第 17 版。

于人口抚养比真实达到峰值的时间早于预测值,蔡昉在之后又撰文指出,人口红利消失与国际出口需求减少共同作用于我国经济增长的减速,使得我国将持续面临户籍制度改革与经济体制改革深化的双重压力①。都阳的研究认为,中国人口红利期较其他国家而言具有时期短的特点,随着生育率水平迅速下降,我国即将进入人口负债期,同时,人口总抚养比的变化将成为中国劳动力市场迎来"刘易斯转折点"的主要原因之一②。也有学者认为虽然人口红利尚未消失,但也将在不久的未来消失,并使用其他人口红利的测度标准预测人口红利即将结束的具体时间,田萍等人从二元经济角度根据我国二元经济的结构变化趋势来预测人口红利消失的时间点③。

尽管近年出现的"民工荒"以及工资水平持续上涨一定程度上验证了人口红利趋于消失的观点,仍有相当一部分学者认为关于中国人口红利消失判断是片面的。比如陆铭等学者研究认为,中国当前仍然存在城乡分割等阻碍劳动力自由流动的政策,此类原因使得劳动力供给产生相对不足的现象;工资水平上涨更多归功于政策的不断完善,并非刘易斯拐点的真正到来,即农村已无剩余劳动力,所以人口红利是否已经消失仍须观察④。侯东民则更为直接地反对人口红利消失的观点,他认为,考虑到当前中国普遍存在的就业压力,劳动年龄人口绝对数量减少在一定程度上会减轻就业压力以及社会抚养压力,在事实上反而利于人口红利发挥作用⑤。也有相当一部分学者基于对人口红利含义的不同理解,反对唯人口数量红利论。熊必俊、姜全保研究认为,在当下知识经济与信息

---

① 蔡昉:《从人口学视角论中国经济减速问题》,《中国市场》2013年第7期。
② 田萍、张屹山、张鹤:《中国剩余劳动力人口红利消失时点预测》,《中国高校社会科学》2015年第1期。
③ 陆铭、陈钊:《当刘易斯遇到马克思——论中国劳动力短缺的制度成因与对策》,载张欣、蒋长流、范晓静《中国沿海地区产业转移浪潮:问题和对策》,上海财经大学出版社2012年版。
④ 侯东民:《国内外思潮对中国人口红利消失及老龄化危机的误导》,《人口研究》2011年第3期。
⑤ Mason A., *Population Change and Economic Development in East Asia: Challenges Met and Opportunities Seized*, Stanford: Stanford University Press, 2001, pp. 1-30.

时代，数量并不是唯一影响社会发展和经济增长的因素，劳动者素质将是更为关键的因素。

（三）人口红利与"中等收入陷阱"

跨越"中等收入陷阱"离不开长期经济增长，而人口红利与经济增长之间存在密切关系，但正如 Mason 所言，人口红利并不能独立与直接作用于经济增长，若将潜在的人口红利转变为现实的经济增长源泉，还需要有效的劳动力市场、较高的储蓄率以及良好的投资环境等政策环境与制度条件，这正是东亚国家相较其他国家的优势之所在①。人口红利需要在人口素质和市场的制度保障下实现，通过劳动年龄人口数量、人力资本以及一定的储蓄水平来作用于经济增长②。"人口红利"从高劳动参与率、高储蓄率以及较高的劳动力配置效率③三方面推动中国经济增长④。人口抚养比每下降1个百分点，经济增长将提高1.06个百分点，人口抚养比在过去30年不断下降的过程中为经济增长贡献27.23%，明确测算出了人口年龄结构变迁所产生的人口红利对经济增长的贡献程度⑤。

在中国过去几十年经济发展中，人口红利因素对经济增长有着显著作用，随着人口转变过程进一步发展，人口红利因素将逐渐减弱甚至消失并成为人口负债。随着党的十八大报告与国家"十三五"规划建设中提出的2020年经济发展目标，如果用总抚养比下降作为中国第一次人口红利期开端，以抚养比的上升作为其结束，第一次人口红利期应为1966—2011年共45年（图6-8）。劳动力人口比重也相应地由1966年开始上升，2011年出现下降。虽然人口红利期从1966年开始，但人口红利只是潜在的经济增长优势，只有东亚各国良好的政策和制度，如有效的劳动力市场、高储蓄和良好的投资环境等才能将潜在的人口红利转变为

---

① Bloom D. E., Canning D., Sevilla J., *The Demographic Dividend: A New Perspective on the Economic Consequences of Population Change*, Santa Monica, CA: RAND Corporation, 2003, p. 29.
② 汪小勤、汪红梅：《"人口红利"效应与中国经济增长》，《经济学家》2007年第1期。
③ 较高劳动配置效率主要是将大量的农业人口转移到生产率较高的工业部门。
④ 李好：《基于双对数模型的中国人口红利实证分析》，《企业导报》2014年第7期。
⑤ Ambrose E. P., "China Risks 'Middle Income Trap' without Free Market Revolution", The Telegraph, http://www.telegraph.co.uk/finance/comment/ambroseevans_pritchard/9109683/China-risks-middle-income-trap-without-free-market-revolution.html, 2017年4月20日。

现实的经济增长源泉①，实际上，中国人口红利是在改革开放之后才开始真正对经济增长具有贡献作用。

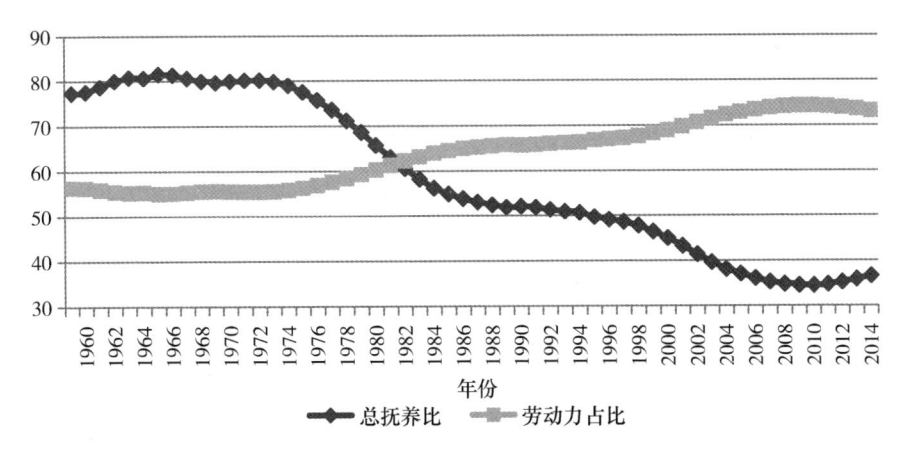

图 6-8　中国第一次人口红利期

资料来源：世界银行数据库（http：//data.worldbank.org.cn/country/china? view=chart）。

中国人口总抚养比下降使得充足的劳动年龄人口作为劳动力进入劳动力市场。实证结果显示，改革开放以来人口转变所产生的人口红利对经济增长的贡献率为 15%—25%，面临迅速到来的人口老龄化，中国的人口红利将在 2013 年消失②。世界银行也在 2014 年指出，20 世纪 60 年代至 70 年代，拉美与中东的经济体相继遇到了经济发展的天花板，丧失了经济增长动力，陷入"中等收入陷阱"，人均国民收入远远落后于日本、韩国等极少数已跨越"中等收入陷阱"的国家。如果发展中国家在步入中等收入阶段后无法通过创新来提高生产率，那么极有可能陷入"中等收入陷阱"。中国有机会改变这样的命运③。

为保持经济增长动力，通过创新提高生产率，中国不仅要进行产业

---

① Bloom D. E., Canning D., Sevilla J., *The Demographic Dividend: A New Perspective on the Economic Consequences of Population Change*, Santa Monica, CA: RAND Corporation, 2003, p.37.

② Cai, F., Wang, D., "Demographic Transition: Implications for Growth", *EconWPA*, 2006, p.23.

③ 王金营、杨磊：《中国人口转变、人口红利与经济增长的实证》，《人口学刊》2010 年第 5 期。

结构调整，在人口转变机遇期，应将数量红利转变为素质红利。2003年首现"民工荒"时有学者认为是经济增长过快所造成的，不是农民工数量下降造成的。该观点有一定现实依据，1978年至1981年中国GDP处于下降期，1985年仅增长了5.17%，其中1984年最高增长率超过了15%，随后又出现波动起伏，1990年不到4%，从1991年起至亚洲金融危机持续上涨。随后又小幅下降。2003年至2008年国际金融危机前，中国经济增长态势迅猛（图6-9）。但随后的"民工荒"现象越来越普遍，金融危机过后，经济增长并没有恢复到2008年前的态势。特别是2010年开始的人口红利逐年消失，经济增长与总抚养比变化趋势高度一致。如果说"民工荒"的出现作为劳动力开始短缺的信号，那么2010年后劳动力供给短缺已成为影响经济增长的重要现实，2012—2014年，中国GDP增长率均低于8%，2015年起低于7%，2019年该值为5.95%（图6-9）。

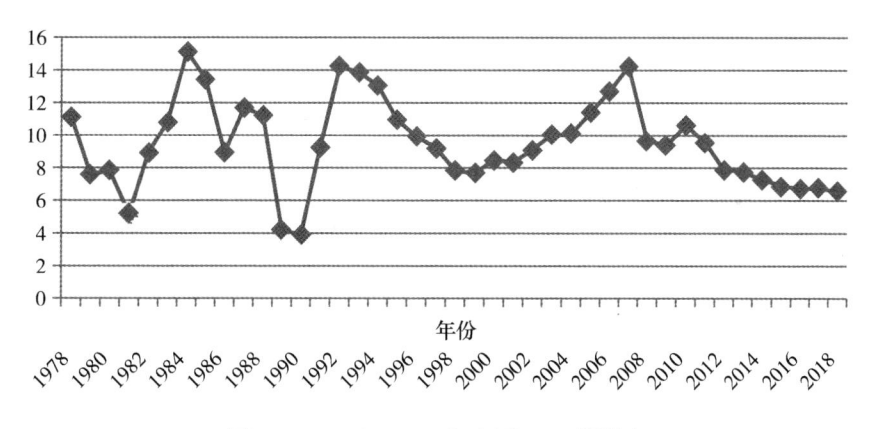

图6-9 1978—2019年中国GDP增长率

资料来源：世界银行数据库（http：//data.worldbank.org.cn/country/china? view=chart）。

随着第一次人口红利的逐渐式微，用工需求通过调高工资吸引劳动力，结果导致成本的上升，产品价格缺乏竞争力，这对经济增长开始形成进一步威胁。由此可以看出，传统的经济增长方式是一种自带"天花板"式的发展模式，面对2020年全面小康社会的建成、2030年国家中长期目标以及基本现代化的实现，突破经济增长的瓶颈亟须一场经济增长动力的转变与经济增长方式的转型。

二 人口红利期结束对跨越"中等收入陷阱"的机遇

(一) 人口抚养比上升,两端消费市场扩大

随着人口年龄结构的持续转变与全面三孩生育政策的效果逐渐显现,中国老年抚养比与少儿抚养比呈上涨趋势,对老年消费市场与少儿消费市场等方面带来了一定利好。消费与储蓄像是事物的两面,而人口因素与储蓄率的关系集中反映在生命周期模型(LCM)及其相关研究中。生命周期假设中,人一生有不同的生命阶段(未成年、成年期、老年期),一般来说,在成年期(如15岁到65岁)消费低于收入,形成储蓄;在未成年期(如15岁以下)和老年期(如65岁以上)收入低于消费,储蓄减少。根据上述理论,人口抚养比上升将造成储蓄率下降,促使消费增加,使得老年消费市场与少儿消费市场规模不断扩大。在消费能力与消费习惯保持不变的前提下,一个消费者群体的数量越多,消费市场的规模相应也就越大。

伴随全面三孩生育政策推行,长期内还会影响到更多少年儿童更高消费市场,这也将更能拉动消费,刺激中国经济增长。同时,人口老龄化趋势的发展与人均寿命延长使得老年消费市场逐年扩大,这样可以在人口年龄结构的末端为经济增长带来充满前景的新动力。无论是人口老龄化程度的加深,还是老年人口数量的增长,以及人口转变伴生的家庭规模小型化对养老带来越来越多的压力,使得整个针对老年人的服务产品的需求日益增长,为我国的老年产业发展提供了市场机遇[①]。

(二) 人均收入增加,收入分配更加合理

工资上涨、收入增加是跨越"中等收入陷阱"的客观与必然要求。人口红利期结束、劳动力供给收缩、劳动力价格上涨,既是挑战,更是契机。蔡昉认为,成功跨越"中等收入陷阱"关键在于建立工资增长的正常机制。人口抚养比上升对劳动者报酬的负影响是主导性的,但并非不可以调整,可以通过作用途径条件的改善缓解负面影响。经济增长动

---

① 张荷:《人口老龄化背景下我国老年消费市场的研究》,硕士学位论文,西南财经大学,2011年,第23页。

力的转型,即使面临传统经济增长动力不足的选择,也是保持经济增长持续,提高劳动者报酬的契机①。

21世纪以来,中国工资的持续增长与企业劳动生产率的增长趋势基本保持一致,但长期以来中国的工资增长速度慢于劳动生产率的提高,这给工资上涨留出了调整空间。成功跨越"中等收入陷阱"的国家和地区,都有着建立相对完善劳动力市场制度以及解决劳资争议制度的经验。劳动力成本上涨施压于劳动立法以促成最低收入标准和社会保障体系的建设,不断地调整、建立和完善劳动力市场制度,是跨越"中等收入陷阱"的重要保障。建立完善劳动力市场制度,可能会导致效率损失,但只有建立了机制才能规范,成功实现进一步的长足发展②。

劳动力逐渐稀缺意味着人口红利逐渐消失,人口红利消失与其他因素一起导致劳动力价格上升将不可避免,中国劳动密集型产业的竞争优势会被削弱;但劳动者工资的提高有助于扩大内需,同时第二、三产业劳动者工资的提高也会通过提高农业劳动者的机会成本而促使其提高劳动生产率③。收入上涨在一定程度上反映在收入分配的变化上。从收入分配角度看,根据2010—2014年中国资金流量表,国民收入的初次分配中,中国劳动者报酬占增加值的比重由47.5%上升到了51%④。增加劳动者报酬比重不仅可以维护国民收入在初次分配中的公平,也将有利于提高居民的消费能力。随着居民收入在初次分配中所占比重的提高,我国居民消费水平上涨,将有利于转变过去过度依赖投资和出口拉动经济增长的发展模式,通过消费市场扩大有效促进经济发展水平⑤。同时,人均收入增长、收入分配更加合理,有利于缩小贫富差距,实现全方位快速

---

① 赵立华:《中国人口抚养比上升对劳动者报酬的影响研究》,博士学位论文,辽宁大学,2011年,第31页。

② 朱剑红、陆娅楠:《劳动力价格上涨是挑战更是契机》,2010年8月2日,人民网(http://theory.people.com.cn/GB/12309676.html)。

③ 田萍、张屹山等:《中国剩余劳动力人口红利消失时点预测》,《中国高校社会科学》2015年第1期。

④ 相关数据来源于2013—2016年的《中国统计年鉴》。

⑤ 周勇:《国民收入初次分配的公平性研究》,硕士学位论文,湖南师范大学,2011年,第39页。

"中等收入陷阱"的跨越。

(三) 劳动力数量减少,经济增长转型期就业压力减小

中国经济进入了转型关键期,为实现跨越"中等收入陷阱"目标,新常态下明确提出必须让创新成为驱动发展新引擎,经济增长将更多依靠人力资本质量和技术进步。然而,熊彼特学派指出,技术的进步不仅能提供大量新兴产业的就业机会,同时也对原有就业岗位数量造成威胁。科技进步对就业既有减少传统就业岗位的直接作用,也有因为促进经济增长而增加就业的间接补偿[①]。但是在长期的转型升级过程中,一方面,技术进步特别是劳动节约型技术进步对劳动力需求显然有较大负面影响。另一方面,技术进步也是结构性失业的一个重要原因,原有的产业工人由于劳动技能跟不上技术变革步伐,或者劳动力流动速度不能适应技术的快速变化,都将直接导致吸纳就业数量的直接减少[②]。这主要因为随着产业转型升级,资本、技术等生产要素的贡献率逐渐提高,但劳动力投入对经济增长的贡献率趋于下降,追求效益最大化的企业对生产要素的使用结构也随之做出了巨大调整,传统劳动密集型企业开始密集使用资本,通过技术提升而降低对劳动力的需求[③]。可见,技术进步因素有可能对就业带来显著负面影响。

随着中国人口年龄结构的进一步转变,劳动力数量逐年下降。在人口红利期结束背景下,中国劳动力供给减少将弱化经济增长转型中技术进步因素对传统就业岗位造成的失业冲击,有利于中国顺利完成经济增长动力转换,从而减少相应社会不安定等因素。人口红利在中国过去几十年高速经济发展中扮演着重要角色,随着人口红利期结束,人口红利逐渐转化为人口负债,劳动力供给开始出现不足,传统经济增长模式乏力。传统经济增长模式中,总抚养比每上升1个百分点,GDP增长速度

[①] 刘建庆:《广东省产业转型升级对劳动力需求的影响分析》,硕士学位论文,广东省社会科学院,2016年,第25页。

[②] 刘建庆:《广东省产业转型升级对劳动力需求的影响分析》,硕士学位论文,广东省社会科学院,2016年,第27页。

[③] 郑秉文:《"中等收入陷阱"与中国发展道路——基于国际经验教训的视角》,《中国人口科学》2011年第1期。

下降 0.276 个百分点。人口红利期结束使得中国告别过去几十年间经济的高速增长,然而中国尚且面临跨越"中等收入陷阱"的艰巨任务,为了 2030 年实现国家中长期目标以及 2035 年基本实现现代化的发展任务,经济必须保持一定增长势头。这就要求在新的经济增长阶段里,经济增长动力需要相应地完成转变,积极调整经济增长方式。

人口红利期结束,在使得面临跨越"中等收入陷阱"风险加大、跨越时间推迟等不利条件的同时,也提供了中国经济增长动力转型的良好契机。国内相关少儿、老年消费市场还将呈现迅猛发展态势,技术进步带来的失业风险也将减小。在完善工资上涨机制下,工资上涨与生产率增长同步也是中国跨越"中等收入陷阱"的必然要求。可见,人口红利期的结束或人口红利的消失,对中国经济发展带来挑战的同时,也为跨越"中等收入陷阱"带来一定发展机遇。

三 人口红利期结束对跨越"中等收入陷阱"的挑战

(一)人口红利期结束减速经济增长

这里采用双对数 Cobb-Dauglas 生产函数模型,在其中分别引入总抚养比、少儿抚养比和老年抚养比三个变量[①]。首现对资本(K)、劳动(L)两要素生产函数两边取对数,建立双对数函数回归模型 $\ln Y = A + \alpha \ln L + \beta \ln K + \mu \ln Y = A + \alpha \ln L + \beta \ln K + \mu$,并引入不同抚养比相关变量得到以下模型:

$$\ln Y = A + \alpha \ln L + \beta \ln K + \gamma S + \mu_2 \ln Y = A + \alpha \ln L + \beta \ln K + \gamma S + \mu_2 \quad (1)$$

$$\ln Y = A + \alpha \ln L e^{-S} + \beta \ln K + \gamma S + \mu_3 \ln Y = A + \alpha \ln L e^{-S} + \beta \ln K + \gamma S + \mu_3 \quad (2)$$

$$\ln Y = A + \alpha \ln L e^{-S_y} + \beta \ln K + \mu_4 \ln Y = A + \alpha \ln L e^{-S_y} + \beta \ln K + \mu_4 \quad (3)$$

$$\ln Y = A + \alpha \ln L e^{-S_o} + \beta \ln K + \mu_5 \ln Y = A + \alpha \ln L e^{-S_o} + \beta \ln K + \mu_5 \quad (4)$$

---

① Ambrose E. P., "China Risks 'Middle Income Trap' without Free Market Revolution", The Telegraph, 2012 - 02 - 27, http://www.telegraph.co.uk/finance/comment/ambroseevans_pritchard/9109683/China - risks - middle - income - trap - without - free - market - revolution.html, 2017 - 4 - 20.

其中，Y 为 1978 年价格计算的国内生产总值；L 为劳动力，用就业人员数量表示；K 为资本投入，用 1978 年价格计算的资本存量表示；S 为总抚养比，S_y 为少儿抚养比，S_o 为老年抚养比。模型 2、模型 3、模型 4 则将抚养负担内生化于劳动力投入的有效性。这里的数据侧重观察 2010 年以后，总抚养比上升对经济增长的作用与相关变化（表 6-10）。

表 6-10　　　　　　　　变量取值表

年份	实际GDP（亿元）	就业人员（万人）	资本存量（亿元）	总抚养比（％）	少儿抚养比（％）	老年抚养比（％）
1978	3679	40152	10156	73.58	66.14	7.44
1979	3958	41024	11194	71.17	63.66	7.51
1980	4267	42361	12348	68.60	61.03	7.58
1981	4488	43725	13481	65.73	58.06	7.67
1982	4889	45295	14724	63.06	55.31	7.75
1983	5419	46436	16115	60.56	52.74	7.82
1984	6239	48197	17779	58.25	50.38	7.87
1985	7078	49873	19712	56.22	48.32	7.90
1986	7711	51282	21845	54.94	46.99	7.95
1987	8612	52783	24299	53.90	45.93	7.98
1988	9579	54334	26973	53.12	45.12	8.00
1989	9980	55329	29289	52.50	44.45	8.05
1990	10370	64749	31689	51.94	43.82	8.12
1991	11334	65491	34469	52.16	43.92	8.23
1992	12945	66152	37920	51.89	43.53	8.36
1993	14741	66808	42234	51.40	42.91	8.50
1994	16665	67455	47320	50.99	42.34	8.65
1995	18489	68065	53108	50.73	41.91	8.82
1996	20325	68950	59521	49.73	40.71	9.02
1997	22201	69820	66332	49.14	39.92	9.22
1998	23941	70637	73824	48.64	39.22	9.42
1999	25777	71394	81862	47.79	38.20	9.60

续表

年份	实际GDP（亿元）	就业人员（万人）	资本存量（亿元）	总抚养比（%）	少儿抚养比（%）	老年抚养比（%）
2000	27965	72085	90680	46.45	36.71	9.74
2001	30298	72797	100478	45.00	35.10	9.90
2002	33064	73280	111774	43.27	33.23	10.04
2003	36382	73736	125318	41.40	31.25	10.15
2004	40061	74264	140839	39.62	29.37	10.25
2005	44626	74647	159225	38.09	27.74	10.35
2006	50303	74978	180066	37.05	26.59	10.46
2007	57461	75321	204221	36.08	25.51	10.57
2008	63009	75564	231234	35.29	24.58	10.71
2009	68931	75828	265118	34.76	23.88	10.87
2010	76263	76105	303902	34.52	23.43	11.09
2011	83536	76420	346912	34.49	23.13	11.36
2012	90099	76704	394280	34.74	23.08	11.66
2013	97088	76977	446593	35.21	23.20	12.02
2014	104173	77253	502316	35.85	23.37	12.47
2015	111376	77451	561305	36.58	23.53	13.05

注：实际GDP与资本存量以1978年为基期计算获得，详见附表。

资料来源：2016年中国统计年鉴，中国统计局，世界银行。

通过模型的普通最小二乘回归估计，即各模型皆具有较好的拟合优度，总体线性均具有显著性（表6-11）。模型中的变量全部通过10%的显著性检验，并且不存在序列相关。

表6-11　　　　　　　　　模型分析结果

模型	模型变量	系数	统计量	t值	DW统计量
1	$\ln L$	0.5611	7.5378	0.0000	0.5182
	$\ln K$	0.7404	32.9694	0.0000	
	S	-0.2764	-1.9707	0.0569	

续表

模型	模型变量	系数	统计量	t 值	DW 统计量
2	$\ln L\,e^{-S}$	0.5182	9.0042	0.0000	0.4866
	$\ln K$	0.7522	51.3097	0.0000	
3	$\ln L\,e^{-S_y}$	0.5213	8.7411	0.0000	0.4776
	$\ln K$	0.7428	46.1733	0.0000	
4	$\ln L\,e^{-S_o}$	0.6150	8.8535	0.0000	0.5412
	$\ln K$	0.7868	69.2938	0.0000	

模型 1 结果显示,即使在 2011 年后总抚养比上升,总抚养比与经济增长仍呈稳健的负相关关系。在其他变量不变条件下,总抚养比每上升 1 个百分点,经济增长下降 0.276 个百分点。研究表明,2010 年后随着中国总抚养比持续上升,经济增长速度确实受到了一定负面影响。

综上所述,2010 年以前,中国总抚养比下降的主要原因是由于少儿抚养比的下降幅度超过了老年抚养比的上升幅度,从而使得该时期老年抚养比上升对经济增长的负面效应并不十分明显。2010 年之后,中国少儿抚养比开始触底反弹,加之人口老龄化程度越来越严重,总抚养比的快速上升趋势使得中国经济增长速度放缓成为了一种必然。

(二) 跨越"中等收入陷阱"需要更多时间

人口负债对跨越"中等收入陷阱"最直接的挑战是经济增速放缓。2019 年中国仍处于中高等收入国家行列,距离该年 12235 美元高收入国家行列的最低门槛还有较大差距。迈入高收入必须保持一定经济增长速度。在中等收入阶段,成功跨越"中等收入陷阱"经济体的人均 GDP 增长速度都超过了 6%,明显高于长期落入"中等收入陷阱"的国家或地区①。

中国总抚养比②变化与韩国、中国台湾地区变化趋势较为相似(图 6-10),韩国与台湾地区自 20 世纪 60 年代有数据记录以来,峰值均超过 80%,韩国 1960 年为 87.28%,台湾地区 1966 年也高达 81.57%,

---

① 秦佳、李建民:《人口年龄结构、就业水平与中等收入陷阱的跨越——基于 29 个国家和地区的实证分析》,《中国人口科学》2014 年第 2 期。

② 占劳动年龄人口的百分比。

中国1960年为77.02%，均显示少儿人口比重很高；与日本相比，中国总抚养比降幅相对更为缓慢，1945年日本抚养比高达72.16%，此后持续下降到1972年，即20世纪日本经济奇迹期间，少儿抚养比较高，支持了其经济高速发展。上述国家与地区的人口学特征与经济发展历程较为契合。由于第二次世界大战后出现生育高峰，日本与中国台湾总抚养比发展过程中呈现波动与反弹，其中日本21世纪开始随着人口老化，抚养比比重上升，中国台湾地区则自2014年开始小幅上升，一段时期里将总抚养比推上了一个高位，2019年，日本与台湾地区分别为68.28%、38.95%；婴儿潮过后，日本总抚养比开始下降，因受第二次婴儿潮影响，总抚养比下降过程中再度出现反弹。可见，日本婴儿潮是其总抚养比下降的原始动力，使该国总抚养比变化呈现典型的先高后低走势。中国与韩国在20世纪90年代出现的婴儿潮，并没有像同期中国台湾地区一样对总抚养比趋势造成较大变动。韩国由于较早地迈入高收入行列，即使总抚养比下降中没有出现反弹，人口红利对经济增长贡献并没有受到太大影响。中国总抚养比的迅速下降，使得人口红利对经济增长的贡献减弱。

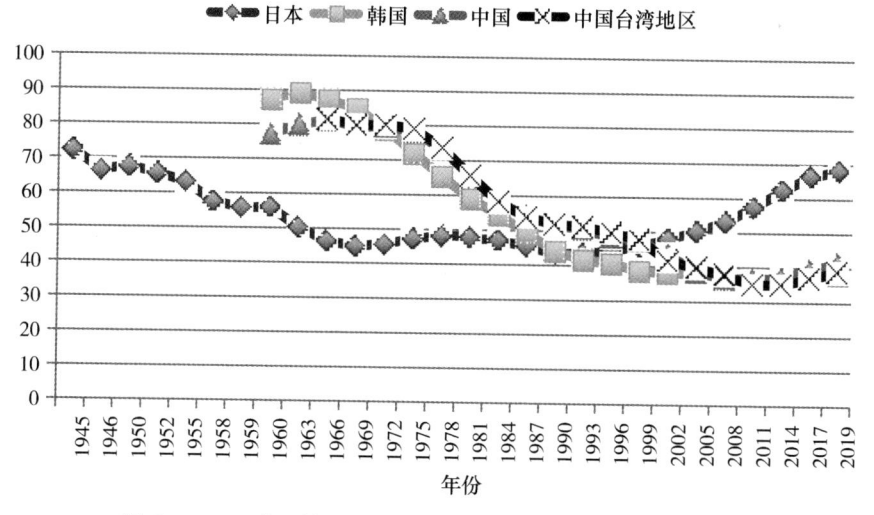

图6-10　日本、韩国、中国台湾地区与中国的总抚养比变化
（从最高值到最低值）

资料来源：世界银行；中国台湾地区数据来自其统计咨询网。

表6-12　　　　人口红利期与跨越陷阱时期对比

国家或地区	人口红利期	跨越陷阱时期	人均GDP年均增长率
日本	1954—1992	1951—1976	7.13
韩国	1965—2014	1969—1994	7.12
中国台湾	1966—2011	1967—1992	6.96
中国	1966—2011	1999—	8.96

资料来源：为保证可比性，人口红利期数据来源为世界银行，中国台湾地区数据来自其统计咨询网；跨越陷阱时期数据来自秦佳、李建民在人口年龄结构、就业水平与"中等收入陷阱"的跨越一文中的整理结果，原始数据来自 Maddison 的 "Historical Statistics of the World Economy：1-2008AD"、penn world table 8.0 和联合国的 "World Population Prospects：The 2012 Revison。

中国与已成功跨越"中等收入陷阱"的国家与地区比较，人口红利期为1966—2011年，前后长达45年，介于日本（38年）与韩国（49年），与中国台湾地区的人口红利期基本持平（表6-12）。日本、韩国与中国台湾地区跨越"中等收入陷阱"的时间跨度都是25年，且迈入中等收入与人口红利期开始的时间比较接近。中国在迈入中等收入国家行列距人口红利期开端已经过去34年。相比其他国家，中国人口红利期并没有包含跨越中等收入阶段，而是与跨越陷阱时期有一定重合。如果说人口红利为其他国家跨越"中等收入陷阱"做出了完整贡献，那么中国人口红利对跨越"中等收入陷阱"只有相对较短时间的贡献。1999—2015年人均GDP年均增长率高达8.96%，远高于上述其他国家和地区人均GDP年均增长率。但在2010年后，尤其新常态以来经济增长速度开始放缓，人均GDP年均增长率回落到6%左右，2019年人均GDP增长率为5.732%，自2010年（10.103%）以来连续出现下降，也是1999年以来增长最慢年份。

已成功跨越"中等收入陷阱"国家的时间大多为25年左右，中国若以此为参照，则跨越"中等收入陷阱"的时期应为2019—2024年（表6-13）。若中国人均GDP保持1999—2015年间的年均增长率，在2021年可达到高收入国家行列；若人均GDP增长速度按2015年即保持

6.4%增长率不变,则中国将在2023年到达。由于传统人口红利期的结束以及GDP增长速度的回落,中国若像其他国家和地区一样在25年内完成"中等收入陷阱"的跨越,人均GDP的增长速度将在未来4年内不能低于5.02%的年均增速。可见,随着人口红利期的结束与GDP增长速度的进一步放缓,中国将需要更长时间迈入高收入国家行列。

表6-13 以不同年份的人均GDP增长速度预测中国迈入高收入国家的时间

预测依据	以1999—2015年年均速度	以2010—2015年年均速度	以2015年速度	在2024年达到高收入国家
人均GDP年均增长率	8.96%	7.34%	6.4%	5.02%
达到高收入国家的时间	2021	2022	2023	2024

注:由于收入国家的划分标准是人均GNI而非人均GDP,而中国GDP高于GNI,所以要在2024年达到高收入国家,人均GDP年均增长率应当比5.02%略高。此处考虑数据可比性,使用GDP数据而非GNI数据。

资料来源:世界银行,2016年中国统计年鉴。

(三)驱动经济增长面临动力转型

从人口红利与"中等收入陷阱"相关测量指标来看,人口总抚养比上升可能导致中国经济增长速度的放缓以及跨越"中等收入陷阱"时间的推迟。从"中等收入陷阱"形成的理论与机制看,人口红利期结束将扮演相当重要的角色。作为人口红利结束的影响因素之一,劳动年龄人口数量的减少将会引发工资上涨,这是导致"中等收入陷阱"的一个重要原因。在不同经济发展阶段,经济增长的动力机制是不同的。一个在低收入阶段和中低收入阶段快速增长的发展中国家在进入中高收入阶段以后,如果不能适时转换经济增长动力机制,就会面临陷入"中等收入陷阱"的风险[1]。未来中国所处的中高等收入国家阶段,也是经济增长从

---

[1] 张德荣:《"中等收入陷阱"发生机理与中国经济增长的阶段性动力》,《经济研究》2013年第9期。

"要素驱动"向"效率驱动"转型的重要阶段,同时要提高生产力和竞争力的水平是跨越"中等收入陷阱"的必经之路①。要避免落入"中等收入陷阱",中国需要保证劳动生产率以一定的速度增长②。

Galor 和 Moav 研究认为,经济发展阶段不同,收入差距大小对经济发展的作用不尽相同。在经济发展前期,物质资本回报比较高,收入差距拉大一定程度上有利于物质资本的加速积累,从而对经济发展有着正面作用;随着经济不断发展,越来越依赖人力资本贡献,收入差距不断缩小,将使更多低收入者避免因信贷约束导致的人力资本投资不足③。另外,收入差距也因国别体现出对经济增长的不同作用,如 Barro 研究发现,收入差距在发达国家有利于经济增长,而在前发达国家则对经济增长有负面作用④。虽然目前收入差距对经济增长的作用有不一样的观点,但随着中国经济发展变化,调整收入差距必定成为一项急需面对的改革内容。

总之,1949 年新中国成立后消除了战乱,农民获得了耕地,工人赢得了就业机会,人民生活基本有了保障,加上传染病的控制与医疗卫生条件的改善,人口出生率快速上升而死亡率极速下降,从而为人口生育高峰创造了潜在条件。中国人口数量的快速增长,打破了原有人口结构与生活资料的获得,给国民经济、社会发展与民众生活提高带来了较大压力,政府不得不强制采取限制生育政策。1978 年党的十一届三中全会的召开,开启了改革开放和集中力量进行社会主义现代化建设的历史新时期,40 多年来已实现了前所未有的伟大变革。中国人口在计划生育政策和改革开放共同作用下,于 20 世纪 90 年代实现了出生率和死亡率从高位均衡到低位均衡的变化,迈入低生育水平时代,仅用 30 多年便走完了

---

① 郑秉文:《"中等收入陷阱"与中国发展道路——基于国际经验教训的视角》,《中国人口科学》2011 年第 1 期。

② 秦佳、李建民:《人口年龄结构、就业水平与中等收入陷阱的跨越——基于 29 个国家和地区的实证分析》,《中国人口科学》2014 年第 2 期。

③ Galor, O., Omer M., "From Physical to Human Capital Accumulation: inequality in the Process of Development", *The Review of Economic Studies*, No. 4, 2004, pp. 1001 – 1026.

④ Barro, Robert J., "Inequality and Growth in a Panel of Countries", *Journal of Economic Growth*, No. 5, 2000, pp. 87 – 120.

发达国家历时一个世纪甚至更长时期的人口转变历程，爆发式地创造了有利于经济社会发展的潜在人口机会，也对中国未来的社会经济发展产生了重大影响。

在坚持不懈地坚持改革开放战略框架下，使人口机会与经济社会政策发展实现了较为完美的匹配，成功收获了人口红利，创造出了中国经济奇迹。在过去40多年时间里，中国实现了世界上最大规模的减贫，建成了世界上规模最大、覆盖人口最多的社会保障体系，中国经济也由此摆脱了贫困陷阱，全面摆脱了绝对贫困，早就进入中等偏上收入国家行列。中国人口转变对中等收入阶段的经济发展带来了潜在效应，不仅体现在经济效应、储蓄效应、人力资本积累与劳动力市场效应上，还应体现在人口聚集效应、人才资源效应、人口消费效应上，不断培育新的经济增长动能，坚持以人民为中心的发展方略，注重高质量发展，提高国民收入水平迈入高收入行列，在2035年基本实现人均国内生产总值达到中等发达国家水平与社会主义现代化，加快向发达国家迈进，既要避免掉入"低生育率陷阱"，也要尽快推进新旧动能转换跨越"中等收入陷阱"，保持经济的中高速增长。

第七章

跨越"中等收入陷阱"相关国际经验比较

第一节 日本、新加坡成功跨越"中等收入陷阱"经验借鉴

中国进入中等偏上收入国家行列以来,关于是否会落入"中等收入陷阱"的问题引发了学界的广泛关注。本节通过观测日本、新加坡成功跨越"中等收入陷阱"的经验,重点探讨中国如何借鉴,促使中国尽快成功迈入高收入国家行列。

一 日本、新加坡成功迈入高收入阶段的相关经验

1950 年到 2008 年,全世界只有 13 个中等收入经济体进入高收入经济体行列,其中 8 个为西欧周边的欧洲国家,且大多数国家经济收入原本离高收入经济体差距就不大,或者是石油生产国①,另外 5 个经济体就是日本和"亚洲四小龙"(从北至南分别为:韩国、中国台湾地区、中国香港、新加坡)。

(一)成功经验

日本、新加坡从 20 世纪 60 年代开始,GDP 年平均增长速度均接近或超过 10%②,其间两国经济结构发生了重大调整与变化,出口迅速扩

---

① 林毅夫:《发展经济学的反思与重构》,《济南大学学报》(社会科学版)2018 年第 1 期。
② 黄建钢:《论"第三级港口城市"——对"浙江舟山群岛新区"发展前景的一种思考》,《浙江社会科学》2012 年第 3 期。

张,最终使两国人均GNI获得了显著提高。

日本在此期间经历了3个高速经济发展阶段,使其成功地进入高收入国家行列。可以说,日本堪称20世纪经济发展奇迹与跨越"中等收入陷阱"的成功典范。第二次世界大战结束后,从日本的经济发展情况看,主要经历了3个发展阶段实现了上述目标。从经济增长阶段看:1947—1955年,第二次世界大战结束后经济迅速进入到恢复阶段,每年实际增长率达到9%,不到10年,日本经济恢复到第二次世界大战前的水平;1957—1973年,日本经济高速增长阶段,其间经济年均增长率保持在9.3%,经济增长迅速,发展可持续;1974—1981年,日本经济稳定增长阶段,其间该国经济年均增长率为3.62%,经济增长较为稳定[1]。从人均GNI增长看:1946—1965年,处于低收入水平发展阶段,应该说,第二次世界大战结束后的日本也经历了近20年才实现从低收入进入下中等收入阶段;1966—1973年,处于中等收入阶段[2]。从1966年人均GNI为1030美元,至1973年达到3640美元,其间日本实现从下中等收入进入上中等收入阶段;1974—1979年,处于上中等收入阶段,从1974年人均GNI为4430美元增长至1979年的9450美元,6年后于1980年就超过1万美元,为10860美元,并迈入高收入国家行列。

新加坡是一个自然资源匮乏、国土面积较小的国家,但该国利用其优越的地理位置、清晰的发展定位和精准实施的科学决策,依靠国际市场及时进行经济转型,于20世纪70年代进入亚洲四小龙行列,21世纪初便成为世界发达国家[3]。具体来看,新加坡从20世纪60年代开始调整产业发展模式,从港口经济重点调整为工业城市经济,自20世纪70年代起到整个80年代保持了近20年经济持续快速增长。1970年,新加坡人均GNI仅为920美元,1979年达3990美元,进入中等收入国家行列,11

---

[1] 朱品润:《从经济增长的角度看中国如何跨越中等收入陷阱——基于日本经验分析》,《经营管理者》2013年第4期。

[2] 朱品润:《从经济增长的角度看中国如何跨越中等收入陷阱——基于日本经验分析》,《经营管理者》2013年第4期。

[3] 张伟成:《新加坡政府跨越"中等收入陷阱"的经验》,《全球科技经济瞭望》2014年第3期。

年后的1990年达11450美元，迈入高收入国家行列，即新加坡仅用11年就迈入高收入行列。2019年，人均GNI达59590美元①。

总体来看，日本、新加坡均是在较短时间内就实现了经济结构的及时且有效调整、出口的快速扩张、经济迅速增长以及人均国民收入水平的持续稳步提高，最终稳步提高了民众就业能力、生活水平稳步提高、高效率收入分配的逐年提高且更为均衡。20世纪80年代，两国失业率均降至不到4%，收入分配基本与美国等西方发达国家一样较为平均。

（二）相关经验借鉴

日本和新加坡分别仅用了6年、11年时间就成功进入高收入国家行列，并且在跨越后依然保持着经济平稳发展、人均收入不断增长以及合理的收入差距区间。通过对日、新两国经济发展与增长的回顾，并对两国跨越"中等收入陷阱"的经验模式进行总结和归纳，以有利于中国能成功地汲取相关经验更顺利地迈入高收入国家行列。

1. 转变经济发展方式，推动经济持续健康发展

日本、新加坡在经济发展初期均采用了进口替代模式，经济进一步发展后成功转向出口导向发展战略，两国均充分利用了本国丰富的劳动力资源、强大的国际市场以及承接世界范围内的产业转移，快速地发展本国经济。实际上，两国又分别根据本国各自具体实际、具体国情、产业发展能力、国际环境影响，加快了出口导向战略的及时调整，实行了各自自主型出口导向政策。同时充分利用世界范围内各种资源实行自主生产，坚持以工业产业发展为支柱，加强本国自主创新与科技能力建设。比如日本，从20世纪50年代开始，先后确立了以重工业为主导的经济结构，其中机械行业在出口中所占比重得到了大幅提升，同时日本把汽车产业的发展作为经济崛起与发展的重中之重，这样为该国的钢铁、石化等重工业发展提供了源源不断的动力，帮助日本实现了从轻工业转向重工业，再成功实现向第三产业的转换与调整升级，同时也成功完成了从

---

① 世界银行数据库（https://data.worldbank.org.cn/indicator/NY.GNP.PCAP.CD?locations=SG&view=chart），2021年12月3日。

贸易立国到技术立国的转变①。随后，日本机械电子工业逐步成为了该国最具有国际竞争力的产业，同时开始发展电子计算机、航空航天设备等知识密集型产业。另外，包括新能源的开发、环保产业等方向的结构调整，不仅帮助日本成功打造了资源节约型、环境友好型的社会形态，同时实现了该国经济快速发展。20世纪80年代，日本已成功实现了以重工业为主的经济转型发展到以文化和服务业为主的第三产业经济结构模式。可以看出，日本正是面对本国与世界发展的不同时代背景，一步步地推进了其经济发展计划，日本政府及时推行的"国民收入倍增计划"，还包括对农地改革、教育发展以及最低工资制等民生相关问题，都做出了科学战略部署与详细发展规划，并建立健全了社会保障和福利体系，既避免了收入差距的扩大，实现了基本均衡发展，对社会稳定与稳步发展也起到了非常重要的支持作用，日本经济的成功发展举措，值得中国在经济发展、产业结构转型升级与促进等方面进行认真思考、关注与借鉴，尤其在新常态下的中国经济，更需要吸取成功经验与教训，避免少走弯路。

新加坡作为城市国家，国土面积小，对中国跨越"中等收入陷阱"的借鉴意义相对有限，不过该国在制度建设、精细化管理以及制定政策的前瞻性等方面，为中国提供了较好的示范与榜样作用，值得中国好好学习与借鉴。首先，贸易对新加坡经济增长的拉动扮演着十分重要的角色，为了充分发挥对外贸易的优势地位，新加坡紧紧抓住时机果断地进行产业结构调整，从劳动密集型向技术密集型、资本密集型、知识密集型发展转变。新加坡于1979年提出了其在经济领域进行的"第二次工业革命"，提出"自动化、机械化、电脑化"发展战略，通过大力提升劳动力价格，大幅度提高劳动力成本，迫使企业淘汰劳动密集型工业和落后产能，成功实现了产业转型升级②。20世纪七八十年代，新加坡利用国际资本推动了本国经济快速增长，80年代中期以后，出口对新加坡经济增

---

① 林硕：《基于国际经验的中国跨越"中等收入陷阱"问题研究》，硕士学位论文，广西大学，2013年，第22页。

② 陈彩娟：《借鉴日韩新发展经验：跨越"中等收入陷阱"》，《未来与发展》2012年第6期。

长的促进作用不断增强，出口额减去进口额之差基本占本国 GDP 的四分之一①。20 世纪 90 年代，上述产业逐渐成为新加坡经济增长的重要力量，随着信息技术革命的到来②，新加坡又加快了高端电子信息技术与产业的发展，通过产业转型实现了该国经济快速发展。

另外，新加坡实用的教育体制和开放性的人才政策也为其带来了市场需求的、良好的人力资源，依靠人才培养、政治养廉、高效的治理能力以及注重整体发展，实现了低犯罪率、低失业率与高生产率的文明与和谐社会，对经济增长起到了持续稳定作用。进入 21 世纪，新加坡积极发展制药、生命科学与环保等新兴产业，扩大了海外投资规模以避免国内资本报酬率的下降，保障了民众收入水平的逐年提高。

可以看出，日本、新加坡的经济发展方式都经历了从早期的进口替代到中期的出口导向，再到后来的科技立国、技术创新与产业转型优化升级的转变，并及时根据时代背景、国际市场环境等背景，在不同的时期制定符合本国发展的、切实可行的经济发展策略，推动了经济持续发展，从而在较短时间内成功迈入高收入行列。

2. 调整产业结构，推动产业结构优化升级

钱纳里的产业结构理论表明，一个经济体如果保持持续的增长，必须不断进行产业结构优化升级，这也是成功跨越"中等收入陷阱"的必备前提③。随着科技进步和生产力不断提高，新兴产业不断涌现，并不断从新兴产业衰变为夕阳产业。20 世纪五六十年代第三次科技革命，大大缩短了传统产业的生命周期，这就要求后进国家需要不断推动产业结构优化升级④。

---

① 王晓芳、胡冰：《关于中国跨越"中等收入陷阱"的思考——基于东亚经济体的经验启示》，《上海经济研究》2016 年第 10 期。

② 陈彩娟：《借鉴日韩新发展经验：跨越"中等收入陷阱"》，《未来与发展》2012 年第 6 期。

③ 转引自朱一鸣、董运来、宋璨《跨越中等收入陷阱的国际比较探究》，《沈阳工业大学学报》（社会科学版）2014 年第 6 期。

④ 韩师光、李建柱：《日韩跨越中等收入陷阱的做法及启示》，《经济纵横》2013 年第 10 期。

日本经济发展布局几乎每10年左右就推出一个产业结构优化升级方案,比如20世纪70年代进入中等收入阶段后就提出了"发展创造性的知识密集型产业"构想,主动改变了20世纪50年代以来形成的以石化、钢铁等为主导的重工业产业结构。并通过公共投资、财政补贴、减免税额和低息贷款等优惠措施,大力扶植以电子业为主导的加工技术产业,通过微电子技术的突破带动了传统机械制造业的优化升级。20世纪70年代末,日本已形成了数控机床、计算机、家电制造、医疗器械等新兴产业为主导的新型产业结构,正是有了这些产业结构的调整,为日本产品在国际市场上赢得了较大优势,使其产品迅速进入欧美市场,并占据了东南亚和中东北非市场的主要份额。20世纪80年代,日本已在许多尖端领域超过美国,成为世界上最大的尖端技术产品输出国[1]。

3. 发展教育培养人才,大力支持科技发展

为满足国内经济发展需要,日本从实用主义出发,大力发展与现代经济、高新技术紧密相关的学科与专业。20世纪80年代初,日本在校工科大学生是理科大学生人数的6倍,人文社会科学大学生只占总数的13.9%。日本实施了偏重培养实用型人才的教育发展战略,这种教育制度设计安排为日本的经济腾飞提供了大量优质技术人员。在这一人力资本政策的支持下,日本在1965—1985年间,其高技术产品在世界市场上的比重由7%上升到19%[2]。同时,日本非常重视科技在经济发展中的引擎作用,大力加大科技投入,充分发挥科技优势,以科技创新促进经济跨越式发展。1980年正式确立"技术立国"方针,1983年制定了《高技术工业集中开发促进法》,通过加大引进国外先进技术和国内高技术产业集聚,促进本国新能源、新材料、通信技术、生命科学、微电子等高技术产业的发展。为了加强自主创新能力,日本加大了科研经费投入,研发支出占GDP比重普遍较高,1985年约为2.7%,2000年为3.265%,

---

[1] 韩师光、李建柱:《日韩跨越中等收入陷阱的做法及启示》,《经济纵横》2013年第10期。

[2] 韩师光、李建柱:《日韩跨越中等收入陷阱的做法及启示》,《经济纵横》2013年第10期。

2018 年为 3.265%，高于世界同期 2.274% 的平均值①。

新加坡同样非常重视创新能力建设，科研机构、科研院所以及高校是该国科技创新不可分割的重要组成部分②。该国为了鼓励企业创新，政府实施减税政策，2016 年，政府宣布在未来 5 年内拨款 190 亿新元（约 870 亿元人民币），用于现代制造工程、生物医药、服务与数字经济及城市规划和可持续发展等领域的深度技术研发、学术研究、科研人才培养及创新与创业的相关项目③。同时拨出高达 2500 万新元（约合 12180 万元人民币）资助本地学府、研究机构和私人企业研发创新的水务科技，以及将现行研究项目商业化，外销本地水源技术等④。新加坡政府大量招聘海外科技研究人员，鼓励国外高校在新加坡设立分支机构或研发中心。通过科技创新，带动其经济高速增长，该国科技进步贡献率作用十分明显，出口结构不断优化，高科技产品出口增多，经济效益显著。

4. 转换经济发展动力，提升居民消费层次，缩小收入差距

投资、消费和出口是拉动一个国家经济增长的三驾马车。一个国家早期经济发展基本靠投资拉动。例如日本在经济发展初期的投资率为 30%—35%⑤。经济发展到中等偏上收入阶段后，经济体需要及时调整投资和消费的关系，使消费成为支撑经济增长的主要动力；提升消费层次，不能将消费水平仅停留在生存型层次；及时调整消费和投资在 GDP 中的比重，使消费成为支撑经济增长的主要驱动力⑥。同时在整个上中等收入发展阶段，日本人均居民消费支出由 11129 美元（以 2000 年为不变价）

---

① 世界银行数据库（https：//data.worldbank.org.cn/indicator/GB.XPD.RSDV.GD.ZS? locations=JP&view=chart），2021 年 6 月 20 日。
② 李鸿阶、张元钊：《韩国与新加坡科技创新政策及其成效的启示》，《亚太经济》2016 年第 5 期。
③ 李鸿阶、张元钊：《韩国与新加坡科技创新政策及其成效的启示》，《亚太经济》2016 年第 5 期。
④ 张岩等：《基于新型浸没式膜组件的污水中氨氮富集及机理初探》，《水处理技术》2016 年第 12 期。
⑤ 朱一鸣、董运来、宋璨：《跨越中等收入陷阱的国际比较探究》，《沈阳工业大学学报》（社会科学版）2014 年第 6 期。
⑥ 朱一鸣、董运来、宋璨：《跨越中等收入陷阱的国际比较探究》，《沈阳工业大学学报》（社会科学版）2014 年第 6 期。

增加到 15603 美元,增幅达 40.2%。居民消费率从 50.2% 上升至 54%,提高 3.8 个百分点,较同期投资率高出 10 个百分点以上①。

另外,日本在跨越"中等收入陷阱"阶段期间,特别注重收入分配问题②和社会保障制度的建设,很好地化解了前期社会发展积淀的矛盾,保证了经济社会平稳与快速发展。日本对老年、儿童、失业等弱势群体提供了比较完善的社会保障服务,保证他们的最低生活权利,最大限度地确保收入公平。通过各项政策保障国民享有基本的健康保险制度和国民养老金制度,又通过累进制税率的税收政策和社会保险等进行第二次分配,抑制了两极分化发展。日本基尼系数在跨越"中等收入陷阱"时期一直维持在合理区间,如 1972 年为 0.314,1975 年为 0.346,1978 年为 0.338,1981 年为 0.314③,2013 年为 0.329④。可见,日本对收入分配的合理调控,建立的各种社会保障制度也是化解社会矛盾的关键举措,这也是其成功跨越"中等收入陷阱"的重要经验。

收入不平等是一个全球性问题,不仅关系到人民和谐生活,还关系到一个国家政局的稳定,作为经济发达的新加坡也同样如此。新加坡曾经是全球收入不平等状况最为严重的国家之一,经济的高速发展势头并未缓和其国内居民收入不平等问题,反而在加剧。根据新加坡统计局公布的相关数据显示,基尼系数长期在 0.4 的高位运行,比如 2001 年高达 0.454,2012 年为 0.478,2018 年为 0.458。20 世纪 90 年代以来,由于经济转型、人口结构和外来移民等因素的影响,新加坡收入不平等现象逐渐扩大⑤。但新加坡有较为完善的社会保障制度,1964 年起实行"居者有其屋"民生计划,鼓励支持低收入者购买住房。2010 年,82% 的新加

---

① 陈彩娟:《借鉴日韩新发展经验:跨越"中等收入陷阱"》,《未来与发展》2012 年第 6 期。
② 林硕:《基于国际经验的中国跨越"中等收入陷阱"问题研究》,硕士学位论文,广西大学,2013 年,第 29 页。
③ 韩师光、李建柱:《日韩跨越中等收入陷阱的做法及启示》,《经济纵横》2013 年第 10 期。
④ 世界银行数据库(https://data.worldbank.org.cn/indicator/SI.POV.GINI?locations=JP),2021 年 6 月 3 日。
⑤ 熊琦:《新加坡收入分配的变化及其启示》,《亚太经济》2014 年第 3 期。

坡人口住在政府组屋里，其中88.6%拥有组屋产权①。其组屋政策，既改善了不同收入群体的居住水平和生活状况，又有助于提倡社会公平和提高社会效率。2019年，在考虑到就业、消费税补助等政府转移并做出相应调整后，新加坡基尼系数进一步下降至0.398②，这是自2001年以来该值最低水平，这也反映出了该国的政府转移措施带来的再分配效应。

5. 促进城乡均衡发展

第二次世界大战结束后，伴随工业化、城市化快速发展，日本城乡差距急剧扩大，由此引发了日本大城市人口过密、农村人口过疏、农村经济日渐凋敝等一系列问题。日本政府于1961年、1969年和1977年先后制订了三轮综合开发计划，不断调整农业、农村政策，通过加强农村地区的社会化服务体系建设，完善了城乡统筹的养老、医疗、教育制度等方式，使城市和农村在法律地位、居民政治权利、社会保障、治理模式等方面具有高度一致性，有效解除了农民进城或城市居民"下乡"的后顾之忧。经过几十年的发展，日本成为了世界上城乡差距较小的国家③。

6. 人口红利的影响

从人口年龄结构看，1970—2010年，日本劳动人口（15—64岁人口）占总人口比重一直保持在69%左右，2010年稍有下降，为63.7%。劳动年龄人口的增加所产生的人口红利，带动了日本经济发展和增长。在抚养比方面，日本在第二次世界大战结束后由于政治独立、经济社会进步，人口迅速增加。出生率的上升，在20世纪60年代抚养比超过50%，随着人口老龄化的推进，抚养比在1995年跌至43.7%谷底，该时间段也恰是日本经济腾飞的30年。之后，日本老龄化程度加深，2014年抚养比达62%④，同时日本经济也进入了缓慢增长期。可以看出，在跨越

---

① 熊琦：《新加坡收入分配的变化及其启示》，《亚太经济》2014年第3期。
② 世界银行数据库（https：//data.worldbank.org.cn/indicator/SI.POV.GINI?locations=SG），2021年6月4日。
③ 郑之杰：《跨越"中等收入陷阱"的国际经验教训》，《红旗文稿》2014年第10期。
④ 王晓芳、胡冰：《关于中国跨越"中等收入陷阱"的思考——基于东亚经济体的经验启示》，《上海经济研究》2016年第10期。

中等收入阶段，日本充分利用本国劳动力优势并充分发挥了人口红利促进了经济发展，成功地迈入高收入国家行列。

新加坡实行相对宽松的移民政策，大力引进国外人才。这主要是由于新加坡经济发展缺乏高技能工人和廉价劳动力，同时该国人口老龄化严重、生育率低，需要外来人口补充人口数量。为此，外来人员对新加坡经济做出了重要贡献，同时弥补了新加坡劳动力不足和减轻了人口老龄化的压力①。20世纪70年代到80年代间，新加坡外来人口迅速增长，非常住人口数量翻了一番，在接下来的3个10年中持续增长。非常住人口年均增长率在1990—2000年间为14.23%，2000—2010年为7.3%，2011年为6.9%，2012年为7.2%；而常住人口的年均同期增长率分别为1.96%、1.52%、0.5%和0.8%。2002—2012年间，非常住人口的劳动力增长90.3%，占新加坡总劳动力的比重从28.1%增至37.0%；同期常住人口的劳动力增长20.1%，占新加坡总劳动力的比重从71.9%降至63.0%②。新加坡宽松的人口发展政策，带来了高质量劳动力增长的同时，一定程度上也缓解了该国人口老龄化进程，为经济持续健康发展奠定了基础。

日本、新加坡两国经济实现了顺利转型并成功迈入高收入行列，其转变经济发展方式、调整产业结构、发展教育鼓励创新、提升消费层次、缩小收入差距、促进城乡均衡发展以及充分利用人口红利等成功经验，为中国成功迈入高收入国家行列提供了良好的经验借鉴。

二 日本、新加坡成功经验对中国发展的启示

通过以上分析和考察，借鉴日本、新加坡成功进入高收入行列经验，从中国具体实际情况出发，对中国有如下主要启示。

（一）加快转变经济发展方式，不断优化产业结构

改革开放40多年以来，中国经济、民众收入均实现了高速增长，并积累了巨额财富，但同时也遭遇了经济发展、经济增长的某些困境。工

---

① 熊琦：《新加坡收入分配的变化及其启示》，《亚太经济》2014年第3期。
② 熊琦：《新加坡收入分配的变化及其启示》，《亚太经济》2014年第3期。

业和信息化部印发的《2016年工业节能监察重点工作计划》中指出，工业企业是中国能源消费大户，工业能耗占全国能耗总量的71.3%，铁矿石进口量达世界铁矿石贸易总额的70%，原油进口量超过一半，对外贸易依存度高达60%，能源消耗增速多次超越国内生产总值增速，高污染、高能耗、低附加值、低增长质量的问题并没有得到实质性解决。这充分表明粗放型经济发展方式难以为继，传统的GDP本位增长观亟须改变①，转变经济发展方式已成为中国经济领域的一场革命。中国成功跨越"中等收入陷阱"，必须在深化改革开放基础上，加快形成统一透明、有序规范的市场环境，其关键在于未来能否主动彻底转变经济发展方式，能否实现从低水平、低质量、不可持续的发展转变为高水平、高质量、可持续的发展②。

加快转变经济发展方式，关键在于推动产业结构实现优化升级。第一，抓住新一轮国际产业结构调整与发展机遇，淘汰一些钢铁、水泥、印染化纤、电解铝等高污染、低附加值等相关落后产能③，大力发展计算机、互联网、生物技术、航空航天等高技术、高附加值相关产业，带动中国产业转型升级。第二，要充分重视发展金融业，重点建设以金融为龙头的产业集群高地，积极扩展现代服务业、现代文化产业集群，实现经济高质量、跨越式发展。第三，要优先发展竞争力高端的、科技含量高的，如资本技术密集型制造业、技术竞争型产业、有系统集成能力与符合未来新技术发展等新兴产业集群。

（二）缩小收入分配差距，完善社会保障制度，实现社会公平

从日本、新加坡成功迈入高收入国家的经验看，注重收入分配公平，是稳步增加民众收入的重要措施。改革开放以来，中国经济在快速发展的同时，社会收入分配差距逐步扩大且有长期发展趋势。1980年以来，

---

① 韩师光、李建柱：《日韩跨越中等收入陷阱的做法及启示》，《经济纵横》2013年第10期。
② 韩师光、李建柱：《日韩跨越中等收入陷阱的做法及启示》，《经济纵横》2013年第10期。
③ 韩师光、李建柱：《日韩跨越中等收入陷阱的做法及启示》，《经济纵横》2013年第10期。

中国城镇居民收入差距、农村居民收入差距和全国居民收入差距开始全方位扩大，1981年为0.288[①]，全国居民收入基尼系数自1994年（0.436）突破国际警戒线以后，除了1999年（0.397）外，其余年份基本都高于国际警戒线并在不断扩大。1994年来（除了1999年以外），中国基尼系数始终在0.4以上的高位运行，2003年为近几年来的高峰，达0.53[②]。随后依然保持高位运行，根据国家统计局公布的基尼系数，2012年为0.474，2013年为0.473，2014年为0.469，2015年为0.462，2016年为0.465，2017年为0.467，2018年为0.474。收入分配状况持续恶化，已引起社会各界高度关注。2018年，中国贫富差距指数预期已超过破坏拐点，贫富差距问题不容小觑。中国要想成功地、尽早地跨越"中等收入陷阱"，可以学习日本、新加坡迈入高收入时期的成功经验，努力改变现有收入分配格局，缩小收入差距，实现社会公平。

一是要全方位地、大力地提高全体居民收入在整个国民经济收入分配中的比例，提高劳动所得在初次分配中的比重，全力确保居民收入增长和经济发展同步、劳动报酬增长和劳动生产率同步提高；二是坚决贯彻实施"提低、扩中、限高"的原则与方针，着力提高居民特别是中低收入者以及弱势群体的收入水平，扩大中等收入阶层，提升国民幸福指数；三是进一步全面推进乡村振兴、特色小镇建设，多渠道、全方位地增加农民收入，彻底减轻农民负担，加大农村职业技术教育力度，培养大批有文化、懂技术、会经营、善管理的新型职业农民，在教育、医疗、养老、基础设施等公共事业的投入方面尽可能地向农村倾斜，尽快使亿万农民共享改革发展成果；四是加快推进市场化改革步伐，完善市场培育体系，健全市场法律法规，通过竞争机制打破垄断，将垄断收入纳入国家所有，并对垄断行业收入分配实施彻底性改革[③]。

[①] 曾国安：《论中国居民收入差距的特点、成因及对策》，《中国地质大学学报》（社会科学版）2001年第4期。

[②] 梁丽萍：《走向现代的和谐社会——访中共中央党校吴忠民教授》，《中国党政干部论坛》2004年第11期。

[③] 陈兵建、徐长玉：《规避"中等收入陷阱"：韩国的对策、经验及启示》，《云南行政学院学报》2014年第2期。

(三) 推动工业化和城市化协调发展

城市化和工业化这"两翼"的协调发展是跨越"中等收入陷阱"的重要条件。中国在中等收入阶段，应坚持统筹和协调发展城市化和工业化发展。从国际经验来看，进入工业化中后期的城市化率一般在70%以上①，2019年，中国城镇人口占总人口比重达到60.6%，虽然较1949年末提高了近50个百分点，但离进入工业化后期的城市化水平（70%）还有进一步的发展提升空间。积极推进城市化进程是适应工业化发展，推进中国经济实现跨越式发展的基本要求。要通过科技创新、产业政策、城乡统筹发展等措施，积极推进新型工业化，在提供充分就业岗位和公共设施的基础上实现城镇化的健康发展，从而实现经济社会的可持续发展②。

(四) 加强自主创新能力，推动科学技术发展

从日本、新加坡跨越"中等收入陷阱"的成功经验可以看出，科学技术水平的提高是直接影响到能否成功跨越"中等收入陷阱"的重要因素。索洛模型表明，一国或地区的长期人均产量的增长主要决定于技术进步率。技术进步的关键在于高端科学技术水平改进和生产效率提高，加强内在核心竞争力。提高经济竞争力保持经济持续增长必须依靠科学技术进步创新，加强自主创新能力建设，离不开提升人力资本投资和教育的投入。高收入国家技术创新对经济增长的贡献率达到70%以上，而中国只有不到40%③。建设创新型国家、提高中国的科学技术创新能力，是全面提高中国综合国力的关键，也是跨越"中等收入陷阱"的必经之路。历史经验表明，只有通过自主研发、自主创新才能掌握先进高端核心技术，才能在国际市场上占据优势，取得主动权。科技创新是中等收入国家经济转型升级的根本推动力量。日本和亚洲四小龙的经济转型均是依靠科学技术实现突破性的发展与支持，中国应充分发挥科技作用，大力开展自主创新能力建设，提升创新技术与能力。

---

① 张前荣：《我国跨越中等收入陷阱的挑战与对策》，《宏观经济管理》2012年第8期。
② 张前荣：《我国跨越中等收入陷阱的挑战与对策》，《宏观经济管理》2012年第8期。
③ 陈湘源：《国外应对"中等收入陷阱"的经验与教训》，《当代世界》2011年第12期。

第二节 韩国、智利、巴西跨越"中等收入陷阱"相关经验

一 人口经济发展状况

(一) 精准脱贫与收入分配问题

比较中国、韩国、智利、巴西4国在不同水平下的贫困状况可看出(图7-1):一方面,从经合组织公布的总体贫困发生率看,2013年,韩国、智利和巴西均在0.2%左右,同期中国贫困发生率为0.34%,分别比韩国、智利和巴西高出0.19、0.17和0.14个百分点,由于中国人口基数大,贫困人口绝对数量更是远超上述3国。因此,实现向高收入国家迈进的前提,中国应积极贯彻"精准脱贫"战略,争取早日全面消除贫困,同时及时应对与解决返贫问题,实现全社会全体民众收入水平的整体性、全面性提高。另一方面,以每天1.9美元的贫困线确定贫困指数,巴西、中国与韩国、智利差距十分明显。结合人均GNI、收入分配看,韩国整体经济发展优于智利,巴西的整体贫困发生率虽然低于中国,但巴西贫困指数接近5%,中国为2%左右,说明巴西严重贫困现象更为突出,这也

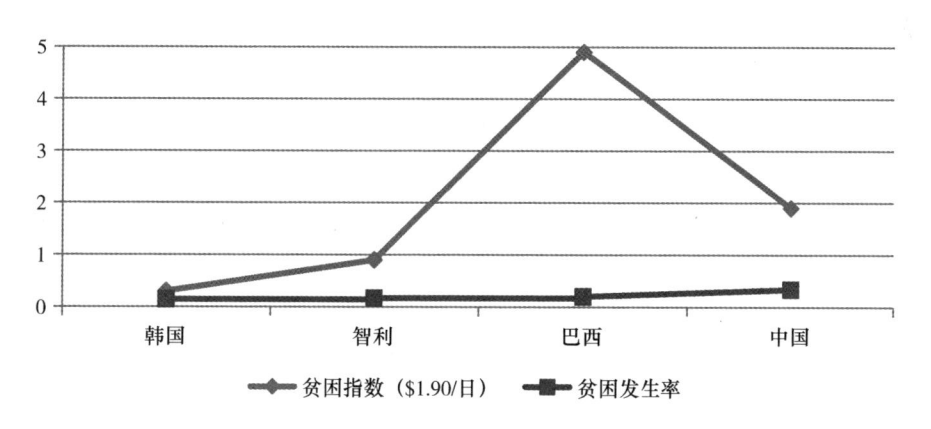

图7-1 2013年四国贫困状况比较

资料来源:贫困指数相关数据整理自世界银行(World Bank)数据库(http://data.worldbank.org.cn/country/china? view = chart);贫困率数据整理自经济合作与发展组织(OECD)数据库(https://data.oecd.org/inequality/poverty-gap.htm#indicator-chart)。

印证了巴西收入分配悬殊问题的解决,必须改善"穷人愈穷"以及与富人差距扩大的现状。

(二)产业带动就业、就业促进产业发展

人是经济社会发展的主体,充分实现劳动力就业是保障经济持续发展的根本性举措。比较 4 国就业率和失业率发展状况看,除了智利以外,其他 3 国均出现就业率下降。一方面,从 15 岁以上人口就业率看,除了 1998 年(56.5%)受亚洲金融危机影响年份外,韩国就业率一直稳定在 58%以上,1995 年超过 60%,2019 年稳定在 60.62%。智利就业率起伏变动较为频繁,最低值出现在 2002 年,仅有 49.84%。经过 10 多年发展和调整后,2019 年智利与韩国基本持平,为 57.84%。巴西、中国就业率更高,尤其中国,就业率虽不断下降,但仍显著高于其他 3 国。1991 年为近 20 年来峰值,高达 77.15%,超过韩国同期十多个百分点,高于巴西(58.6%)近 20 个百分点。2000 年以后下降较快,2019 年为 65.18%(表 7-1),巴西同年为 55.99%,中、巴差值在缩小,但两国该值远高于韩国、智利同期水平。究其原因,这主要归结于农业产业结构在国民经济中所占比重,巴西和中国因自然条件与历史原因,第一产业占产业结构比重相对较高,农业人口众多,统计中的就业率也较高。巴西和中国还需进一步实施产业结构调整,第一产业富余劳动力转移就业空间较大,同时也说明需要加快第二、三产业发展步伐。

表 7-1　　　　　　　四国就业状况与失业状况比较　　　　　　(单位:%)

时间	15 岁以上人口就业率				失业率(劳动力人口)			
	韩国	智利	巴西	中国	韩国	智利	巴西	中国
1991	58.87	52.43	58.61	77.15	2.41	5.23	6.26	2.4
1995	60.38	54.0	59.79	76.33	2.07	4.7	6.42	3.0
2000	58.44	50.71	57.81	74.67	4.4	10.49	9.89	3.3
2005	59.78	50.9	60.06	70.08	3.7	9.34	9.57	4.5
2010	58.51	52.09	59.79	67.78	3.7	8.42	7.73	4.5
2015	60.21	58.21	58.69	66.68	3.6	6.51	8.44	4.6

续表

时间	15岁以上人口就业率				失业率（劳动力人口）			
	韩国	智利	巴西	中国	韩国	智利	巴西	中国
2016	60.33	57.95	56.42	66.42	3.7	6.74	11.61	4.5
2017	60.58	58.03	55.88	66.16	3.7	6.96	12.83	4.4
2018	60.58	57.92	55.92	65.68	3.795	7.22	12.54	4.42
2019	60.62	57.84	55.99	65.18	3.71	7.43	12.22	4.42

资料来源：均整理自世界银行（World Bank）数据库（https：//data.worldbank.org.cn/）。

另一方面，失业率也能在一定程度上反映一国整体经济发展状况。一般来说，失业率与经济增长率具有反向对应关系，失业率上升，预示该国经济发展放缓甚至停滞。因此，高失业率被视为经济衰退或停滞的重要指标之一。从4国劳动力人口失业率发展看，韩国在1991—1998年失业率上涨，1998年高达峰值6.96%，1998年（6.34%）下降至2002年（3.3%）。此后失业率维持在较低水平，2000年为4.4%，2007年、2008年均为3.2%，至2019年均低于4%。智利和巴西失业率波动较大，且失业率较高，智利1999年、2009年分别高达11.16%、11.31%，2010年起持续下降，2013年降至6.21%，此后维持在较高水平，2015年下降至6.51%，2019年为7.43%，智利比韩国失业率最高峰值还要高。巴西在2000年、2017年也分别高达9.89%、12.83%，2017年巴西峰值是4国中近20多年来最高值，巴西2014—2017年增长较快，2019年高达12.21%。中国失业率波动则相对较小，1991年以来至2001年，每年均低于4%，2002年（4.2%）起缓慢上涨，但均未超过5%，基本保持在4%—5%，中国失业率最高值在2009年，为4.7%，2019年为4.42%（表7-1），持续保持较低失业率。

从横向水平看，较低失业率意味着劳动力资源的充分开发和利用，韩国自1994年进入高收入国家行列后，该年劳动力失业率仅为2.48%，比巴西2015年失业率低了近6个百分点，与中国同期水平基本持平。因此，巴西在经济发展过程中要尽量控制失业率，创造更好就业条件和更多就业机会，保证劳动力充分参与劳动。中国则需要进行相应政策措施的调整，缓解失业率进一步上升态势，尽快缩小与高收入国家差距。只有控制失业率上涨，实现劳动年龄人口的充分就业，才能为经济发展提供充足动力。

（三）促进贸易与金融发展

国际贸易和金融投资既是国民经济的重要部门，也是提高国家的国际交往能力，融入国际金融市场的重要内容。从进出口贸易占 GDP 比重看，1960 年起智利该值明显高于另外 3 国，1970 年，韩国、智利进出口总额则明显高于中国和巴西，韩国增长最快，中国出现下降（表7-2）。以韩国为例，由于地缘以及国内资源短缺等现实状况，其出口商品多集中在半导体、石油制品等工业产品，进口商品则集中在消费品、原材料以及其他生产资料上。因此，韩国进出口贸易频繁，经济发展依赖于外部市场，进出口总额占国内生产总值比重在 2010 年高达 95.66%，此后开始出现下降，2016 年降至 77.71%，2020 年为 70.078%。同样地，智利政府也积极实施全面开放政策，鼓励外国投资，积极参与国际竞争，在很大程度上支持进口贸易发展，尽管该国进出口贸易与服务发展不及韩国发展快，2005 年也超过 70%，可以看出，韩国、智利迈入高收入时进出口值均较高，且能持续稳定在较高水平。2020 年，智利该值为 57.842%，尽管比同期韩国低 12.236 个百分点，但远高于同期巴西与中国的进出口值。

巴西自 1960 年以来，进出口服务贸易基本稳定在 14%—30%，2020 年已超过 30%，但还是不到韩国一半的比重。自 21 世纪以来虽有起伏，但整体呈缓慢增长。中国进出口服务贸易表现出起步晚、起点低、变化大。2005 年达到峰值，接近 60%，此后又缓慢下降，2020 年降至 34.507%，仅比巴西高了近 2.153 个百分点，远低于韩国与智利同期值。总体而言，巴西、中国在进出口贸易服务发展上还有非常大空间，随着国际市场越来越多元化，国际进出口贸易服务结构将更加均衡，各国间的国际交流、区域合作也将更加密切，发展空间将不断扩展，关键就看谁能抓住发展机遇。

表 7 – 2　　1960—2020 年四国进出口贸易与国外投资状况　　（单位：%）

时间	货物与服务进口、出口（占GDP比重）				外国直接投资（净流入，占GDP比重）			
	韩国	智利	巴西	中国	韩国	智利	巴西	中国
1960	14.6	28.89	14.18	8.74	—	—	—	—
1970	32.59	28.33	14.48	4.95	0.272	0.656	1.052	—
1980	65.59	48.12	20.36	11.82	0.009	0.734	0.813	0.21
1990	51.26	61.75	15.16	24.28	0.282	1.997	0.214	0.966
1995	52.75	54.97	16.99	34.27	0.319	4.026	0.632	4.88
2000	67.95	59.31	22.64	39.41	2.049	6.242	5.034	3.475
2005	71.19	71.62	27.08	59.21	1.519	6.069	1.734	4.554
2010	95.66	68.77	22.78	50.71	0.868	7.33	3.73	4.004
2015	83.72	58.98	26.95	39.63	0.297	8.632	3.348	2.201
2016	77.71	55.71	24.54	37.21	0.856	4.848	4.085	1.569
2017	80.78	55.68	24.14	38.15	1.17	2.107	3.421	1.368
2018	83.0	57.53	29.09	38.25	0.894	2.039	4.727	1.495
2019	76.996	56.762	28.976	35.68	0.642	4.225	3.995	1.086
2020	70.078	57.842	32.354	34.507	—	—	—	—

资料来源：均整理自世界银行（World Bank）数据库（http：//data.worldbank.org.cn/country/china? view=chart）。因数据缺失，韩国1970年数据为1976年数据替代。智利、巴西1970年用1975年数据替代。中国1980年数据以1982年数据替代。

从吸引外国直接投资来看，4 国均未呈现明显的规律性特征，其中巴西自 20 世纪 70 年代初期超过 1%，韩国、智利均未超过 1%，此后巴西逐年下降，1990 年仅为 0.214%。1990 年起，智利吸收外部直接投资不断增长，2015 年达到峰值，为 8.632%，是 4 国中 70 年代以来的最高值。其间，韩国、巴西和中国均有显著的增减变动，韩国在 1990—1995 年间，正值向高收入国家过渡的关键时期，其外部投资净流入仅占同期 GDP 的 0.282%—0.319%。而巴西吸收的外国直接投资虽有波动，但整体在增长，且大多数年份是 4 国中最高的。2000 年就高达 5.034%，此后虽有下降，2019 年依然达 3.995%，比同期的中国高出 2.909 个百分点。中国自 1982 年有数据记录以来，吸收的外国直接投资占国内生产总值的比重持续上涨至 20 世纪末，很多年份的指标均高于韩国、智利，1995年，中国该值为4.88%（表7-2），远高于上述两国，2018年，中国仅高于韩国。

外国直接投资作为资本国际化的主要形式之一，是加强国际合作的有效手段。较高的外资投资比例，说明该国具有较强的国际竞争力，经济发展前景乐观，市场潜力发展较大，投资环境良好。巴西比韩国、智利发展相对较好，中国仅比韩国发展相对好（表7-2），两国依然需要积极吸收外国直接投资，还需要不断加强区域和国际合作，持续坚持对外开放的基本策略，不仅要"引进来"，还要"走出去"，有效地实现国际资本的合理与高效流动。

（四）人口发展状况

人口是国家发展的主体，是实现极高人类发展水平的助力者，也是受益者。由于各方因素综合影响，4国人口状况存在根本差异，这里主要从人口性别结构、年龄结构、人口抚养比以及各国城市化发展等指标分析巴西和中国与韩国、智利4国在人口发展方面存在的差距。

1. 人口年龄与性别结构

人口年龄中位数是判断一个国家总体年龄结构类型的重要指标，比较4国在人口性别结构方面的差异可看出（表7-3），同属东亚儒家文化圈的韩国和中国，由于相同的社会历史文化因素影响，出生性别比明显高于位于拉丁美洲的智利和巴西。20多年间，智利和巴西出生性别比一直保持在相对稳定、合理的水平。而韩国的出生性别比从1990年的113.2，下降至2018年的105.5，也逐渐达到合理水平。中国自从严格实施"只生一个孩子"的计划生育政策后，加之"男孩偏好"等传统文化的影响，人为干预生育性别选择导致出生性别比显著高于其他国家，且这一状况并未出现明显的好转。

2019年，韩国、智利和巴西出生性别比均达到国际上认可的合理范畴内，中国却仍处在112.2的高水平，性别结构失衡值得关注。2016年起，中国的生育政策进行了重大调整，随着全面三孩生育政策的实施，会在一定程度上缓解出生性别比偏高的趋势。

表7-3　　　　　　　四国人口年龄结构与性别结构对比

时间	出生性别比				年龄中位数			
	韩国	智利	巴西	中国	韩国	智利	巴西	中国
1962	106.3	104	105	107	—	—	—	—
1972	106.3	104	106	107	—	—	—	—
1982	107.8	104	105	107	—	—	—	—
1990	113.2	104	105	110.4	27	25.9	22.4	24.7
1995	110.4	104	105	112	29.5	27.6	23.8	27
2000	109.0	104	105	115	32.1	29.4	25.2	29.8
2005	106.5	104	105	116	34.9	31.2	27.0	32.6
2010	106.1	104	105	115.8	37.8	32.8	29.1	35.2
2015	105.6	104	105	113.8	40.6	34.4	31.3	37.0
2016	105.5	104	105	113.4	41.1	34.7	31.6	37.2
2017	105.5	104	105	113.0	41.6	34.9	31.9	37.5
2018	105.5	104	105	112.6	—	—	—	—
2019	105.5	104	105	112.2	—	—	—	—

资料来源：出生性别比数据来自世界银行数据库，因数据缺失，韩国1995年出生性别比指标为1997年数据，2000年用2002年数据替代，年龄中位数来自联合国开发计划署出版的《人类发展报告2019》。

从年龄中位数来看，按照人口学界划分人口年龄结构类型的标准数值①，随着人口老龄化程度的不断加深，4国的年龄结构发展趋势基本一致，均实现了从成年型向年老型结构的转变。相比较而言，韩国和中国人口年龄结构更趋向于年老，年龄中位数更大，而智利和巴西相对较为年轻。韩国在1995年成功进入高收入时，年龄中位数小于30岁，青壮年劳动力人口十分丰富，智利于2011年成功跨越"中等收入陷阱"时，其年龄中位数为32岁左右，均比现阶段中国人口年龄中位数小。就目前看，巴西人口年龄中位数最小（2017年不到32岁），刚步入老年型人口结构，说明其人口年龄结构相对较年轻，青壮年劳动力资源充足，能为

---

① 国际划分年龄结构类型的标准：年龄中位数在20岁以下，属于年轻型；在20—30岁之间属于成年型，在30岁以上属于年老型。

经济发展提供充足的动力支持,中国经济发展与韩国、智利相比,正面临"边富边老"的人口境遇,而且在短时间内这一现状几乎不可能改变,中国人口形势更为复杂。

2. 人口抚养比

一方面,从少儿抚养比(少儿人口占劳动年龄人口比重)看,自1960年以来,4国总体均呈下降趋势(表7-4)。1960年,4国该值均很高,中国、智利在70%左右,韩国、巴西均超过80%。随后各国逐年下降,相对人口年轻的智利和巴西下降速度较慢,其少儿抚养系数相对较高,韩国则呈现断崖式下降,尤其20世纪七八十年代,年均下降1%左右,说明韩国出生人口下降速度尤其快。2020年,韩国少儿抚养比不足18%,智利、巴西逐年下降,2020年已低于30%,中国同期(25.187%)低于巴西、智利,但高于韩国。另一方面,从老年抚养比(老年人口占劳动年龄人口比重)看,自1960年以来均呈逐年增长态势,随着全世界各国人口老龄化的不断加深,老年抚养比不断增加,成为社会抚养的重要支出。以韩国、智利为例,1960年分别为6.31%、6.61%,巴西、中国同期不相上下,巴西更低,说明劳动年龄人口抚养老年人口负担很轻。此后智利增长更快,1995年突破了10%,韩国、中国基本在2000年左右突破10%,巴西慢了10年左右。2006年起,韩国增长更快,超过智利同期值,2020年,韩国老年抚养比超过22%,高出少儿抚养比5个百分点,意味着韩国的社会政策和国民政策性投入,要平均涵盖到教育、就业、婚姻和养老各个方面,社会抚养负担加剧,人口发展潜能将下降。2020年,4国中以巴西(13.763%)最低,其次是中国(17.02%)。整体上看,已步入高收入国家行列的韩国、智利抚养负担相对更重,中国、巴西应紧紧抓住人口抚养负担相对较轻的有利条件尽快迈入高收入行列。

从人口总抚养状况看,韩国1990年、1995年总抚养比(占劳动年龄人口比重)分别为44.24%、40.86%,韩国在跨越"中等收入陷阱"时,劳动年龄人口抚养比在40%左右。2010年、2020年分别为36.60%、39.536%;智利1990年、1995年分别为56.37%、56.01%,2010年、2020年分别为45.87%、45.946%,智利在跨越"中等收入陷阱"时人口抚养负担也相对较轻，不到50%。1990年、1995年巴西分别为60.07%、60.03%，2010年、2020年分别为46.29%、43.475%，巴西抚养比下降是迈入高收入国家的重要条件；中国1990年、1995年分别为52.02%、49.60%，2010年、2020年分别为36.49%、42.207%[①]。可以说，处于中等收入阶段的巴西和中国的社会抚养负担，与韩国和智利在跨越"中等收入陷阱"时期基本相当，中国优势更为明显。

因此，从社会抚养比角度看，巴西和中国少儿抚养比相对较低，老年抚养比比高收入国家更低，社会总抚养负担相对较轻，正是两国实现经济快速发展跨越的优越时期。

表7-4　　　　　　　　四国社会抚养负担比较　　　　　　（单位：%）

时间	少儿抚养比（占劳动年龄人口比重）				老年抚养比（占劳动年龄人口比重）			
	韩国	智利	巴西	中国	韩国	智利	巴西	中国
1960	80.98	69.45	80.41	70.5	6.305	6.61	5.869	6.53
1970	76.57	66.43	77.66	72.36	8.288	7.31	6.319	6.71
1980	54.61	54.36	65.87	60.51	6.64	7.96	6.605	7.87
1990	36.69	47.1	58.04	43.46	7.548	9.27	7.035	8.56
1995	32.44	45.33	52.41	40.44	8.421	10.69	7.617	9.16
2000	28.55	42.04	46.19	36.24	9.953	11.77	8.099	9.96
2005	26.04	36.87	41.06	28.20	12.257	12.61	9.013	10.37
2010	22.0	32.21	36.32	25.47	14.607	13.66	9.978	11.1
2015	18.79	29.88	32.23	24.86	17.529	15.39	11.519	11.02
2016	18.45	29.5	31.66	24.92	18.23	15.81	11.919	13.58
2017	18.14	29.11	31.11	25.01	18.996	16.27	12.345	14.43
2018	17.87	28.75	30.59	25.11	19.858	16.78	12.794	15.34
2019	17.656	28.407	30.125	25.175	20.861	17.314	13.266	16.221
2020	17.502	28.078	29.713	25.187	22.034	17.868	13.763	17.02

资料来源：世界银行数据库（https://data.worldbank.org.cn）。

---

① 世界银行数据库（https://data.worldbank.org.cn/indicator/SP.POP.DPND），2020年6月3日。

3. 城市化发展比较

比较1960—2019年4国城市化总体发展趋势,大体体现以下特征(图7-2):一是智利、巴西起步早,1960年分别为67.84%、46.14%,智利相当于韩国、巴西20世纪80年代中期的发展水平;二是韩国、智利和巴西,城市化发展趋势基本一致,3国均在20世纪90年代初期完成加速发展,上述3国均超过73%,智利超过83%。此后速度放缓,2000年以来,3国城市化率基本保持在80%—90%;三是中国发展速度最缓慢,1960年仅为16.2%,80年代初才突破20%,1995年才突破30%,1990—2010年加速发展期,城市化率增长了近一倍,2011年首次达50%左右,随后基本呈稳步增长趋势,2019年城镇化率超过60%,用了不到7年时间就完成了10个百分点的城镇化进程。

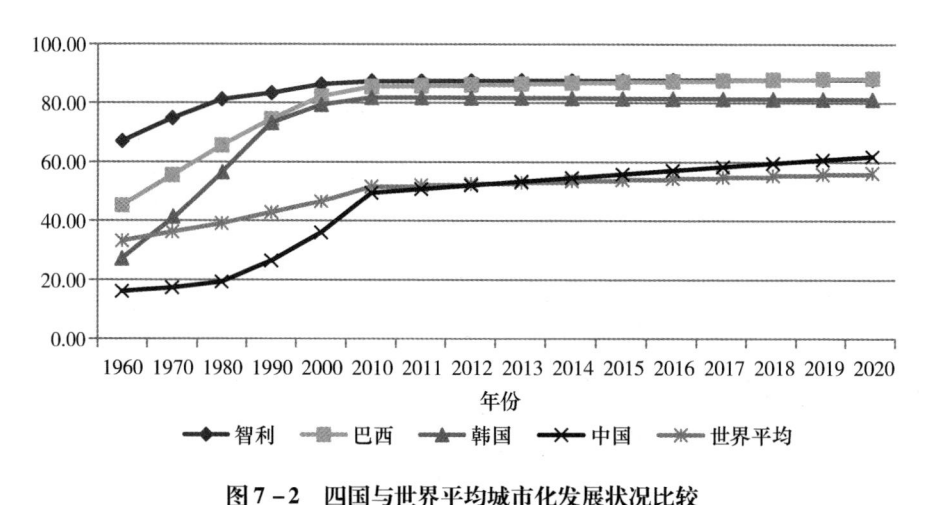

图7-2 四国与世界平均城市化发展状况比较

资料来源:均整理自世界银行(World Bank)数据库(https://data.worldbank.org.cn/indicator/SP.URB.TOTL.IN.ZS)。

另外,从城市化发展程度看,韩国、智利和巴西相对较高,2000年以后基本达80%左右,而中国城市化虽发展迅速,但明显低于其他3国,2015年比韩国、智利和巴西分别低26.13、31.86和30.27个百分点。2020年,中国城市化率(61.43%)比世界同期平均值(56.15%)高5.28个百分点,韩国、智利和巴西同期分别为81.43%、87.84%、86.82%

(图 7-2)。中国与 3 国相比，城市化率最低相差 20 个百分点，可以说，"城市化"问题就在中国，不过"过度城市化问题"并没有出现，中国现阶段正是发展生产力、促进产业结构优化升级的关键时期，在城市化进程进一步加快发展过程中，更为重要的是妥善解决城市发展问题，避免城市病，应依据中国国情，推行并实施有中国特色的、新型城市化发展。

比较 4 国人口发展可以得出如下结论：一是从人口年龄结构和抚养比看，与韩国、智利相比，巴西和中国不存在劣势，社会抚养负担相对较轻，劳动力资源储备相对充足。二是从人口性别结构和城市化发展看，巴西与韩国、智利基本一致，人口性别结构更为合理，城市化已发展到较高程度，但中国远高于韩国、智利和巴西，未来适婚人口压力较大。同时，城市化是中国有别于其他国家最为显著一面，无论是速度还是发展程度，均与其他 3 国存在较大差距，确保城市化更稳步、更健康发展，是中国进入极高人类发展水平的一个重要方面。

二 韩国、智利成功迈入高收入行列的经验借鉴

（一）完备的社会保障制度

社会保障制度是保证社会经济稳定运行、维护社会公平的一种政府调节机制。韩国政府 1986 年发布了全民医疗保险、最低工资制、国民年金制三大社会福利政策，并相继制定和完善了《国民养老金法》《医疗保险法》等相关法律法规，完善社会保障体系，国民基本医疗需求得到了根本保障。智利政府从 1990 年起不断提高公共社会支出规模，加强社会保障体系建设，完善养老与个人保险制度。

（二）重视人力资本积累

人力资源是支撑国民经济持续发展的不竭动力。韩国政府从 20 世纪六七十年代开始积极探讨和发展教育事业，提出了教育发展要适应经济发展理念，1980 年提出"教育立国"口号，将教育视为国家发展的百年大计，并且积极创立技术型、创新型学校，大力加大对科研教育的投入，使得韩国人均受教育年限不断提高，人口文化素质显著提升，高等教育发展成就显著，成为世界上少数实现高等教育普及化的国家。

韩国在 20 世纪 80 年代以后把终生教育原则写进了法律，并把教育改

革作为政府工作的重要内容①。通过制定各种政策,从制度层面提高基础教育入学率和高等教育办学水平。通过大力发展职业技术教育,同时私立教育在整个国民教育系统中占有重要作用,私立学校覆盖了从小学到大学、研究院在内的整个教育体系②。韩国鼓励各大型企业出资兴办与本行业密切相关的职业院校和高等研究院,比如世界知名品牌三星、大宇、金龙、现代等都各自办了学校,形成了真正的产、学、研紧密融合的人才培养体系。另外,韩国还在航海、精密仪器、机械制造、金融服务等行业中划定了20多所重点私立院校,在图书购置、实验器材、办学经费等方面给予优惠政策,鼓励其与公立大学展开竞争、走出国门,加强与世界先进国家合作办学③,为韩国提供了丰富的优质人力资源以快速实现工业化与跨越"中等收入陷阱"。

与韩国大力发展公办教育不同,智利则通过大力发展私立教育,确立了私立教育主导型的办学模式,多渠道筹措教育经费,制定和完善教育法规,通过上述手段,智利同样实现了提高人力资源质量的目的,为其经济发展提供了存量足、质量高的人力资源。

(三) 及时调整并完善收入分配制度

贫富差距扩大是"中等收入陷阱"的特征之一,在不断提高人均国民收入的同时,必须注重社会公平,实现社会资源的合理分配。20世纪60年代经济发展中,韩国城乡收入差距逐步扩大。1970年启动了旨在缩小城乡差距、工农协调发展的"新农村运动"。据韩国《农林统计年报》显示,1970年韩国农村人口占总人口比例为44.7%,2005年下降到6%。农民在其他非农部门大量兼业,城乡收入分配发生了显著变化。20世纪90年代初,韩国农村居民人均收入已达到城市居民人均收入的95%,韩国城乡收入差距已基本消失④。韩国从1980年起为降低低收入群体税收

---

① 檀明:《日本、韩国的跨越"中等收入陷阱"之路及其启示》,《商》2015年第5期。
② 韩师光、李建柱:《日韩跨越中等收入陷阱的做法及启示》,《经济纵横》2013年第10期。
③ 韩师光、李建柱:《日韩跨越中等收入陷阱的做法及启示》,《经济纵横》2013年第10期。
④ 郑之杰:《跨越"中等收入陷阱"的国际经验教训》,《红旗文稿》2014年第19期。

负担不断地降低税率、提高个人所得税免征额，改变不动产等投机投资带来的不公平收入分配，逐步完善二次分配、缩小城乡差距、阶层差距、扩大中产阶级比重，保证社会稳定。

智利在进入中等收入阶段后同样提出并履行"社会公正增长"理念，实行了一系列促进均衡分配和社会公正的改革举措，建立和完善社会互济制度，使低收入的贫困人口、丧失劳动能力的老年人口得到基本生活保障，将市场改革、经济增长与社会公正有机结合起来。

（四）调整产业结构，增加就业岗位

20世纪80年代开始，韩国逐渐受技术革命的影响积极转变劳动密集型产业，大力发展技术创新密集型产业，增强劳动力技术培训和开发，完善相应就业政策，重视劳动者就业保护，多渠道创造就业岗位，严格限制企业解雇制度。同时，加快健全就业政策法规以保障员工合法权益与公平就业。韩国在进入上中等收入国家行列后不久把科技发展置于国家战略发展高度实行优先发展，同时相继实施《战略部门技术开发计划》和《提高产业技术五年计划（1989—1993）》，积极推动主要依靠模仿向依靠自主创新转变[①]。

智利通过大力扶持中小企业发展增加就业岗位，从贷款融资、税收补贴及技术指导，全方面、全方位地鼓励和支持中小企业发展，吸收大量劳动力增加社会收入，提高社会稳定性。

（五）发展多边与多元贸易

从20世纪80年代中后期起，韩国政府根据自身发展和外部国际环境变化，继续坚持和深化"出口导向"发展战略的同时积极增加研发投入，提高科技含量，大力发展计算机、电子机械等知识密集型产业，提高钢铁、机械、汽车、造船等出口产品的附加值，扩大进出口贸易顺差，促进了经济增长。智利也长期奉行"多边主义的贸易伙伴"战略，在单边自由化、双边自贸协定以及多边体制三个方面寻求合作，积极发展与多个国家、地区和区域组织合作，采用开放的贸易政策，大力扩展出口

---

① 陈彩娟：《借鉴日韩新发展经验：跨越"中等收入陷阱"》，《未来与发展》2012年第6期。

市场。

(六)积极调控人口城市化进程

韩国、智利在21世纪初人口城市化已达到了较高水平,尤其智利,1960年城市化率高达68%,并趋于低速与稳定增长态势。在城市化不断扩张和发展过程中,韩国走依托工业化优先发展大城市,使人口向大城市集中的城市化发展道路[①],但在发展过程中一度也饱受着"城市病"困扰,人口密集、地价飞涨、交通拥挤和环境污染等"大城市病"问题相继发生,迫使韩国政府及时加强了对人口城市化结构和质量的宏观调控,引导城市化向合理方向发展。

智利有着较高的城市化发展水平,但城市人口结构不尽合理,城市化与经济发展不相协调,工业部门就业比例基本在20%—30%,工业化发展对城市化促进十分有限,对经济发展的负面影响逐渐累加。同时农村人口基本没有增长,城市人口呈爆炸状态,一定程度上智利也需要不断优化人口城市化结构。同样地,中国、巴西在推进城市化进程中,应吸取相关教训避免走弯路。

三 韩国成功经验对中国发展的启示

根据2017年亚洲开发银行对中国"十三五"规划中迈向高收入国家提出的诸多建议,借鉴和吸收韩国、智利发展成功经验,结合中国经济发展状况,将产业结构与就业结构调整,以及优化升级、协调推进等措施的实施,作为成功跨越"中等收入陷阱"的重要内涵。

(一)继续深化对外开放,提高国民收入水平

20世纪60年代起韩国相继出台了"出口导向""输出立国"等经济发展战略,积极引进外资和技术,扩大出口贸易额,稳步提高国民生产总值。在经济发展中积极应对国际市场需求变化,适时调整贸易政策、提高出口产品附加值,并为抵御外界金融市场和实体经济带来的竞争和冲击,积极开发和寻找新的经济增长点。2019年,韩国每单位就业人口创造的GDP达72270美元(2011年不变价购买力平价美元),是同期中

---

① 严明:《东亚都市圈开发的比较研究》,《艺术百家》2011年第6期。

国（31380 美元）的 2.3 倍。2019 年韩国人均国民收入为 33790 美元[①]，比中国同期值高了 23380 美元。同样地，作为首个迈入高收入行列的拉美国家，智利采取大幅削减关税以增强税收控制国际竞争力的税收政策，使增值税为代表的货物和劳务税成为了主体税种，建立了资源型稳定基金作为补充税收收入以及引入税款指数化机制抑制通胀对税基的侵蚀等相关税收政策。

根据中国历史发展经验，按照党的十九大报告要求，中国应积极推动并形成全面开放新格局。继续不断深化对外开放层次和开放水平，以"一带一路"建设为重点，以提高民众收入水平为目标，坚持"引进来"和"走出去"相结合，形成陆海内外联动、东西双向互济的开放格局。建立和完善面向全球经济发展格局，推进贸易强国建设。在不断融入国际市场过程中，加快发展和优化新的产业部门，为市场提供更多就业岗位，以实现国民收入水平稳步提高，逐步缩小与中等收入国家乃至高收入国家的差距。以"营改增"为契机，加快推进重点领域的税制改革，加快融入全球经济，积极探索相关领域的配套改革，争取尽快迈入高收入国家行列。

（二）促进产业与就业结构优化升级，增强产业就业发展能力

21 世纪以来，韩国政府积极鼓励企业向高科技、高附加值的新型产业发展，先后启动了通信技术、生物技术、纳米技术等尖端产业发展。面对日益激烈的国际市场竞争，韩国提出"科技立国"口号，大幅度增加科技投资，重点发展知识技术密集型产业，使其产品出口份额不断得到提升[②]。2018 年，韩国第三产业增加值占 GDP 比重达 70.789%，促进了第三产业就业比重突破 70%，充分实现了产业升级对就业的充分带动作用。智利充分利用本国资源优势调整产业结构，早在 1974 年，皮诺切特军政府执政后开始实行经济改革，全面开放市场，拓展全方位自由贸易。比如该国矿产资源十分丰富，是拉美重要的矿业大国，工矿业是该国的经济命脉，其矿产品出口占全国出口总额接近 60%。智利经济多年

---

① 世界银行数据库（https://data.worldbank.org.cn），2020 年 12 月 6 日。
② 叶学平：《转变经济发展方式的国际经验、教训及启示》，《学习月刊》2011 年第 8 期。

保持较快增长，其综合竞争力、经济自由化程度、市场开放度、国际信用等级均为拉美之首，被视为拉美经济发展样板。不过智利经济结构单一、对外依存度高等问题也较突出。

中国正处于迈向高收入国家的关键期，"为实现这一目标，中国需要提升自身竞争力，逐步提升其在全球价值链中的地位，这就要求将资源从生产效率较低的领域转移至生产效率较高的领域，包括产业内转移和跨产业转移"。① 政府应将主导权逐步交给市场，使市场在资源配置中起决定性作用，逐步实现资源和技术向更高级的资金密集型、技术知识密集型产业转移和分配。改革开放以来，中国第三产业弹性系数始终为正，第三产业产值每增加 1 个百分点能相应促进就业增长 0.337 个百分点，因而大力扶持与发展第三产业尤其是高新技术产业，能显著促进就业增长和国民收入水平提高。

（三）推进农业现代化，加快振兴乡村经济

1962—1973 年，韩国第一产业产值占国民经济比重从 40% 降至 26.4%，大量就业人员从第一产业转移至第二、第三产业，实现了"非农业化"发展，"三、二、一"产业结构布局初步形成，为进入中等收入阶段奠定了基础。1973—1978 年，就业人口劳动生产率显著提高，国民经济也随之实现快速增长，其间人均 GNI 即从 430 美元提高到 1270 美元，增长了近 3 倍，为中等收入向高收入转变奠定了良好的产业基础。

农业作为智利四大支柱产业之一，近 30 年来智利农业发生了深刻变化，由传统的粮食种植、面向国内市场为主，转向以水果种植为主，面向国际市场，水果种植效益和种植区域不断扩大，农民成为了现代企业家，自 1990 年至 2020 年，智利农业就业人口就减少了 71%。智利农业产业在经济中比重虽下降，但出口额持续增加。农业作为劳动密集型产业，为智利创造了更多就业岗位，农业产量不断增加，置身国际市场，实现农业现代化对劳动需求增加，同时也促使智利逐渐摆脱了过分依赖工矿产业的经济发展模式。

当前，中国第一产业依然囤积了大量人员亟待转出。2019 年，农业

---

① 亚洲开发银行：《迈向高收入中国：挑战与建议》，2017 年 6 月 29 日。

就业人口占总就业人数比重的 26.56%，仅创造了 7.11% 的产值，同质劳动力在第一产业的产出分别是同期第二、第三产业产出的 19.42%、22.44%。即第一产业产出与人力资本投入不经济，造成一定数量就业人口闲置。为此，应积极推动与服务农业现代化，构建现代农业产业体系、生产体系、经营体系，完善农业支持与保护制度，发展多形式的适度规模经营。同时，大力发展农业基础设施建设，完善服务农业、农村和农民的各项政策措施，振兴乡村经济与持续实施新农村建设，努力促进农村第一、二、三产业科学与融合发展，支持与鼓励农民就业创业，拓宽农民增收渠道，有效提高就业人口收入水平，以实现国民经济总体提高。

（四）走新型工业化道路，积极调整内部产业结构

1978—1995 年韩国处于中等收入阶段时，第二产业增加值年增长率保持在 10%，比同期国民经济增长速度高出 1.16 个百分点。尤其提出工业优先发展政策后，不仅实现了该产业快速发展，而且加速发展了第三产业，加快了产业结构调整节奏，使得韩国顺利迈入高收入行列。

根据《中华人民共和国 2019 年国民经济和社会发展统计公报》中的数据计算，2019 年第一、二、三产业对经济贡献率分别为 3.8%、36.9%、59.4%，可看出第三产业对经济拉动作用最为明显，第一产业结构调整继续优化，第二产业也向中高端迈进，第二产业贡献率虽然比第三产业低了 22.5 个百分点，但在逐年提高，第二产业事关整个经济社会稳定大局，应积极发挥第二产业尤其是制造业的就业带动作用，尽快扭转其发展停滞期，继续提高该产业在国民经济中的比重，坚持走发展关乎国计民生的新型工业化道路。根据《中国制造 2025》和党的十九大报告精神，加快建设制造业强国，积极调整产业内部结构，通过"三步走"实现中国制造业强国的战略目标。

（五）大力发展第三产业，加大教育投入

韩国在中等收入阶段第三产业发展迅速，占国民经济比重从 44% 提高到 55% 左右，同时就业人口比重达 54.4%，解决了一半以上人口的就业问题，有效消化了第一产业劳动力转出，提高了农业劳动生产率，减轻了社会转型期的社会压力和人力成本，实现了经济和社会双重发展，促进了产业现代化发展。其间，韩国十分重视第三产业就业人员素质提

升,不断加大教育经费投入,1978—1995年,教育公共开支总额占同期国民收入比重平均在3.5%左右,有效地保障了教育事业的发展。2016年,韩国教育公共开支总额占GDP比重上升至4.333%;2017年,智利该值为5.419%;2019年,中国为3.512[①]。

中国第三产业比重与韩国等发达国家相比差距较大,2019年中国为53.9%,韩国、新加坡、日本同期均超过70%。大力发展第三产业应成为现阶段产业结构调整的重中之重,尤其应加快发展现代服务业。根据党的十九大报告要求,要瞄准国际标准提高水平,加强国家创新体系建设,强化战略科技力量,提高自主创新能力,深化科技体制改革,加强对中小企业创新支持,促进科技成果转化。同时,加强劳动力素质教育,加快发展高等职业技术教育,加大教育投入,实现课程和专业设置的实用性和针对性对接,努力建设一批知识型、技能型、创新型劳动大军,为经济社会发展、产业结构调整提供高质量、专业性的后备人才梯队。

(六)持续推进供给侧结构性改革,助推尽快跨越中等收入阶段

供给侧结构性改革为中国跨越"中等收入"阶段创造了积极且有利的条件。2019年,中国供给侧结构性改革继续深化,全年全国工业产能利用率[②]为76.6%,比2018年提高0.1个百分点。年末规模以上工业企业资产负债率为56.6%,比2018年末下降0.2个百分点。全年教育、生态保护和环境治理业固定资产投资(不含农户)分别比上年增长17.7%和37.2%。"放管服"改革持续深化,微观主体活力不断增强,全年减税降费超过2.3万亿元。尤其针对生产要素的流动重组和优化配置等热点焦点问题的深入推进,为中国实现追赶、跨越中等收入阶段创造了诸多政策条件和必要制度要素,同时持续推进以下优先领域。

一是放宽准入,深化垄断行业改革。近年来经历的商事制度改革,在小微企业准入便利化方面取得了一些进展,现在更需要突破的是基础

---

① 世界银行数据库(https://data.worldbank.org.cn/indicator/SE.XPD.TOTL.GD.ZS?locations=KR),2021年6月2日。

② 产能利用率是指实际产出与生产能力(均以价值量计量)的比率。

产业、准公益产业和服务业领域改革，包括石油、天然气、电力、电信、铁路、金融、医疗、教育、文化体育以及必要的公共设施等①。这些垄断行业的投资看起来已经不少了，但实际上非急需的或重复性的建设依然存在，当前非常需要改变结构失衡，需要增加有竞争实力的、有活力的新投资，大幅提高投资效率，进一步尽早放宽上述领域准入条件。

二是促进城乡间要素流动和优化资源配置。推动城乡从以往的分割型、剪刀差型向联合型方向发展，推动城市发展从以往的孤岛型转变为多元型、网络型方向发展，带动大城市之间、城市群之间、大量中小城市以及众多小城镇之间的全方位发展，加强城乡与城城之间的互联互通，推动人口、经济、资源与环境的互联互动，推进基本公共服务均等化，带动人口居住升级与市民化发展、实现资源配置优化以及产业布局调整升级。积极推动要素在城乡间双向流动和平等交换作为城乡发展与优化资源配置的必然要求。在上述经济布局、满足城乡发展与产业升级条件下，就能产生可观的、规模宏大的、必要的基础设施以及公益产业与准公共产品的多种投资机会。只要努力下定决心打破城乡之间要素流动、交易、优化配置的不合理体制和政策限制，破除城城发展之间交流的壁垒与障碍，实现中国经济持续稳定增长指日可待。

三是在尊重创新规律基础上营造创业创新创造环境。创业创新创造是一个国家经济社会发展的重要驱动力。创新与模仿具有实质性差异，在模仿阶段，政府职能主要体现为制定技术路线、做好导向与规划。在创新阶段，政府职能则主要体现在保护知识产权，稳定企业家和科研人员的预期，为创新活动提供有效激励与政策支持。为此，应积极探索并尊重创新创业人才成长规律，营造鼓励创新、积极创业与宽容失败的工作环境，让创新血液在全社会自由流动，这样，创新活力才能充分激发，发展潜能才能得到充分释放。深化各项改革，促进创新要素流动、资源聚集和优化配置，实现创新主体、创新资源、创新环境等方面的持续用力，提高人力资本质量与存量，为创新提供金融支持等。同时，还应使改进创新环境成为地方竞争的新元素，推动形成创新型城市和区域创新

---

① 刘世锦：《供给侧改革助推跨越中等收入阶段》，《学习月刊》2016年第6期。

中心①。

四是抵制经济泡沫干扰，提升消费驱动经济增长能力。实体经济与发展制造业仍是国家竞争力的核心所在，服务业中发展潜力最大的生产性服务业是直接为制造业转型升级服务的主要产业。必须牢固确立制造立国、实体经济为本的理念和政策导向。对于房地产和金融市场等极易形成经济泡沫的行业，必须高度警惕，及时抑制各种形态经济泡沫的泛起，防止出现大量资源脱实向虚，以及防止经济活动出现大幅波动，把资源尽可能引导到提高要素生产率的领域②。同时，面对美国举起的关税大棒挑起的中美经贸摩擦，应努力提高中国经济韧性，尽可能减少出口对国民经济增长贡献率的比重，以增加消费作为驱动经济持续增长的能力。新时代以来，我国城乡居民收入实现了连续增长率高于GDP增长水平，全社会消费能力在不断增强。随着消费条件不断改善与社会保障体制不断完善，不仅出现了诸多新的消费增长点，也使人们有钱敢消费。2015年，我国最终消费对经济增长的贡献率达到了66.4%，成为经济增长第一驱动力，2017年比2012年提高了3.9个百分点③。鉴于我国内需有着巨大增长潜力与发展空间，消费创新活力和后劲将得到全面释放，随着经济结构转型与产业升级，在进一步扩大对外开放的同时，构建可持续发展的、多边的、多元的对外经贸合作关系，多样化、多层次与多元化消费新增长点得以加快实现，以投资和出口主导转向消费主导经济增长关键阶段得以形成，未来消费创新驱动中国经济稳定增长的新格局与市场可持续发展局面将加快形成。

五是完善制度体系，努力实现经济高质量发展。改革开放以来，我国经济以世界罕见速度发展壮大，人民生活水平快速提升。党的十九大

---

① 刘世锦：《人民日报人民观察：供给侧改革助推跨越中等收入阶段》，2021年6月3日，人民网（http://opinion.people.com.cn/n1/2016/0612/c1003-28425657.html）。

② 刘世锦：《人民日报人民观察：供给侧改革助推跨越中等收入阶段》，2021年6月3日，人民网（http://opinion.people.com.cn/n1/2016/0612/c1003-28425657.html）。

③ 《消费成为中国经济增长的第一驱动力》，2021年6月3日，中华人民共和国国务院新闻办公室（http://www.scio.gov.cn/xwfbh/xwbfbh/wqfbh/33978/34188/zy34192/Document/1469478/1469478.htm）。

报告指出,"我国经济已由高速增长阶段转向高质量发展阶段,正处在转变发展方式、优化经济结构、转换增长动力的攻关期"。在这关键阶段,加快完善制度环境体系建设、发挥社会主义基本经济制度优势,是推动经济高质量发展的内在要求,是政府推动高质量发展的主要着力点。1979—2018 年,我国国内生产总值年均增长 9.4%,远高于世界同期年均 2.9%左右的增速。我国已成为世界第二大经济体、制造业第一大国、货物贸易第一大国、商品消费第二大国、外资流入第二大国[①]。在推进供给侧结构性改革过程中,通过各种激励机制,不断解放和发展社会生产力,以充分调动各方积极性至关重要。2020 年是"十三五"规划与全面建成小康社会目标的收官之年,新冠肺炎疫情的冲击没有改变我国经济稳中向好、长期向好基本面。新冠肺炎疫情的蔓延对全球经济影响显著,为此,中国应持续优化政治生态,探索符合国情和现代治理要求的长效机制,努力实现经济高质量发展,乘势开启全面建设社会主义现代化国家新征程。

第三节　中东欧国家跨越"中等收入陷阱"的成功经验

一　拥有较高人力资本存量与扎实的人才资源基础

从前面针对中东欧 19 国人口转变和"中等收入陷阱"的相关性分析可看出,大部分国家在迈入高收入行列时就已进入"后人口转变"时代,目前已属于高收入的中东欧 10 国中,其人口发展轨迹与先跨越"中等收入陷阱"后再进入"后人口转变"时代的日本,"亚洲四小龙"国家和地区的发展轨迹不一样。由此看来,人口转变与跨越"中等收入陷阱"之间没有必然的谁先谁后的关系。

目前,中国依然未出现人口负增长,再加上经济增速相对放缓,中国很可能"重演"中东欧高收入 10 国的人口转变历程,即在进入"人口

[①] 《充分调动各方面的积极性　努力实现经济高质量发展》,2020 年 12 月 20 日,凤凰网(http://feng.ifeng.com/c/7vqGqQQWtxW)。

转变"后期阶段后立即迈入高收入国家行列。进入新常态以来，中国经济面临下行压力，再加上全面"三孩"政策的开放与实施，人口增长率将缓慢提高，程度较小地影响着人口老龄化进程，底部人口老化现象依然存在。在此过程中，中国经济增长放缓将依然持续一段时间。经计算得知，中国人口效率在2012年到2016年呈现缓慢持续走低态势，自2017年起出现反弹逐渐上升至2019年恢复到相对较高的水平，不过依然处于低水平人口效率阶段。

在中国劳动力人口增速放缓，甚至出现负增长形势的大背景下，学习部分中东欧国家的相关经验，必须转变经济增长方式，增加经济增长要素，尽快调整并优化人力资本存量，开发人力资源并实现人才资源强国目标，提高技术技能人才比重，在增加劳动力数量的同时，优化产业结构，加大对高价值科技和创新技术等新兴、高附加值领域的产业方面的投资与转型，提高经济增长速度，为跨越"中等收入陷阱"打下坚实的人才资源与扎实的经济基础。

二 提高人口质量实现人才资源强国

根据中东欧迈入高收入国家的经验与人口转变和人口效率相关性来看，人口转变的完成意味着可能拥有比较高的人口效率，较高的人口效率可进一步加速人口转变完成，提高人口质量对增加国民收入有着重要影响。

目前，中国人口增长对人口效率的贡献效应越来越低，即人口红利正在逐渐进入"关窗期"，人口红利逐渐消失，人口数量对人口经济发展水平的贡献率也在逐渐降低，人口效率水平的提高更多地来自人口质量水平的提升，或者是人口素质红利的上升，这是弥补人口数量型发展中最有效的对策与手段。以调整生育率为主的人口发展战略，显然已不能适应当前乃至今后中国人口与经济社会的长远发展目标，人口发展战略调整的核心和出发点也同样需随之调整。

中国即将进入"人口转变"后期阶段，一方面，中国的人口效率决定着人口转变完成的速度与时间；另一方面，较高的人口效率将进一步促进经济社会的快速发展，从而也进一步加速人口转变的完成进程。

由此看来，中国提升人口质量，不仅对人口转变的完成，对加快促进经济发展提高国民收入也是重点，这说明中国需要一直维持着比较高的人口效率水平，才能实现经济快速增长与实现较低成本发展，才更有可能实现经济可持续发展。即中国从根本上发展人口质量、提高人口效率，改变中国人口从数量优势迈入质量优势，从人力资源大国优势进入人才资源强国优势的轨道，才能确保人口与经济社会长远发展，顺利迈入高收入行列。

三 人口效率持续增长促进经济发展

就人口效率与跨越"中等收入陷阱"的相关关系看，中东欧高收入国家的人口效率明显高于域内中等偏上收入或中等偏下收入的国家，即中等偏高收入国家的人口效率普遍较低。可见，跨越"中等收入陷阱"在一定程度上是代表人口效率指标高低的分水岭，也或者说，人口效率是跨越"中等收入陷阱"门槛的重要指标之一。具体来看，2009—2019年，中国的人口效率均值为0.363，比中东欧高收入国家同期均值的0.61低了不少，人口效率水平离高收入水平差距较大。不过，中国从2005年的人口效率指标仅为0.247，2015年上升至0.357，2019年为0.396，上升速度较快，即将迈入中等人口效率水平，正逐渐接近高收入国家人口质量，若中国能持续维持人口效率增长，早日实现高水平人口效率，对维持中国中高速经济增长与早日成功迈入高收入国家行列提供了极大可能。

学界对关于人口发展战略和人口政策调整的研究不胜枚举，学者任远提出，未来人口发展战略调整和政策改革，首当其冲的是需要使国家的生育政策回归常态。[①] 中国不应该过分强调生育政策的重要性，也不应该只把生育政策作为中国经济增长的唯一来源，应该加大其他方面，比如教育人才兴国战略、鼓励实体经济的发展力度、积极开发第二次人口红利，以代替人口增长推动经济增长的动力以保证中国经济持续增长，是实现顺利跨越"中等收入陷阱"的重要保障。同时，当前学界对人口

---

① 任远：《中国人口格局的转变和新人口发展战略的构造》，《学海》2016年第1期。

促进经济的发展以及人口发展战略的研究多集中于宏观层面的政策效果分析，以及战略调整后的走向等相关研究，缺乏从实证角度对人口转变阶段促进经济社会发展的综合评价和测算。人口效率只能作为其中重要的参考指标之一，不能把人口效率直接当作绝对理论，应该进一步研究更多关于人口效率的综合指标，以丰富关于人口效率、人口促进经济发展的实证分析与相关理论。

第四节　拉美相关国家跨越"中等收入陷阱"的主要经验与警示

通过前述分析考察拉美国家智利、巴西和阿根廷在经济、社会和人口等方面相关指标，依据中国人口经济发展现状，可以借鉴智利成功跨越"中等收入陷阱"的相关经验，吸取巴西、阿根廷长期陷入"中等收入陷阱"的相关教训，分析中国在加快产业结构优化升级、实施创新驱动增长，完善社会保障体系、注重民生建设，深化收入分配改革、缩小收入差距，促进城镇化和工业化协调发展，充分利用人力资本优势、实现转型升级等方面的优势，从而可以进一步促进人均国民收入的稳步提升，顺利迈入高收入国家行列。拉美国家于20世纪70年代相继进入中等收入国家行列，然而经过三四十年经济停滞与"徘徊"，仅少数国家（如智利）进入了高收入国家行列，仍有大部分国家仍在中等收入阶段徘徊。总结拉美地区的成功经验和失败教训，为中国发展提供有益判断，才更加有利于中国成功顺利跨越"中等收入陷阱"。

一　拉美部分国家跨越"中等收入"阶段指标比较与主要经验

拉美地区自20世纪70年代进入中等收入国家行列以来一直在中等收入区间徘徊，除少数国家（如智利）在2011年左右步入高收入国家行列，其他国家仍处在中等收入阶段。通过比较分析智利、巴西和阿根廷等相关国家在"中等收入"阶段有关经济、社会、人口等指标，以更好地为中国成功跨越中等收入阶段提供相关经验借鉴以及警示。

(一) GDP 增长率与人均 GDP 发展比较

1. GDP 增长率

智利在 1980 年以前的较长时间里，GDP 增长率起伏变动较大，1980 年接近 8%，但 1975 年还出现过 12.912% 的负增长，经济社会发展很不稳定；1980 年后增速较为稳定，年均增长率在 5.4% 左右（图 7-3），经济发展相对平稳，20 世纪 80 年代起至 2011 年是其经济快速稳定发展的黄金期，而且绝大多数年份 GDP 增长率高于世界平均增长水平。智利通过对国内经济政策的不断调整，采取了一系列促进经济发展措施和科学规划，使经济不断增长，2011 年成功跨越"中等收入陷阱"。尽管 2015 年增速只有 2.25%，但人均 GDP 依然高达 13653 美元，2019 年上述两值分别为 1.054%、15010 美元，依然属于高收入国家行列。

巴西 1985 年前 GDP 增长率虽有一定起伏，1981 年曾出现低谷，为负的 4.393%，20 世纪 80 年代初期基本保持 8% 的增长率，1985 年后又呈下降趋势，且降幅明显，在 1988 年、1990 年、1992 年、2009 年、2015 年和 2016 年均为负增长，其中谷底出现在 2015 年，为负的 3.546%，2019 年经济增长率也仅为 1.137%，且人均 GDP 也只有 8717.186 美元，至今巴西依然在"中等收入陷阱"阶段游荡。

阿根廷 GDP 增长率波动同样很大，与世界平均发展水平完全不一致。阿根廷呈现典型的"W"型起伏，波动较大，其中 1961—1970 年间就有 1963 年、1966 年呈现负增长（图 7-3），但其间 1964 年、1965 年经济增长又超过两位数，1969 年接近 10%。1975 年、1976 年连续出现负增长，1979 年又升至两位数增长，1981 年、1982 年、1985 年、1988—1990 年均为负增长，1989 年降幅最大，负增长率为 7.157%。1991 年又冲到 9.133%，随后 1995 年、1999—2002 年均为负增长，直到 2005 年才有所回转，其间 2002 年为负的 10.894%，2003 年又升到 8.837%，随后稳定增长至 2008 年，受国际金融危机影响，2009 年又降至负的 5.919%，2010 年反弹增长至两位数，此后出现反复波动，其中 2012 年、2014 年、2016 年、2018 年均为负增长，该时期连续"WW"型起伏变动更为明显，2019 年为负的 -2.088%，人均 GDP 为 9912.282 美元。长时间处于"中等收入陷阱"中的巴西和阿根廷，GDP 增速一直处于大幅波动状态，造成经济发展十分不稳定，国内缺乏促进经济发展的合理措施和积极的经济改革，经济发展缓慢。相比巴西，智利则自 1980 年以来一直不断地采取各种措施促进经济平稳发展，实现了长时间稳定的 GDP 增长，正好为智利成功跨越"中等收入陷阱"奠定了坚实的经济基础。

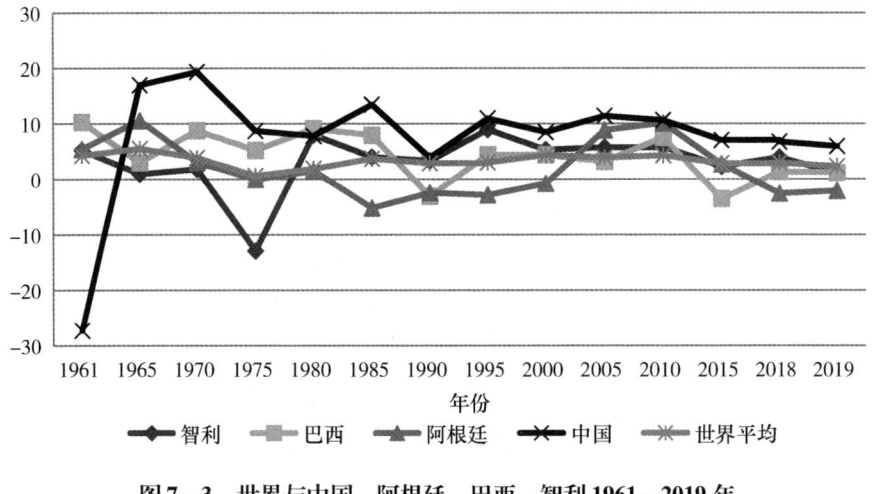

图 7-3 世界与中国、阿根廷、巴西、智利 1961—2019 年 GDP 增长率比较（单位：%）

资料来源：根据世界银行数据库整理得出（https://data.worldbank.org.cn/indicator/NY.GDP.MKTP.KD.ZG?locations=AR&view=chart）。

4 国中只有中国 GDP 增长率的增长轨迹与世界同期运行轨迹几乎一致（图 7-3），而且中国增速绝大多数年份高于世界同期平均水平，GDP 增长最为平稳，除了在 1961 年受自然灾害等相关因素影响，为近几十年来最大负值，为负的 27.27%，此后快速增长，1964 年达 18.18%，1967—1968 年连续两年负增长，1969—1970 年呈快速增长态势，上述两年分别达 16.94%、19.3%，此后进入平缓期，至 1975 年基本稳定在每年 7% 左右的增长率，1976 年又呈负增长。改革开放以来经济增速较快，1978 年达 11.134%，此后较长时间呈高速增长，基本稳定在 9%—10%。2015 年降至低于 7%，2019 年为 6.1%，远高于世界同期平均值。目前，中国积极推进供给侧结构性改革，采取了一系列政策促进经济发展。结合智利经济社会发展成功经验，在"中等收入阶段"保持持续高速增长，同样也是中国跨越"中等收入陷阱"的重要基础与前提。中国在这一发展阶段，经济始终保持中高速稳定增长，中国持续保持平稳增长速度，也完全有能力、有资本、有信心，可以成功地、顺利地迈入高收入国家行列。

2. 人均 GDP 发展比较

智利从 1960 年的 533 美元，增长到 2018 年的 15923 美元，其间增长了 15390 美元。2010 年为 12860 美元，2011 年（14637 美元）进入高收入国家行列（表 7-5）。智利作为世界上最狭长的国家，也曾是发展中国家，但却是最先跨越"中等收入陷阱"的拉美国家之一。在 2014 年、2015 年人均 GDP 有所下降，但均超过了 13000 美元，2016—2018 年上升较快，2019 年（14896.45 美元）出现下降。

巴西 1960 年人均 GDP 为 210 美元，从 2005 年的 4770 美元，2011 年达峰值，为 13246 美元，2015 年又跌至 8814 美元，2017 年为 9881 美元，2019 年降到 8717 美元，人均 GDP 波动较大，表明其国内经济发展较长时间基本不稳定。

阿根廷 1965 年人均 GDP 为 1272 美元，自 1994 年以来大都超过 7000 美元（其中 2002 年下降至 2593 美元，延续到 2006 年的 5919 美元），之后逐年攀升，2007 年重回 7000 美元，2008 年超过 9000 美元，虽有所起伏，但自 2010 年来每年超过 10000 美元，2017 达 14592 美元（按照标准，该年已进入高收入行列），但随后下降很快，2019 年仅为 9912 美元。阿根廷经济波动幅度频繁、起伏大，近几年虽过万，也超过世界同期平均值，但仍属中等收入国家。

中国人均 GDP 从 1960 年仅为 90 美元，1969 年首次超过 100 美元，1982 年超过 200 美元，1989 年超过 300 美元。2001 年超过 1000 美元后发展进入快车道，2006 年超过 2000 美元，2008 年超过 3000 美元，2015 年超过 8000 美元，2019 年增长至 10262 美元。1960—2019 年增长了 113 倍，增长迅速。

表7–5　　世界与中国、阿根廷、巴西、智利人均 GDP 比较

（单位：现价美元）

	1960	1965	1970	1975	1980	1985	1990	1995	2000	2005	2010	2011	2019
智利	533	699	954	730	2577	1453	2501	5137	5101	7615	12860	14637	14896
巴西	210	261	444	1150	1940	1643	3093	4841	3739	4770	11224	13246	8717
阿根廷	—	1272	1317	2012	2738	2910	4319	7373	7669	5077	10276	12849	9912
中国	90	98	113	178	195	294	318	610	959	1753	4561	5618	10262
世界	450	590	802	1449	2516	2619	4273	5401	5483	7271	9509	10474	11442

资料来源：根据世界银行数据库官网整理得出（https://data.worldbank.org.cn/）。

3. 人均 GNI 比较

从整体看，4 国人均 GNI 均不断上涨，与世界发展水平一致，其中中国自 1962 年至 1995 年增长缓慢，33 年仅增加了 470 美元（表 7–6），2001 年首次突破 1000 美元，2006 年突破 2000 美元，此后增长加快，2008 年突破 3000 美元，2010 年突破 4000 美元，2011 年突破 5000 美元，2018 年突破 9000 美元，2019 年突破 10000 美元，人均 GNI 持续快速增长，不过依然未能进入高收入行列，不过按照现有中国经济增速，预计 2024 年左右就能进入高收入标准行列。

智利 1962 年至 1974 年人均 GNI 起点高于中国，增速快于中国。智利 1971 年突破 1000 美元，比中国早了 30 年，1975 年后有所下降，1976 年为 1010 美元，随后稳定增长，1980 年突破 2000 美元，比中国多花了 4 年，1981 年（2780 美元）达到该时段峰值后又下降，1985 年降至 1430 美元，高于同期中国（1140 美元），1986—1997 年智利出现了 11 年连续增长，1997 年达 5590 美元，相当于中国 2012 年的水平。此后 2004 年开始基本直线上升，2005 年突破 6000 美元，此后基本以每年 1000 美元递增，2011 年进入高收入国家行列，2013 年达近几年峰值，为 15270 美元，随后虽有所下降，2018 年也依然高达 14670 美元（表 7–6）。

表7-6 世界与中国、阿根廷、巴西、智利人均GNI比较（单位：美元）

	1962	1965	1970	1975	1980	1985	1990	1995	2000	2005	2010	2015	2018
智利	580	670	880	1150	2300	1430	2350	4420	5060	6210	10750	14140	14670
巴西	—	280	450	1180	2200	1580	2730	3760	3930	4000	9660	10160	9140
阿根廷	—	1230	1320	2720	2910	2700	3190	7360	7470	4260	9270	12600	12370
中国	70	100	120	200	220	290	330	540	940	1760	4340	7910	9470
世界	481	585	799	1544	2606	2577	4209	5235	5487	7351	9411	10647	11098

资料来源：根据世界银行数据库整理得出（https://data.worldbank.org.cn/indicator/NY.GNP.PCAP.CD?view=chart）。因数据缺失，巴西1965年数据为1966年数据。

较长时间徘徊在"中等收入陷阱"的巴西与阿根廷，人均GNI起伏较大。有数据记录以来，阿根廷1964年就突破1000美元，巴西1966年仅280美元，差距较大，均高于中国同期水平。1974年，阿根廷突破2000美元，与智利发展几乎同步，巴西1975年突破1000美元，比中国早26年。可以看出，阿根廷1962年起至1997年增速平稳，增幅较大，1997年达8150美元，相当于中国2016年的水平。不过此后连续多年下降，2004年谷底时仅为3370美元，差不多是其1986年的水平。此后直线上升，2011年突破10000美元，此后增速放缓，起伏不大，2018年为12370美元，接近高收入国家行列，2020年又降至8930美元。实际上，巴西人均GNI发展与阿根廷十分相似，1966—1997年平稳增长，1998—2003年小幅下降，其中2000年为3930美元，与世界同期平均值十分相近，相当于中国2009年的水平，2004年起持续稳定增长近10年，2013年达到峰值12810美元，说明此期间巴西增长较快，2013年巴西与高收入国家行列仅一步之遥，不过此后又连年下降，2020年比中国低了2760美元。

从时间上看，阿根廷与巴西早早就迈入了中等收入国家行列，尤其进入中等偏下收入时间特别早，不过由于其经济发展起伏较大，在即将进入高收入国家行列时，由于缺乏强劲的、持续的经济增长动力，致使两国依然在"中等收入陷阱"中徘徊。

(二) 基尼系数比较

基尼系数是衡量一个社会收入公平分配的主要指标，取值范围为0到1，拉美三国基尼系数较长时间在高位运行，社会贫富差距较大。具体看，巴西自1981年有数据记录以来一直处于高位，均超过0.5（表7-7），1981年（0.58）曾接近收入差距悬殊状态，1983年更高达0.59，此后两年有所下降，1985年是巴西在20世纪90年代以前的谷底年，为0.556，此后连年攀升，1988年突破了0.6的悬殊线，1989年峰值（0.633）后起伏变化，此后虽有下降，但依然超过0.5，2019年为0.534，说明该国收入分配不公平问题持续且十分严重。

阿根廷自1980年有数据记录以来均呈上升趋势，从0.408上升到1991年的0.468，1993年降至0.449，随后又上升，尽管其间某些年份有下降，但幅度均不大，2002年上升至峰值，达0.538，收入差距较大，2019年又回到0.429，不过依然处于收入较大区间，收入分配公平度有待提高。

智利自1987年有数据记录以来至2005年，较长时间持续处于高位0.55左右，虽然国内进行了分配改革增加了社会保障支出，民众生活得到大幅改善和提高，但基尼系数仍居高不下，也应引起足够重视。1990年峰值接近0.6的差距悬殊状况，随后出现一年升一年降波动状态，至2006年跌破0.5，为0.482，此后基本逐年下降，2017年为0.466，依然处于收入差距较大区间，说明智利还需要进行收入分配改革。

和拉美三国相对较高的基尼系数相比，中国较低，自1990年有记录以来至2017年，峰值在2008年为0.491，自2000年突破0.4的警戒线以来，最近20年均接近0.5，但从未突破，2019年达0.465。长期以来，中国远低于拉美相关国家，表现出了较低的基尼系数，也说明社会保障水平不断提升，分配制度不断优化，贫富差距也在不断缩小，暂时没有出现或产生类似拉美多数国家那样较大或极端的贫富分化。从基尼系数指标看，中国跨越中等收入阶段显然更具优势，不过持续处于收入差距扩大阶段，与一般发达国家长期稳定在0.24—0.36区间相比，中国仍然需要引起警觉，应加快调整收入分配。

表7-7 1990年以来中国、智利、阿根廷与巴西基尼系数变化情况

	1990	1995	2000	2005	2010	2012	2013	2014	2015	2016	2017	2019
智利	0.572	0.564	0.528	0.482	0.49	—	0.473	—	47.7	—	0.466	—
巴西	0.605	0.596	0.584	0.563	0.539	0.527	0.528	0.515	0.513	0.537	0.533	0.534
阿根廷	0.468	0.489	0.511	0.48	0.445	0.414	0.41	0.417	—	0.42	0.412	0.429
中国	0.343	0.445	0.417	0.409	0.437	0.422	0.473	0.469	0.462	0.465	0.467	0.465

资料来源：世界银行数据库（部分数据缺失），智利1995年数据缺失，表中为1994年数据，2005年所列为2006年数据，2010年数据为2009年数据，巴西2000年数据为2001年数据，2010年数据为2009年数据，阿根廷1990年数据为1991年数据，中国2013年以后的数据来自国家统计局公布数据，同时"—"表示数据缺失。

（三）其他人口指标比较与主要经验

分析与考察拉美国家在中等收入阶段劳动力人口比重及变化，从人口转变视角探寻其长期陷于"中等收入陷阱"的主要原因，可以更清楚地认识中国人口红利逐渐消失，处于新常态背景下的经济社会发展环境，为实现顺利迈入高收入行列提供依据。

1. 适龄劳动年龄人口比重变化

15—64岁适龄劳动年龄人口比重世界平均值1960—1967年下降0.984个百分点，随后稳定攀升，世界峰值在2014年，为65.576%，近几年又缓慢下降，2020年为65.19%（表7-8）。

1960年，智利适龄劳动人口比重为56.21%，随后与世界人口发展走势一样持续到1964年（56.351%）后缓慢下降，以相对较快速度增长至1988年（63.809%），1965—1988年增长了7.368个百分点。1989年至1999年虽然每年都在增长，但也仅提高了0.862个百分点。进入21世纪，增长相对更快，在跨越"中等收入陷阱"的2011年，为68.704%，比世界同期值高3.23个百分点，峰值与世界平均值一样出现在2014年（68.889%），随后呈缓慢下降趋势。2020年依然比世界平均值高3.33个百分点。智利不断增长的劳动力资源是其成功跨越"中等收入陷阱"的重要增长要素保障之一。

巴西1960年适龄劳动力人口比重为53.51%，比智利同期低了近3

个百分点（2000年巴西与智利两国差值缩小），此后巴西与智利发展趋势一致，缓慢下降至1964年，随后稳定上升，没有出现类似智利的停滞状况，1989年突破60%，2011年为68.65%，与智利同期值十分接近，随后持续上涨，2020年接近70%，1960—2020年提高了16.19个百分点，应该说，巴西劳动力资源十分丰富，增长速度与所占比重超过了智利，说明巴西人口负担比智利更小，对经济增长的人力资源贡献率可以更突出。

表7-8　　世界与中国、巴西、阿根廷和智利1960—2020年
15—64岁人口占总人口比重　　　　　　（单位：%）

	1960	1965	1970	1975	1980	1985	1990	1995	2000	2005	2010	2015	2017	2018	2019	2020
智利	56.21	55.63	56.29	58.13	60.77	63.22	64.21	64.71	65.68	67.38	68.47	68.85	68.78	68.72	68.62	68.52
巴西	53.51	52.88	54.08	55.91	57.91	59.11	60.61	62.95	65.27	66.62	67.94	69.13	69.71	69.74	69.74	69.7
阿根廷	63.42	63.59	63.69	63.19	61.46	60.53	60.33	61.32	62.10	62.97	63.72	64.06	64.08	64.12	64.16	64.2
中国	56.49	55.40	55.66	55.86	59.31	64.01	65.82	66.34	68.28	72.42	74.34	72.61	71.72	71.20	70.72	70.32
世界	57.86	57.03	57.16	57.58	58.78	60.26	60.98	61.71	62.97	64.57	65.42	65.56	65.42	65.33	65.25	65.19

资料来源：根据世界银行数据库整理（https：//data.worldbank.org.cn/indicator/SP.POP.1564.TO.ZS?view=chart）。

自1960年有数据记录以来阿根廷适龄劳动力人口比重呈典型"漏斗型"特征，起伏变化大。起点高，1960年达63.42%，比世界平均值、智利、巴西、中国同期分别高了5.56、7.21、9.91、6.93个百分点。1960—1965年小幅上升，随后相对平稳地发展至1970年，5年增长0.1个百分点，随后呈断崖式下降，1989年跌至谷底，为60.213%，从20世纪90年代起持续攀升，2011年为63.88%，实现了快速反弹，近几年依然持续增长，2015年为64.06%，2018年为64.12%，平稳增长。总体看，1960—2020年，阿根廷劳动年龄人口经历一番大幅起伏，仅提高了0.78个百分点，是四国中增幅最小的，近60年基本稳定在60%—64%。

中国适龄劳动人口比重自1960年以来增长较快，1960年为56.49%，随后与世界平均发展趋势一致。1964年小幅下降，这与中国在此期间发

生的自然灾害紧密联系。随后平稳增长，1975年为55.86%，还不及1960年水平。1977年起直线上升，1981年突破60%，2003年突破70%，是4国中唯一一个突破70%的国家。自改革开放起劳动年龄人口稳定攀升，为中国经济持续发展提供了源源不断的劳动力资源。峰值出现在2010年（74.34%），随后虽逐年下降，2011年为73.231%，2020年依然高达70.32%。1960—2020年增长了13.83个百分点，不断增长且维持较高比重的适龄劳动力人口，比成功跨越"中等收入陷阱"的智利同期值还高，为中国带来了丰富的劳动力资源，为中国经济奠定了重要的发展基础。

2. 人口机会窗口

一般来说，学术界将人口抚养比小于或等于50%的时期称为人口机会窗口期。在该窗口关闭之前的所有时间，市场劳动力供给充足，社会抚养负担较轻，有利于经济社会快速发展。智利、巴西和中国呈下降趋势，阿根廷较长时间平稳波动且略有上升（图7-4）。具体看，智利1960年为77.89%，高出世界同期值近4个百分点，并上涨至1964年的峰值，达77.46%，随后逐年下降至20世纪80年代末，整个90年代降速相对平缓，2005年为49.47%，首次跌破50%，2019年为45.72%。整体来看，1960—2019年智力人口抚养比下降了30.34个百分点，抚养比下降和劳动人口比重上升，智利正是牢牢抓住了抚养负担较低的"人口红利"期，积极调整经济与产业结构，顺利实现了"中等收入"阶段的跨越。

巴西1960年抚养比86.89%，高出世界同期平均值近13个百分点，峰值出现在1964年，达88.02%，抚养比极高，抚养对象更多是少儿人口，1964年达43.5%（图7-4），随后稳定下降，2006年为49.24%，首次跌破50%，比同期世界平均值低了近6个百分点。2019年43.39%，比世界同期值低了近11个百分点。近年来，巴西抚养比较低，正面临人口机会窗口期，应紧紧抓住人口红利发展机遇期进行经济改革，以推动经济发展和社会转型。

阿根廷人口抚养比是研究对象国中唯一一个呈倒"U"型的，1960年为57.0%，比世界同期值低得多，随后平稳发展，1970年也仅上升

0.19 个百分点。1971 年起开始攀升，1986 年与世界同期值基本接近，1989 年达峰值（66.077%），阿根廷抚养比增速快于世界同期平均值。1990 年起又逐年下降，2019 年为 55.86%，人口抚养比超过 50%，说明机会窗口期关闭，抚养负担较重，加上适龄劳动人口增长停滞，未来阿根廷将面临劳动力短缺，抚养负担较重等相关问题，如果不采取措施，阿根廷很可能长期在中等收入阶段徘徊。

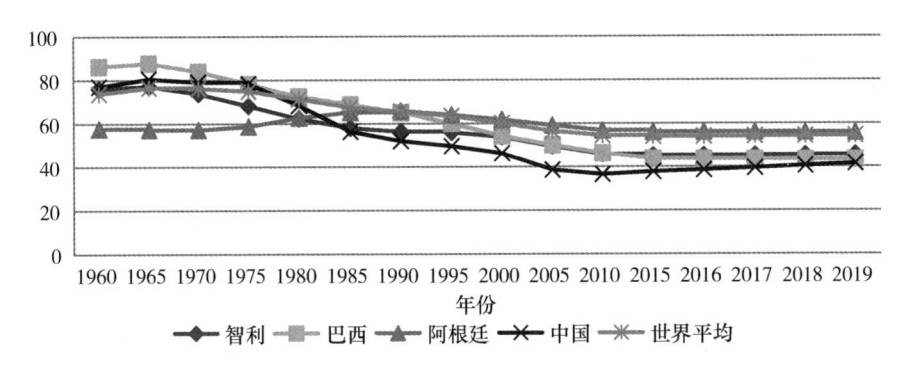

图 7-4　1960—2019 年世界、中国与拉美 3 国人口抚养比比较

资料来源：根据世界银行数据库整理得出。

中国人口抚养比 1960 年比世界同期平均值高 3.6 个百分点，1966 年上涨至 81.353%，此后逐年下降，1994 年降至 49.94%，首次跌破 50%，早于巴西和智利。2004 年为 39.84%，2010 年降至最低值 36.49%，随后缓慢上升，2019 年为 41.4%，20 世纪 90 年代以来中国人口抚养比较低，仍处于"人口红利"期。劳动人口比重近年来有下降趋势，但比重依然较高，中国劳动力依然丰富，抚养负担较轻，可利用人口优势，积极推进经济发展和社会转型，跨越"中等收入陷阱"有着丰富的人力资源基础。

3. 少儿人口比重比较

如果仅从人口机会窗口很难判断一个国家劳动人口抚养负担和老龄化程度，还可以从 0—14 岁少儿人口所占比重看各国人口发展状况。2000 年起，4 国均低于世界同期值，阿根廷起伏变化不大，其间还有上涨。具体看，智利从 1960 年的 39.45% 至 1967 年均相对平稳，均超过 39%。此后降速相对加快,1991 年跌破 30%,2018 年再次跌破 20%,1960—2018 年下降了近 20 个百分点,2020 年低于世界同期值 6.25 个百分点,降速较快(图 7-5)。

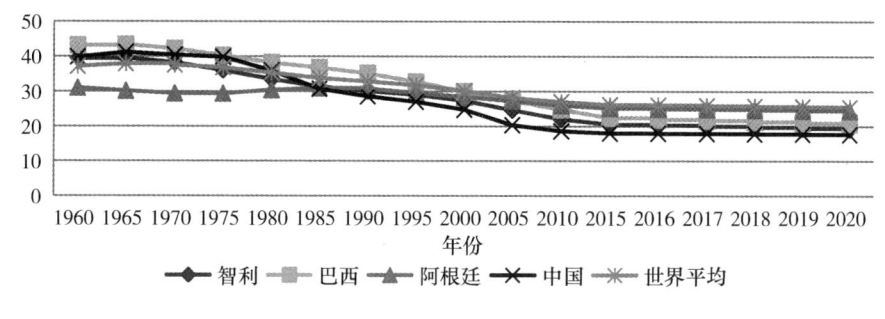

图 7-5 1960—2019 年世界与四国 0—14 岁人口比重

资料来源:根据世界银行数据库整理得出。

巴西从 1960 年的 43.17%,高于世界同期值 6 个百分点,1976 年跌破 40%,高于世界同期值,2000 年跌破 30%,该年起巴西低于世界同期值,说明巴西该值降速远快于世界平均速度。2020 年为 20.71%,低于世界同期 4.78 个百分点,降幅较大。

阿根廷从 1960 年的 31.05%,低于世界同期值近 6 个百分点,此后缓慢降至 1973 年的 29.34%,又缓慢上升到 1988 年峰值,30.98%,此后缓慢下降,2020 年为 24.44%。可见,阿根廷少儿人口比重有起伏,降幅较小,1960—2020 年仅下降了 6.61 个百分点。

中国从 1960 年的 39.82% 下降到 2020 年的 17.71%,下降了 22.11 个百分点,4 国中降幅最大。1966—1976 年持续上升,1966 年为 41.368%,高于世界同期值近 4 个百分点(图 7-5),此后变化较为平缓,1974 年超过 40%,属于绝对年轻型国家。由于实施严格的计划生育政策,1988 年跌破 30%,是四国中降速最快的。2006 年跌破 20%,比世界同期值低了近 8 个百分点,2020 年比智利、巴西和阿根廷同期分别低 1.43、3.0、6.73 个百分点,由于中国人口基数庞大,即使低几个百分点,少儿人口数依然可观,未来劳动力资源有着重要的支持基础。

总体看,无论世界整体发展趋势还是中国及拉美三国,0—14 岁人口所占比重均不同程度下降，这意味着人口呈不断老化趋势，是底部人口老化典型特征，加上各国人口老龄化问题越来越严重，底部加顶部人口老龄化将是各国应共同面对的问题。

通过比较拉美3国和中国经济相关指标（GDP增长率、人均GDP）、社会（基尼系数和城市化率）和人口相关指标（适龄劳动力比重、抚养比和0—14岁所占比重），显示在GDP增长率、基尼系数、适龄劳动力比重和抚养比等指标上存在优势，如GDP增速明显高于同期拉美3国，基尼系数较低，适龄劳动力比重不断上升，抚养比不断下降等，为中国跨越"中等收入陷阱"提供了良好发展机遇，这就应抓住机会，积极调整政策，顺利实现跨越"中等收入陷阱"。

二 巴西、阿根廷在"中等收入"阶段的警示

巴西和阿根廷较长时间陷入中等收入阶段，两国分别于1995年、1990年成为中等偏上收入国家。2020年人均GNI巴西为7850美元，阿根廷为8930美元。回顾巴西和阿根廷经济发展历程，可以总结两国发展的共同点，以引起中国在发展道路上的借鉴与反思。

（一）未能及时调整经济发展道路，导致发展战略失误

拉美国家早期大多普遍实行进口替代战略，并且也实现了一段时间的快速经济赶超，特别在第二次世界大战后，还创造了一段时间的广受国际社会关注的"拉美经济奇迹"①。虽然当初确实有部分拉美国家经济取得了初步发展，实现了民族工业独立，避免了外国资本冲击，但是由于其经济发展中过分片面强调并依赖进口替代战略的策略与措施，扭曲了要素市场价格，造成了国内工业体系的畸形发展，导致出口部门缺乏活力，生产率低下，国民经济抵御外界市场的冲击能力不断减弱②。由于拉美地区长期奉行进口替代战略，未能根据国际市场和本国实际情况及时调整经济发展道路与转变发展轨迹。由于进口替代战略强调自给自足

---

① 秦丽萍、甄明霞：《跨越"中等收入陷阱"的国际经验及对我国的启示》，《科学发展》2014年第12期。

② 杨鹏：《跨越中等收入陷阱的国际经验视角与中国策略》，《经济师》2013年第9期。

和经济赶超的特性,以牺牲农业产业作为发展工业的巨大代价,没能充分重视实现与全球产业链的衔接和本土比较优势的有效发挥,结果导致本国工业化发展后劲不足、创新能力无法提高、大批工业企业破产倒闭、制造业发展呈现停滞甚至是倒退趋势①,结果损害了农业、工业经济发展,导致了整体经济的停滞与发展障碍。

可以说,巴西、阿根廷没有把握好市场发展机遇,没能及时调整发展战略和实施产业升级,使其在较长时期内陷入中等收入阶段不能自拔。可以看出,中国经济发展绝不能忽视全球市场价值体系的融入建设与发展,应重视发展实体经济,充分发挥本国工业与制造业优势,同时也不能以牺牲农业发展为代价发展工业,只有现代农业、现代工业、现代科技与现代服务业同时发展,整个国家市场体系才会健全并实现良性发展。

(二) 城市化进程和工业化进程不匹配

拉美很多国家超前的城市化进程超出了本国自身工业化发展的承受能力,这样既造成了城市畸形发展,形成了大量进城人员在城市无法找到工作并且滞留城市,甚至也回不去农村,结果在城市产生了一个又一个贫民窟,不仅严重浪费人力资源,影响城市发展,而且也严重阻碍了农业与工业化发展。比如巴西,在人均 GDP 还处于 3000—5000 美元波动期间就实现了从 71.5% 到 83.14% 的快速城市化发展进程。2020 年达 87.073%,赶超了很多发达国家,但人均 GNI 只有 7850 美元②。类似巴西这样的拉美国家,有着与超前城市化水平和与工业化发展能力不相匹配的现实,相对落后的工业化发展能力难以为大量进城的农民提供更多就业机会,破产农民涌向城市,造成城市贫民窟的大量涌现,结果导致社会治安混乱与不安定。同时,超前的城市化进程也加剧了经济发展和人口地理分布的失衡现象,使得远离中心城市的偏远地区更加贫困落后③,远离政治经济中心的人们更无法获得发展机会,加剧了贫富差距与社会动荡。

---

① 张前荣:《我国跨越中等收入陷阱的挑战与对策》,《宏观经济管理》2012 年第 8 期。
② 世界银行数据库 (https://data.worldbank.org.cn),2020 年 11 月 9 日。
③ 张前荣:《我国跨越中等收入陷阱的挑战与对策》,《宏观经济管理》2012 年第 8 期。

（三）收入分配不公、贫富差距过大

巴西和阿根廷在进入上中等收入行列后，基尼系数普遍高位运行。在整个上中等收入发展阶段，阿根廷基尼系数基本在 0.45—0.53 之间①，巴西在 0.54—0.59 之间。根据国际惯例认定标准，阿根廷与巴西分别被视为收入差距较大、收入悬殊类型。由于收入差距迅速扩大，导致数量庞大的中低收入居民消费严重不足。这样，消费需求减弱了经济增长的拉动作用。目前，拉美仍被视为全球收入分配最不公平的地区之一，两极分化使社会结构极不稳定，经济发展严重受阻。由于贫富悬殊，社会严重分化，引发了激烈的社会不稳定与动荡，甚至出现政权更迭②，十分不利于拉美国家经济社会发展。

（四）政治体制改革滞后，导致政权更迭频繁

巴西和阿根廷近几十年来政局变动频繁，短命政府在拉美地区较为常见，政策变动相应频率加大。早期民粹主义建立的威权政治体制虽然在国家发展初期建立起了独立的、完善的国民经济体制，对社会经济发展起到了很大促进作用，但随着经济社会进一步发展，早期形成的利益集团反过来又阻挠经济体制进一步改革，民粹主义精英和利益集团相结合，攫取社会资源，腐败严重、信仰缺失、社会动荡等诸多问题，这些不利于民生改善和国家长治久安的问题，给经济长期发展蒙上了一层阴影③。国家党派和派系为了争权夺利，为了维护自身党派利益而不顾国家利益、牺牲民众利益，想方设法地削弱政府的作用。在拉美国家，体制变革受到利益集团羁绊，严重滞后于经济发展，精英集团的"现代传统主义"片面追求经济增长和财富积累，反对在社会结构、价值观念和权力分配等领域进行变革，或者把这种变革减少到最低限度。经济财富过度集中，利益集团势力强大，造成寻租、投机和腐败现象蔓延，市场配

---

① 陈彩娟：《吸取部分拉美国家发展教训　避免我国落入"中等收入陷阱"》，《未来与发展》2012 年第 10 期。

② 秦丽萍、甄明霞：《跨越"中等收入陷阱"的国际经验及对我国的启示》，《科学发展》2014 年第 12 期。

③ 杨鹏：《跨越中等收入陷阱的国际经验视角与中国策略》，《经济师》2013 年第 9 期。

置资源的功能受到严重扭曲①。政治体制改革的严重滞后与受阻,既造成了拉美地区经济长期停滞不前与政权频繁更替的后果,也是其难以跨越"中等收入陷阱"的重要原因之一。

(五)人口优势渐失,人口机会窗口关闭

从上述分析拉美相关国家适龄劳动力比重和抚养比可看出,巴西自1966年起适龄劳动人口一直增长,抚养比持续下降,但巴西未能有效开发本国丰富的劳动力资源持续推进国家经济建设。因此,巴西需致力于既稳定国内局势与政权稳定,又要科学实施布局经济格局,带动经济增长。就当前看,阿根廷人口优势渐失,该国适龄劳动力比重增长缓慢,且长期保持稳定,抚养比不断上升,表明其劳动力资源在持续减少,人口抚养负担加重。

通过对拉美地区巴西和阿根廷人口与经济发展分析可以看出,两国在经济发展战略上的失误、经济发展改革的滞后、过度城市化和工业化发展的不匹配、收入分配不公和贫富差距过大、政治体制改革滞后以及政权更迭频繁、人口优势渐失与抚养负担加重等诸多问题,是两国长期难以迈入或守住高收入行列的主要原因。也正是中国需要通过吸取拉美相关国家发展经验与反思其教训,对成功迈入高收入国家行列提供了借鉴与思考。

---

① 王一鸣:《跨越"中等收入陷阱"的战略选择》,《中国投资》2011年第3期。

第八章

新常态下中国人口转变对跨越"中等收入陷阱"的条件及应对策略

在有关与"中等收入陷阱"为话题的众多讨论与研究中，一些拉美国家、东亚相关国家常常被认为是该主题事件的典型案例，部分国家掉入"中等收入陷阱"后所呈现的主要问题与困境集中体现在：经济增长过度依赖人力资源与自然资源开发、社会分配不公致贫富差距悬殊、科学技术落后与创新能力不足，在经济社会发展中，其产品没有足够的市场竞争优势，上述问题，不仅难以缩小与高收入国家间的发展差距，甚至经历了较长时间后差距还在持续扩大。通过研究中国经济社会发展中的相关问题后不难发现，在经济社会发展实践中早已吸取了上述相关国家发展中的教训，并吸收了更多成功迈入高收入行列国家的有益经验，不仅没有走上相关拉美与东亚国家的老路，反而走出了一条适合中国国情的、有特色的、适合本国发展阶段的新型工业化、新兴产业化、新型城镇化、新型农业现代化与新时代发展的新道路，中国已全面建成小康社会，已设计并勾勒出了基本实现现代化与开启全面建设社会主义现代化国家的新蓝图与新征程，完全有条件、有实力、有能力尽早迈入高收入国家行列。

第八章　新常态下中国人口转变对跨越"中等收入陷阱"的条件及应对策略

第一节　中国已具备跨越"中等收入陷阱"的基本条件

一　2024—2025 年迈入高收入发展阶段

参照世界银行按四个收入组别划分标准，对 1978 年以来中国经济发展阶段进行相应划分和前瞻性预测研究。结合中国国情与具体实际，对照国际经验，通过深入分析经济发展四个阶段可以看出，中国已基本具备跨越"中等收入陷阱"的多项成熟条件①。

（一）经济发展的历史性跨越：国际比较视角

根据国家统计局与世界银行数据库相关统计信息（图 8-1），1949 年新中国成立时 GDP 只有 123 亿美元，人口约 5.4 亿人，人均 GDP 仅 23 美元，世界排名第 99 位，贸易总额仅 41.3 亿元。1978 年实施改革开放，该年人均 GDP 155 美元，2001 年突破 1000 美元大关（1042 美元）正式进入中等偏下收入组，实现了第一次跨越；随后仅用 9 年突破 4000 美元大关，从中等偏下一跃跻入中等偏上收入国家行列，完成了第二次历史性跨越②。2018 年人均 GDP 为 9770.8 美元，尽管与世界同期值（11298 美元）有一定差距，但差值越来越小，2019 年达 10276 美元，这也是人口大国的中国经济发展奇迹。

图 8-1 显示了中国经济发展的"惊险跨越"，也向世人再现了经济发展的"东亚速度"。在被誉为成功走出"中等收入陷阱"成功典范的"东亚奇迹"国家中，日本用了 7 年，中国香港地区用了 7 年，新加坡用了 8 年、韩国用了 11 年③迈入高收入国家行列。如果将中等偏下和中等偏上收入看作"中等收入陷阱"两个不同发展阶段，中国早已迈入第一阶段，于 2010 年进入第二阶段。相比在中国同样两个阶段跨越中，马来

---

①　郑秉文：《从国际经验看如何长期保持增长动力》，《人民日报》2016 年 6 月 12 日第 5 版。
②　郑秉文：《"中等收入陷阱"与中国发展道路——基于国际经验教训的视角》，《中国人口科学》2011 年第 1 期。
③　郑秉文：《面临"中等收入陷阱"中国经济需向效率驱动转型》，《中国证券报》2011 年 3 月 9 日第 7 版。

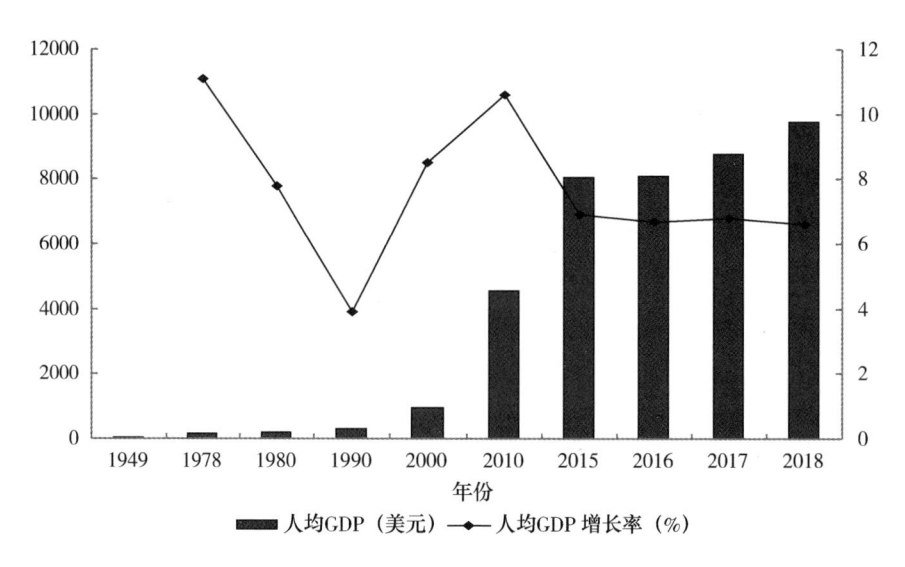

图 8-1　1949—2018 年中国人均 GDP（现价美元）与人均 GDP 增长率

资料来源：根据世界银行数据库整理获得（https://data.worldbank.org.cn/）。

西亚用了 18 年，泰国 20 年；拉美国家平均用了 22 年（1974 年拉美国家人均 GDP 为 1188 美元，1996 年为 4042 美元），其中，墨西哥 18 年，乌拉圭 19 年，巴西 20 年，智利 23 年，阿根廷 26 年，哥伦比亚则用了 28 年，而西班牙和葡萄牙分别仅用了 9 年和 15 年，意大利用了 14 年[①]。

在中国进入中等偏上阶段后面临如何尽早成功实现第三次跨越，即顺利迈入高收入国家行列。按照相关预测，在其他条件相对不变情况下，依照目前经济增速与人口发展预期进行推测，中国顺利实现第三次跨越的时间大约出现在 2024—2025 年，即从 2020 年起大约再需要经历 5 年左右。依据该预测（即按照年均增长速度 6% 左右成功实现转型），中国实现经济增长的"第三次跨越"极有可能再现"东亚速度"。第三次历史跨越中（3947—12276 美元），日本用了 13 年，新加坡用了 12 年，中国香港地区用了 12 年，韩国仅用了 7 年[②]，意大利用了 11 年，西班牙用了 20

---

① 郑秉文：《"中等收入陷阱"与中国发展道路——基于国际经验教训的视角》，《中国人口科学》2011 年第 1 期。

② 郑秉文：《面临"中等收入陷阱"中国经济需向效率驱动转型》，《中国证券报》2011 年 3 月 9 日第 7 版。

年，葡萄牙用了15年，阿根廷与智利分别用了25年、18年，马来西亚和泰国分别于1995年、2008年起进入中等收入阶段以来，人均GNI较低，目前依然在该阶段徘徊（表8-1）。

表8-1　部分国家或地区跨越"中等收入陷阱"时点

国家	完成第一次经济跨越的时点（人均GNI超过995美元）（年份）	"中等收入"阶段 完成第二次跨越的时点（人均GNI超过3946美元）（年份）	完成第三次跨越的时点（人均GNI超过12276美元	2019年人均GNI（美元）（按图表集法衡量）
日本	1966	1973	1986	41710
韩国	1977	1988	1995	33790
新加坡	1971	1979	1991	59590
中国香港	1971	1978	1990	50800
意大利	1963	1977	1988	34530
西班牙	1969	1971	1991	30390
葡萄牙	1971	1987	2003	23200
马来西亚	1977	1995	未跨过	11230
泰国	1988	2008	未跨过	7260
阿根廷*	1962	1988	2013	11130
智利	1971	1994	2012	15010
墨西哥	1974	1992	未跨过	9480
巴西	1975	1995	未跨过	9130
哥伦比亚	1979	2007	未跨过	6510
乌拉圭	1973	1993	2012	16230
中国	2001	2010	未跨过	10410

注：阿根廷曾短暂迈入高收入国家行列，随即又跌回中等收入国家，故为方便分析，未将其列为跨越"中等收入陷阱"国家。

资料来源：根据世界银行数据库整理获得与判别（https://data.worldbank.org.cn/）。

（二）中国经济增长经历的四个阶段

第一个发展阶段：低收入阶段（1978—1998年）

改革开放后20年，中国人均GNI从1978年的190美元增长到1998年的820美元，从低收入迈入中等收入阶段。该阶段驱动经济增长的根本动力是社会主义市场经济体制的初步建立与改革,也称为"市场驱动阶段",该阶段主要实施了以下改革措施,从农村家庭联产承包责任制到户、城镇国有企业改革、从产权明晰到引入市场竞争机制、现代企业制度的确立与完善,再到引入市场等价交换的激励与实行全方位改革开放政策等全方位的应对举措,使几十年来高度集中、全面计划体制压抑下的生产力得以全面释放,实现了从集中化管理到现代企业管理模式大转变,也实现了从闭关自守到利用外资并走向国际市场的重大转变,尤其是1992年确立了社会主义市场经济体制后,市场经济制度逐渐完善,经济增长速度从1992年的14.22%,逐渐理性回归到1998年的7.84%①。这个发展阶段是市场经济制度从建立到完善,从不断试错、不断试验,到科学探索以及建立的阶段②,中国的一切改革领域都是为了建立有中国特色的社会主义市场经济制度,历届政府都在积极地引入市场和驱动增长而不断努力。使生产力的发展潜力、发展实力在市场机制作用下得到不断释放,让中国经济成功从低收入阶段飞越进入中等收入阶段,跳出了长期以来的"贫困陷阱"。

该阶段的发展与实践再次证明,中国经济增长的最终动力来自于市场有效推动,成长基本动力来自于市场驱使,原始动力来自于市场机制建设。在高度计划经济体制下,政府"有形之手"突然被市场这一"无形之手"替代以后,市场势力的最终结果必然带有相当的自发性、盲目性甚至是疯狂性。而正是上述这些原始市场的爆发力,加快推动了中国最终以较快速度跨越了低收入发展阶段③。

第二个发展阶段:中等收入阶段(1999—2009年)

中国经济增长在中等收入阶段表现出了典型特征:劳动、资本、土地和其他自然资源等有形要素的不断投入与不断加大,经济增长动力主

---

① 世界银行数据库(https://data.worldbank.org.cn/indicator/NY.GDP.MKTP.KD.ZG?locations=CN&view=chart),2021年6月2日。
② 郑秉文:《"中等收入陷阱"与中国发展道路——基于国际经验教训的视角》,《中国人口科学》2011年第1期。
③ 郑秉文:《"中等收入陷阱"与中国发展道路——基于国际经验教训的视角》,《中国人口科学》2011年第1期。

第八章　新常态下中国人口转变对跨越"中等收入陷阱"的条件及应对策略

要来自要素驱动,该阶段也被称之为"要素驱动"发展阶段,这是中国进入中等偏下收入的重要历史阶段。根据现代经济增长理论,经济增长取决于劳动、资本、资源以及技术进步的投入。该阶段,发展中国家往往都利用各国比较优势,以要素投入拉动其增长,尤其是对石油、天然气、矿产、农产品等自然资源丰富的经济体,资源立国的要素驱动特点十分明显,甚至到了"资源诅咒"的依赖程度①。中国也同样毫不例外,以劳动密集型产品出口为主的对外贸易成为了这一时期重要的经济增长引擎,中国外汇储备在该阶段增长了十几倍;国际贸易持续稳定增长;投资率保持高位;房地产成为国民经济的支柱产业②。中国经济增长明显地带有劳动型驱动、资源型驱动、资本型驱动甚至是土地型驱动的"有形要素驱动"等历史性特征。该阶段,中国经济增速从1999年的7.7%到2009年的9.4%③。该时期中国经济发展以高投入、高增长为特色,不过最终也付出了生态破坏、资源枯竭与环境污染等惨痛代价,众多资源型城市病、荷兰病在中国随处显现,经济增长不稳定、不可持续的矛盾也由此日益凸显。

首先,从劳动要素投入看,由于中国该阶段正处于人口红利高峰期,丰富和廉价的劳动力成为了该阶段中国经济增长的比较优势,以劳动密集型产品出口为主的对外贸易自然就成为一个重要增长引擎④。从外汇储备增长趋势看,外汇储备保值增值压力主要在1999—2009年形成,根据国家外汇管理局公布的相关信息,1999年外汇储备为1492.47亿美元,2001年,仅2121亿美元,2009年末外汇余额首次突破2万亿美元,达2.399万亿美元⑤。众多研究认为,劳动对中国经济增长的贡献率变动以

---

① 郑秉文:《"中等收入陷阱"与中国发展道路——基于国际经验教训的视角》,《中国人口科学》2011年第1期。
② 《中国预计从2024年开始进入高收入阶段》,2019年11月2日,人民网(http://www.360doc.co)。
③ 世界银行数据库(https://data.worldbank.org.cn/indicator/NY.GDP.MKTP.KD.ZG?locations=CN&view=chart),2021年6月3日。
④ 郑秉文:《"中等收入陷阱"与中国发展道路——基于国际经验教训的视角》,《中国人口科学》2011年第1期。
⑤ 国家外汇管理局(http://www.safe.gov.cn/safe/index.html),2021年6月2日。

2003 年为界大致分为两个阶段，此前贡献率较低，随后逐渐稳定下来。

其次，从资源要素投入看，中国土地要素对经济增长的贡献率逐年增大，甚至很多年份还超过了劳动的贡献率。1997—2008 年，土地贡献率平均在 20%—30% 之间；矿产资源的消耗对工业增长的贡献率还要高一些，有研究认为高达 37%，环境资源消耗的贡献率是 18%，能源的贡献率为 16%[①]。

最后，从资本要素投入看，中国的投资率始终居高不下，是经济增长的另一个重要引擎。例如，2000 年投资率为 35%，2009 年提高到 40% 以上，而同期消费率则从 2002 年的 60% 下降到 2006 年的 50% 以下[②]。

在中国整个中等收入发展阶段，尽管大多数时候呈现粗放型增长，但幸运的是 2001 年底中国加入 WTO 后正好贯穿上述阶段整个过程。这恰好是中国经济社会发展的历史性以及前所未有的机遇，中国也正好抓住了这一发展机遇，仅用了 10 年时间于 2009 年以 23991.52 亿美元的外汇储备，迅速提升了中国企业国际竞争力而顺利进入下一个经济发展阶段。

第三个发展阶段：中等偏上收入阶段（2010—2025 年）

2010 年，中国进入上中等收入阶段，经济增长开始从高速换挡进入中高速发展，是中国经济增长从"要素驱动"向"效率驱动"转型的重要转变阶段。从要素驱动向效率驱动转型具体包含两层含义：一是从主要依靠出口和投资驱动为主转向依靠消费、投资与出口三者协调拉动转型，属于经济发展中的"三驾马车"同时发力，更是一国重要发展战略的科学选择；二是从粗放增长型向集约增长型转变，既是提高生产力和市场竞争力的重要手段，也是进入高收入（即进入第四阶段）发展阶段的必由之路。2008 年国际金融危机之后已形成全社会共识，经济转型的关键在于粗放型向集约型转型，这是效率驱动的主要内涵，即改善投入产出比，提高投资报酬率，提升经济竞争性，以获取长期增长的可

---

① 郑秉文：《"中等收入陷阱"与中国发展道路——基于国际经验教训的视角》，《中国人口科学》2011 年第 1 期。

② 郑秉文：《"中等收入陷阱"与中国发展道路——基于国际经验教训的视角》，《中国人口科学》2011 年第 1 期。

持续性①。经济转型的重点在于提高效率，无论是物的效率还是人的效率，都是经济增长中不可忽视，既是重要的又是关键的要素。相对于要素驱动阶段，效率驱动阶段强调的是增长良性循环：报酬率是增长的主要驱动力，改善投入产出比就可提高生产力，生产力水平提高之后就会提高投资报酬率，包括物质投入、人力投入和技术投入等。因此，反过来，国民收入的可持续能力决定于生产力水平，投资报酬率也决定于生产力，而增长潜力又决定于投资②。

2014年步入新常态，按照经济增速中高速发展模式进行推算，中国走出中低速发展阶段将大约耗费14—15年。在经济发展进入上中等收入阶段，传统要素优势将逐步消失、粗放型增长方式很难适应增长发展需要，大规模投入随即受到制约，经济增速也逐年减缓。此时，要想尽早跨越该阶段，要求尽快采取措施提高生产率，从粗放型增长转为集约型增长模式，从要素驱动型向创新驱动型的经济发展类型转变。为此，党中央及时提出了推进供给侧结构性改革，通过去产能、去库存、去杠杆，提高供给侧的质量和效率；通过降成本、补短板与完善相关制度，提高企业生产率、投入产出率和提升竞争力等具体举措。推进供给侧结构性改革，是确保中国经济中高速增长和成功跨越"中等收入陷阱"的关键"生命线"③。

第四个阶段：高收入阶段（预计从2025年开始）

首先，高收入经济体并不必然就是发达的经济体。进入高收入阶段必定是一个技术创新驱动型的增长阶段，一个国家或地区成为发达经济体要符合一套综合评价体系，其中一个突出特征是：必须是技术创新型国家④，发展动力是否更多地依靠科技创新，是否必须以技术创新作为驱动增长的根本动力和发展源泉。从经济发展规律看，改善与完善相关制

---

① 郑秉文：《"中等收入陷阱"与中国发展道路——基于国际经验教训的视角》，《中国人口科学》2011年第1期。
② 郑秉文：《"中等收入陷阱"与中国发展道路——基于国际经验教训的视角》，《中国人口科学》2011年第1期。
③ 郑秉文：《从国际经验看如何长期保持增长动力》，《人民日报》2016年6月12日第5版。
④ 郑秉文：《从国际经验看如何长期保持增长动力》，《人民日报》2016年6月12日第5版。

度、减少宏观经济发展中的不确定性、提升人力资本存量、完善基础设施与社会保障等相关制度建设,实现多途径获取收益并带来经济稳定增长,但都难以逃脱报酬递减的铁律。从长期看,增长和提高经济的竞争力只能依靠技术创新与变革。在高收入发达国家,技术创新无一不是驱动经济增长的根本源泉。在高收入发达国家的经济增长中,技术创新的贡献率高达70%[①]。2018 年,中国科技创新贡献率为58.5%[②],与发达国家相比还有一定差距。提高自主创新能力,建设创新型国家,把科技创新始终摆在核心位置,并作为重要的支撑和引领力量,同时作为重要的发展动力,是中国国家发展战略的核心,也是提高综合竞争力的关键,同时,也是当前跨越"中等收入陷阱"的战略部署和进入高收入国家行列的重要战略渠道。

中国技术创新对经济增长的贡献率从1978 年的16.5%[③]上升至2018 年的58.5%,显然有明显进步,但仍远低于发达国家水平,在科研生态、创新生态建设上还有诸多值得完善之处。创新发展是党中央提出新发展理念中的第一条,提高创新能力是供给侧结构性改革的重要内容。这些新理念和新举措,既着眼于解决中国当前问题,也着眼于实现经济长期与平稳发展。只有认真贯彻上述新理念、新举措,坚持以创新引领经济社会发展,努力提高科技与自主创新能力[④],以技术创新作为经济社会发展的核心驱动力,实施创新驱动发展战略,加快建设创新型国家,才能顺利实现21 世纪中叶达到中等发达国家水平的目标[⑤]。按照党的十九大报告的战略部署,中国新"三步走"分为:2020 年进入小康社会,2035 年要基本实现现代化,2050 年要成为现代化强国。为此,科技创新也有

[①] 郑秉文:《"中等收入陷阱"与中国发展道路——基于国际经验教训的视角》,《中国人口科学》2011 年第1 期。

[②] 中央电视台第四套节目,2019 年3 月11 日新闻,"十三届全国人大二次会议"记者会"2018 年中国科技进步贡献率达58.5%"。

[③] 曾光、王玲玲、王选华:《中国科技进步贡献率测度:1953—2013 年》,《中国科技论坛》2015 年第7 期。

[④] 郑秉文:《从国际经验看如何长期保持增长动力》,《人民日报》2016 年6 月12 日第5 版。

[⑤] 《中国预计从2024 年开始进入高收入阶段》,2020 年12 月1 日,人民网(http://politics.people.com.cn/n1/2016/0612/c1001 - 28426047. html)。

相应的"三步走"发展战略,到 2020 年进入创新型国家,到 2035 年左右进入创新型国家前列,到 2050 年要成为世界科技强国。也就是说,中国的现代化进程必须把科技创新摆在核心位置,作为重要支撑和引领力量,也作为经济发展的重要动力[①]。

可以看出,在中国经济增长的四个发展阶段中,市场驱动阶段的本质是中国经济史的制度变迁,强调的是自由市场经济制度的转型;要素驱动阶段实际是比较优势发展的必然阶段,强调的是市场经济制度的确立;效率驱动阶段是避免"中等收入陷阱"的必由之路,强调的是市场经济制度内涵的提升和社会转型;技术创新阶段是高收入经济体的趋同发展阶段,强调的是社会转型[②]。

二 实施并建设众多发展新举措

(一)转变发展方式与发展道路

1. 大力转变发展方式,走新型工业化道路

2002 年 11 月,党的十六大会议明确提出:坚持以信息化带动工业化,以工业化促进信息化,走出一条科技含量高、经济效益好、资源消耗低、环境污染少、人力资源优势得到充分发挥的新型工业化路子[③]。这是党的报告中明确区别传统工业化与新的工业化发展道路的重要方向。新型工业化道路就是特指中国特色工业化道路,并不是指其他任何一个国家或地区通用的经济发展道路。工业化是由农业经济转向工业经济的一个自然历史过程,存在一般规律性;但在不同体制机制下,在工业化的不同阶段可以有不同的发展道路和发展模式[④]。中国走新型工业化发展道路,就是要采取跨越式发展思路,加快产业转型优化升级,大力转变发展方式,推动与提升经济高质量发展,以实现工业化、现代化发展目

---

① 王志刚:《中国的现代化进程必须把科技创新摆在核心位置》,2020 年 12 月 2 日,人民网(http://lianghui.people.com.cn/2019npc/n1/2019/0311/c425476-30969233.html)。

② 郑秉文:《面临"中等收入陷阱"中国经济需向效率驱动转型》,《中国证券报》2011 年 3 月 9 日第 7 版。

③ 钱津:《论新时代推动高质量发展的基本要求》,《黑龙江社会科学》2019 年第 6 期。

④ 徐长安:《兴安盟实施信息化带动工业化战略的思考》,《中国信息界》2011 年第 2 期。

标。比如当前推行的绿色发展，就是中国坚持走新型工业化发展道路的生动体现。实际上，近年来中国绿色金融、绿色 GDP 得到了蓬勃发展。

2. 大力推进以人为核心的新型城镇化发展道路

只有当社会经济发展水平达到一定程度，生产力水平大幅提高，有了大量剩余产品才能把大量人口从农业劳动中解放出来，才会出现真正意义上的城市化进程。而一些拉美国家在城市化发展进程中，由于政府公共管理职能缺失，导致城市化进程与工业化发展水平十分不相适应，城市化水平超过了其经济社会发展能力与水平，大量人口涌入城市却找不到工作，出现了许多贫民窟，形成了大量"虚假"形式的城市化，如巴西里约热内卢的贫民窟、印度达哈维贫民窟、菲律宾马尼拉贫民窟等就是典型，部分农村人口即使在城市找到了工作，也由于其较低收入无法在城市过上体面的生活，更无法实现进一步发展，由此引发了很多社会矛盾。

相比之下，中国城镇化发展进程一直在有序推进。特别是党的十八大以来，中国大力推进以人为核心的新型城镇化，尤其注重并提升广大人民群众的获得感、幸福感、安全感。比如优化城镇布局，建设特色小镇，努力创造更多城镇就业岗位，工农互促、城乡互补、全面融合、共同繁荣的新型工农城乡关系基本形成。大力保障和改善民生，切实采取各项措施提高城乡居民的衣、食、住、行水平，并且实施精准施策进行精准扶贫、精准脱贫，创新脱贫攻坚思路，完善脱贫攻坚计划，确保精准脱贫按期完成，即 2020 年在现行标准下的农村贫困人口已全部实现脱贫、贫困县全部摘帽，为全面建成小康社会奠定了坚实基础。

3. 大力振兴实体经济，加快建设制造强国

实体经济是一国经济的立身之本，始终是创造财富的动力源泉，更是国家强大进步的重要支柱。近年来，中国一直把振兴实体经济和推进产业转型升级放在重要战略位置，牢牢抓住新一轮科技革命和产业变革的历史机遇。根据 2019 年 IMF 的测算数据，中国 2018 年对全球经济增长的贡献率超过 30%，中国是全世界唯一拥有联合国产业分类中全部工业门类的国家，是名副其实的"世界工厂"。同时，中国积极重视并借鉴发达国家的经验教训，始终重视发展实体经济。中国的产业链正向着中高

端方向加速发展迈进，在新一代信息技术产业、高档数控机床和机器人、人工智能、生物技术、航空航天装备、海洋工程装备等诸多重点领域，中国企业正走向世界前列。即使面对美国挑起的不断升级的经贸摩擦，中国实体经济完全有坚定的韧性、足够的弹性和广阔的空间可以全面应对。

同时，制造业是国民经济的发展主体，是立国之本、兴国之器、强国之基。在党的十八届五中全会上通过的《中共中央关于制定国民经济和社会发展第十三个五年规划的建议》中明确指出加快建设制造强国，实施《中国制造2025》。这是党中央站在增强我国综合国力和国际竞争力、保障国家安全和民族复兴的战略高度作出的重大战略决策[1]。加快建设制造强国，无疑将为中国跨越"中等收入陷阱"打下坚实的经济基础和产业根基。

（二）中国不会落入拉美式"中等收入陷阱"

进入新常态，中国经济结构和增长动力发生了重要转变，增长速度由高速转为中高速。于是有关中国经济是否会硬着陆、落入"中等收入陷阱"的相关议论[2]进入了更多人的研究视野。不过，该问题应放在国际视域中，在长期增长的框架下加以分析。

第二次世界大战以后，先后有许多经济体进入工业化历史进程，但只有少数经济体成功跨过了中等收入阶段进入高收入国家行列。从中可以观察到两种不同类型的经济增长速度出现回落[3]。一种是以部分拉美国家为典型代表的发展模式，部分国家在经历了一段时间的高速增长，在人均国民总收入接近或者距离世界银行划分的高收入标准不大时，增速出现回落，有些国家长期陷入经济增长缓慢、停滞乃至倒退的发展困境。具体来说，这些经济体大多实施进口替代战略，抑制了本国经济发展潜能与市场力量的发展，依靠的是大量借用外债[4]与外部市场，一旦该市场

---

[1] 《加快建设制造强国》，2015年12月2日，人民网（http://opinion.people.com.cn/n/2015/1202/c1003-27878584.html）。
[2] 刘世锦：《供给侧改革助推跨越中等收入阶段》，《理论导报》2016年第6期。
[3] 刘世锦：《供给侧改革助推跨越中等收入阶段》，《理论导报》2016年第6期。
[4] 刘世锦：《供给侧改革助推跨越中等收入阶段》，《理论导报》2016年第6期。

出现风吹草动，国内经济便无法应对风险，同时出现严重的两极分化。有的迫于民粹主义压力，不顾本国国情，硬着头皮实行难以承受的高福利政策，最终导致高增长难以为继，由此长时间地陷入"中等收入陷阱"中。

另一种则是经历了一个更长时期（通常超过20—30年）的高速经济增长，在人均国民总收入达到高收入标准后经济增长速度出现回落，由高速增长转为中速增长，并同样跻身于高收入国家行列，相对典型的国家或地区有日本、韩国、新加坡、中国台湾地区和中国香港特别行政区等东亚经济体。上述经济体具有较好的市场发展基础，同时也有明确发展导向和执行效率高的强政府，实施出口导向战略①，制定适合本国发展的经济政策，由此在市场上形成了较强的国际竞争力产业。

2014年，中国人均GNI为7500美元，与世界同期平均值差值为2600美元左右，且增长模式、发展轨迹与东亚经济体显示的增长规律较为相似。从长期经济增长趋势看，中国完全可以充分利用工业化时期高速增长潜力，已成功具备进入工业社会后期所具备的相关条件；当前经济增长条件虽然出现一系列重要变化，给中国经济持续发展带来了一定的新困难。但在现阶段，中国经济发展依旧合乎发展规律，由高速增长转为中高速增长并不是经济的停滞。应该理性地认识到，中国现阶段的发展水平，已远高于当年相关拉美国家落入"中等收入陷阱"时的发展条件与能力，不可能落入拉美式"中等收入陷阱"②。只要中国经济能够实现软着陆，有较高的储备率及充足的投资，有比较好的财政状况以及持续的经济支持政策，加快人才培养、科技创新与科技合作，就完全能够实现由数量追赶型转向质量追赶的、稳健型的发展升级，就一定能够成功迈入高收入国家行列。

（三）正进入具有创造性和可持续性发展的中高速经济增长期

在过去较长的一段时间里，由于世界经济发展速度快，这在一定程度上为中国商品出口提供了有利的市场条件与有利环境。近几年又由于

---

① 刘世锦：《供给侧改革助推跨越中等收入阶段》，《理论导报》2016年第6期。
② 刘世锦：《供给侧改革助推跨越中等收入阶段》，《理论导报》2016年第6期。

第八章 新常态下中国人口转变对跨越"中等收入陷阱"的条件及应对策略

世界经济发展速度放缓,加上美国等方面挑起的经贸摩擦,不仅损害了中美两国利益,威胁了全球产业链、供应链安全,也给两国经贸关系与世界经济发展带来了不利影响。中国经济总量的不断增加,世界经济发展对中国经济的带动与推动作用相对变小。为此,中国经济由高速增长模式进入中高速增长模式,呈现出较为典型的"发展—转型—再平衡—再发展"的全过程。

从需求方面看,中国经济以往靠大规模政府投资、压抑性消费和大量低成本出口的"三驾马车"拉动需求带动了经济发展,总需求的上升激发了投资需求的上升,大规模经济体的优势已逐渐显现,经过30多年大规模、高强度的投资开发建设后,传统产业发展已相对饱和,但基础设施与互联互通建设,以及一些新技术、新业态、新商业模式与新产品的投资机会正大量涌现,对创新投融资方式、产业升级方式等提出了新要求,在善于把握投资方向、确定判定投资内容、明确投资主体以及消除投资障碍方面,投资将继续对中国经济发展起着重要且关键性作用;消费需求的总供给扩张刺激了总供给增长,中国经济进入新常态以来,原有模仿型、排浪式的消费阶段已基本结束,个性化、多元化、多样化、定制化的消费渐成为主流,保证产品与服务质量安全、通过创新供给与激活需求的重要性近年来已显著上升,在采取正确的消费政策的前提下,刺激消费欲望、释放消费潜力、发展消费能力,消费将继续在推动经济发展中发挥持续与基础性作用。需求结构的变动推动了整个中国产业结构的调整升级,以及资源配置结构等全方位的变动和调整。

从供给方面看,出口是拉动中国经济快速发展的重要动能,但由于中国针对工业产业的调整和发展相对较为缓慢,我国低成本比较优势也发生了转化,加上以往全球贸易更多的是依靠发达国家通过高债务在支撑,但因近几年来发达国家在纷纷倡导去债务化,全球总体需求不振,这也是导致全球市场需求减少的重要原因之一。然而,中国经济供给发展体系本身整体呈典型的外向型,大部分产能用于出口,世界市场需求总量的减少直接影响了中国商品出口,导致部分行业、相关产业产品出现了严重的产能过剩,企业亏损扩大。随着农业富余劳动力的减少,少儿人口比重下降,人口老龄化趋势日益严重,要素规模驱动力逐渐减弱,虽然作为最大优势的劳动力低成本已成为过去，但我国出口竞争优势依然存在，引进技术与先进的管理模式就能快速转变成现代生产力，大规模走出去以及高水平引进来的"两条腿"走路方略正同步发生，未来的经济增长只能依靠更多人力资本质量和技术进步，只要加紧培育新的比较优势，让创新成为驱动发展新引擎，中国的出口和供给就能继续对经济发展发挥重要支撑作用。

从供给与消费体系看，二者存在结构性不相匹配的情形。随着中国居民人均收入的增加，人民生活水平已普遍提高，消费转型与升级浪潮随之而来，百姓对商品质量与规格要求也越来越高。一方面，国内商品供给面向群体依然坚守在中低端消费人群没有实现调整，中国质量好的出口商品未能及时充分满足国内消费需求发展旺盛的中高收入阶层群体。这样就造成了诸多中、高等收入人群出国大量购买中国制造商品。另一方面，由于过高的房价，导致中国百姓绝大部分人群的大部分收入用以购买房产，随后几十年时间里都在还房贷。中国经济面临"去杠杆、去产能"的任务依然艰巨。

2018年以来，在供给侧结构性改革的作用下，中国经济总体保持平稳以及稳中有进的发展态势，部分工业品价格有所回升，工业企业效益由降转升，整体经济运行在合理区间。如果真正做到"去产能"到位，工业产业实现快速转型升级，工业品出厂价格和工业企业利润增速回升。随着供给侧结构性改革的深入推进，稳就业、稳外贸、稳金融、稳外资、稳投资、稳预期等各项举措扎实推进，各项宏观调控目标较好完成，为迈向高质量经济发展阶段奠定坚实基础。不过，在继续深化供给侧结构性改革中，成本依旧是中国企业一项难度大、任务重、影响广、挑战性极强的系统工程，未来降成本任务依然繁重。另外，过去几十年经济发展压缩了生态环境与能源资源空间，环境承载能力已经达到或接近上限，必须顺应人民群众对良好生态环境的美好期待，践行"绿水青山就是金山银山"，推动形成绿色低碳循环经济发展新方式。同时面对百姓主动消费能力不强的现实，应尽早改变结构失衡的状况。

随着中国经济发展中长期目标的确立和长效机制建设的推行，通过产业转型升级与降成本的优化组合，提升持续发展能力与开发新的市场结合,以提高实体经济供给体系质量为主线,持续增强中国经济质量优势,同时提高百姓收入,这样,供需两侧才可能达到新的平衡,才能进一步释放增长潜力,中国经济将快速进入更具有创造性、更具有可持续性发展的中高速增长平台①。

(四)进一步推动全方位高水平改革开放

改革开放以来,中国的对外贸易实现了历史性跨越,外商投资环境持续得到了改善,对外投资合作进一步深入推进。从货物进出口方面看,1978年占全球市场份额仅0.8%,随后规模迅速扩大,中国货物贸易占全球份额和排位逐步提升,2001年货物贸易占全球份额提升至4.0%,位列全球第6位。加入世界贸易组织后,货物贸易规模增长实现了明显加速,相继超越了英国、法国、德国和日本。2009年,中国成为世界货物贸易第一大出口国和第二大进口国。2013年,中国超越美国成为全球货物贸易第一大国,2014—2015年持续保持该地位。2017—2018年,中国继续保持全球货物贸易第一大国地位。2018年,货物进出口占全球份额为11.8%,其中出口占12.8%,进口占10.8%②。据海关统计,2019年,进出口总额创历史新高,贸易结构不断优化,全年货物贸易进出口总值31.54万亿元人民币,比2018年增长3.4%,贸易总量自2018年起超过30万亿元,再创历史新高。其中,出口17.23万亿元,增长5%;进口14.31万亿元,增长1.6%。货物贸易实现了数量增长,结构优化,中国进出口在朝着稳中向好的目标实现。未来中国将进一步全方位地继续扩大改革开放,并积极推动经济重大改革,释放巨大发展潜力,足以驱动中国在未来几年内跃升至高收入国家行列。

一是要进一步推动城乡一体化改革。城乡二元结构是制约中国城乡发展一体化的主要障碍,必须尽快健全体制机制,形成以工促农、以城带乡、工农互惠、城乡一体的新型工农城乡关系③,让广大农民共同分享改革红利、平等地参与现代化进程、共同建设现代化强国与分享现代化

---

① 刘世锦:《供给侧改革助推跨越中等收入阶段》,《理论导报》2016年第6期。
② 《2018年我国货物进出口规模超过4.6万亿美元》,2020年12月2日,搜狐新闻(http://www.sohu.com/a/336772673_800178)。
③ 廖其成:《大力推进城乡发展一体化建设》,《求实》2013年第S1期,第112—114页。

建设成果。党的十八届三中全会审议通过的《中共中央关于全面深化改革若干重大问题的决定》提出，在农村承包地、宅基地、集体经营性建设用地管理体制改革上取得重大突破，把土地的所有权和用益物权分离，允许用益物权抵押、担保、转让。能够让农民拥有更多地财产权，就是实现让宅基地、农民的自留地、农民的承包地等，能够以某种形式在市场上流转，从而形成一种收益，既能保障农民的生活，提高农民生活水平，也能加快缩小城乡差距，进一步促进经济良性发展。为此，中国要加快构建新型农业经营体系，赋予农民更多财产权利，推进城乡要素平等交换和公共资源均衡配置，完善"以人为中心"的新型城镇化健康发展体制机制。

二是要进一步加快投资体制改革。投资体制涉及计划、金融、财政、物资和物价等体制，进一步加快投资体制改革，难度必然相当大。早在2004年，国务院发布了《国务院关于投资体制改革的决定》（国发〔2004〕20号），其内容包括深化投资体制改革的指导思想和目标、转变政府管理职能，确立企业的投资主体地位、完善政府投资体制，规范政府投资行为、加强和改善投资的宏观调控、加强和改善投资的监督管理等。不过，与政府职能转变和经济社会发展要求进程相比，中国的投融资管理体制仍然存在诸多问题，比如简政放权不协同、不到位，企业投资主体地位有待进一步确立；投资项目融资难融资贵问题较为突出，融资渠道需要进一步畅通；政府投资管理亟须创新，引导和带动作用有待进一步发挥；权力下放与配套制度建设不同步，事中事后监管和过程服务仍需加强；投资法制建设滞后，投资监管法治化水平亟待提高①。

新常态后，应通过政策与制度设计，使投资于公共产品（包括教育、医疗、信息、文化、交通、市政、养老、环境等）能够获得合理回报，通过公开招标选择有资质的企业承担建设和经营任务，紧密结合中国投资体制的现实，进一步改造国有投资主体，大力培育非公有经济投资主体；减少政府行政干预，完善政府的公共服务管理职能；提升中介组织

---

① 《关于深化投融资体制改革的意见》，2020年12月5日，中华人民共和国中央人民政府网（http://www.gov.cn/zhengce/2016-07/18/content_5092501.htm）。

功能，为社会投资提供高质量服务。同时，为深化投融资体制改革，充分发挥投资对稳增长、调结构、惠民生的关键作用，中共中央、国务院于2016年7月5日发布了《关于深化投融资体制改革的意见》，这是我国历史上第一份由党中央、国务院印发实施的投融资体制改革文件，明确了投融资体制改革的顶层设计，新一轮投融资体制改革全面推进①。

三是要进一步深化科技体制改革，加快科技创新。党的十九大报告指出，"创新是引领发展的第一动力，是建设现代化经济体系的重要战略支撑"，科技创新是一切创新的核心。着力构建以企业为主体、市场为导向、产学研相结合的技术创新体系，注重发挥企业家才能，加快科技创新，加强产品创新、品牌创新、产业组织创新、商业模式创新，提升有效供给，创造有效需求。科技体制改革必须与其他方面改革协同推进，加强和完善科技创新管理，促进创新链、产业链、市场需求有机衔接。在党的十九大报告中明确指出，要瞄准世界科技前沿，强化基础研究，实现前瞻性基础研究、引领性原创成果重大突破②。

为此，应牢固树立创新发展理念，突出企业创新主体地位，抓创新就是抓发展，谋创新就是谋未来。通过建设统一开放竞争有序的市场体系、改革教育体制、实施重大科技工程、完善风险投资体系、吸引全球人才等举措，营造良好的创新发展环境，增强自主创新能力，实现创新驱动发展，最大限度地解放和激发科技作为第一生产力所蕴藏的巨大潜能；要激发调动全社会的创新激情，持续发力，加快形成以创新为主要引领和支撑的经济体系和发展模式。③ 通过科技创新驱动，形成新的生产力、培植新的市场竞争力、增强发展活力，坚定不移地走中国特色自主创新道路，加快建设创新型国家。

四是建立健全化解各类风险的体制机制。以往常说中国经济的风险

---

① 《关于深化投融资体制改革的意见》，2020年12月5日，中华人民共和国中央人民政府网（http://www.gov.cn/zhengce/2016-07/18/content_5092501.htm）。
② 何郁冰、伍静：《中国省域基础研究效率的空间分布及其影响因素——基于空间面板数据模型的实证研究》，《研究与发展管理》2019年第3期。
③ 《习近平在长春召开部分省区党委主要负责同志座谈会时强调：加大支持力度，增强内生动力，加快东北老工业基地内生发展》，《实践》（思想理论版）2016年第6期。

"总体可控",但近几年来,随着经济增速下调,地方政府债务等隐性风险陆续显现出来,各类类似风险逐步显性化、泡沫化,高杠杆已出现部分先兆。从经济风险积累和化解角度看,风险总体可控,我国面临复杂多变的发展与安全环境,各种可以预见或难以预见的风险因素明显增多,而化解以高杠杆和泡沫化为主要特征的各类风险还将持续一段时间。为此,必须做到标本兼治、对症下药、强化风险防控,建立健全化解各类风险的体制机制①。

五是进一步加大力度加强知识产权保护的国际合作。在参与知识产权保护国际合作方面,中国态度一直很积极。目前,中国已加入《保护工业产权巴黎公约》《关于集成电路知识产权的华盛顿公约》《保护文学和艺术作品伯尔尼公约》《国际植物新品种保护公约》《视听表演北京条约》等多个国际公约。中国将着力营造尊重知识价值的营商环境,全面完善知识产权保护法律体系,大力加强侵权行为惩治力度,加强对外国知识产权人合法权益的保护,杜绝强制技术转让,完善商业秘密保护,依法严厉打击知识产权侵权行为。细化法律实施配套措施,创新执法监管方式。知识产权保护是全球性问题,需要进一步加强国际合作。中国将与世界各国加强知识产权保护合作,创造良好创新生态环境,推动同各国在市场化、法治化原则基础上开展技术交流合作。

通过上述五项重大改革,中国将进一步释放巨大改革红利和发展潜力。有了以上举措,就可以确保中国经济平稳健康发展和社会和谐稳定,推动发展不断迈上新台阶,也就能够保证中国不会重蹈一些拉美国家的覆辙,为顺利跨越"中等收入陷阱"做好全方位准备。

三 进入高收入行列后将继续向中等发达国家迈进

改革开放以来,经过40多年的持续快速发展,中国经济经历了1997年的亚洲金融危机,又扛过了2008年的国际金融危机,科学冷静地应对全球新冠肺炎疫情,因此,我们对未来充满无限信心。只要中国经济不

---

① 中共中央文献研究室编:《习近平关于科技创新论述摘编》,中央文献出版社2016年版,第113页。

第八章 新常态下中国人口转变对跨越"中等收入陷阱"的条件及应对策略

出现毁灭性打击,政治上不出现颠覆性错误,制度上不出现断层式波动,社会上不出现灭亡性灾害,再过3—4年,中国成功迈入高收入国家行列基本无悬念。

中国在迈入世界银行设定的高收入国家行列门槛之后,同样还要有坚定的步伐、稳健的政策与连续的制度,才能不会在进入高收入行列国家后重新掉入"中等收入陷阱"中,也就是说,进入高收入行列后不能高枕无忧,依然还有漫长的路要走。根据世界银行公布的最新标准(2019年),高收入最低门槛是人均国民总收入12376美元,2019年世界平均值为11571.23美元,而美国已达65850美元,卢森堡73910美元,挪威达82500美元,瑞士达85500美元,对广大发展中国家来说,首先是进入高收入行列,随后实现进一步发展,再下一个目标就是稳健地迈向"中等发达国家"。中国中等发达国家目标实现的时间是20世纪80年代末邓小平同志在谋划中国经济"三步走"战略时首次提出来的。如果用相关指标描述,中等发达国家大约相当于2015年韩国人均国民总收入27250美元的水平。如果按照中等增长速度,剔除价格因素,2035年前后中国人均国民总收入或将达2.6万—3.0万美元(2015年价格)。这时中国经济又将经历另一个重要发展阶段,也可以看作是改革开放以来经济发展的"第五阶段",这直接关系到能否顺利实现第二个百年奋斗目标和中华民族伟大复兴的中国梦。在跻身高收入经济体行列和迈向中等发达国家道路上将迎来更大挑战,但只要坚定不移地走中国特色社会主义道路,坚持中国共产党领导和选择一条适合中国发展的道路,就一定能够成功实现上述目标。另从多国经济体已有发展经验中,中国经济发展还可从中得到如下启示。

第一,从欧美发达国家所经历的成功经验来看,随着经济社会发展到一定阶段,创新驱动的重要性已日益凸显,以要素驱动为主的增长必须转向以创新驱动为主的增长,应以科技创新作为全社会经济增长的动力源泉。中国历来高度重视科技投入与科技创新,尤其近年来,无论政府还是企业,在科技投入上尤为巨大。进入高收入阶段后,推动创新需要依靠全社会力量,创新驱动的效果要用能否提高全要素生产率检验。国民收入越是进入一个较高水平的收入阶段,就越需要提高创新能力与加大投入，强调创新发展对经济增长的贡献率。2019 年，习近平总书记强调，"实施创新驱动发展战略，是加快转变经济发展方式、提高我国综合国力和国际竞争力的必然要求和战略举措"。把创新驱动发展作为面向未来的一项重大战略，推动以科技创新为核心的全面创新，形成中国经济新增长动力源泉，推动经济持续健康发展。

第二，第二次世界大战后的两批进入高收入行列的经济体，其重要经验就是坚持对外开放与实行市场经济，这两条关键成功经验也正是过去 40 多年中国经济快速增长的基本经验。改革开放是中国人民和中华民族发展史上一次伟大革命，推动了中国特色社会主义事业的伟大飞跃。① 1992 年，党的十四大明确提出：我国经济体制改革的目标是建立社会主义市场经济体制。② 其中前者是外部条件，后者是内部条件。习近平总书记在庆祝改革开放 40 周年大会上的讲话中高度概括了改革开放的宝贵经验和深刻启示，宣示了新时代继续推进全方位改革开放的决心和信心，发出了新时代继续推进改革开放的攻坚动员令，阐明了新时代继续推进改革开放的现实路径，诠释了新时代继续推进改革开放的科学方法。③ 同时社会主义市场经济体制在我国已成为自觉、主动的历史进程，进入高收入阶段后，上述两条基本经验依然是驱动中国经济增长的两个轮子，缺一不可。

第三，在跨越"中等收入"迈入高收入行列时，中国在中等偏上收入阶段所面临的考验是全新的，面对的困难与挑战也是严峻的。与其他掉进"中等收入陷阱"的国家相比，中国在跨越中等收入阶段所遇到的问题可能更复杂、更多变，任何一个政策执行失误、任何一次决策错误、任何一个施政记录的不优秀都有可能存在导致掉进"陷阱"的风险。作为世界第二大新兴经济体，中国经济增长备受世界瞩目，甚至被视为全球增长的一个引擎，稍有波动，不仅对本国经济，甚至对区域乃至全球

---

① 郑士鹏：《改革开放以来中国共产党发展理念的演进理路》，《商丘师范学院学报》2020 年第 1 期。
② 王东京：《社会主义基本经济制度是伟大创造》，《山东经济战略研究》2019 年第 11 期。
③ 习近平：《在庆祝改革开放 40 周年大会上的讲话》，《人民日报》2018 年 12 月 19 日第 2 版。

经济就会产生较大影响①。

第四，在跨越"中等收入陷阱"后通往中等发达国家的道路上，要想更充分释放经济潜力、支撑经济可持续发展，就必须努力增强国家软实力②。软实力属于"无形要素"，它是一国通过吸引和说服别国服从你的目标，从而使你得到自己想要东西的一种能力，是一个国家综合实力中除传统的、基于军事和经济实力的硬实力之外的另一组成部分，是一个国家综合国力的重要组成部分，在高收入阶段其重要性不亚于有形要素。类似美国，正是持续地增强国家软实力，增强在全球各领域话语权促进经济增长。增强软实力的途径主要是制度建设和文化建设，通过一个国家政治制度的吸引力、文化价值的感召力和国民形象的亲和力等释放出来无形影响力。

在当前复杂的国际关系大环境中，综合国力的竞争和博弈将决定一个国家在未来世界秩序中的排序与影响。由于软实力在国际关系中的影响与日俱增，中国在注重硬件建设与促进经济发展之时，也应十分重视增强自身的软实力③，将其作为跻身中等发达国家和实现第二个百年奋斗目标的重要基石。

第二节　中国成功跨越"中等收入陷阱"的人口转变路径

当前，中国经济运行确实面临不少困难和挑战。新常态下，经济增长正从要素驱动、投资驱动转向创新驱动。通过对前述经济已经先发展起来的国家，并已成功迈入高收入阶段的经济体相关成功经验进行研判和总结发现，各国虽然在保持较高发展水平或进入高收入阶段的历史条件不同、发展道路不同、面临的环境也各不相同，经验也是各有千秋。中国跨越"中等收入陷阱"的人口综合条件与要素也应当具有中国特色

---

① 郑秉文：《"中等收入陷阱"与中国发展道路——基于国际经验教训的视角》，《中国人口科学》2011年第2期。
② 一切非物化要素所构成的实力就是软实力。
③ 刘一奔：《关于文化软实力评价指标研究》，《新闻天地》（下半月刊）2010年第12期。

与典型特征。

一 借鉴成功迈入高收入国家的主要发展经验

（一）高素质民众与稳定的政局

一个国家或地区政局稳定，其经济市场受到外来的或内在的冲击就会减少，市场抵御风险的能力则更强。社会进步与国家强大需要经济发展作为重要推动力，经济发展也需要高素质民众为稳定经济保驾护航，有了稳定的政治环境对经济实施保护，稳定而安全的政局不仅可以保证民众收入不受侵害，也可以保证国家社会经济正常运行的秩序与安全。

政局稳定，首要的是政府稳定，政府可以换届，比如从保守党转变为工党，民主党转变为共和党，但是换届不应该带来社会动荡和经济停滞。有稳定的、支持市场经济发展的政府与稳定的政局，有系统推行能够维系经济增长的持续政策，既包括释放市场经济活力的基本政策，如法治和基本监管，更包括能够维系经济增长的一系列干预性政策措施，如保持社会稳定的基本医疗、社会保障、教育发展、住房政策以及消灭贫困的基本福利性政策等，同时也包括民众对政府政策的支持、信任与肯定。

（二）提高全要素生产率推动经济高质量发展

第二次世界大战后，西方主要资本主义国家普遍采取了国家干预的经济政策。其经济发展重点主要在于提高全要素生产率作为增长的重要动力，比如将创新技术、技术进步的推动、创新活力的激发以及商业发展模式等，作为推动国家或地区经济发展的重要源泉，这样使这些国家在20世纪60年代末、70年代初达到经济发展巅峰，虽然在发展的过程中也经历了经济波动和危机，但更多国家就是在该段时期成功迈入了高收入国家行列，并很少有再次跌回"中等收入陷阱"的状况，经济始终保持世界领先地位。

经济史表明，全要素生产率的高低可以在很大程度上解释为一国经济发展成败[1]。经济学家在分解决定经济增长的因素时发现，资本、劳

---

[1] 蔡昉：《以提高全要素生产率推动高质量发展》，2020年12月1日，中国社会科学院（http://ie.cssn.cn/academics/thinktank_center/201811/t20181114_4775566.html）。

动、人力资本等生产要素投入的增长并不能完全解释产出的增长,因而把生产要素贡献之外的那部分增长源泉归结为全要素生产率的提高。全要素生产率本质上是一种资源配置效率,产业结构优化、企业竞争、创新竞争带来的资源重新配置都能提高全要素生产率①。全要素生产率能够更好兼顾高质量发展的目的与手段,提供了可持续提高劳动生产率的途径。全要素生产率的提高是在要素投入既定的条件下、通过更有效地配置和使用这些要素实现的,因此它是提高劳动生产率和实现高质量发展的动力源泉。中国要实现以提高全要素生产率推动高质量发展,关键在于处理好政府和市场关系,完善有利于资源优化配置的体制机制和政策措施②。

（三）坚持对外开放,积极参与国际分工和国际交换

一个经济体要想实现持续发展,不仅要对邻国实行经济开放,还必须要对发达国家实行开放。以"亚洲四小龙"为代表的东亚发展路径,就是抓住经济转变与增长方式的历史机遇,实施外向型发展战略,深度参与国际分工,搭上世界经济高速发展的快车,因而顺利跨越"中等收入陷阱"③。中国始终坚持对外开放,是改革开放40多年来经济实现快速发展的重要前提,也是新时代实现经济高质量增长与发展的必然要求。

一般来说,要实现"中等收入陷阱"的成功跨越,必须与经济发达国家或发达经济体进行投资与贸易往来,不仅可以实现技术水平、管理观念、商业理念以及社会意识等方面相互取长补短,也将实现国民收入水平和劳动生产效率的不断提高。比如日本曾经的主要贸易伙伴是美国,韩国的主要贸易伙伴是美国和日本；以色列的主要贸易投资伙伴是欧洲和美国,在欧洲,爱尔兰和西班牙的主要贸易伙伴则是其他发达的西欧国家,上述经济体在不断学习发达国家成功经验的同时,还实现了国民收入的稳步增长并长期保持在高收入国家行列。

---

① 本刊记者:《以提高全要素生产率推动高质量发展——中国社会科学院副院长蔡昉访谈》,《宁波经济》(财经视点) 2019 年第 8 期。

② 蔡昉:《以提高全要素生产率推动高质量发展》,2019 年 12 月 1 日,人民网（http://opinion.people.com.cn/n1/2018/1109/c1003-30390331.html）。

③ 郑秉文:《从国际经验看如何长期保持增长动力》,《理论导报》2016 年第 6 期。

新常态背景下的中国，为了实现经济持续增长需继续坚持对外开放，才能够通过促进分工的专业化、有助于推动技术进步、有助于加快人力资源积累、有助于推动体制机制创新，不断提高劳动生产率，最终实现经济持续增长。无论国际风云如何变幻，中国都将坚定不移地推进对外开放，将其作为更好地满足中国人民日益增长的美好生活需要、促进高质量经济发展的基本途径，并作为实现中华民族伟大复兴和构建人类命运共同体的重要方略①。

（四）实行市场经济，有效促进经济发展方式转变

研究发现，中东欧转型国家经济基础与发展条件较好，在转型之初各国人均国民总收入就已达2000—3000美元，转型之后各国均实行了市场经济，生产力得到了较快发展；在南美大陆的智利和乌拉圭，两国之所以能够率先走出"中等收入陷阱"，也是因为其作为南美大陆最规范地实行市场经济的国家②，并根据国情与实际，科学地实行市场经济体制的国家。

在社会主义国家实行市场经济，既没有现成的发展经验可提供参考，也没有固定的发展模式能够遵循。实行社会主义市场经济体制，既是由我国社会主义的本质决定的，是巩固和发展社会主义、促进社会生产力发展的客观需要，也是我国社会经济发展中的一种必然选择。坚定不移地实行社会主义市场经济体制，是有效促进经济发展方式转变的重要手段；既是社会主义经济发展的内在本质与要求，也是社会主义经济发展实现经济社会化、市场化和现代化的必然形式。最后，建立社会主义市场经济体制是中国经济体制改革的目标，是适应现代商品经济发展的需要，社会主义市场经济体制是已经被实践证明与检验了的、具有生机和活力的经济体制，是扩大改革开放的现实需要。

二 为高质量经济发展提供人力资源支持

实现中国经济高质量发展，创新是第一动力，人才是第一资源。当

---

① 参见张宇燕、徐秀军《坚持对外开放推动经济高质量发展》，2020年1月5日，人民网（http://theory.people.com.cn/n1/2019/0129/c40531-30595341.html）。

② 郑秉文：《从国际经验看如何长期保持增长动力》，《理论导报》2016年第6期。

前，人力资本对经济增长的贡献率逐渐提高，对一个国家提升国际竞争力越来越重要。随着我国出现劳动年龄人口持续减少、就业弹性大幅增强等趋势性变化，人才资源发展面临新的挑战。如何回应新形势新要求，在中国经济新常态下提升人力资本，用好人才这个第一资源，为高质量发展提供重要支撑[1]，为顺利跨越"中等收入陷阱"提供关键人才与高端人才支撑。

改革开放以来，中国劳动年龄人口数量不断增加，在总人口中所占比重不断提高，由此引致的丰富劳动力供给和配置效率，与较低的社会总抚养比所引致的高储蓄率，从劳动和资本两方面推动了中国经济增长。这种由人口年龄结构变化而产生的经济增长效应，就是人口红利[2]。蔡昉认为，1978—1998年期间劳动力数量增长对中国国内生产总值增长率的贡献份额达24%，人力资本因素的贡献份额为24%[3]。胡鞍钢认为，中国人口发展形势是机遇与挑战并存，但是机遇大于挑战。所谓机遇就是20世纪70年代以来实行的人口计划生育政策，人口数量过快增长的势头得到有效控制，在低收入条件下进入"低出生率、低死亡率、低增长率"的阶段和劳动力年龄人口高比重阶段，形成"人口（生育控制）红利"[4]。而且中国过去几十年来的人力资本主要依赖于劳动力数量，就是通过人口数量红利实现了经济高速发展，也创造了中国经济增长奇迹。而人口老龄化的快速增长与程度加深，人口数量红利的逐渐消失，要继续实现经济发展，只能依靠人口质量红利，而且得依靠高质量人力资本。

（一）快速积累人力资本

改革开放以来，中国教育的快速发展为经济发展积累了大量人力资本，但从整体上看，中国人力资本的积累与高质量发展的要求还不是很

---

[1] 参见王博雅《为高质量发展提供人力资源支撑》，2020年12月2日，人民网（http://theory.people.com.cn/n1/2020/0325/c40531-31647063.html）。

[2] 王定、刘基：《后人口红利时期的中国经济增长与政策调整》，《西北人口》2013年第3期。

[3] 蔡昉：《人口转变、人口红利与经济增长可持续性——兼论充分就业如何促进经济增长》，《人口研究》2004年第2期。

[4] 胡鞍钢：《中国中长期人口综合发展战略（2000—2050）》，《国情报告》（第10卷）2007（上），清华大学国情研究中心，2012年，第16页。

匹配。即使是中低档专业技术人才，如一般技工人才也较为缺乏，制造业企业普遍遇到招工难，招技术工人更难的窘况。但相反的是，一些大学毕业生却找不到工作，每年都存在就业难的问题。这已充分说明，中国目前人力资本积累与经济社会发展的需求是不匹配的。随着用工荒、老龄化不断演进，人口红利已逐渐消失殆尽。随着中国进入人口转变阶段后期和第二次人口红利的启动，收获人口素质红利需要有一系列的制度建立与创新，从而可以更顺畅地实现从第一次人口红利过渡到第二次人口红利，为实现经济高质量发展，必须全面启动人口素质红利的实现机制，加大对人的投资，开发与提高人口质量红利，不仅有利于人口综合素质的提高，更有利于经济新常态下人口与经济历史转折点的特殊时期促进中国经济发展。

从中国人口转变和经济发展历程来看，从20世纪70年代到90年代末，人口转变主要是通过无限劳动力供给和高水平国民储蓄率，为中国经济增长提供了一个较长时间的"人口红利期"，成为中国近几十年来的经济增长奇迹的一个重要贡献力量。21世纪进入后人口转变时期，劳动力无限供给和高水平国民储蓄率带来的"人口红利期"逐渐消散，"人口负债期"即将来临，对中国可持续的经济增长造成不利影响，人均可支配收入将有可能长期处于中等收入水平。因此，在人口学视野下，提出中国在经济发展机制上应加快从人口红利到人力资本红利的转变，完善人力资本积累，从而发掘中国经济可持续增长的新动力。此外，从投资与消费角度，提出调整中国储蓄结构，深度挖掘老年化消费市场等经济发展新路径，以此推动中国经济快速跨越"中等收入陷阱"。

进入人口转变后期，人口生育率将长期保持在极低水平，适龄劳动人口无法保持原有的增长速度，自2010年来虽然中国劳动力人口数量依旧持续上涨，但占总人口比重自2011年起达到峰值以来已连续9年下降，同时就业人口总量在2018年来首次出现下降，但劳动年龄人口总量仍有约9亿人，就业人口（15—59岁）总量仍达7.8亿人，说明中国劳动力资源仍然丰富。劳动年龄人口比重下降，意味着劳动人口老化程度的进一步加深，这势必给劳动力供给、储蓄、社会保障以及投资等方面产生重要影响。面对该现实，既要改变人力资本积累模式，从劳动力数量增长转向劳动力质量增长，加速由传统发展过程中注重人口数量红利向注重劳动力质量的人力资本红利转型。从而达到人力资本红利倒逼经济发展模式转型的状态，促使经济发展模式由粗放型向集约型、劳动密集型向人力资本型的转变。同时还要想方设法通过提高劳动参与率，扩大和保障就业等方式，充分发挥现有劳动年龄人口和就业人口的作用，通过改善劳动年龄人口结构，提高劳动年龄人口素质，积极开发人力资源与扩大人才资源的作用，未来经济增长潜力可期。

随着中国经济转型升级的推进，劳动者技能水平和岗位需求不匹配的结构性矛盾已越来越突出，尤其自 2010 年中国劳动力供求市场跨过刘易斯拐点后，中国经济新常态经济增长速度从"高速"到"中高速"的转变，劳动力供求关系的变化在时间上基本一致，人口红利期逐渐消失，劳动资源稀缺性开始显现，工资就会上涨，结果导致一些劳动密集型产业失去利润空间。为保持经济的持续增长，在劳动密集型产业失去比较优势之前，必须在技术和知识密集型产业中建立比较优势。然而传统以来，人口红利一直是推动中国经济增长的重要因素[1]，随着中国教育水平的提升，以质量为导向的人力资本红利将取代以数量为主的人口红利，成为中国经济增长的人口推动力，这也是中国快速跨越中等收入阶段的重要力量。具体来说，主要包括人力资本红利、就业结构红利、就业总量红利[2]，人力资本红利指由教育发展产生的直接受益，国民受教育年限不断提高，进而增加中国人力资本总量。就业结构红利是指中国高等教育水平的提高，会加速劳动力从农业部门向非农部门的转移，全面提高劳动部门的生产率。就业总量红利指教育普及化程度加大，对于提高劳动人口的劳动参与率有着重要的帮助。特别是随着中国现代女性的就业参与度的极大提升，随着医疗与科技水平的提升，老龄人口延迟退休政策的逐步落实，将会进一步扩大中国就业人口总量与提升人力资本存量。

总之，开发人力资源红利以提高人力资本存量，实现开发人力资源

---

[1] 陆万军：《国际视野下的中等收入陷阱问题研究》，《广东商学院学报》2012 年第 4 期。
[2] 胡鞍钢、才利民：《从"六普"看中国人力资源变化：从人口红利到人力资源红利》，《清华大学教育研究》2011 年第 4 期。

红利边际效应远大于传统人口数量红利条件，如能充分开发中国庞大的人力资源红利市场，不但能够抵消因人口红利减弱带来的消极影响，还能进一步持续为中国经济发展提供充足的经济发展动力。另外，始终把人才资源作为首要资源，通过供给侧结构性改革，明确以创新为主要动力，以人才为本作为核心充分挖掘人力资本潜能，不断提升人力资本对经济发展的贡献率，不断开发国际人才与高层次创新人才，以增强我国经济创新力和竞争力。

（二）大量提供高质量人力资本

经济要实现高质量发展，必须强调与重视发挥人的核心作用。人力资本是经济发展的后劲，经济发展潜力实际上就是体现在人力资本上，而且还需要靠高质量的人力资本。提供高质量的人力资本，聚集国际人才，需要有高质量的公共服务与政策支持。

首先要保证基本的公共卫生服务，其效用在于保证常住和流动人口的健康，以便其更多地参与市场经济建设，以实现人口劳动参与率与劳动生产效率不断提高。其次是要提供良好的教育服务。劳动力受教育水平的提高，将直接影响劳动生产效率水平的提高，高质量的人力资本水平是顺利实现增长模式由低附加值、初加工向高附加值制造业和现代服务业转变的保证。最后是培养终身学习型组织，实现市场中的劳动力有较高人口效率。

中国目前已经临近中高收入阶段的门槛①，2019 年中国人均 GNI 为 10410 美元（现价美元），距离高收入国家的门槛还相差近 2000 美元。根据王小鲁等人（2009）的研究，改革开放以来，中国经济增长呈现高储蓄、高投资、高消耗、劳动密集、环境代价高和出口导向等特点，而上述经济增长特点被某些国外学者称为"不可持续的增长"经济发展方式。虽然在国内，学术界对此观点也仍有争议，但从中国经济发展所面临的诸多现实约束条件与发展走向来看，单纯依赖诸如要素投入以推动经济

---

① 根据 2019 年世界银行人均国民总收入分组及标准，低收入国家上限为 1025 美元，1026—3995 美元为中低收入国家，3996—12375 美元为中高收入国家，超过了 12376 美元为高收入国家。

增长的发展模式确实难以为继，经济增长方式转型乏力①、产业结构转型升级面临难题等相关表现形式，都表明中国经济可持续增长与发展面临着一定程度挑战。基于新常态的现实与发展阶段的基本判断，以及前述"中等收入陷阱"所发生的基本原理与经济环境，中国经济转型与发展确实需要从已成功跨越了"中等收入陷阱"的相关国家经历中吸取有效经验，从长期陷入"中等收入陷阱"的有关国家发展历程中吸取某些教训，以分析中国现阶段所处的人口转变阶段与人口变动趋势下，有效发挥新常态下的中国在迈入高收入行列进程中的相关效应，以作为推动中国经济快速增长的动力。

（三）尽快提高人口效率与人力资本存量

国家的一切经济活动是以人口为基础，合理的劳动力人口结构比例、较高的人口效率和人力资本存量决定着经济增长的潜力。我国人口转变即将完成，也将很快进入人口负增长时代，虽然劳动力数量有所减少，人口红利逐渐消失，但我国人口问题的实质不是人口数量的减少，而是人口结构的严重失衡，也是成功迈入高收入阶段的重要因素。为此，国家应采取有效手段破解人口困境。

首先，需要加大教育投资，提高人口效率。经济新常态下，面对我国人口结构失衡等不利因素，应加强从基础教育到高等教育以及职业教育投资，把教育与培训贯彻于人生整个阶段应成为新常态下经济发展的新的发动机与推动力。

其次，应实施全民健康计划，提升健康人力资本与人口整体素质。人口质量、人口效率的提升不仅是教育的投资，还应包括人口身心健康的发展，因此，要大力倡导优生优检优育政策，大力降低新生儿缺陷。鼓励民众科学进行体育锻炼与心理疏导，积极开展健康讲座，严格防治公共卫生事件与重大传染疾病，提升全民健康素养与健康素质。

最后，应尽快提高全民受教育年限与教育水准，培养终身学习、

---

① 转引自张德荣《"中等收入陷阱"发生机理与中国经济增长的阶段性动力》，《经济研究》2013年第9期。

终身教育的习惯与能力，全面提高人口整体素质，提高全民人力资本存量。

三 积极开发新型人口红利

当前，中国人口问题对新时期经济发展带来了一定的负面影响，首先是过去充足的劳动年龄人口和较低抚养比的传统人口红利对经济发展的支持作用难以为继。一般来说，劳动年龄人口作为经济增长的内生性变量，影响整个经济发展的长期均衡，进入经济新常态后显现出来的年龄结构失衡带来的结果是劳动年龄人口减少；第二大挑战是人口老龄化的日益加剧，养老负担的逐年加重，制约着中国经济发展步伐。其次是机遇显现，即新型人口红利逐渐凸显。作为一个人口大国，传统人口红利为中国社会经济、教育和医疗卫生等方面发展做出了巨大贡献。最后导致的可能人口后果是：人口预期寿命延长、人口素质提高、现代型人口产业结构形成和人口城镇化发展，直至新型人口红利机会窗口的形成。

（一）新型人口红利分类

1. 老年人口红利

首先，老年人力资源、老年人消费与服务需求的新型人口红利可继续服务于社会经济建设任务。一方面，人力资源的本质体现为人力资本，老年人力资源通过长时间投资形成。老年人经历过多年的知识学习教育、社会生活和生产实践经验，积累了大半生资本。对凝聚在其身上的这些能力总和加以充分利用，能够继续充实短缺的劳动力市场，增加劳动人口数量。老年人在退休之后的劳动能力不会马上消失，所拥有的人力资源能量释放在进入老年阶段会保持一种惯性，即在一定时期继续为社会带来收益[①]。另一方面，面对日益增长的老年人口数量及其需求，诸如医疗器械、养老机构、继续学习、保健服务和文娱设施等，科学稳定地扩展"银发市场"，不仅能促进产业结构和就业结构的调整，还有助于建立社会化服务体系，推动第三产业的服务与发展。此外，少年人口和老年

---

① 王树新、杨彦：《老年人力资源开发的策略构想》，《人口研究》2005 年第 3 期。

人口的需求分别是成年人需求的70%左右，老年人口需求可能要高一些，要比少年人口高16%—18%①。因此，老年人口的消费与服务市场也将成为中国经济开发与持续发展的新领域、新增长点。

2. 人口素质红利

基于人力资本理论的两个基本观点，一是在经济增长中，人口素质资本的作用要远大于物质资本作用；二是人力资本的核心是提高人口质量，教育是提高人力资本的关键与重点。中国教育与培训水平的提高，增加了劳动者人力资本，使人力资本替代劳动力数量得以成为可能。有学者在驳斥人口红利消失说法中提到：中国新的人口红利正不断出现，人力资本改革下，大量的技工已经培育出来，随着国家和家庭对教育的更多投入，人们的教育文化素质显著提高，我国正从技工时代向高级技工时代转变②。"七普"公报显示，2020年，我国拥有大学（指大专及以上）文化程度的人口为218360767人；拥有高中（含中专）文化程度的人口为213005258人；拥有初中文化程度的人口为487163489人；拥有小学文化程度的人口为349658828人。与2010年第六次全国人口普查相比，每10万人中拥有大学文化程度的由8930人上升为15467人；拥有高中文化程度的由14032人上升为15088人；拥有初中文化程度的由38788人下降为34507人；拥有小学文化程度的由26779人下降为24767人③。日益增长的高素质劳动者队伍，使中国劳动力结构正在发生质的飞跃，一旦强大的劳动力资源得到有效利用，将产生巨大收益。同时，接受教育时间越长，劳动者的技术水平越高，就能够进一步摆脱粗放式的、集约式的、依靠低成本劳动力发展的不利局面。

3. 现代型人口产业结构红利

人口产业结构转变反映了中国社会经济活动人口在国民经济各部门

---

① 田雪原、王金营、周广庆：《老龄化：从"人口盈利"到"人口亏损"》，中国经济出版社2006年版，第271页。
② 厉以宁：《培训高级技工可以创造新的人口红利》，2020年12月2日，和讯新闻（http://news.hexun.com/2013-02-04/150934725.html）。
③ 《第七次全国人口普查公报（第六号）》，2021年7月1日，国家统计局（http://www.stats.gov.cn/tjsj/tjgb/rkpcgb/qgrkpcgb/202106/t20210628_1818825.html）。

的分布、组合和转换,是经济产业结构与人口结构的综合。根据《中华人民共和国2019年国民经济和社会发展统计公报》显示,全年国内生产总值990865亿元,比上年增长6.1%。其中,第一产业增加值70467亿元,增长3.1%;第二产业增加值386165亿元,增长5.7%;第三产业增加值534233亿元,增长6.9%。第一产业增加值占国内生产总值比重为7.1%,第二产业增加值比重为39.0%,第三产业增加值比重为53.9%。全年最终消费支出对国内生产总值增长的贡献率为57.8%,资本形成总额的贡献率为31.2%,货物和服务净出口的贡献率为11.0%[①]。其中第三产业占GDP比重自2015年首次突破50%以来持续实现强劲增长。可见,目前中国经济增长主要动力来自于第三产业,第三产业创立新高,也成为了中国经济增长的新引擎,对经济的主导作用也在日渐增强。其次为第二产业,农业对GDP增长的贡献最低而且远低于第二、三产业。

目前,发达国家第三产业占GDP比重高达70%左右,2018年美国该值为87.876%[②]。从经济总量看,2019年中国国内生产总值接近100万亿元,按照年平均汇率折算达到14.4万亿美元GDP。占世界经济总量的比重从2012年的11.4%提高到2019年的16.4%,约相当于美国同期的67.19%,稳居世界第二位;从经济增速看,6.1%的经济增速位居世界前五大经济体之首(美国2019年GDP增速为2.161%),对世界经济增长贡献率在30%左右,持续成为世界经济增长最大贡献者,依旧是世界经济增长的动力之源;从贡献率来看,1961年至1978年,中国对世界经济增长的年均贡献率为1.1%。1979年至2012年,年均贡献率为15.9%,居世界第2位。2013年至2018年,年均贡献率提升至28.1%,居世界第1位。2018年,中国对世界经济增长的贡献率为27.5%,比1978年提高了24.4个百分点。从消费结构看,2019年我国居民消费恩格尔系数为28.2%,仍远高于发达国家的水平,说明中国百姓还需要用较高比重支出以满足吃饭穿衣等基本需要。2019年,中国第一、二、三产

---

① 《2019年国民经济和社会发展统计公报》,2020年12月3日,国家统计局(http://www.stats.gov.cn/tjsj/zxfb/202002/t20200228_1728913.html)。

② 世界银行官网(https://data.worldbank.org.cn),2021年6月8日。

业就业人口占比分别为 25.1%、27.5% 和 47.4%①，其中第一产业就业人员占比大幅高于第一产业占 GDP 比重，第一产业就业人口还将持续向第二、三产业转移，从低生产率部门向高生产率部门转移，就业结构调整型人口红利将成为全要素生产率提高的重要来源。

4. 人口城镇化红利

城镇化红利是最大的人口红利，城镇化通过非农产业与人口向城市聚集和转移，提高资源要素的配置和利用效率，从而产生远高于分散定居农村并从事农业生产的收益②。按照中国未来 70%—75% 的城镇化率目标，还将有 1.4 亿—2 亿左右农业人口进入城市，1 亿左右的半城镇人口继续城镇化。城镇化所引起的人口聚集与流动，提高了劳动力尤其是改善了人才的配置和合理效率③，从而为国家社会经济发展提供发展红利。

人口新特点是中国人口转变的结果，新型人口红利是人口新环境、新特点下产生了第二次人口机会窗口，而新型人口红利又创造出跨越"中等收入陷阱"的动力机制，具体关系正如图 8-2 所示，中国人口新特点表现为人口增长率持续走低、劳动年龄人口减少、少子化和老龄化并存、人口预期寿命延长、人口文化素质提高、城镇人口比重增加和现代型人口产业结构初见端倪。人口新特点下，中国传统人口红利优势已经消失。但与此同时，以老年人口红利、人口素质红利、人口产业结构调整红利和人口城镇化红利为主的新型人口红利逐渐产生。而新型人口红利在新常态中成为中国当前跨越"中等收入陷阱"的动力机制。

（二）实现新型人口红利的相关路径

中国新型人口红利主要表现为老年人口红利、人力资本红利和就业结构调整型红利。充分发挥新型人口红利优势，以更好地适应人口新特征下的经济持续发展。

1. 拓展数量型人口红利

我国劳动年龄人口占总人口比重在 2010 年达到顶峰后呈现下降趋势，

---

① 《2019 年国民经济和社会发展统计公报》，2020 年 2 月 28 日，国家统计局（http://www.stats.gov.cn/tjsj/zxfb/202002/t20200228_1728913.html）。
② 倪鹏飞：《新三大红利支撑未来中国经济》，《中国中小企业》2013 年第 1 期。
③ 倪鹏飞：《新三大红利支撑未来中国经济》，《中国中小企业》2013 年第 1 期。

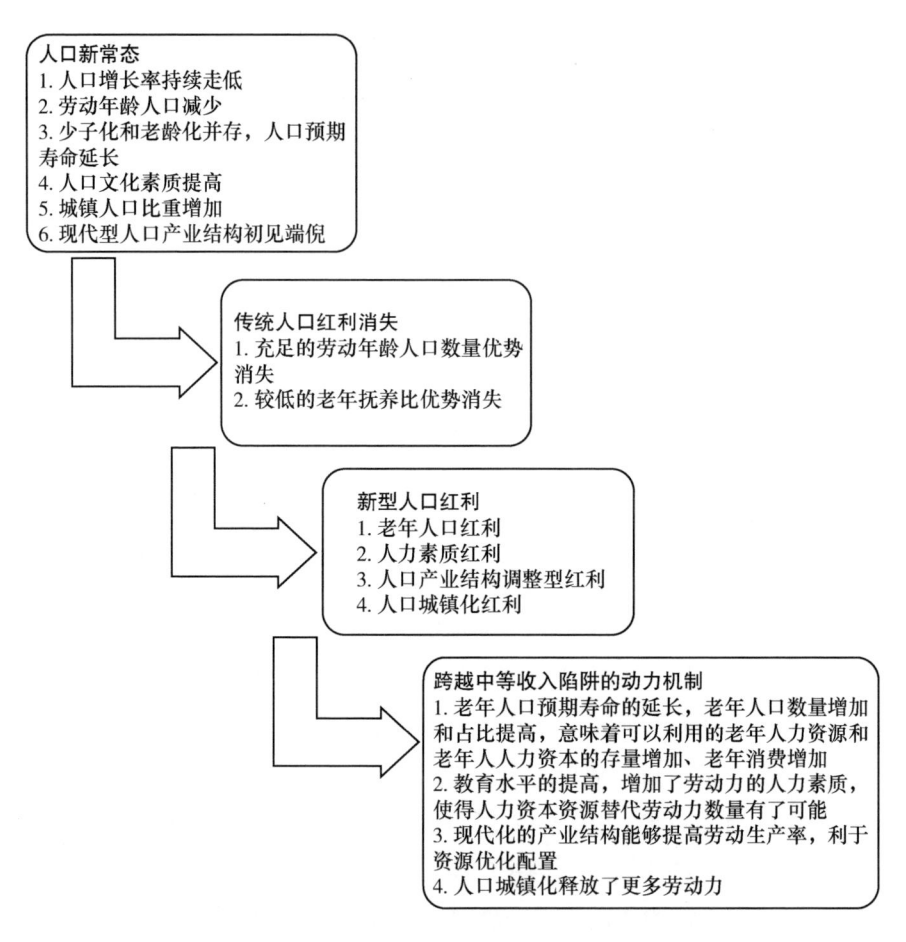

```
┌─────────────────────────────┐
│ 人口新常态                  │
│ 1. 人口增长率持续走低       │
│ 2. 劳动年龄人口减少         │
│ 3. 少子化和老龄化并存，人口预期│
│    寿命延长                 │
│ 4. 人口文化素质提高         │
│ 5. 城镇人口比重增加         │
│ 6. 现代型人口产业结构初见端倪│
└─────────────────────────────┘
          ↓
     ┌─────────────────────────────┐
     │ 传统人口红利消失            │
     │ 1. 充足的劳动年龄人口数量优势│
     │    消失                     │
     │ 2. 较低的老年抚养比优势消失 │
     └─────────────────────────────┘
               ↓
          ┌─────────────────────────────┐
          │ 新型人口红利                │
          │ 1. 老年人口红利             │
          │ 2. 人力素质红利             │
          │ 3. 人口产业结构调整型红利   │
          │ 4. 人口城镇化红利           │
          └─────────────────────────────┘
                    ↓
               ┌─────────────────────────────────────┐
               │ 跨越中等收入陷阱的动力机制          │
               │ 1. 老年人口预期寿命的延长，老年人口数量增加│
               │    和占比提高，意味着可以利用的老年人力资源和│
               │    老年人力资本的存量增加、老年消费增加│
               │ 2. 教育水平的提高，增加了劳动力的人力素质，│
               │    使得人力资本资源替代劳动力数量有了可能│
               │ 3. 现代化的产业结构能够提高劳动生产率，利于│
               │    资源优化配置             │
               │ 4. 人口城镇化释放了更多劳动力│
               └─────────────────────────────────────┘
```

图 8-2　人口新特点与新型人口红利关系

人口红利逐渐进入末期，老年人口及其占总人口比重在过去相当长的时间里一直缓慢上升，同时伴随中国新型城镇化与现代工业、现代化社会建设的推进，未来 15 年将有 1 亿—1.5 亿农民工进入城市。同时随着教育培训制度的进一步完善、就业环境的日益改善，劳动力参与工作的意愿也将不断提高，进一步提高全民劳动参与率完全具备充足的条件，这将拓展我国继续收获传统意义上的数量型人口红利空间。这在一定程度上可以抵消因人口老龄化所带来的负面影响，使得传统意义上的人口数量红利期限得以延长。

2. 积极开发老年人口红利

第一,分层延迟退休策略,充分开发与利用老年人力资源和人力资本。现在的老龄人口在过去的20年是国家绝对的劳动力主力军、生力军,也是第一次人口红利的劳动力大军,为国家经济发展做出了巨大贡献。他们虽然现在年龄上已逐渐老去,但大多数人身体依然硬朗,且拥有丰富的工作经验与阅历、生产技术和高人力资本存量,通过延迟退休,特别对技术型、专业性强的老年型人才实行延迟退休策略,制定政策支持有序分层地延期退休,以充分开发与利用老年人力资源。总体上就能实现因"传统人口红利"减弱所带来的生产能力损失,可以被生产性老龄社会带来的经济社会贡献增加所替代。

第二,通过启动老年消费,释放消费对经济增长的巨大推动力,利于中等收入阶段诸多经济社会矛盾的有效解决。消费是经济增长"三驾马车"中持续性最强、稳定性最可靠的强大推动力,老年人口消费与其他年龄人口消费相比,具有某些明显特征,老年人口消费规模、质量和结构,势必随着人口老龄化推进而变化发展,充分挖掘和释放老年人口消费潜力,尤其是老龄化与居住、家庭设备及服务消费,老龄化与医疗保健、交通通信消费的市场都是可以实现充分激发老龄人口消费的市场。比如旅游业的大发展直接孕育并推动了中国老年旅游业的发展。近年来,老年旅游产业发展较快,老年旅游需求强劲,老年旅游人数增加,老年旅游产品较丰富,专业老年旅游企业和老年旅游目的地景区日益增多,老年旅游市场交易活跃,老年旅游市场逐渐扩大。老年旅游企业成长迅速,已形成了多种运作模式,形成了一系列老年旅游品牌,形成了良好的发展态势,发展空间巨大[①]。2011年,我国老年旅游市场规模仅有4855亿元,2012年出现小幅下降,即使新常态以来该市场规模依然持续上涨,2016年首次破万亿,为10250亿元,比2015年同期增长13.71%,2017年,老年旅游市场规模为11857亿元,比2016年同期增长15.68%。由于旅游市场不规范、导游强制消费事件频出,2018年老年旅游市场增

---

① 《2018年中国老年旅游行业运行现状及需求特征分析,老年旅游将往规范化发展》,2019年12月3日,华经情报网(https://www.huaon.com/story/457013)。

速有所放缓，2018 年我国老年旅游市场规模约为 12520 亿元（图 8-3）。

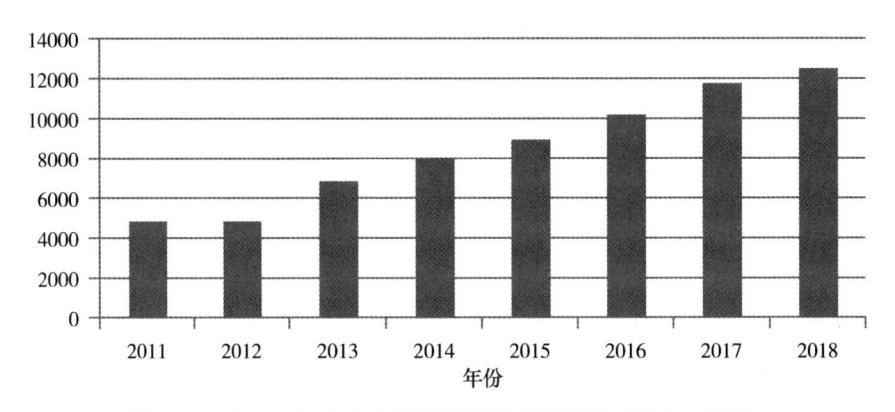

图 8-3　2011—2018 年中国老年旅游市场规模（单位：亿元）

资料来源：转引自华经产业研究院《2019—2025 年中国老年旅游行业发展前景预测及投资战略研究报告》。

另据近期全国老龄委的一项调查显示，目前中国每年老年人旅游人数大约占到了全国旅游总人数的 20%，为旅游事业的发展和旅游景区的经济发展提供了更多消费潜力。因此，在老龄化人口形势下，应重点充分开发利用老年消费市场，释放老年消费对经济增长增添活力。

3. 积极开发人力资本红利

人口文化素质的提高为中国创造了新的人口红利，充分利用人才资源优势，通过鼓励更多高素质人才在工作中勇于创新，提高生产效率与工作技能；让更多青年技术人才、大学生和研究生能够充分利用自己的人力资本优势，大胆创业，增加市场活力，创造更多经济价值。首先，大力发展职业教育。职业教育显著特点与实际生产过程的联系尤为紧密，特别具有针对性。通过发展职业教育开发人力资源优势开发中国新人口红利，为市场提供更多急需的技能人才，从而促进经济发展。其次，加快普及高中阶段教育。高中阶段教育是学生个性形成、自主发展的关键期，对提高人口素质和培养创新人才具有特殊意义[①]，通过高中教育的普

[①] 《国家中长期教育改革和发展规划纲要（2010—2020 年）》，2021 年 3 月 3 日，中华人民共和国教育部（http://old.moe.gov.cn/publicfiles/business/htmlfiles/moe/info_list/201407/xxgk_171904.html?authkey=gwbux）。

及,能够提高国民整体的受教育水平,提高国家人口素质红利,为国家经济发展提供优质人才。最后,增加企业员工培训机会。通过干中学与在职学习等方式,政府与企业应免费提供给员工更多学习技能与理论知识的机会,随时提高员工技术技能。

4. 努力开发就业人口结构调整型红利

就业人口结构调整型红利开发就是要进一步解放农村生产力,推动农村剩余劳动力有序、合理地进行转移,从而实现劳动就业不断从农业部门向非农部门转移。目前我国正在经历快速的工业化和城镇化发展过程,但农业劳动力的规模仍然庞大。即通过积极开展农村富余劳动力的职业技能培训,为劳务市场和用工单位定向培训、以需培训,从而实现农业剩余劳动力持续向第二、三产业转移,实现从低生产率部门向高生产率部门转移,向市场需求实现定向定点人才输送,最终把就业结构调整型人口红利作为我国全要素生产率提高的重要来源。

5. 全面提升人口城镇化红利

推进以人为核心的新型人口城镇化,加快农业转移人口的市民化,将成为中国经济转型升级的巨大驱动力。通过户籍制度改革、推进居住证制度等改革,实现进城人员享有市民待遇,享受改革红利与共享改革成果,稳步促进有能力的、在城镇能稳定就业与生活的常住人口有序实现市民化,推进城镇基本公共服务常住人口全覆盖。

人口变动未来一段时期内仍将进入一段震荡期,这是中国人口发展基本态势,也是中国人口发展新特点之一。新型人口红利就是在人口现有发展特点的倒逼机制下产生的,是一种相生关系。在目前世界经济发展格局与中国经济新常态背景下,中国应及时对人口发展典型新特征作出调整与反应,充分利用其衍生的新型人口红利,实现经济持续增长与收入的增加,成为成功跨越"中等收入陷阱"的一项新动力。

四 深度挖掘老年消费市场与优化储蓄投资

随着中国人口老龄化不断增速,老年市场规模也正逐步扩大。党的十九大报告指出,"要积极应对人口老龄化,构建养老、孝老、敬老政策体系和社会环境,推进医养结合,加快老龄事业和产业发展。"据中国老龄协会预计,到 2020 年,我国老年消费市场规模将达到 3.79 万亿元。我国老龄产业市场潜力巨大,发展前景广阔,有望成为经济发展新增长点①。

(一) 重点挖掘老年消费市场

人口老龄化对地区或国家的经济发展影响是多方面的,邬沧萍认为,人口老龄化对经济的影响主要表现在影响经济的发展速度、劳动生产率、消费和储蓄方面②。从生产和消费来看,人口老龄化对经济发展的影响是双重的。一方面,随着中国人口老龄化趋势的加深,老龄人口无论从相对比例还是绝对人口数量上,都是一个无法忽视的庞大群体,造成劳动年龄人口不足,给经济社会发展带来一定消极影响,主要体现在社会养老、医疗方面的投入加大,造成储蓄率降低,投资减少。另一方面,从消费角度来说,老年人口比重上升和数量的增加,会有利于开拓老年人口消费市场,如老年医疗保健、康复器材、护理用具、养老服务、生活用品等方面的消费需求增加③。因此,庞大的老年消费市场需求必然促进社会经济结构的转变,进而带动老年相关产业发展,进一步拉动与刺激国内需求性经济。同时,随着社会医疗水平和生活水平的上升,部分"老龄化"而非"高龄化"④ 老年人口具有一定的生产能力,并且这部分老年人的专业知识、技能以及生产经验都要比年轻人更加丰富,特别是从事科研事业的老年群体更是对科学技术的进步有着卓越贡献,对社会进步更是一笔宝贵的财富。老年人消费市场需求的开拓是中国促进内需,促进经济发展的有效动力,所以说老年人口消费市场的挖掘也是中国跨越"中等收入陷阱"的有效路径之一。

(二) 优化储蓄投资

近几十年来,充满活力的人口年龄结构为中国经济快速发展做出了

---

① 《中国老龄协会发布的需求侧视角下老年人消费及需求意愿研究报告》,2020 年 12 月 6 日,民政部 (http://smzt.gd.gov.cn/mzzx/qgmz/content/post_2284695.html)。

② 邬沧萍:《社会老年学》,中国人民大学出版社 1999 年版,第 318—319 页。

③ 包玉香:《人口老龄化的区域经济效应分析——基于新古典经济增长模型》,《人口与经济》2012 年第 1 期。

④ 高龄化是指年龄在 80 岁及以上的高龄老人占全体老年人口 (60 岁及其以上人口) 的比例。

巨大贡献，同时保持了较高的国民储蓄水平。值得注意的是，当中国经济趋于平稳，过高储蓄率也会导致经济结构失衡，储蓄转化为投资效率低和内需相对不足，也是近年中国经济减速的原因之一。如果一个国家或地区有充足的储蓄资金，但没有正确地用在有效投资上，不但不会促进经济发展，而且可能会造成国民资源浪费。优化储蓄投资结构，避免投资的单一性、重复性与所谓的重点项目，不仅要将储蓄资源用于资本市场的直接投资，更应结合当前实际情况，将储蓄投资与人口因素、收入差距以及社会保障等问题结合起来，将部分储蓄合理地投入教育、医疗、养老等公共事业发展上。这样既可以有效地提高居民收入水平、促进社会的相对公平，同时也可以更科学地利用资源，减少政府对企业的干预，促进经济发展，有效促进居民快速度过中等收入阶段。

此外，随着人口转变日益加深，人口老龄化问题越来越严重，可以将一些过剩的储蓄资金用以解决老龄化问题，如将储蓄投资用以支持老年产业发展，以及完善相关社会保障事业。

五 完善人力资本积累体系与提升人力资本积累水平

（一）完善人力资本积累体系

人力资本积累是经济可持续发展的重要推动力，人口转变造成了人力资本积累体系发生了较大变动，经济发展要素也随之转变。快速完善人力资本积累体系对于中国新常态经济形势有着重大现实意义。

首先，不仅要对劳动者个体加强其自身素质，更要从宏观方面加强政府管理、政策支持以及地区间的人力资本配置。教育与健康水平是个体劳动者人力资本积累最为重要的两个方面，中国劳动力数量众多，但整体教育水平却不是太高。根据《中国劳动力动态调查：2017年报告》中显示，中国劳动力平均年龄为37.62岁，受教育程度以中等教育为主，平均受教育年限为9.02年，在世界各国排名中仅是中等水平，更是远不及美国、日本等发达国家的水平。长期以来，中国基础教育发展的瓶颈在于经费短缺，经济的快速发展与教育事业滞后出现相对不平衡状况，且地区间教育投入差距还在不断扩大。优化财政教育支出结构、支持社会资本进入教育事业，有助于中国教育的快速发展与人力资本存量的提高。

第一，就身体素质而言，首先，应尽早建立与完善国民医疗保障体系，实现城乡医疗保障体系一体化建设；实施婴儿出生缺陷干预工程，提高出生人口素质；推进人口早期教育，为提高人口素质打好基础。其次，还应完善与建立有激励性的社会养老保障制度，比如开发老年人银发市场以实现劳动激励供给，不仅可以减轻社会养老成本，还能促进第二次人口红利的实现。最后，鼓励老年人储蓄激励，可以有效减轻家庭与社会负担，如果老年人不过度依赖社会公共产品的转移支付，不过分依赖家庭转移支出，社会就可以更多地消除或减轻因老年人口比重增加带来的不利影响。

第二，就文化素质而言，应重视教育事业发展和职业培训制度，科学进行教育资源配置，尽可能实现教育公平。1992年以前，农村人力资本总量高于城镇；1993年起，城镇人力资本总量一直高于农村。《中国人力资本报告2014》曾指出，近年来中国人力资本增长并非由相应的人口增长导致，而是由教育及其他因素所推动。应当继续深化义务教育制度，同时重点关注高中阶段入学率与辍学率。在高等教育阶段，还应提倡技术进步，实施创新驱动发展。政府对市场管控方面，应引导法律法规、交易制度向促进企业家精神发展方向制定。科学技术和创新能力对于经济发展起着变革作用，只有提升高端人才的人力资本，"中国制造"的人力资源优势才能转变成为"中国创造"的人力资本优势。《中国人力资本报告2018》中显示，2016年，中国人均人力资本按当年价值计算为147万元，其中城镇为209万元，农村为58万元；男性为193万元，女性为96万元。1985—2016年间，中国人力资本总量增长9.36倍，人力资本总量的年均增长率为7.98%。2006—2016年，人力资本总量的年均增长率为6.22%①。随着中国人力资本总量的逐年提升，重在人口素质红利的实

---

① 《中国人力资本指数报告2018》（中文版），2020年12月5日，中央财经大学中国人力资本与劳动经济研究中心（http://humancapital.cufe.edu.cn/rlzbzsxm/zgrlzbzsxm2018/zgrlzbzsbgqw_zw_.htm）。

现。建立与完善教育制度、培训制度是提高人力资本的重要因素，就是实现人口素质红利的重要条件。比如针对劳动者人力资源存在年龄差异的问题，应该鼓励有一定劳动技能且身体健康许可的老人重新进入或继续留在市场，以满足丰富的经验与较高劳动技能岗位的需求，更好地为社会做出有益贡献。对年龄稍长的劳动者可以选择做培训教师以传授相关经验与技能，同时对所有劳动者建立完善的终身学习机制，用各种培训提高在职劳动者的劳动技能与素质。

第三，针对人力资本地区发展不平衡，从政策上应积极实施财政转移支付，加大欠发达地区人力资本投入，着力提升该地区人力资本，即从教育公平视角加快欠发达地区教育投入。同时政府还要积极引导中国东、中、西部地区产业转移与承接，降低劳动者务工迁徙的物质费用和心理成本，最大限度地发挥劳动者的潜质和能动性。同时还应努力建立公平、合理的收入分配制度，这样可以更大限度地激发人的工作积极性与主动创造性。

第四，针对劳动者素质与未来产业转型升级不配套等问题，应当重视职业教育与在职培训发展，尽快建立完善现代职业教育体系与终身教育体系。一方面，大力发展中高等职业教育，系统培养初级、中级和高级技术技能人才；另一方面，还应实现工资与劳动效率的同步上涨，形成以较高工资和较高劳动效率组合为表现的、新的劳动力成本优势，同时还需要进一步建立和完善社会保障制度，确保劳动者的基本权益和合理诉求得以实现。

第五，针对劳动力数量下降，应建立一个更具有竞争性、完善的劳动力市场，减少信息不对称等不利于劳动力发展的市场因素，不仅可以降低劳动力资源进入市场的成本，优化资源配置，还可以真实地表达全劳动力市场的供求关系，有利于促进劳动力合理流动，同时可以激发更多潜在的劳动力资源有目的性地进入市场，增加劳动力供给，创造更大的人口红利。

总之，根据当前中国人口素质现状，要想尽快实现向人口素质红利转变还需要发挥政府的主导作用，积极开发人力资源并提高人力资本利用率，加强政策引导，才能逐步实现人口素质红利，以更好地促进经济社会快速发展。此外，提高劳动力质量以积累更多的人力资本迫在眉睫，加快城乡人口空间转型以推动人力资本积累，人口空间转型不仅可以带动人口城市化进程，大量农村转移劳动力在城市形成规模性人力资本积累，同时还可以提升劳动力视野与学习机会，提高劳动力素质积累。针对人口城市化与产业结构切合度不够，经济制度不够完善、劳动力素质较低等问题，可以学习西方发达国家建立完善的社会服务系统。充分利用政府宏观政策、现代信息技术带动人口城市化发展；完善职业教育体系、改革户籍制度、社会保障制度，加强对人力资本投资的激励等措施，以保障人力资本积累从量到质发展的转型，从而为现阶段经济发展提供可持续发展动力。

（二）提升人力资本积累水平

过去，中国经济增长总体走的是劳动密集型发展道路，应该说，庞大的、潜在的人力资源优势没能全部转化为人力资源优势，更没有体现出人才资源强势。进入中等偏上收入阶段后无论发展道路还是体系建设，都在努力地调整产业结构升级和经济增长方式的转型，努力实现劳动力素质从传统数量型向现代质量型转变。也就是说，人力资本积累政策是否能顺应经济发展变化，人才资源能否成为实现产业转型发展的重要动力与源泉，将成为中国是否顺利迈入高收入行列的重要基础。

首先，劳动力工资水平上升及福利待遇的改善可以增强对人力资本投资能力，为自身及下一代提供更多教育和职业技能培训机会，为企业选聘高素质的员工提供人力基础；其次，在激烈的市场竞争中，企业也会加强对员工的在职培训，提升企业人力资本素质和水平。劳动力市场转折有利于促进人力资源到人力资本转变，劳动力要素向创新要素转变，保证了未来经济增长所需高素质劳动力供给。实际上，一些成功跨越"中等收入陷阱"的经济体，几乎都是通过重视教育培训[1]，有效地实现了人力资本长期累积以促进经济持续增长，比如日本、韩国。

---

[1] 黄海燕、王金哲：《劳动力市场转折对中等收入阶段发展的挑战及机遇》，《中国劳动》2015年第12期。

（三）制定积极有效的就业政策

首先，鼓励中小企业发展吸纳更多劳动力就业。研究表明，同样的资金投入、同样的经济增长情况下，中小企业和民营企业可以雇用更多劳动力，并且能够吸收各个层次的劳动力。其次，积极稳妥地推进城镇化建设，扩大就业水平和能力。城镇化发展为乡镇企业创造了更好的条件，能够有效带动服务业等第三产业的发展。再次，要提升国内消费水平，持续稳定就业。改革开放以来，中国通过出口、投资等拉动国内经济，使国民收入得到了显著增加，主要体现在国民储蓄的增加，不过消费水平还有很大提升空间，因此，树立正确的消费观念、完善和普及养老、医疗、失业等各方面的保障体系建设，使国民有着稳定的预期和保障，让国民敢主动消费、愿意且积极消费。中国正处在中高等收入阶段，提升国民就业能力、提升消费水平，不仅让中国经济避免落入"中等收入陷阱"，长远看还能提升国民生活水平与质量。

六　迈入高收入阶段后的中国人口发展

新常态下的中国经济发展还处于发展型、追赶型，仍然需要重视向先行者学习，需要向已成功迈入高收入行列的国家借鉴经验，更要吸取相关教训。需要贯彻新发展理念、履行新经济发展策略，同时还要从过去大量"铺摊子""增量""造势"转向"上台阶""提质"与"高效"。中国在迈入高收入阶段后需继续稳步发展，当前，人均国民总收入距离发达国家人均4万—5万美元仍有较大差距。从经济增长上看，以往中国经济高速增长主要实现数量追赶，未来经济增长将更多地表现为质量追赶。在高质量经济发展阶段，需要依靠发展更好、更高质量、更多科技创新为经济发展持续注入新的发展动力，增强创新能力、稳步提高创新实力、大幅提高科技发展能力及创新活动比重。用科技创新驱动高质量发展、用科技创新实力引领产品与服务上新台阶。与数量追赶类型的经济发展相比，质量追赶型对体制机制、发展条件和政策环境等都有更高的、更具体的要求，这是破解当前经济发展突出矛盾和问题的关键所在。整体看，即将迈入高收入行列的中国人口发展应与经济发展相适应。

（一）持续推进高质量的新型城镇化发展

当前中国人口结构还不适应高经济发展，根据相关预测，2025年左右迈入高收入行列时，常住人口城镇化率预计为65%左右。从高收入国家发展经验看，20世纪70年代中期城市化率普遍超过70%，2015年高收入国家城市化率平均值为81.1%，2018年北美洲城市化率达82%，可以说，实现了现代化的国家或地区城市化水平都比较高。因此，中国人口发展需要持续推进高质量的城镇化发展，让中国特色新型城镇化道路成为全民共识。新型城镇化建设，不仅关系到城镇化质量的提升，民众收入水平的提高，更关系到中国经济向高质量发展的成功转型。按照迈入高收入行列国家发展经验，中国城镇化率在2025年要达到70%，即从现在开始，4年需要提高近7个百分点。城镇化不仅要放弃盲目赶超指标的思想，同时要符合中国具体实际；不仅要实现土地城镇化，更要实现以人为核心的新型城镇化发展，实现中国人口结构向市民化社会的快速转型。

（二）加快更多高质量人才市场供给

经济发展与人口变化长期相互依存、相互影响、相互制约。新常态下的中国经济发展必须有高质量的人才队伍供给。

1. 提高人才质量

高质量的经济发展需要提高人才质量，这样才能实现人口与经济高质量发展的双向互动。只有尽快提高劳动者综合素质和技能，努力提升全要素生产率，尽早把中国人口大国提升为人力资本强国，这样才能助力经济高质量发展。经济高质量发展不仅要求大力提升人才的量与质，优化人才结构，还应科学促进人才在地区间合理有序流动，形成有利于区域协调发展的人才布局；不仅要鼓励人才进行积极创新，还要营造、激励与创新制度和环境，最大限度地发挥并激发人才的创造力。

2. 创新人才培养方式

全社会需进一步牢固树立"创新是引领发展的第一力量"发展理念，深化科技文化教育体制改革，破除科技成果转化、科技人员流动的障碍，加强知识产权保护。创新人才培养模式，不断拓宽人才培养途径，提高人才培养的质量和水平，优化人才知识结构，努力形成各类人才辈出、实用技能人才以及拔尖创新人才不断涌现的局面，促进人的全面发展。

3. 全面加强人力资本建设

中国特色社会主义进入新时代，经济发展进入新常态阶段。高质量的经济发展不能依靠增加投资、扩张规模以及加大出口的传统高速增长方式，必须以建设现代化经济体系为目标，以人才为首要资源①，挖掘人力资本潜能，提升供给体系质量和效率。高质量发展需要有充足的人才储备，必须以人才为支撑，所以在加速人力资本规模积累的基础上，优化人力资本结构，加强人力资本建设，使之更好地与产业结构的优化升级相匹配。

（三）扩大中等收入群体，形成以中产阶层为主的橄榄型社会结构

中国实现从中等偏上收入国家向高收入国家迈进，正在跨越中等收入阶段。中国经济虽具有足够的韧性、绝对的耐力抵御各种风险和挑战，但离同时实现"国强""民富"两个指标维度还有一定距离。就"民富"来说，这既是迈入高收入行列的重要指标，也是实现国家现代化的重要指标之一。按照国家标准统计，至2019年，有4亿人群为中等收入群体，即占全国总人口的30%进入中等收入阶层。如果从美国、韩国、新加坡以及日本等国家经验看，进入高收入国家行列后，中产阶层占总人口比重都超过60%。中国进入高收入国家行列，即使实现60%的全人口为中等收入群体，还要再挖掘、再帮助至少4亿人提升至中等收入水平，届时至少中国有8亿人口为中等收入群体。当影响消费、创新、社会进步的社会中产阶层达到上述比例，说明以中产阶层为主的橄榄型社会结构已经形成。

总之，一个国家或地区从中等偏上收入向高收入国家行列迈进，除了人均国民收入指标外，还应实现与此紧密相关的几个变量指标，包括经济体的最终消费率应达70%以上、城市化率超过70%、服务业比重超过60%、中产阶层群体比重超过60%。上述两个70%、两个60%指标是代表一个经济体是否进入高收入国家行列的重要标志。实现了这些指标，

---

① 盛翠荣：《高新技术制造业高层次人才引进绩效研究》，硕士学位论文，江苏科技大学，2019年，第20页。

意味着该经济体的经济结构、社会结构、人口结构以及治理结构等形态发生了结构性改变。由此可以认为，跨越"中等收入陷阱"迈入高收入国家行列，需要的是一个完整的现代化总体分析框架。

第三节 新常态下跨越"中等收入陷阱"亟须建设现代化经济体系

"从全面建成小康社会到基本实现现代化，再到全面建成社会主义现代化强国，是新时代我国特色社会主义发展的战略安排。"为此，必须全面构建新的发展格局，加快建设现代化产业体系、经济体制、开放格局，着力建设现代化目标的新经济体系。经济新常态下，中国要成功实现从"中等收入"迈入高收入国家行列，不仅应加大教育投入，有力推动与发展教育，提升人口效率与人力资本存量等人口发展具体举措，还要在吸取已跨越"中等收入陷阱"阶段经济体成功经验和失败教训基础上，全面构建国家经济治理体制机制，建设现代化经济体系，提高经济治理能力。如调整好政府与市场的关系，建设政府与市场融合发展的现代化经济体制；健全宏观经济治理体系；建设以质量效益为宗旨的创新引领发展、动能转换形成的现代动力体系等。

一 建设政府与市场融合发展的现代化经济体制

党的十九大报告指出，"新时代我国社会的主要矛盾已经转化为人民日益增长的美好生活需要和不平衡不充分的发展之间的矛盾"[①]。为有效解决我国经济发展不平衡不充分等问题，必须加快建设现代产业体系，调整并正确处理好政府与市场的关系，建设政府与市场融合发展的现代经济体制，这是建设现代经济体系与提高宏观治理体制效能的基本要求。

经济新常态下迈入高收入阶段，需要处理好政府与市场的关系，更好地发挥政府的作用，并使市场在资源配置中起决定性作用，核心是合

---

① 习近平：《决胜全面建成小康社会，夺取新时代中国特色社会主义伟大胜利——在中国共产党第十九次全国代表大会上的报告》，人民出版社2017年版，第11页。

理地界定政府与市场之间的适宜边界,其中关键是在于厘清政府行为的边界。明确"以经济建设为中心"并不意味各级政府直接从事生产经营活动,而应始终坚持"三不"原则:一不干预微观经济活动;二不包办企业决策;三不代替企业招商引资,从而逐步摆脱商务性经营职能,不再成为直接推动经济增长的主导力量,让市场机制在资源配置上发挥更多的主导作用。同时,完善政府的经济调节职能和市场监管职能,特别是针对当前普遍存在的"缺位"情况,强化和健全政府的社会管理和公共服务职能,尽快改变公共品供给不足状况,逐步实现基本公共服务的均等化[①]。

(一)把握市场规律,优化长期发展战略

党的十九大报告明确强调以"区域协调发展战略"化解产业空间布局上的不平衡问题,要求现代化产业体系要以协同发展的方式实现"区域协调"。充分把握市场规律发展实体经济,优化空间与区域协同发展。我国经济发展的成功经验之一就是充分发挥政府主导的"五年计划"和中长期远景发展规划的战略导向作用。国家发展规划能够从设计走向现实,关键就在于政府的战略规划是以市场规律为前提。经济发展的实际过程,也是市场从无到有、从小到大、由简单到复杂的过程。同时通过改革,充分发挥市场在资源配置中的决定性作用,让人民群众以主体身份参与到社会治理中去,实现自我治理。未来加快完善现代化经济体制,必须创新和完善宏观调控,发挥国家发展规划的战略导向作用;国家发展规划的设计与实施,也必须科学把握市场规律,顺应经济发展大势[②]。

(二)鼓励适度竞争,完善全国统一的市场体系

市场的发展需要政府参与,政府的发展也需要借力市场竞争。新常态下,需要通过政府简政放权,放权于市场、放权于企业、放权于社会,明确政府与市场、政府与社会权力的边界范围。打造现代化经济体制必须全面实施市场准入负面清单制度,清理和废除妨碍统一市场和公平竞

---

① 郑之杰:《跨越中等收入陷阱亟需提高经济治理能力》,2016年8月11日,人民网(http://theory.people.com.cn/n1/2016/0811/c49154-28627927.html)。

② 胡乐明:《"十九大·理论新视野"如何建设现代化经济体系》,2020年3月2日,央广网(https://baijiahao.baidu.com/s?id=1592989529416993956&wfr=spider&for=pc)。

争的各种规定和行为，努力完善全国统一的市场体系，借助现代网络和信息技术，以市场力量聚合各个地域和领域资源。积极顺应经济社会发展的市场形势和要求，推动政府职能向创造良好发展环境、提供优质公共服务、维护社会公平正义转变。既要鼓励市场竞争，优化政府职能配置，同时也要完善决策权与监督权，提高政府行政效能，持续增强新常态下具有创新活力与核心竞争力的市场经济环境。

（三）统筹国内国际，打造国际竞争优势

我国对外开放的过程是一个典型的政府与市场"交融互动、互补共荣"的过程。"统筹国内国际两个市场、国内国外两种资源"的未来发展，仍然需要政府与市场的"交融互补"。政府基础研究与企业创新开发相结合的"国家创新体系"作为提升我国国际竞争力的着力点，必须面向新的国际竞争格局进行协调升级。同时，争取国际话语权、规制跨国资本行为以及维护市场公平竞争，也同样需要政府与民间的双重智慧和力量[1]。

二 健全宏观经济治理体系

党的十九届五中全会通过的《中共中央关于制定国民经济和社会发展第十四个五年规划和二〇三五年远景目标的建议》（以下简称《建议》），从全局和战略高度对健全宏观经济治理体系、完善宏观经济政策制定和执行机制、提升宏观经济治理能力作出了系统安排。

（一）着力发挥国家发展规划的战略导向作用

运用接续的中长期规划指导经济社会持续健康发展，确保国家战略目标、战略任务和战略意图的实现，既要体现中国特色社会主义制度的独特优势，也要将其作为我们党治国理政的重要方式。

（二）着力完善财政政策和货币政策手段

财政政策和货币政策是宏观调控的主要手段。一是更好发挥财政政策的再分配功能和激励作用。二是健全货币政策和宏观审慎政策双

---

[1] 胡乐明：《"十九大·理论新视野"如何建设现代化经济体系》，2020年3月2日，央广网（https://baijiahao.baidu.com/s?id=1592989529416993956&wfr=spider&for=pc）。

支柱调控框架。健全基础货币投放机制，完善中央银行利率调控和传导机制，保持货币信贷和社会融资规模适度增长，强化有效防范系统性金融风险能力和逆周期调节功能，加强货币政策、宏观审慎政策和金融市场监管的协同性，增强金融政策普惠性，提升金融服务实体经济能力[1]。

（三）提升宏观经济治理能力

把握我国新发展阶段经济形态的深刻变化，促进就业、产业、投资、消费、环保、区域等政策协同发力，完善宏观经济治理体制，遵循以人民为中心的经济治理体制建设，促进经济高质量发展和区域协调发展，构建更加高效的宏观政策供给体系。同时运用现代技术手段，提升政府科学调控能力。加强宏观经济治理数据库等建设，充分发挥大数据等新技术的辅助作用，提升现代技术手段辅助治理能力，提高整体宏观经济治理能力和科学化水平。

三 建设以质量效益为宗旨的创新引领发展、动能转换形成现代动力体系

现代化经济体系是先进生产力与先进生产关系的有机整体，建设现代化经济体系，是新时代中国特色社会主义的本质要求。推进现代化产业体系激发产业活力、以"双循环"经济新发展开放格局互动发展，是实现更高质量、更有效率、更加公平、更可持续的发展，既是成功迈入高收入阶段的重要制度要素，也是实现"两个一百年"目标和中华民族伟大复兴的必然选择。

（一）合理调整收入分配关系，缩小居民收入差距

在经历了 30 多年的高速经济增长之后，中国已积聚了较强的生产能力与生产水准，综合国力有了质的提升。当前中国处在迈入高收入、缓解社会矛盾的关键时期。大量国际研究文献表明，"中等收入陷阱"与收入差距有着密切的关系。中国经济从高速增长转向中高速增长，而要进

---

[1] 参见穆虹《深入学习贯彻党的十九届五中全会精神：完善宏观经济治理》，2021 年 3 月 1 日，人民网（http://theory.people.com.cn/n1/2020/1222/c40531-31974314.html）。

一步实现经济持续、快速、健康、稳定发展，需求作为拉动经济的"三驾马车"之一，消费需求的重要性日益凸显，缩小居民收入差距、释放内需潜力是中国跨越"中等收入陷阱"的关键。为了能够更好地缩小地区和城乡差距，必须合理地调整收入分配关系与分配制度，更加重视社会再分配，兼顾效率与公平。习近平总书记指出，收入分配是民生之源，是改善民生、实现发展成果由人民共享最重要最直接的方式；要通过深化收入分配制度改革等措施使收入分配更合理、更有序。

社会发展实践表明，中等收入群体的扩大有助于缩小社会收入差距。但"扩中"是一个长期发展的结果，政府短期调控政策能够发挥的作用非常有限。扩大中等收入群体人口所占的比重主要取决于两个转变：一是经济结构和就业结构的转变与升级。也就是说，劳动密集型产业转变为技术密集型和资本密集型产业，也是低技能劳动力为主的就业结构向高技能劳动力为主的就业结构转变。对于我国经济来说，这种转变需要很长的时间。二是高等教育的大众化和高等教育质量的提升①。根据教育部公布的《2019年全国教育事业发展统计公报》中指出，2019年全国各类高等教育在学总规模达4002万人，毛入学率首次突破50%②，说明我国高等教育进入普及化阶段，不过高等教育质量还有待大幅提高。要真正实现上述两个转变应该是一个漫长过程，既需要尽快改变经济发展方式，也要改革与调整我国教育制度。

党的十八届三中全会也提出，规范收入分配秩序，完善收入分配调控体制机制和政策体系，增加低收入者收入，扩大中等收入者比重，努力缩小城乡、区域、行业收入分配差距，逐步形成橄榄型分配格局。因此，跨越"中等收入陷阱"必须合理调整收入分配制度与分配关系，缩小居民收入差距，作为我国避免陷入"中等收入陷阱"的首要选择和关键措施。

---

① 李实：《调整收入分配格局缩小收入差距》，2017年5月25日，新华网（http：//www.xinhuanet.com/politics/2017-05/25/c_1121031283.htm）。

② 《2019年全国教育事业发展统计公报》，2020年5月20日，中华人民共和国教育部（http：//www.moe.gov.cn/jyb_sjzl/sjzl_fztjgb/202005/t20200520_456751.html）。

(二) 扎实有效地推进新型城镇化进程

跨入高收入国家的第二个标志是城市化率超过70%①，2019年，中国城镇常住人口总数为84843万人，占总人口比重（常住人口城镇化率）为60.60%，这不仅标志着我国人口结构、社会结构实现了历史性与根本性的转变，更表明我国城镇化进程迈入了关键时期，必须全力扎实稳步地推进新型城镇化。但根据《2019年农民工监测调查报告》中显示，2019年农民工总量达29077万人，比2018年增加241万人，其中，本地农民工11652万人，比上年增加82万人；外出农民工17425万人，比上年增加159万人②，这说明目前还有近1.8亿人未落户城镇的农民工，属较典型的城市化滞后型经济。

当前，稳步推进我国城镇化进程，必须协调好与工业发展的关系，消化过多的工业产能；同时，要协调三大产业结构关系，大力提高人口素质并推进第三产业发展，提高第三产业在产业结构中的比重；稳步推进新型城镇化进程，因地制宜发展产业，支持发展灵活就业，实现进城农民工体面生活，同时农民工的集聚必能创造新的需求，从而推动工业化发展与提升。扎实推进新型城镇化也就是实现农民工市民化的过程，要本着从实际出发原则，加快培育新的增长点，努力谱写高质量发展新篇章。

(三) 深化供给侧结构性改革，推动产业结构调整与优化升级

当前，我国经济下行压力加大，从内因看主要是供给结构与市场需求脱节造成的，即供给不适应需求变化，有效供给不足。对于中等收入国家来说，实现经济持续增长，经济结构是否合理与协调至关重要。产业结构在国民经济中的较高比重是一个国家先进与否的重要指标之一。2018年，全球服务业增加值占国内生产总值比重达71.122%，主要发达国家超过80%（美国为80.496%、英国81.85%），中低收入国家平均值也接近50%。该年我国服务业占GDP比重为53.27%③，可以说，我国服

---

① 马晓河：《"中等收入陷阱"的国际观照和中国策略》，《改革》2011年第11期。
② 《2019年我国农民工总量达到29077万人》，2020年4月30日，中华人民共和国中央人民政府网（http://www.gov.cn/xinwen/2020-04/30/content_5507849.htm）。
③ 世界银行数据库（https://data.worldbank.org.cn），2021年6月3日。

务业增加值还是明显偏低，为了调整产业结构与优化升级，必须从政策和体制改革上支持金融服务业、现代物流业、高技术服务业、高端商务服务业更快发展。

深化并推进供给侧结构性改革，是适应和引领经济发展新常态的重大创新，也是改善供给、扩大需求、解决供需错配问题的根本举措。推进供给侧结构性改革，从生产端入手，推动经济结构调整、产业结构升级，以新供给创造新需求和新经济增长点。在供给侧结构性改革的框架下，经济发展主要依赖于社会总供给结构优化，而社会总供给结构优化以产业结构调整升级为基础。因此，从供给侧推动产业结构调整和优化升级成为现阶段推动经济发展的根本①。经济新常态下深化供给侧结构性改革，推动产业结构调整与优化升级，扩大国民收入水平。一是必须大力化解过剩产能；二是必须依靠科技创新驱动；三是着力完善现代产业体系。

（四）以"双循环"新发展格局推动经济高质量发展

当前疫情仍在全球持续，各国疫情管控措施有些在不断放松，有些国家还在不断收紧，导致全球经贸活动受到严格限制。2020年5月14日，习近平总书记在中央政治局常务委员会上首次提出"经济双循环"论，《建议》明确提出，充分发挥我国超大规模市场和内需潜力，加快构建以国内大循环为主体，构建国内国际双循环相互促进的新发展格局。这是以习近平同志为核心的党中央立足中华民族伟大复兴战略全局和百年未有之大变局，根据我国发展阶段、发展环境、现实条件的新变化，以及由此出现的新情况、新挑战和新问题，着眼我国经济中长期发展作出的重大战略决策。"经济双循环"中的国内国际循环相互促进是中国经济高质量发展的内在需求，不仅有利于中国经济高质量发展，更有利于维护全球供应链产业链的稳定。

构建"双循环"新发展格局，不是封闭的国内循环，是要打通国内生产、分配、流通、消费的等各个环节，不断满足消费升级需求的循环，

---

① 《从供给侧推动产业结构优化升级》，2016年8月24日，人民网（http：//theory.people.com.cn/n1/2016/0824/c40531-28660105.html）。

培育新形势下我国参与国际合作和竞争新优势，也就是开放的国内国际双循环，意味着在要求发展好内循环的同时更要积极参与、主动地引领更高层次和更高水平的国际交流、国际贸易往来与合作，更好地联通国内市场和国际市场。

合理调整收入分配关系，缩小居民收入差距；深化供给侧结构性改革，拉动消费需求，推动产业结构调整与优化升级，激发产业活力，刺激经济增长。以"双循环"新发展格局进一步扩大高质量改革开放，推动经济高质量发展等多种混合发展策略，确保稳妥地迈入"高收入"国家行列。

附　　表

附表 1-1　　双对数函数回归模型 1 分析结果

因变量：LOG（Y）

方法：最小二乘法

日期：04/10/17　时间：15∶08

样本：1978 2015

包含的观测值：38

变量	系数	标准差	t 统计量	P 值
C	-3.445150	1.215219	-2.835005	0.0077
LOG（X1）	0.561097	0.074438	7.537811	0.0000
LOG（X2）	0.740436	0.022458	32.96940	0.0000
LOG（X3）	-0.276354	0.140228	-1.970746	0.0569
R 平方	0.998693	因变量均值		9.923565
调整的 R 平方	0.998578	因变量标准差		1.054613
回归标准误	0.039772	赤池信息量		-3.511998
残差平方和	0.053782	施瓦兹准则		-3.339621
对数似然函数值	70.72797	汉南-奎因准则		-3.450668
F 统计值	8660.442	D.W 统计量		0.518244
P 值	0.000000			

附表 1-2　　双对数函数回归模型 2 分析结果

因变量：LOG（Y）

方法：最小二乘法

日期：04/10/17　时间：15∶51

样本：1978 2015

包含的观测值：38

变量	系数	标准差	t 统计量	P 值
C	-3.917671	0.461399	-8.490857	0.0000
LOG（X1×X6）	0.518242	0.057555	9.004218	0.0000
LOG（X2）	0.752229	0.014661	51.30973	0.0000
R 平方	0.998679	因变量均值		9.923565
调整的 R 平方	0.998603	因变量标准差		1.054613
回归标准误	0.039412	赤池信息量		-3.553846
残差平方和	0.054365	施瓦兹准则		-3.424563
对数似然函数值	70.52308	汉南-奎因准则		-3.507849
F 统计值	13229.13	D.W 统计量		0.486643
P 值	0.000000			

附表 1-3　双对数函数回归模型 3 分析结果

因变量：LOG（Y）

方法：最小二乘法

日期：04/10/17　时间：15：53

样本：1978 2015

包含的观测值：38

变量	系数	标准差	t 统计量	P 值
C	-3.895927	0.472746	-8.241050	0.0000
LOG（X1×X7）	0.521280	0.059635	8.741122	0.0000
LOG（X2）	0.742842	0.016088	46.17334	0.0000
R 平方	0.998624	因变量均值		9.923565
调整的 R 平方	0.998545	因变量标准差		1.054613
回归标准误	0.040229	赤池信息量		-3.512794
残差平方和	0.056643	施瓦兹准则		-3.383511
对数似然函数值	69.74309	汉南-奎因准则		-3.466796
F 统计值	12696.33	D.W 统计量		0.477645
P 值	0.000000			

附表 1 – 4　　　双对数函数回归模型 4 分析结果

因变量：LOG（Y）

方法：最小二乘法

日期：04/10/17　时间：15：54

样本：1978　2015

包含的观测值：38

变量	系数	标准差	t 统计量	P 值
C	-5.557764	0.653338	-8.506715	0.0000
LOG（X1×X8）	0.614981	0.069462	8.853461	0.0000
LOG（X2）	0.786813	0.011355	69.29379	0.0000
R 平方	0.998648	因变量均值		9.923565
调整的 R 平方	0.998570	因变量标准差		1.054613
回归标准误	0.039877	赤池信息量		-3.530380
残差平方和	0.055656	施瓦兹准则		-3.401097
对数似然函数值	70.07722	汉南 – 奎因准则		-3.484382
F 统计值	12921.89	D.W 统计量		0.541206
P 值	0.000000			

参考文献

一 中文文献

（一）著作

阿尔费雷德·索维：《人口通论》（上册），商务印书馆1983年版。

蔡昉：《超越人口红利》，社会科学文献出版社2011年版。

蔡昉：《从人口红利到改革红利》，社会科学文献出版社2014年版。

陈彩娟：《"中等收入陷阱"国际经验教训与我国跨越路径选择》，浙江大学出版社2015年版。

丁栋虹：《制度变迁中企业家成长模式研究》，南京大学出版社1999年版。

高翔：《中国社会科学学术前沿（2006—2007）》，社会科学文献出版社2007年版。

贡德·弗兰克：《白银资本：重视经济全球化的东方》，中央编译出版社2008年版。

侯文若：《全球人口趋势》，世界知识出版社1988年版。

焦斌龙：《中国企业家人力资本：形成、定价与配置》，经济科学出版社2003年版。

李竞能：《现代西方人口理论》，复旦大学出版社2004年版。

《刘铮人口论文选》，中国人口出版社1994年版。

彭松建：《现代西方人口经济学教程》，北京大学出版社2014年版。

秦兴方：《人力资本与收入分配机制》，经济科学出版社2003年版。

世界银行：《2006年世界发展报告：公平与发展》，清华大学出版社2006年版。

孙文生等：《中国人口发展与经济发展关系研究》，中国人口出版社1995年版。

田雪原：《人口老龄化与"中等收入陷阱"》，社会科学文献出版社2014年版。

佟新：《人口社会学》（第四版），北京大学出版社2012年版。

王胜今：《人口社会学》，吉林大学出版社1998年版。

邬沧萍：《社会老年学》，中国人民大学出版社1999年版。

吴忠观：《人口科学辞典》，西南财经大学出版社1997年版。

杨凡：《人口转变的中国道路》，中国人民大学出版社2014年版。

杨坚白、胡伟略：《人口经济论》，社会科学文献出版社2007年版。

印德尔米特·吉尔（Indermit Gill）、霍米·卡拉斯（Homi Kharas）：《东亚复兴——关于经济增长的观点》，中信出版社2008年版。

张欣主编：《中国沿海地区产业转移浪潮：问题和对策》，上海财经大学出版社2012年版。

A. J. 柯尔：《人口增长中的经济因素》，麦克米伦出版公司1976年版。

D. 梅多斯：《增长的极限》，商务印书馆1984年版。

P. 纪尧姆：《适度人口增长率》，转引自A. J. 柯尔《人口增长中的经济因素》，麦克米伦出版公司1976年版。

（二）期刊

包玉香：《人口老龄化的区域经济效应分析——基于新古典经济增长模型》，《人口与经济》2012年第1期。

蔡昉：《从人口学视角论中国经济减速问题》，《中国市场》2013年第7期。

蔡昉：《关于中国人口及相关问题的若干认识误区》，《国际经济评论》2010年第6期。

蔡昉：《跨越"中等收入陷阱"唯有改革》，《红旗文稿》2016年第7期。

蔡昉：《人口转变、人口红利与经济增长可持续性——兼论充分就业如何促进经济增长》，《人口研究》2004年第2期。

蔡昉：《人口转变、人口红利与刘易斯转折点》，《经济研究》2010 年第 4 期。

蔡昉：《"中等收入陷阱"的理论、经验与针对性》，《经济学动态》2011 年第 12 期。

蔡昉：《中国的人口红利还能持续多久》，《经济学动态》2011 年第 6 期。

曹献雨、睢党臣：《新中国 70 年经济增长阶段转换：基于广义人口转变的解释》，《宁夏社会科学》2019 年第 7 期。

陈兵建、徐长玉：《规避"中等收入陷阱"：韩国的对策、经验及启示》，《云南行政学院学报》2014 年第 2 期。

陈贵富：《人力资本、产业结构和我国城镇劳动参与、就业形态》，《人口学刊》2016 年第 1 期。

陈佳鹏：《关于中国人口红利的内涵解读、定量分析及政策建议》，《思想战线》2012 年第 2 期。

陈剑：《现代化、人口转变与后人口转变》，《市场与人口分析》2002 年第 6 期。

陈井安、王学人：《人才红利效应与中国经济持续增长》，《经济学动态》2012 年第 5 期。

陈湘源：《国外应对"中等收入陷阱"的经验与教训》，《当代世界》2011 年第 12 期。

陈志光：《中日韩城市化特征与比较》，《东北亚学刊》2016 年第 5 期。

程文、张建华：《"中等收入陷阱"的定量识别与跨越路径》，《统计与决策》2019 年第 1 期。

戴云飞：《"中等收入陷阱"影响机制的人口转变视角》，《北方经贸》2017 年第 4 期。

都阳：《劳动力市场供求关系开始发生新变化》，《财经界》2008 年第 2 期。

都阳：《人口转变、劳动力市场转折与经济发展》，《国际经济评论》2010 年第 6 期。

樊纲：《中等收入陷阱迷思》，《中国流通经济》2014 年第 5 期。

樊纲、张晓晶：《"福利赶超"与"增长陷阱"：拉美的教训》，《管理世界》2008 年第 9 期。

范祚军、常雅丽、黄立群：《国际视野下最优储蓄率及其影响因素测度——基于索洛经济增长模型的研究》，《经济研究》2014 年第 9 期。

封小郡：《对"人口红利"概念本土应用的反思——从中国人口红利消失与否的争论说起》，《人口与社会》2014 年第 2 期。

干春晖、郑若谷、余典范：《中国产业结构变迁对经济增长和波动的影响》，《经济研究》2011 年第 5 期。

高文兵：《高等教育内涵式发展与我国"人才红利"开发》，《南京大学学报》（哲学·人文科学·社会科学版）2013 年第 1 期。

郭晗、任保平：《人口红利变化与中国经济发展方式转变》，《当代财经》2014 年第 3 期。

郭金华：《中国老龄化的全球定位和中国老龄化研究的问题和出路》，《学术研究》2016 年第 2 期。

郭琳：《中日韩三国劳动力结构比较分析及启示》，《求是学刊》2009 年第 2 期。

韩师光、李建柱：《日韩跨越中等收入陷阱的做法及启示》，《经济纵横》2013 年第 10 期。

侯东民：《国内外思潮对中国人口红利消失及老龄化危机的误导》，《人口研究》2011 年第 3 期。

胡鞍钢：《"中等收入陷阱"逼近中国？》，《人民论坛》2010 年第 7 期。

胡鞍钢：《中国中长期人口综合发展战略（2000—2050）》，《国情报告》2007 年第 3 期。

胡鞍钢、任皓、鲁钰锋、周绍杰：《中国跨越中等收入陷阱：基于五大发展理念视角》，《清华大学学报》（哲学社会科学版）2016 年第 5 期。

华生、汲铮：《中等收入陷阱还是中等收入阶段》，《经济学动态》2015 年第 7 期。

黄海燕、王金哲：《劳动力市场转折对中等收入阶段发展的挑战及机遇》，《中国劳动》2015 年第 12 期。

姜文辉：《产业升级、技术创新与跨越"中等收入陷阱"——东亚和东南亚经济体的经验与教训》，《亚太经济》2016 年第 6 期。

蒋未文：《欧洲第二次人口转变：理论及其思考》，《人口研究》2002 年第 3 期。

焦晓云：《"中等收入陷阱"的国际观照与中国的应对策略》，《当代经济管理》2016 年第 4 期。

金华林、张汉泽：《韩国成功跨越"中等收入陷阱"的经验》，《发展研究》2017 年第 5 期。

景建军：《中国产业结构与就业结构的协调性研究》，《经济问题》2016 年第 1 期。

李海峥、贾娜、张晓蓓、Barbara Fraumeni：《中国人力资本的区域分布及发展动态》，《经济研究》2013 年第 7 期。

李好：《基于双对数模型的中国人口红利实证分析》，《企业导报》2014 年第 7 期。

李建民：《后人口转变论》，《人口研究》2000 年第 4 期。

李建民：《人口转变论的古典问题和新古典问题》，《中国人口科学》2001 年第 6 期。

李建民：《中国的人口新常态与经济新常态》，《人口研究》2015 年第 1 期。

李连根：《中等收入陷阱与我国的跨越对策》，《求索》2012 年第 4 期。

李树茁、闫绍华、李卫东：《性别偏好视角下的中国人口转变模式分析》，《中国人口科学》2011 年第 1 期。

李豫新、陈琨：《民族地区人口结构的经济增长效应分析》，《北方民族大学学报》（哲学社会科学版）2019 年第 9 期。

李豫新、程谢君：《中国"后人口转变"时代老龄化对居民储蓄率的影响》，《南方金融》2017 年第 7 期。

李月、邱玉娜、周密：《中等收入陷阱、结构转换能力与政府宏观战略效应》，《世界经济》2013 年第 1 期。

厉以宁：《论"中等收入陷阱"》，《经济学动态》2012 年第 12 期。

梁丽萍：《走向现代的和谐社会——访中共中央党校吴忠民教授》，《中国党政干部论坛》2004 年第 11 期。

梁文艳、唐一鹏：《教育质量与国家经济增长的研究述评——兼论跨越

"中等收入陷阱"背景下中国教育发展的启示》,《教育学报》2013年第5期。

林毅夫:《中国可以摆脱中等收入陷阱——新结构经济学表明,中国应按比较优势发展》,《中国经济周刊》2012年第11期。

刘爽:《对中国人口转变的再思考》,《人口研究》2010年第1期。

刘爽、卫银霞、任慧:《从一次人口转变到二次人口转变——现代人口转变及其启示》,《人口研究》2012年第1期。

刘文、田利珍:《三大经济区域的产业结构和就业结构比较研究》,《社会科学论坛》2009年第10期。

刘晓燕:《把"人口红利"转化为"人才红利"——人口经济学家蔡昉解读全国人才资源统计结果》,《中国人才》2012年第11期。

楼继伟:《中国经济的未来15年风险、动力与政策挑战》,《比较》2010年第6期。

陆铭:《转折当口的中国劳动力市场》,《金融发展评论》2010年第8期。

罗淳:《人口转变进程中的人口老龄化——兼以中国为例》,《人口与经济》2002年第2期。

马该通、冯立天、冷眸:《三大人口高峰与中国现代人口转变》,《人口与经济》2000年第2期。

马力、桂江丰:《中国特色的人口转变》,《人口研究》2012年第1期。

马力、张连城:《高等教育结构与产业结构、就业结构的关系》,《人口与经济》2017年第2期。

马胜春:《中国区域产业结构与就业结构的差异和变动趋势分析》,《经济研究参考》2014年第64期。

牟宇峰:《产业转型背景下就业人口与产业发展关系研究综述》,《人口与经济》2016年第3期。

蒲艳萍:《转型期的产业结构变动与中国就业效应》,《统计与决策》2008年第7期。

齐明珠:《我国2010—2050年劳动力供给与需求预测》,《人口研究》2010年第5期。

乔家君、鲁丰先:《中国人口产业结构的问题与对策》,《河南大学学报》

(自然科学版) 1999 年第 4 期。

乔俊峰:《跨越"中等收入陷阱"的公共政策因应:韩国做法及启示》,《改革》2011 年第 8 期。

秦佳、李建民:《人口年龄结构、就业水平与中等收入陷阱的跨越——基于 29 个国家和地区的实证分析》,《中国人口科学》2014 年第 2 期。

秦丽萍、甄明霞:《跨越"中等收入陷阱"的国际经验及对我国的启示》,《科学发展》2014 年第 12 期。

任若恩、覃筱:《中美两国可比居民储蓄率的计量:1992—2001》,《经济研究》2006 年第 3 期。

任远:《新计划生育:后人口转变时期计生制度的转型》,《探索与争鸣》2018 年第 4 期。

任远:《中国人口格局的转变和新人口发展战略的构造》,《学海》2016 年第 1 期。

申鹏:《基于中国人口实践的制度人口学研究内容探析》,《西北人口》2010 年第 6 期。

孙雨露、李正升、曹洪华、娄阳:《产业结构与就业结构协调性测度与预测》,《商业经济研究》2018 年第 4 期。

孙早、杜国亮、刘李华:《人口结构变化对工业竞争力的影响——来自中国省际面板数据的证据》,《经济问题》2014 年第 5 期。

田成诗、盖美:《劳动生产率、劳动参与率对经济增长的影响》,《山西财经大学学报》2005 年第 2 期。

田萍、张屹山、张鹤:《中国剩余劳动力人口红利消失时点预测》,《中国高校社会科学》2015 年第 1 期。

田雪原:《"中等收入陷阱"的人口老龄化视角》,《人口学刊》2012 年第 11 期。

汪小勤、汪红梅:《"人口红利"效应与中国经济增长》,《经济学家》2007 年第 1 期。

王德文、蔡昉、张学辉:《人口转变的储蓄效应和增长效应——论中国增长可持续性的人口因素》,《人口研究》2004 年第 5 期。

王广州:《影响全面二孩政策新增出生人口规模的几个关键因素分析》,

《学海》2016年第1期。

王欢、黄健元、王薇：《人口结构转变、产业及就业结构调整背景下劳动力供求关系分析》，《人口与经济》2014年第2期。

王金营、杨磊：《中国人口转变、人口红利与经济增长的实证》，《人口学刊》2010年第5期。

王开国、宗兆昌：《论人力资本的性质与特征的理论渊源及其发展》，《中国社会科学》1999年第6期。

王树新、杨彦：《老年人力资源开发的策略构想》，《人口研究》2005年第3期。

王晓芳、胡冰：《关于中国跨越"中等收入陷阱"的思考——基于东亚经济体的经验启示》，《上海经济研究》2016年第10期。

王艳：《经典人口转变理论的再探索》，《西北人口》2008年第4期。

王云平：《产业结构调整与升级：解决就业问题的选择》，《当代财经》2003年第3期。

王兆萍、马婧：《"中等收入陷阱"视角下经济开放、技术进步与产业结构升级——基于国际经验的比较》，《产经评论》2017年第4期。

魏益华、迟明：《人口新常态下中国人口生育政策调整研究》，《人口学刊》2015年第2期。

邬沧萍、穆光宗：《低生育研究——人口转变的补充和发展》，《中国社会科学》1995年第1期。

夏新颜：《"人口红利"向"人才红利"嬗变的保障——创新人才培养制度》，《江西社会科学》2012年第6期。

向志强：《试论人口转变完成的标准》，《人口学刊》2002年第1期。

项英辉、李荣彬：《开发利用农村贫困地区人力资源建设社会主义新农村》，《农业经济》2007年第1期。

熊琦：《新加坡收入分配的变化及其启示》，《亚太经济》2014年第3期。

许燕、屈云龙：《人口素质评价体系的构建及应用——以江苏省为例》，《人口与发展》2011年第1期。

晏月平、李新宇：《人口红利期结束对我国跨越"中等收入陷阱"带来的挑战与机遇》，《人口与社会》2018年第1期。

晏月平、廖爱娣:《人口结构与产业结构协调发展的研究综述》,《渤海大学学报》2015年第5期。

晏月平、王楠:《改革开放四十年中国人口发展与人口效率研究》,《山东大学学报》(哲学社会科学版)2019年第5期。

晏月平、王楠:《中国人口转变的进程、趋势与问题》,《东岳论丛》2019年第1期。

杨成钢:《人口质量红利、产业转型和中国经济社会可持续发展》,《东岳论丛》2018年第1期。

杨成钢、闫东东:《质量、数量双重视角下的中国人口红利效应及变化趋势》,《社会科学文摘》2017年第11期。

杨鹏:《跨越中等收入陷阱的国际经验视角与中国策略》,《经济师》2013年第9期。

尹银、周俊山:《人口红利在中国经济增长中作用——基于省级面板数据的研究》,《南开经济研究》2012年第2期。

于潇、陈世坤:《中国省际人口流动与人力资本流动差异性分析》,《人口学刊》2020年第1期。

于学军:《中国人口转变与"战略机遇期"》,《中国人口科学》2003年第1期。

於嘉、谢宇:《中国的第二次人口转变》,《人口研究》2019年第5期。

袁本涛:《超越中等收入陷阱:韩国人力资源开发对中国的启示》,《高等工程教育研究》2012年第5期。

袁富华、张平、陆明涛:《长期经济增长过程中的人力资本结构——兼论中国人力资本梯度升级问题》,《经济学动态》2015年第5期。

袁家健:《我国人才与经济增长关系研究——东部11省市国有企事业单位专业技术人员的实证分析》,《科学学与科学技术管理》2014年第3期。

袁文涵、彭定赟:《产业结构、收入差距与中等收入陷阱》,《北京邮电大学学报》(社会科学版)2018年第8期。

曾国安:《论中国居民收入差距的特点、成因及对策》,《中国地质大学学报》(社会科学版)2001年第4期。

张宝仁、张慧智：《韩国的社会保障制度分析》，《人口学刊》2000年第4期。

张德荣：《"中等收入陷阱"发生机理与中国经济增长的阶段性动力》，《经济研究》2013年第9期。

张艳：《跨越"中等收入陷阱"域外经验及我国的实施对策》，《商业时代》2013年第4期。

张一力：《从人力资本结构看区域经济发展模式的选择》，《经济学动态》2005年第7期。

郑秉文：《"中等收入陷阱"与中国发展道路——基于国际经验教训的视角》，《中国人口科学》2011年第1期。

郑之杰：《跨越"中等收入陷阱"的国际经验教训》，《决策探索》2014年第2期。

周景彤、张旭：《人口红利拐点来临》，《中国金融》2013年第7期。

朱一鸣：《跨越中等收入陷阱的国际比较研究》，《沈阳工业大学学报》2014年第12期。

祝洪娇：《东亚先进经济体跨越"中等收入陷阱"的经验与启示》，《理论探索》2016年第2期。

卓乘风、邓峰：《人口老龄化、区域创新与产业结构升级》，《人口与经济》2018年第1期。

（三）报纸

都阳：《劳动力市场供求关系开始发生新变化》，《上海证券报》2008年1月2日第16版。

海闻：《创新和教育是中国转型升级关键》，《参考消息》2016年4月5日。

唐代盛、邓力源：《以新型人口红利破解中等收入陷阱》，《人民日报》2012年10月31日第23版。

田俊荣：《人口红利拐点已现》，《人民日报》2013年1月28日第17版。

徐康宁：《中等收入陷阱：一个值得商榷的概念》，《浙江日报》2012年3月30日第14版。

叶梓：《劳动力市场供求关系的变化意味着什么？》，《消费日报》2010年

8月12日第3版。

郑秉文:《供给侧改革是跨越"中等收入陷阱"法宝》,《参考消息》2016年3月21日。

郑新立:《中国有巨大潜力跃升高收入国家》,《参考消息》2016年8月5日。

(四)学位论文

毕磊:《新常态下中国跨越中等收入陷阱问题研究》,博士学位论文,辽宁大学,2016年。

丁海云:《中国经济增长的最优储蓄率研究》,硕士学位论文,首都经济贸易大学,2014年。

董环宇:《从人口年龄结构变动分析我国未来劳动力供给的变化》,硕士学位论文,吉林大学,2009年。

侯蓉:《中等收入阶段中国人力资本发展问题研究》,硕士学位论文,南京大学,2019年。

姜功伟:《中等收入阶段中国人口年龄结构转变对经济增长的影响研究》,硕士学位论文,云南大学,2018年。

任行伟:《中国居民储蓄率对经济增长的影响效应分析》,硕士学位论文,西南大学,2012年。

张荷:《人口老龄化背景下我国老年消费市场的研究》,硕士学位论文,西南财经大学,2011年。

赵立华:《中国人口抚养比上升对劳动者报酬的影响研究》,博士学位论文,辽宁大学,2011年。

赵清源:《长三角地区产业结构与就业结构关系研究》,博士学位论文,东北财经大学,2014年。

周勇:《国民收入初次分配的公平性研究》,硕士学位论文,湖南师范大学,2011年。

二 外文文献

Acemoglu D., Johnson S., Robinson J. A., "The Colonial Origins of Comparative Development: An Empirical Investigation", *Am Econ. Rev.* 91, 2001.

Aghion P., Howitt P., "Appropriate Growth Policy: A Unifying Framework", *Journal of the European Economic Association*, No. 4, 2006, pp. 2 – 3.

An C. B., Jeon S. H. Seung-Hoon Jeon, "Demographic Change and Economic Growth: An Inverted-U Shape Relationship", *Economic Letters*, Vol. 92, No. 3, 2006, p. 92.

Andersson B., "Scandinavian Evidence on Growth and Age Structure", *Regional Studies*, Vol. 35, No. 5, 2001, pp. 377 – 390.

Barro, Robert J., "Inequality and Growth in a Panel of Countries", *Journal of Economic Growth*, No. 5, 2000, pp. 87 – 120.

Batini N., Callen T., MeKibbin W., "The Global Impact of Demographic Change", *IMF Working Paper*, 2006, pp. 1 – 4.

Bloom D. and D. Canning and J. Sevilla, "Health, Human Capital, and Economic Growth", *CMH Working Paper*, No. 8, 2001.

Bloom D. and Williamson J., "Demographic Transitions and Economic Miracles in Emerging Asia", *The World Bank Economic Review*, Vol. 12, 1998.

Bloom D. E., Canning D., Graham B., "Longevity and Life-cycle Savings", *Scandinavian Journal of Economics*, Vol. 105, No. 3, 2003, pp. 319 – 338.

Bloom D. E., Canning D., Sevilla J., "The Demographic Dividend: A New Perspective on the Economic Consequences of Population Change", Santa Monica, CA: RAND Corporation, 2003.

Bloom D., Williamson J., "Demographic Transitions and Economic Miracles in Emerging Asia", *World Bank Economic Review*, Vol. 12, No. 3, 1998, pp. 419 – 455.

Cai, F., Wang, D., "Demographic Transition: Implications for Growth, Germany", Ph. D. dissertation, Economic, 2006.

"China Risks Middle Income Trap without Free Market Revolution", http://www.telegraph.co.uk/finance/comment/ambroseevans_pritchard/9109683.html.

Engerman S. L. and Sokoloff K. L., "Factor Endowments, Institutions, and Differential Paths of Growth among New World Economics: A View from Economic Historians of the United States", In *How Latin America Fell Behind*, ed. S. Harber, Stanford, CA: Stanford University, 1997, pp. 260 – 304.

Fair R. C., Dominguez K. M., "Effects of the Changing US Age Distribution on Macroeconomic Equations", *American Economic Review*, Vol. 81, No. 5, 1991, pp. 1276 – 1294.

Galoro, Omer M., "From Physical to Human Capital Accumulation: Inequality in the Process of Development", *The Review of Economic Studies*, No. 4, 2004, pp. 1001 – 1026.

Haber, Stephen, *Crony Capitalism and Economic Growth in Latin America: Theory and Evidence*, Hoover Press, 2000.

Iyegun M. F., Owen A. L. Risk, "Entrepreneurship, and Human Capital Accumulation", *American Economic Review*, Vol. 88, No. 2, 1998, pp. 454 – 457.

Kaa V. D., "The Idea of a Second Demographic Transition in Industrialized Countries", *Journal Citation Reports*, 2002, pp. 1 – 3.

Kelly, Allen, "Population Growth, the Dependency Rate, and the Pace of Economic Development", *Population Studies*, Vol. 27, No. 3, 1973, pp. 405 – 414.

Krueger, Anne, "Virtuous and Vicious Circles in Economic Development", *American Economic Review*, Vol. 83, No. 2, 1993.

Lindh T., Malmberg B., "Age Structure Effects and Growth in the OECD: 1950 – 1990", *Journal of Population Economics*, Vol. 12, No. 3, 1999, pp. 431 – 449.

Mason A., *Population Change and Economic Development in East Asia: Challenges Met and Opportunities Seized*, Stanford: Stanford University Press, 2001.

Mason A., Sang-Hyop L., "The Demographic Dividend and Poverty Reduction", Seminar on the Relevance of Population Aspects for the Achievement of the Millennium Development Goals, November 17 – 19, 2004.

Modigliani F., Brumberg R., "Utility Analysis and Aggregate Consumption Functions: An Attempt at Integration", 1980.

Rivera B. and L. Currais, "Income Variation and Health Expenditure: Evidence for OECD Countries", *Review of Development Economics*, Vol. 3, No. 3, 1999, pp. 258 – 267.

S. Deaton A., "Franco Modigliani and the Life Cycle Theory of Consumption", 2005.

Solow P. M., "Change and the Aggregate Production Function", *The Review of Economic*, No. 3, 1957, pp. 312 – 320.

Wang Feng, Andrew Mason, "Demographic Factors of China's Economic Restructuring", *Chinese Journal of Population Science*, No. 3, 2006, pp. 14 – 16.